Freiburg i.Br.

jos fritz verlag

Elternschaft

Ausgabe 18
2006

Freiburger
Frauen**S**tudien

Zeitschrift
für Interdisziplinäre
Frauenforschung

Freiburger FrauenStudien 18

Herausgeberin der Reihe: Zentrum für Anthropologie und *Gender Studies* (ZAG).
Herausgeberin der Ausgabe 18: Meike Penkwitt.

Redaktion:
Ruth Brand, Ursula Degener, Dr. Stefanie Duttweiler, Annegret Erbes, Dr. Regula Giuliani, Dr. Martina Grimmig, Mona Hanafi El Siofi, Liane Grieger, Christina Harms, Irmtraud Hnilica, Antonia Ingelfinger, Gertraud Lenz, Meike Penkwitt, Dr. Tina-Karen Pusse, Eva Voß, Nina Wehner.

Wissenschaftliche Leitung:
Prof. Dr. Nina Degele, Prof. Dr. Joseph Jurt, Prof. Dr. Eva Manske.
Die Verantwortung für die einzelnen Beiträge liegt bei den jeweiligen AutorInnen.

Redaktionsadresse:
Zentrum für Anthropologie und *Gender Studies* (ZAG), Belfortstraße 20, 79098 Freiburg, Tel.: 0761/203-8846, Fax: 0761/203-8876, e-mail: frauenst@mail.uni-freiburg.de, http://www.zag.uni-freiburg.de

Öffentlichkeitsarbeit:
Franziska Bergmann, Jennifer Moos, Meike Penkwitt.
Umschlagsgestaltung: Marion Mangelsdorf.
Textverarbeitung: Christoph Gebler, Coral Romà Garcia, Elmar Laubender

Verlag: jos fritz Verlag, Wilhelmstr. 15, 79098 Freiburg.
Druck: Hausdruckerei der Albert-Ludwigs-Universität Freiburg i. Brsg.
Umschlagsdruck: Druckwerkstatt im Grün
Auflage: 350

ISBN 3-928013-38-6   ISSN 0948-9975
ISB 978-3-928013-38-3

AutorInnen finden Informationen zur Veröffentlichung auf Seite 375.

Inhalt

Vorwort 11

Aufsätze zum Thema ,Elternschaft'

Tomke König
**Familiale Geschlechterarrangements –
oder wie Paare Arbeit teilen und dabei Geschlecht herstellen** 15

Uta Meier-Gräwe
**Bedarfsgerecht, verlässlich und von guter Qualität –
Infrastrukturen für Kinder und Eltern als unverzichtbare
Kontextbedingung familialer Lebensführung** 37

Cornelia Helfferich/Anneliese Hendel-Kramer/Nina Wehner
Studierende Eltern – Eine Chance für egalitäre Arbeitsteilung? 51

Astrid Lange-Kirchheim
**„Ein Kind und Arbeit!" – Mutterschaftsentwürfe in Texten
von deutschen Autorinnen um 1900** 81

Maria-Barbara Watson-Franke
**Mütter als Machtträger –
Matrilineare Überlegungen zur Elternschaft** 107

Cornelia Helfferich/Jan Kruse
Familienplanungskonzepte von Männern im Geschlechterfokus .. 121

Wiebke Kolbe
**,Neue Väter' – oder was?
Vaterschaft und Vaterschaftspolitik in Schweden und
der Bundesrepublik von den sechziger Jahren bis heute** 145

Andrea-Leone Wolfrum
**„Wo kommt der Embryo denn her ...?"
Herkunft und Elternschaft in Zeiten der Reprogenetik –
Aspekte einer qualitativen Studie** 179

Regula Giuliani
Adoptivelternschaft 191

Franziska Schößler
**Gewalt in der bürgerlichen Kleinfamilie –
Zum bürgerlichen Trauerspiel und zur Dramatik der Gegenwart** 213

Greta Olson
Reading and Writing Academically as a Mother 231

Forum

Gerhard Tschöpe
**Partnerschaftlich handeln – Die Balance von Beruf und Privatleben
als Thema junger Arbeitnehmer und Arbeitnehmerinnen:
Ein Projekt von *pro familia* Freiburg** 253

Interview

Jennifer Moos
***Transgender*, Elternschaft und Regenbogen-Politik – Ein Interview
mit Karen-Susan Fessel zu ihrem Roman *Jenny mit O*** 263

Rezensionen zum Thema ‚Elternschaft'

Antonia Ingelfinger
‚Mothering' 271
Frauen Kunst Wissenschaft. Halbjahreszeitschrift, Heft 38: Mothering

Maria-Barbara Watson-Franke
Macht und Ohnmacht der Mütter 274
Irene Mariam Tazi-Preve: Mutterschaft im Patriarchat. Mutter(feind)schaft
in politischer Ordnung und feministischer Theorie – Kritik und Ausweg.
Beiträge zur Dissidenz Band 14

Annegret Erbes
Kinderlosigkeit als bewusste Entscheidung von Frauen 277
Shirley Seul: Goodbye, Baby. Glücklich ohne Kinder
Susie Reinhardt: Frauenleben ohne Kinder. Die bewusste Entscheidung
gegen die Mutterrolle

Irmtraud Hnilica
Neu aufgelegt: Historische Literatur von Frauen 281
Helene Böhlau (1899): Halbtier!
Elsa Asenijeff (1896/1901): Ist das die Liebe/Unschuld
Helene Böhlau (1896): Der Rangierbahnhof

Rezensionen zum Thema ‚Dimensionen von Gender Studies'

Helga Kotthoff
Neues zu Sprache, Gespräch und Geschlecht 289
Gisela Klann-Delius: Sprache und Geschlecht

Mara Cambiaghi
TransEuropean Paths 292
Marina Camboni (ed.): Networking Women: Subjects, Places, Links Europe-America. Towards a Re-Writing of Cultural History, 1890-1939

Stefanie Duttweiler
Wissen über Männlichkeit und Weiblichkeit –
Eine historische Rekonstruktion 294
Catherine Bosshart-Pfluger/Dominique Grisard/Christina Späti (Hrsg.): Geschlecht und Wissen – Genre et Savoir – Gender and Knowledge. Beiträge der 10. Schweizerischen Historikerinnentagung

Anelis Kaiser
Neue Versuche zur Konfiguration und Konstitution
von Materialitäten und Verkörperungen 296
Corinna Bath/Yvonne Bauer/Bettina Bock von Wülfingen/Angelika Saupe/ Jutta Weber (Hrsg.): Materialität denken. Studien zur technologischen Verkörperung – Hybride Artefakte, posthumane Körper

Meike Penkwitt
(Re-)Kanonisierung einer vergessenen Klassikerin? 301
Birte Giesler: Literatursprünge. Das erzählerische Werk von Friederike Helene von Unger

Rezensionen zum Thema ‚Queering Gender – Queering Society'

Jennifer Moos
Auf dem Weg 305
Karen-Susan Fessel: Jenny mit O

Laurie Taylor
Das Leben nach der neosexuellen Revolution 307
Volkmar Sigusch: Neosexualitäten –
Über den kulturellen Wandel von Liebe und Perversion

Rezensionen zum Thema ‚Jenseits von Gender'

Franziska Bergmann
**Die Notwendigkeit einer verstärkten Präsenz:
Eine in der Germanistik längst überfällige Bestandsaufnahme
zeitgenössischer Dramatik** 311
Franziska Schößler: Augen-Blicke. Erinnerung, Zeit und Geschichte in
Dramen der neunziger Jahre

Rezensionen zum Thema ‚Gender in der internationalen Politik'

Mona Hanafi El Siofi
**Hybride Geschlechtsidentitäten, vergeschlechtlichte
Ökonomien und lokalisierte ‚Global Lifestyles'** 315
Sabine Hess/Ramona Lenz (Hrsg.): Geschlecht und Globalisierung –
Ein kulturwissenschaftlicher Streifzug durch transnationale Räume

Antje Harms
**Antisemitismus: Ein blinder Fleck in der Frauen-
und Geschlechterforschung** 319
Ljiljana Radonic: Die friedfertige Antisemitin?
Kritische Theorie über Geschlechterverhältnis und Antisemitismus

Christina Harms
„Imitationen, Irritationen und Transgression" 321
Claudia Brunner: Männerwaffe Frauenkörper?
Zum Geschlecht der Selbstmordattentate im israelisch-palästinensischen
Konflikt

Rückblick/Vorschau

**Veranstaltungsreihe „Freiburger FrauenForschung"
im WS 2005/2006 und SS 2006: „Erinnern und Geschlecht"** 327

**Vorausschau auf Ausgabe 19 der *Freiburger FrauenStudien*
„Erinnern und Geschlecht", Band 1** 350

AutorInnen 355

Übersicht über die bisher erschienenen Titel 374

Vorwort

Das Thema ‚Elternschaft' ist seit geraumer Zeit ein Dauerbrenner in Medien und Öffentlichkeit. Bereits während der Vorbereitungszeit der dieser Ausgabe zugrunde liegenden Veranstaltungsreihe, die von Oktober 2004 bis Juni 2005 an der Universität Freiburg stattgefunden hat, wurde z.B. im Feuilleton großer Tages- und Wochenzeitungen intensiv und oft auch kontrovers über ‚Elternschaft' diskutiert. Ausgangspunkt war – und ist – dabei vor allem die zunehmend ins öffentliche Bewusstsein getretene demografische Entwicklung und ihre Folgen für die sozialen Sicherungssysteme. Damit verbunden sind Fragen nach dem Familienlasten- oder auch Leistungsausgleich, sowie das ungelöste Problem der so genannten ‚Vereinbarkeit' von Elternschaft und Beruf (wobei hier bezeichnenderweise einerseits ‚das bisschen Hausarbeit' und andererseits so etwas wie ‚Freizeit' nicht auftauchen).

Mittlerweile sind auch im Kontext verschiedener *gender*-orientierter Zeitschriften eine Reihe von Schwerpunktheften erschienen, die sich in unterschiedlicher Orientierung und Gewichtungen mit dem Gegenstand befassen: So trägt die Nummer 14 der im Netz erscheinenden Rezensionszeitschrift *Querelles.net* (November 2004) den Titel „Väter Mütter". Die *gender*-orientierte kunstwissenschaftliche Zeitschrift *Frauen Kunst Wissenschaft* widmet ihre 38. Ausgabe (Herbst 2004) dem Thema „Mothering" (Sie wird im Rezensionsteil des vorliegenden Heftes besprochen). Die Zeitschrift *Feministische Studien* veröffentlichte im Mai 2005 eine Ausgabe mit dem Schwerpunkt „Kinderlosigkeit", die Februarausgabe der Zeitschrift *Schlangenbrut* trägt den Titel „Geburt" und die Zeitschrift „für Gender Literatur Kultur" *figurationen* widmet dem Thema gleich zwei Ausgaben: Heft 2/05 setzte sich mit dem Thema „Vaterschaftskonzepte/fatherhood" auseinander, ein Themenheft zum Thema „Mutterschaftskonzepte/motherhood" ist im Erscheinen (1/06). Elternschaft ist nicht mehr selbstverständlich – und damit wird sie zum Thema.

Stellten sich im letzten Bundestags-Wahlkampf vor allem die Grünen als Familienpartei dar, so wetteifern mittlerweile die beiden großen Parteien CDU und SPD geradezu darum, wer sich mit mehr Recht als solche bezeichnen dürfe, wenn sich auch z.B. die momentan diskutierte steuerliche Absetzbarkeit von Kinderbetreuungskosten bestenfalls als ‚symbolisch' bezeichnen lässt. Einen wirksameren Schritt würde dagegen das einkommensabhängige ‚Elterngeld' oder auch die kostenlose Kinderbetreuung in Kitas, Kindergärten und Horten darstellen.

Eine Verschiebung des Fokus scheint sich abzuzeichnen: Ging es bisher darum ‚Müttern' die Berufstätigkeit zu ermöglichen, so geht es mittlerweile eher darum, Berufstätigen (Männern und Frauen) ein Leben mit Kindern zu ermöglichen. Der emeritierte Bielefelder Soziologe und Sozialpolitiker Jean-Claude Kauffmann sprach in diesem Kontext in einem Interview in der *Süddeutschen Zeitung* kürzlich von der Notwendigkeit „die ökonomischen Vorteile der Kinderlosigkeit" abzubauen um Familien angemessen unterstützen zu können.

Trotz der offensichtlichen Aktualität unseres Themas waren die Besucherzahlen dieser Veranstaltungsreihe – anders als bei den vorangehenden Veranstaltungsreihen – eher mäßig, was Anlass zu Spekulationen gab: Interessieren sich Nicht-Eltern nicht für dieses Thema, insbesondere im akademischen Bereich? – Dabei war es doch gerade unser Ziel, ‚Elternschaft' auch für Nicht-Eltern zum Thema zu machen, und so zu verdeutlichen, dass die damit verbundenen Probleme (ähnlich wie die so genannten ‚Frauenprobleme' und ‚-fragen') nicht nur den davon direkt Betroffenen zugeschoben werden sollten... Haben gerade akademische Eltern keine Zeit abends Veranstaltungen zu besuchen? Oder wollen sie sich nicht auch noch auf theoretischer Ebene mit diesem ‚alltäglichen' Problem auseinandersetzen? Vielleicht wäre es unter diesem Gesichtspunkt sinnvoller gewesen, die Veranstaltung unter den Titel Care/Fürsorge zu stellen, was allerdings auch eine inhaltliche Schwerpunktverschiebung bedeutet hätte.

Interessanterweise gab es im Rahmen der Veranstaltungsreihe so viele Terminveränderungen wie in keiner der vorausgegangenen Reihen – aber für keine einzige waren Kinder von Beteiligten die Ursache.

Die in dieser Ausgabe erscheinenden Aufsätze setzen sich alle mit dem Titelthema auseinander. Sie gehen fast durchgängig auf Vorträge zurück, die im Rahmen unserer Veranstaltungsreihe gehalten wurden: Was einen Beitrag von Herrad Schenk betrifft, die den Eröffnungsvortrag in unserer Veranstaltungsreihe bestritten hat, können wir leider nur auf ihr ausgesprochen lesenswertes Buch *Wieviel Mutter braucht der Mensch? Der Mythos von der guten Mutter* (Reinbek bei Hamburg 1998) verweisen. Uta Meier-Gräwe hat ihren Schwerpunkt etwas verschoben – und ein Aufsatz ist neu hinzugekommen: Die Anglistin Greta Olson schreibt über das Thema „Reading and Writig as a Parent" und löste damit bereits in der Redaktion heftige Debatten aus. Der eigentlich für den vorliegen Band angekündigten Aufsatz von Christian Schenk („*queer families* – gegenwärtige Situation und Perspektiven) wird um eine Ausgabe ‚verschoben', erscheint also in der nächsten Ausgabe unserer Zeitschrift („Erinnern und Geschlecht – Band I" *Freiburger FrauenStudien*, Ausgabe 19).

Nur eine kleine Anzahl von Rezensionen wendet sich dieses Mal dem Thema des Bandes zu, dafür zeichnet sich bereits ab, dass es in den Rezensionen der folgenden Hefte fortgeführt wird. Die überwiegende Mehrzahl an Rezensionen haben wir der Überschrift „Dimensionen von *Gender Studies*" zugeordnet und auch das *queer*-Thema wird, wie angekündigt, fortgeführt. Außerdem gibt es ein Interview mit Karen-Susan Fessel u.a. zu ihrem ebenfalls besprochenen Buch *Jenny mit O*, das im Queer-Verlag erschienen ist.

An erster Stelle möchte ich mich bei den AutorInnen für Ihre Beteiligung bedanken, außerdem bei unserer ehrenamtlich arbeitenden Redaktion. Dem Rektor der Universität, Herrn Prof. Dr. Wolfgang Jäger danken wir für die Übernahme der Druckkosten.

Meike Penkwitt   Freiburg, im März 2006

Aufsätze zum Thema
‚Elternschaft'

Tomke König

Familiale Geschlechterarrangements

oder wie Paare Arbeit teilen und dabei Geschlecht herstellen

Es gibt sie immer noch: Paare, die gemeinsam in einem Haushalt leben und Kinder bekommen. Nicht nur Frauen und Männer, sondern auch Frauenpaare und Männerpaare entscheiden sich dazu, Familien zu gründen. Und das, obwohl sich in diesem Moment eine Menge verändert, was Paaren lieb und teuer ist. Angefangen bei der Exklusivität ihrer Beziehung, über den relativ geringen Aufwand, den ein Zwei-Personen-Haushalt verursacht, bis hin zur Autonomie der PartnerInnen, die vor allem auf ihrer beider Erwerbstätigkeit beruht. All diese Dinge bleiben von der Geburt oder Adoption eines Kindes nicht unberührt. Und damit nicht genug. Denn die neu entstehenden Beziehungen und die Mehrarbeit konfrontieren das Paar mit Fragen, die das Geschlechterverhältnis berühren: Wer von beiden kümmert sich wann und wie viel um die Kinder? Wer übernimmt welche Hausarbeiten? Und nicht zuletzt: Wer kann aufgrund der im Haushalt und in der Familie anfallenden Arbeiten weiterhin in welchem Umfang einer Erwerbstätigkeit nachgehen?

Diese Fragen tauchen vor allem dann im Alltag eines Paares auf, wenn *beide* Interesse daran haben, erwerbstätig zu sein und Zeit mit den Kindern verbringen wollen und darüber hinaus *keine/r* von beiden die Hausarbeit alleine erledigen will. Klärungsbedarf besteht auch dann, wenn die PartnerInnen unterschiedliche Vorstellungen darüber haben, wie sich ihr Arrangement gestalten soll. Abstrakter formuliert heißt das: In dem Maße, in dem hegemoniale Normen geschlechtsspezifischer Arbeitsteilung in Frage gestellt werden, müssen Frauen und Männer im Alltag herausfinden, wie sie die Haus-, Erziehungs- und Erwerbsarbeit aufteilen wollen. Im Laufe der Zeit finden Paare Antworten auf diese Fragen und es bilden sich spezifische arbeitsteilige Arrangements heraus. Das sind die Prozesse, um die es in meiner Untersuchung geht.[1] Anhand von Interviews mit Paaren, die mit kleinen Kindern zusammen leben, rekonstruiere ich, wie diese zu einem arbeitsteiligen Arrangement kommen.

Mit dem Fokus auf die *Prozesse*, in denen die familialen Geschlechterarrangements entstehen, möchte ich einen bestimmten Modus der wissenschaftlichen Erklärung einschlagen. Bislang wurde in der Forschung zur familialen Arbeitsteilung vor allem nach den *Gründen* gefragt, die es Paaren ermöglichen, die von ihnen gewünschten Beziehungen aufzubauen sowie die hierfür erforderlichen Entscheidungen über die Berufs- und Familienbiographie zu treffen. Die Antworten auf der Ebene struktureller Bedingungen sind Legion: Der Arbeitsmarkt ist nach wie vor geschlechtsspezifisch reguliert und es fehlt an sozialpolitischen und betrieblichen Maßnahmen. Hinzu kommen auf der Ebene der einzelnen Individuen die Beharrungskraft „latenter Geschlechtsnormen", die Interessen von Männern *und* Frauen an den Vorteilen der alten Ordnung sowie die „Institutionalisierung von Lebensläufen".[2] Schließlich gibt es einige Arbeiten, die sich mit der Frage beschäftigen, welche Rolle die Paardynamik für die familiale Arbeitsteilung und die Geschlechterarrangements spielt.[3] In all diesen Untersuchungen werden letztendlich die *Ursachen* bzw. die strukturellen, institutionellen und individuellen Gründe für Persistenz und Wandel geschlechtsspezifischer Arbeitsteilung analysiert. Ich nehme im Anschluss an Foucault eine Form der Analyse vor, die andere Fragen stellt. Statt nach den Ursprüngen, Ursachen und (mono)kausalen Zusammenhängen zu suchen, interessieren mich die *Logiken von Diskursen, Wissensformen* und *Handlungsfeldern*, in denen familiale Geschlechterarrangements entstehen.[4] Im Mittelpunkt meiner empirischen Analyse stehen dabei die diskursiven Praxen und sozialen Interaktionen der Paare selbst: Was und wie erzählen Paare von dem Prozess, in dem ihr Arrangement entstanden ist und welche Kriterien (Normen, Erwartungen, habituelle Gewohnheiten etc.), Motive und Begründungen formulieren sie für ihr Tun? Aus dieser diskurstheoretischen Perspektive verschiebt sich auch der Fokus auf die Geschlechterverhältnisse. Gefragt wird nicht, *ob* das Geschlecht der beteiligten Personen beim Zustandekommen familialer Arrangements eine Rolle spielt (nach dem Motto: Teilen zwei Frauen die Arbeit anders oder gerechter als eine Frau und ein Mann?). Mich interessiert vielmehr, auf welche Weise, im Rahmen welcher Mechanismen und diskursiven Praxen im familialen Alltag das *doing gender* einsetzt.[5] Die zentralen Fragen sind: Wann, wo, wie wird den sozialen AkteurInnen in familialen Lebensformen nahe gelegt, sich als ‚Frau' oder ‚Mann' darzustellen? Und welche Geschlechterarrangements werden in den diskursiven Praxen der Befragten ermöglicht oder verhindert?

Diesen Moment, in dem sich soziale AkteurInnen als ‚Frauen' oder ‚Männer' darstellen, fasse ich mit dem theoretischen Konzept der Anrufung oder Interpellation, das Althusser in seinem Text „Ideologie und ideologische Staatsapparate" entwickelt hat.[6] Anrufungen beschreibt er dort als einen spezifischen Funktionsmechanismus von Ideologie, in dem aus Individuen Subjekte werden. Im Text findet sich hierfür das bekannte Beispiel, in dem sich ein Passant auf den Ruf der Polizistin „He, Sie da" umdreht – ohne dass er hierzu von ihr gezwungen worden wäre.[7] In der Umdrehung liegt der entscheidende Moment, denn damit erkennt der Passant an, dass er gemeint ist und akzeptiert die Begriffe, mit denen er angerufen wurde. In dieser Unterwerfung unter das Bestehende sowie der Beherrschung der hierfür notwendigen Praxen findet Subjektivierung statt. Die Frage ist: Warum fühlt sich der Passant angesprochen? Schließlich hat die Polizistin ihn weder mit seinem Namen angesprochen noch auf die Schulter gefasst. Oder allgemeiner gefragt: Warum ist das Individuum so anfällig für Interpellationen? Ich möchte einer Lesart von Butler folgen, wonach die Umwendung ein Akt ist, „der gleichsam durch die ‚Stimme' des Gesetzes und die Empfänglichkeit der vom Gesetz Angerufenen bedingt ist".[8] Es gäbe demnach zwar keine Umwendung ohne vorherige Anrufung, aber das Individuum würde sich auch nicht umwenden, bestünde nicht schon eine gewisse Bereitschaft dazu. Diese Bereitschaft liegt in dem mit der Umwendung verknüpften Versprechen begründet: Das Individuum wendet sich „in Erwartung der Verleihung einer Identität durch die Selbstzuschreibung von Schuld" um.[9] Das Begehren des Angesprochenen, ‚Auge in Auge' mit der Autorität zu stehen, ist so zu verstehen. Diesem theoretischen Modell zufolge handelt das Individuum also weniger unter dem sozialen Druck einer Norm, als vielmehr unter der Vorstellung, überhaupt nur dann als Subjekt existieren zu können, wenn es sich umdreht. Die Unterwerfung unter das Gesetz ist der Preis für Subjektivation. In diesem theoretischen Modell werden Beherrschung und Unterwerfung also nicht binär gegenüber gestellt, sondern es wird von deren Gleichzeitigkeit ausgegangen. In den Worten von Butler:

> Je mehr eine Praxis beherrscht wird, desto vollständiger die Subjektivation. (...) Aus dieser Sicht werden weder Unterwerfung noch Beherrschung durch ein Subjekt vollzogen oder performiert; die gelebte Gleichzeitigkeit von Unterwerfung als Beherrschung und von Beherrschung als Unterwerfung (...) ist die Möglichkeitsbedingung für die Entstehung des Subjekts.[10]

Im Rahmen meiner Fragestellung tauchen zwei Ideologien auf, die die Individuen anrufen: ‚Familie' (resp. ‚Kind') und ‚Erwerbsarbeit'. Da ich an dieser Stelle aufgrund des zur Verfügung stehenden Raums nur eine der beiden Ideologien darstellen kann, werde ich mich in der folgenden Analyse auf die Anrufungen der ‚Familie' beschränken. Dabei wird sich vor allem zeigen, wie das ‚Gewissen' aus Frauen ‚Mütter' macht.

Eltern sollten genügend Zeit für ihre Kinder haben

In den meisten meiner Interviews findet sich die normative Vorstellung, Eltern sollten ausreichend Zeit mit ihren Kindern verbringen (im Folgenden kurz: *Zeitnorm*). Dies impliziert unterschiedliche Dinge. So sollten leibliche Mütter ihre Babys eine gewisse Zeit lang stillen und hierfür ihre Erwerbsarbeit zumindest vorübergehend unterbrechen. Für erwerbstätige Eltern impliziert die *Zeitnorm* eine Beschränkung der Erwerbsarbeit auf ein überschaubares Maß.[11] Allerdings bleibt ungewiss, woran die Befragten erkennen, wann sie genügend Zeit für ihre Kinder aufbringen oder in der Vergangenheit aufgebracht haben. In ihren Formulierungen dominiert die Befürchtung, es könnte zu wenig Zeit (gewesen) sein. Dies möchte ich im Folgenden an einem Paar exemplarisch illustrieren. Dabei wird es in einem ersten Schritt um Prozesse, Situationen und Szenen gehen, in denen das Wissen um die *Zeitnorm* bestimmte Selbstverständnisse und Praxen konstituiert. In einem zweiten Schritt werde ich dann darstellen, welche Versuchungen und Versprechen mit den normativen Vorstellungen der Aufgaben und Funktionen von Eltern verknüpft sind. An dieser Stelle im Text werde ich weitere Paare ins Spiel bringen. Denn die Palette an Versprechen, die die Paare mit der *Zeitnorm* verknüpfen, eröffnet den Blick auf unterschiedliche Möglichkeiten der Fürsorge, der Arbeitsteilung und des Selbstverständnisses als ‚Mutter' oder ‚Vater'.

Astrid und Michael, die sich im Studium kennen gelernt haben, haben beide geisteswissenschaftliche Fächer studiert. Nach dem Studium fand Astrid unerwartet schnell eine Anstellung bei einem Fernsehsender. Als Autorin und Producerin für Dokumentarfilme verdiente sie deutlich besser als Michael, der Lektor in einem kleinen Verlag war. Zu dem Zeitpunkt hatte Astrid in Bezug auf eine mögliche Familiengründung die Losung ausgegeben: „Wer weniger verdient, kümmert sich um das Kind". Damit wurde in diesem Paar früh festgelegt, dass eine/r von beiden aufgrund der Sorge für ein potentielles Kind die Erwerbstätigkeit (zeitweise) aufgeben würde. In den Gesprächen über ein mögliches familiales Arrangement standen dementsprechend keine Teilzeitmodelle zur Debatte, sondern vielmehr die Frage, ob die Höhe ihres jeweiligen Einkommens tatsächlich das maßgebliche Kriterium für ihre familialen Funktionen sein sollte (Existenzsicherung einerseits, Hausarbeit und *parenting* andererseits). Als Astrid einige Jahre später schwanger wurde, traten allerdings andere Kriterien und normative Vorstellungen in den Vordergrund. „Es hat sich gewandelt", so Astrid, als es „quasi ernst wurde":

> (...) Da ist auch meine Bereitschaft gestiegen zuhause zu bleiben. Weil ich dann auch so sah, dass bei ganz konkreten, also alleine zum Beispiel wegen des Stillens klar war, dass ich auf jeden Fall mindestens ein halbes Jahr zuhause bleiben würde, weil ich auch gedacht habe, mir das in meinem Beruf auch überhaupt nicht vorstellen konnte, dass ich dann da aus dem Büro nach Hause fahre, um zu stillen oder den da mit hin nehme. Das hätte man vielleicht machen können, wollte ich aber auch nicht. Gott sei Dank. Im Nachhinein sage ich, Gott sei Dank habe ich mich auf so etwas gar nicht eingelassen. Weil ich glaube, dass es für mich sehr viel Stress bedeutet hätte und für ihn auch.

Für Astrid ist von vornherein klar: Sie wird das Kind mindestens ein halbes Jahr stillen. Etwas anderes stand für sie nie zur Debatte. Und weil sie sich nicht vorstellen kann, wie sich diese Aufgabe mit ihrem Job vereinbaren lässt, steigt ihre „Bereitschaft zuhause zu bleiben". Astrid nimmt zunächst Elternzeit und kündigt ein halbes Jahr später ihre Stelle. Auch im Paarinterview ist von Astrids „Bereitschaft zuhause zu bleiben" die Rede. Gefragt, wie es dazu kam, dass sie ein Kind bekommen haben, sagt sie:

Doch, irgendwie war der Zeitpunkt da. Also der Zeitpunkt, wo wir auch beide gesagt haben, wir wollen. Und nicht jetzt einer sich anschließen musste der Meinung des anderen. Also bei mir war es so aus dem Gefühl heraus in erster Linie, dass ich gesagt habe, also jetzt ist der Zeitpunkt. Ja. Ich wollte einfach.

M: Ja, du hast ja auch vier Jahre gearbeitet.

A: Ja, dass ich glaube, das spielte auch eine Rolle, dass ich das Gefühl hatte, ich habe mich da beruflich erst mal ausgetobt und war an dem Punkt, wo ich, ja wo ich auch bereit war, da auszusetzen und diese, das in Kauf zu nehmen, dass ich da gegebenenfalls jetzt erst mal deutlich zurückstecken muss, zumindest was das Berufliche betrifft.

I: Sie erzählen das so, als sei es keine Frage gewesen, dass Sie diejenige sein würden, die zurücksteckt.

A: Es war kurz eine Frage. [M: Nö.] Aber Michael hat sehr schnell sehr deutlich gesagt, dass er das nicht machen würde.

M: Daran kann ich mich gar nicht mehr so genau erinnern.

Die Rekonstruktion der Familiengründung ist in dieser Passage unmittelbar mit der Frage verknüpft, wie ihr arbeitsteiliges Arrangement entstanden ist. Maßgeblich hierfür war zum Zeitpunkt der Schwangerschaft offensichtlich nicht mehr das Gehalt, sondern die Bedeutung, die die Erwerbsarbeit jeweils für sie hatte. In Astrids Formulierung, sie habe sich beruflich „ausgetobt", erscheint der Beruf als phasenweise wichtig. Insofern war für sie eine Unterbrechung der Erwerbsarbeit vorstellbar. Für Michael stellte sich die Situation offensichtlich anders dar, wie genau, wird aber erst später im Interview deutlich. An dieser Stelle geht es zunächst um die Frage, wie sich die Aushandlung konkret abgespielt hat und warum es letztendlich zu einem klassischen Arrangement gekommen ist. Wurde überhaupt verhandelt oder trägt eine/r von ihnen die ‚Schuld'? Als Astrid an einer späteren Stelle im Interview noch einmal nachfragt, ob er, Michael, sich tatsächlich nicht daran erinnern könne, dass er nicht zuhause bleiben wollte, sagt dieser:

Na, ich weiß, also, das klingt immer so, als hättest du, als hätte ich das mal ziemlich rabiat gesagt, als wäre das völlig klar. Also an diesen Einschnitt, sag ich mal, kann ich mich nicht bewusst erinnern. Aber im Prinzip ist das natürlich richtig, dass ich davor zurückschrecke. So haben wir uns jedenfalls erst mal beim ersten Kind geeinigt.

I: Wovor sind Sie zurück geschreckt?

M: Ach. Ich weiß auch nicht. Also zu dem Zeitpunkt. Ich hatte nur, oder das war vielleicht mehr eine Ausrede, nur einen befristeten Vertrag und dass ich immer Angst hatte, ob ich den dann verlängert kriege oder nicht, weil der dann ja abläuft, ohne dass ich was anderes habe und ich mich sozusagen aus dem Nichts wieder neu bewerben müsste. Wobei ich heute weiß, dass das eher eine Ausrede ist. Also das wäre keine Frage gewesen, wenn ich mehr mit meiner Chefin darüber verhandelt hätte.

A: Glaube ich auch.

M: Ja irgendwie, weiß ich nicht, für mich ist das ungewohnt. Irgendwie Angst, dass ich nur. Ich kann's, das ist irgendwie irrational, ich kann das gar nicht genau beschreiben. Einfach Angst davor, ins Loch zu fallen, ins Leere und nicht wieder, den Anschluss nicht wieder zu gewinnen. Wobei, ob ich nun die Angst habe oder Astrid die Angst hat. Du suchst ja jetzt auch gerade wieder. Und wir sehen auch, wie schwierig das ist. Also, das ist natürlich bei Frauen nicht anders. Das ist natürlich genau dasselbe mit anderen Vorzeichen. Ich weiß nicht. Ich schrecke davor zurück. Vielleicht hat es auch mit den eingespielten Rollen zu tun, dass das irgendwie ungewöhnlich ist oder schwieriger ist. Vielleicht ist das auch alles Quatsch. Ich weiß es nicht.

A: Ja, so weit ich mich da erinnere, war dann relativ schnell klar, dass, dass ich zuhause bleiben würde.

Michael wollte zwar ein Kind, das war eine „bewusste Entscheidung", wie er an einer anderen Stelle im Paarinterview sagt, aber er wollte auf keinen Fall seine Erwerbsarbeit unterbrechen. Eine Rolle spielen dabei für ihn gesellschaftlich hegemoniale Vorstellungen über die geschlechtsspezifische Arbeitsteilung. Im Einzelinterview hebt er diesen Punkt noch einmal hervor, wenn er sagt, es sei gesellschaftlich weniger akzeptiert, wenn Männer zuhause bleiben. In der Paardynamik stand allerdings der andere, in seiner Vorstellung geschlechtsunspezifische Aspekt im Mittelpunkt: Michael hatte Angst, aufgrund der Elternzeit vom Arbeitsmarkt ausgeschlossen zu werden. Abgesehen von der damit verbundenen materiellen Unsicherheit wäre für ihn ein Leben ohne Erwerbsarbeit „leer". „Zuhause zu bleiben", sagt Michael im Einzelinterview, „das war mir immer unheimlich". Vorstellbar ist, dass solche Ängste in einem Klärungsprozess, wer zuhause bleiben soll, zur Ressource werden. Ausschlaggebend war schließlich Michaels erfolgreiche Suche nach einer Anstellung, die lukrativ genug war, um damit die Familie zu ernähren. In dem Moment konnte er Astrid, wie er im Einzelinterview sagt, „mit ihren eigenen Waffen erschlagen". Sie habe ja immer gesagt, wer weniger verdient, bleibt zuhause. Mit dieser Formulierung ist klar: Es hat einen Kampf um das Arrangement gegeben. Und in dieser Machtdynamik haben normative Vorstellungen über die jeweiligen familialen Funktionen eine nicht unwesentliche Rolle gespielt. Am Ende des Paarinterviews versucht Astrid noch einmal, diese Dynamik zu verstehen und schildert ihr Erleben der Situation:

(...) Ich habe das so in Erinnerung, dass du sehr deutlich gesagt hast, du möchtest das nicht. Und du sagst das so. Was da so der Beweggrund war. Weil das schon bei mir, ich das so in Erinnerung habe, dass da schon die Erwartungen von außen an uns herangetragen werden, eine große Rolle gespielt haben.

M: Ja, mit Sicherheit.

A: Und das. Also sowohl was deine Entscheidung oder was deinen Willen oder Nichtbereitschaft angeht, zuhause zu bleiben oder deinen Willen, weiter zu arbeiten angeht, als auch meine Bereitschaft eben, da beruflich zurück zu stecken.

I: Und was heißt von außen?

A: Gesellschaft und Familie und Freunde. Weil ich da so merke, dass das jetzt immer, ja wo ich wieder zurück in den Beruf möchte oder die Situation für mich unangenehm wird, dass ich da merke oder ich mich frage: Mensch, warum ist das so? Warum läuft das so selbstverständlich, in diesen Bahnen? Und denke, das wird vielleicht weniger gelenkt von uns, wie wir so sind, in der Beziehung, sondern auch sehr stark von Erwartungen, die an mich oder an uns als Familie herangetragen werden.

M: Aber sind da Erwartungen an uns herangetragen worden, so bewusst?

A: Mhm. [bejahend, T.K.]

M: Von wem?

A: Von allen.

M: In Bezug auf diese Entscheidung, wer zuhause bleibt?

A: Klar.

M: Ich habe da mit niemandem drüber gesprochen.

A: Ja, du redest mit vielen Leuten über wenige Sachen. Also ich meine, du redest mit wenigen Leuten. Nein, was meinst du, wer mich alles gefragt hat? Alle.

M: Ja gut, alle haben gefragt, wie wollt denn ihr das machen, klar.

A: Ja aber auch mit einem bestimmten Tenor oder einer bestimmten Erwartung. Also zumindest habe ich das so empfunden.

M: Na gut.

A: Ganz deutlich.

M: Aber hätte jemand gesagt: „Mensch, warum macht denn ihr, finde ich aber nicht gut", wenn ich gesagt hätte, ich bleibe zuhause und du arbeitest weiter?

A: Nee, „fände ich nicht gut", weiß ich nicht, aber sicherlich als ungewöhnlich, doch das glaube ich schon, ungewohnt.

I: Wäre es Ihnen denn abwegig vorgekommen, weiter zu arbeiten?
A: Nee, abwegig nicht. Aber
M: Du hättest ein schlechtes Gewissen gehabt.
A: Ich glaube, ich hätte ein schlechtes Gewissen gehabt, mhm.
I: Wem gegenüber?
A: Dem Kind gegenüber und so oder so meiner kleinen Familie gegenüber. Also das, ich frage mich im Nachhinein manchmal, warum ich mir die Frage nicht, warum wir das nicht intensiver, damals uns damit auseinander gesetzt haben. Dass es so selbst, ein bisschen so mit einer Selbstverständlichkeit, mit einer Beiläufigkeit passiert ist.

Einerseits ist Astrid als ‚Frau' zum Zeitpunkt der Schwangerschaft offensichtlich stärker mit der Erwartung konfrontiert worden, ihre Erwerbstätigkeit zu unterbrechen. Andererseits entsteht in dieser Passage aber auch der Eindruck, als habe sich Michael besser vor den Anrufungen geschützt, indem er ihre Situation in Gesprächen mit anderen nicht zur Disposition gestellt hat. Bis heute wissen einige seiner ArbeitskollegInnen nicht, dass er Vater geworden ist. Hier wird deutlich: Es handelt sich bei den normativen Ansprüchen und Erwartungen nicht um etwas Abstraktes. Das schlechte Gewissen entsteht viel mehr in konkreten Szenen und Situationen. Man könnte auch sagen, die Anrufung hat konkrete Stimmen. Ihr schlechtes Gewissen ist in Gesprächen mit Verwandten, KollegInnen und FreundInnen entstanden, die selbstverständlich davon ausgingen, dass Astrid ihre Erwerbsarbeit mindestens ein Jahr unterbrechen würde.

A: Wenn Michaels Mutter hört, dass ich beruflich wieder einsteigen möchte: „Um Gottes Willen". Das ist für das Kind ganz schlecht, wenn ich den vor drei Jahren abgeben würde. Und wo ich heute sagen würde, das versuche ich, gar nicht an mich herankommen zu lassen, aber das sind halt so unterschwellig doch, merke ich doch, dass ich darüber nachdenke. Auch wenn ich mir sage, das brauchst du nicht ernst nehmen, ist Quatsch, dann sind das doch Dinge, die mich beschäftigen. (...) Wobei ich mir versuche immer rational oder jedenfalls vom Kopf her zu sagen, das ist Quatsch, dass der jetzt leiden würde, wenn ich hier nicht wäre. Das wäre anders für ihn, aber der würde da jetzt keine Störung davon tragen. Ich bin ja auch irgendwie groß geworden und habe das mit einer Kinderfrau irgendwie, habe da keine negativen Gefühle oder so. Wobei es trotzdem irgendwo schlummert in einem, oder jedenfalls bei mir, irgendwo ist dieser Gedanke da.

Rückblickend und mit Distanz zur Geburt des Kindes bringt Astrid in dieser Passage die ganze Ambivalenz der Subjektivation als ‚Mutter' zum Ausdruck. Noch bevor etwas passiert ist und obwohl ihre eigene Mutter es anders gemacht hat, erkennt Astrid ihre ‚Schuld' an und ist bereit, sich selbst zu beschränken. Ihr Gewissen wendet sie um und macht sie der „subjektivierenden Maßregelung" (Butler) zugänglich. Mit der Beendigung ihrer Erwerbstätigkeit befreit Astrid sich von ihrem schlechten Gewissen. Und indem sie für unschuldig erklärt wird, konstituiert sich ihr spezifisches Selbstverständnis als ‚Mutter'. Zentral ist dabei die Vorstellung, diejenige zu sein, die zum Wohl des Kindes beitragen kann und muss. Ich komme auf diesen Punkt weiter unten noch einmal zurück.

Im Rahmen meiner Frage nach den Prozessen, in denen familiale Geschlechterarrangements entstehen, ist nun von Interesse, welche Praxen der Arbeitsteilung in diesem Moment der Umwendung entstehen. Astrid betont im Einzelinterview, sie habe das „häusliche Dasein" nur deshalb gewählt und auf den Beruf verzichtet, „weil *er* da ist". Und während das Stillen „eine Sache (ist), die konnte nur ich machen", „das ging ja nun mal biologisch nicht anders", gibt es im Haushalt aus Astrids Perspektive ansonsten nichts, was Michael nicht auch machen könnte und bis vor der Geburt des Kindes auch gemacht hat. Die Hausarbeit wurde von beiden unter Berücksichtigung bestimmter Vorlieben erledigt. Trotzdem übernimmt Astrid mittlerweile beinahe alle Hausarbeiten. Den InterviewerInnen gegenüber hält das Paar dies offensichtlich für erklärungsbedürftig. Ohne danach gefragt worden zu sein, begründen sie in der folgenden Passage (etwas peinlich berührt) ihre Arbeitsteilung im Haushalt.

> M: (...) Also das, was ich früher mehr so allgemein im Haushalt mit gemacht habe, eigentlich jetzt weitgehend zurückgefahren ist. Das muss einfach damit zu tun haben, weil er (der Sohn, T.K.) ist den ganzen Tag hier und, aber ansonsten nichts zu tun. [A: lacht] Ja, so kann man das ja nicht sagen, aber
>
> A: Nein, ich, also das [M: Also das unterstützt das auch.] ja. Und es war ja auch für mich, ich wurde mal von 'ner Freundin gefragt, die sagte, Mensch Astrid, macht dir das jetzt nichts aus, da zu Hause diese ganzen Sachen zu machen? Ihr hattet doch eine Putzfrau. (...) Und das war für mich ganz klar, dass ich das mache. Also ich käme mir, also ich für mich persönlich würd's jetzt komisch finden, wenn ich hier die Wohnung sauber machen lassen würde, weil ich es zurzeit wirklich so empfinde, dass ich ja faktisch Zeit habe und ich jetzt diese Tätigkeit auch nicht als so herabwürdigend empfinde, dass ich sage, ich mach das nicht oder halt so fürchterlich. (...) Und ich mach's halt einfach. Und manche Sachen machen mir auch Spaß. (...) Aber es hat sich deutlich verschoben, ja, dass ich da mehr mache, dass ich da fast alles mache. Ja.

Astrid bezeichnet ihre gegenwärtige Situation als „häusliches Dasein" und betont auf die Weise den Ort, an dem sie sich die meiste Zeit des Tages aufhält. Was sie dort tut, bleibt ungesagt. Eine ähnliche Konnotation hat die „Bereitschaft zuhause zu bleiben". Es ist Michael, der in seiner kryptischen Formulierung etwas verschämt andeutet, wie er sich diese Zeit vorstellt: „ansonsten nichts zu tun". Das scheint allerdings nur gegenüber Dritten eine tabuisierte Sichtweise zu sein, denn Astrid geht auch hiervon aus: Da sie Zeit hat, kann sie sich auch um den Haushalt kümmern. Das sei zwar eine „lästige Sache", aber „es" würde sich in ihrer kleinen Wohnung in einem sehr überschaubaren Rahmen halten und sei keine „große Belastung". Von Arbeit ist an keiner Stelle die Rede. Schließlich ist das Paar der Meinung, Michael solle in seiner Freizeit und am Wochenende keine Hausarbeit erledigen. Dafür sei die gemeinsame Zeit zu kurz und „zu kostbar". Michael soll und will diese Zeit mit dem Kind verbringen. Früher habe er 60 bis 70 Stunden gearbeitet:

> (...) Aber seit Tom da ist, ja, da habe ich ganz deutlich gemerkt, dass eben Arbeiten nicht das Einzige ist, was irgendwie viel Spaß macht, sondern dass ich mich unheimlich gefreut habe, abends nach Hause zu kommen und Zeit mit Tom zu verbringen. Und ja, einfach die, mir dann einfach vorgenommen, in den 8 Stunden oder 9 Stunden, die ich im Büro bin, meine Sachen zu schaffen und dann ja einfach, abzuhaken und abends dann zuhause zu sein und mit der Familie zusammen zu sein. Also das einfach strenger einzuhalten, die Arbeit noch besser zu organisieren.

Die gesellschaftliche Reichweite der normativen Vorstellung, Eltern sollten genügend Zeit mit ihren Kindern verbringen, wird an diesem Punkt besonders deutlich. Sie legitimiert selbst die Begrenzung der Erwerbsarbeit eines Familienernährers. Der Anspruch, die Hausarbeit zu teilen, so wie er von dem Paar zu Beginn der Beziehung formuliert wurde, tritt dagegen immer stärker in den Hintergrund.

Wünsche und Versprechungen

Eine „bedingungslose Beziehung"

Bislang lag der Fokus auf den normativen Vorstellungen, die im Paar über familiale Aufgaben bestehen, dem schlechten Gewissen und dem Entstehungsprozess des Paararrangements. Im Folgenden möchte ich nun die unterschiedlichen Versprechungen darstellen, die die Interviewten mit der normativen Vorstellung verbinden, sie sollten genügend Zeit mit ihren Kindern verbringen.

Unmittelbar nachdem Astrid im Einzelinterview die Erwartungen beschrieben hat, die von außen an sie heran getragen wurden, sagt sie: „Aber die sehr viel größere Rolle hat für mich gespielt, dass ich gesagt habe, ich will das am Anfang auch mitbekommen und möchte einfach dabei sein." Was es genau ist, bei dem sie dabei sein möchte, wird vor allem in Passagen deutlich, in denen sie über ihre Erwerbsarbeit spricht. Astrid erzählt, sie habe ihre Arbeit sehr gerne gemacht. Es sei eine befriedigende Tätigkeit gewesen. Aber zum einen konnte sie sich nicht vorstellen, dort noch „sehr viel weiter zu kommen" und zum anderen habe sie gedacht: „Es gibt mit Sicherheit auch noch etwas anderes oder es muss auch noch etwas anderes geben als dieses berufliche sich Profilieren". Sie habe gemerkt „da fehlt noch was oder ich will nicht, dass das jetzt so weiter geht, sondern ich möchte ein Kind". Bei dem, was ihr im Beruf gefehlt hat und was sie sich von der Situation mit einem Kind verspricht, geht es vor allem um die Art der jeweiligen Beziehungen.

> A: Ein Kind zu haben, das ist für mich, ja schon etwas ganz Besonderes. Das ist etwas anderes als alles andere. Das gibt mir eine ganz andere Befriedigung als alle beruflichen Tätigkeiten, die ich je ausgeübt habe oder als alle anderen schönen Dinge, die ich in meinem Leben bisher erlebt habe. Das ist anders. Das ist nicht in allen Situationen besser, aber in vielen. (...) Das Gefühl ist anders. Es hat eine andere Qualität. (...) Aber emotional ist es etwas völlig anderes als andere. Also da würde ich eine klare Unterscheidung machen. Es ist bedingungsloser. Das ist am ehesten das Wort.

Die Gefühlsqualität der Beziehung zum Kind liegt für Astrid in der „Bedingungslosigkeit". In der Erwerbsarbeit habe sie das Produkt letztendlich nicht in der Hand gehabt, es sei immer unklar geblieben, was denn nun eigentlich ihr spezifischer Beitrag war und insofern habe sie sich ersetzbar gefühlt. In der Beziehung mit dem Kind ist das anders: Das Kind braucht sie. „Er will nur mich", sagt Astrid. „Er unterscheidet da zwischen Michael und mir und dann will der die Mama und dann geht auch nichts anderes." In den Praxen des familialen Alltags geht das Versprechen in Erfüllung, welches Astrids Selbstverständnis als ‚Mutter' ausmacht. Die Angewiesenheit des Kindes auf die Mutter bestätigt sich täglich aufs Neue.

Astrid hat im Alltag bestimmte Routinen mit dem Kind entwickelt. So bereitet sie den Brei auf eine bestimmte Art zu und tröstet das Kind nach einem immer wiederkehrenden Muster. Diese Routinen erleichtern ihren Umgang mit dem Kind. Darüber hinaus gelten diese Routinen im Paar aber auch als Maßstab dafür, was für das Kind richtig und wichtig ist.

> A: (...) Und wenn ich dann sehe, Michael vergisst die Butter, dann sage ich es ihm. Und dann sage ich es auch, weil es mir nicht egal ist, weil ich denke, nee ich möchte natürlich, dass Tom den Brei so kriegt, wie er ihn immer kriegt bzw. so wie ich denke, dass er gut ist. Wo ich vielleicht in anderen Situationen denken würde, ach egal, lassen wir das unter den Tisch fallen.

Astrid verneint meine Frage deutlich, ob sie Expertin sei, weil sie eine Frau ist. Wenn Michael jeden Tag mit dem Kind verbringen würde „und da regelmäßig die Breis zusammenschütten würde", so Astrid, dann würde „das genau umgekehrt passieren. Dann ist für ihn klar, da kommt jetzt die Butter rein und zack, zack, zack und so viel Löffel von dem". Da Michael aber nur in seiner Freizeit und am Wochenende „Kinderdienst" (Michael) hat, kommt es immer wieder zu Situationen, in denen er „nicht gut Bescheid weiss".

> M: (...) Da muss ich halt Astrid fragen oder Astrid entscheidet viel. Ja, und da ist dann manchmal die Frage: Machst du das oder mache ich das? Mache ich das richtig? Wie muss ich das machen?
>
> A: Ich bevormunde dich, meinst du?

M: Und dann werde ich beobachtet und dann mache ich den Löffel zu voll oder ich mache zu wenig Pulver drauf oder wie auch immer. Ja das ist schon viel Konfliktpotential, sage ich mal. (...) Das ist auch so, dass Astrid das die ganze Woche macht und natürlich auch mehr Erfahrung im Umgang hat und mit manchen Sachen sich besser auskennt. Ja und dann werde ich halt korrigiert und so weiter. Manchmal geht es mir auch auf die Nerven. Und oft frage ich ja auch. Aber das muss man halt immer austarieren.

In der alltäglichen und engen Beziehung mit dem Kind entstehen bestimmte Praxen der Fürsorge, die von beiden als die einzig richtigen interpretiert werden. Auf die Weise bleibt Michael die Möglichkeit versperrt, eigene Formen der Sorge um das Kind zu entwickeln. Die Erfahrungen und Handlungsweisen seiner Frau werden absolut gesetzt. Allerdings löst dies auch bei Astrid ambivalente Gefühle aus: Es sei zwar „schmeichelhaft", wenn das Kind nur sie „haben will", aber eben auch „anstrengend und unpraktisch". Häufig würde sie denken: „Mein Gott, warum nimmt er jetzt nicht seinen Vater".

Letztendlich ist es jedoch ein anderer Aspekt, der Unzufriedenheit mit ihrer Situation entstehen und sie sagen lässt: „Man fühlt sich so ungebraucht, zurückgestoßen. Völlig auf die Mutterrolle reduziert". Als Astrid ihre Stelle kündigte, war sie überzeugt, ein Wiedereinstieg in das Erwerbsleben sei aufgrund ihres Universitätsabschlusses und ihrer Berufserfahrung leicht. Zum Zeitpunkt des Interviews (das Kind ist ca. 6 Monate alt) hat sie sich jedoch bereits mehrfach erfolglos beworben und blickt pessimistisch in die Zukunft: Ihr würden am jetzigen Wohnort berufliche Kontakte fehlen und ihr Wunsch einer Teilzeitstelle sei mit bestimmten beruflichen Tätigkeiten aus der Perspektive vieler Arbeitgeber nicht vereinbar. In Zukunft will sie bei Bewerbungen ihr Kind sowie den Wunsch einer Halbtagsstelle verschweigen. Vor diesem Hintergrund ist noch einmal besser zu verstehen, warum Astrid im Interview mit ihrer Bereitschaft, „zuhause zu bleiben", hadert und sich fragt, ob ihre normativen Vorstellungen „Quatsch" sind.

Ein abgesicherter Lebensstandard

In meinem Sample finden sich eine Menge anderer Interviews, in denen angenommen wird, Eltern sollten genügend Zeit mit ihren Kinder verbringen. Doch interessanterweise bestehen große Unterschiede in dem Versprechen, das mit dieser Vorstellung verknüpft wird. Das möchte ich nun beispielhaft an zwei weiteren Paaren zeigen. Denn mit diesen unterschiedlichen Versprechungen sind auch andere Praxen familialer Arbeitsteilung verknüpft.

Auch für Pit (Elektriker) und Elke (Vertriebsleiterin in einer großen Firma) war zum Zeitpunkt der Schwangerschaft klar: Eine/r von ihnen wird während der gesetzlich möglichen Elternzeit die Erwerbsarbeit unterbrechen. Sie hätten das Baby „auf keinen Fall" bei einer Kinderfrau gelassen. Aber es ist der Mann, der die Erziehungszeit nimmt. Elke ist acht Wochen nach der Geburt des Kindes wieder Vollzeit erwerbstätig. In der Begründung dieses Arrangements finden sich Hinweise auf das Versprechen, welches Pit mit der Sorge um das Kind verknüpft.

> P: Ich hatte halt in meinem Bereich keine großartigen Aufstiegschancen, es sei denn, ich hätte halt über zwei Jahre 'n Techniker machen müssen oder halt meinen Meister. Dafür hatte ich aber, na ja, grad ausreichend Berufserfahrung. War es halt als Erstes der finanzielle Aspekt und weil sie halt auf jeden Fall noch andere Aufstiegschancen hatte. Und zu der Zeit wurde mir noch 'n Haus überschrieben, was jetzt 101 Jahr alt ist und dementsprechend auch viel zu arbeiten drin war. Und da hab ich mir halt auch gesagt, ja, dann bleib ich halt zu Hause, weil da, also kann ich wenigstens irgendwelche Termine mit irgendwelchen Firmen halt untern Hut kriegen. Und ich sag mal, ich bin nicht der Freund von Kindergeschrei. Es hat mich schon als Kind selbst aufgeregt teilweise, aber als es dann halt soweit war, da war, gab's gar keine Diskussion. Und da hab ich halt gesagt, ich bleib zu Hause.

Hier ist nicht von einer besonderen Beziehung zum Kind die Rede. Pit assoziiert Kinder eher mit unangenehmem Geschrei. Im Vordergrund stehen berufliche Aspekte und materielle Erwägungen, die ihre Existenz als Familie betreffen. Sie wären sich einig gewesen, so Elke, „wir wollen dann ein Kind, wenn wir's uns leisten können, aber uns selber im Lebensstandard nicht zurückschrauben müssen". Da Elke zum Zeitpunkt der Geburt des Kindes besser verdiente und auch in absehbarer Zukunft bessere Verdienstmöglichkeiten haben würde, war klar, wer von ihnen „zuhause bleibt". Von Bedeutung ist hierfür allerdings auch, dass die Elternzeit für Pit einen Handlungsspielraum eröffnet. Seine Situation am Arbeitsplatz habe ihn „angekotzt". Nicht zuletzt deshalb, weil er als Elektriker in der Firma kaum Veränderungs- und Aufstiegsmöglichkeiten hatte. Dieser beruflichen Situation steht die allein verantwortete Sanierung des väterlichen Hauses diametral entgegen. Auf dieser Baustelle ist er der Chef, der Anweisungen gibt.

Doch mit diesem Arrangement wendet sich Pit gegen Erwartungen, die sein soziales Umfeld an ihn als ‚Mann' stellt. Vor allem am Arbeitsplatz wurde seine Entscheidung diskriminierend kommentiert. Die erste Frage eines Kollegen sei gewesen: „Ja, haha, gibst du deinem Kind auch die Brust? Hahaha. Witzig, witzig." Und ein Vorgesetzter habe gesagt: „Wie, der Müller, der bleibt zu Hause, der macht die Mutter? Können wir mit dem überhaupt arbeiten? Was ist 'n das für einer?" Dieser Infragestellung seiner beruflichen Integrität und Identität als ‚Mann' begegnet Pit offensiv. Zunächst habe er den „uninformierten Arbeitgeber" über seine rechtlichen Ansprüche aufgeklärt. Und seit dem „fünften Spruch" habe er eine Antwort bereit gehalten, die ihm ein „überlegenes Gefühl" und „Selbstbewusstsein" gegeben hätte:

> (...) Hab ich gemeint, ja, macht ihr nur, fahrt ihr eure Schiene, so wurde es ja schon 200, 300 Jahre gemacht, seit der Industrialisierung wurde es ja so gemacht. Und von daher denken sie, dass sie doch jetzt viel besser sind und

dass ich jetzt der arme Arsch bin oder auch 'ne leichte Spur von Mitleid mir so entgegenkam. Und da hab ich aber gedacht, also eigentlich ist es Blödsinn, also macht ihr nur so weiter, jeden Tag dasselbe und mal gucken, wenn dann der Rentenbescheid kommt, dann könnt ihr sehen, dass ihr noch irgendwo als Pförtner weitermacht.

Pit hat nicht nur etwas getan, was in seinem Milieu ansonsten Frauen tun. Er hat die Elternzeit *als ‚Mann'* genommen. Denn ausschlaggebend für diese Entscheidung war das Eingeständnis, die materielle Existenz der Familie nicht alleine absichern zu können – was in diesem sozialen Milieu nach wie vor ein zentraler Aspekt männlicher Identität ist. Ebenso schwer wiegt aus Pits Perspektive aber die Beschämung, (im Alter) unqualifizierte Arbeit verrichten zu müssen. Darauf angesprochen hätten einige Kollegen eingeräumt, sie würden „jetzt nicht so rumkrebsen", wenn ihre Frau damals nicht ihren lukrativen Job aufgegeben hätte. Die Arbeit an der Geschlechtsidentität erscheint in diesen Formulierungen als Preis für einen bestimmten Lebensstandard, der die soziale Integrität absichert. So wie sich andere Männer dafür zuständig fühlen „das Geld ranzuschaffen und zu arbeiten" („alles andere ist denen wurscht, (...) selbst wenn sie Urlaub haben, schlafen sie lieber lange, als sich um das Kind zu kümmern"), „ist mein Job das Kind". In dieser und ähnlichen Formulierungen hebt Pit die von ihm in der Familie übernommenen Aufgaben hervor. Dabei klingt immer auch Verantwortung an: Wenn er beim Windeln wechseln merkt, dass die Hose spannt, wird er neue Kleider für das Kind kaufen. Wenn sich das Kind abends am Ohr reibt, plant Pit für den nächsten Morgen einen Ärztinnenbesuch ein. Und wenn das Kind hinter dem Haus spielt, hat der Vater „ein Auge und ein Ohr" dort hin gerichtet, weil sich das Kind auf dem Betonboden leicht verletzen kann. Auch in diesem Paar zeitigt die überwiegende Zuständigkeit eines der Elternteile ihre Folgen. Die Tochter hat sich lange Zeit nur von ihm ins Bett bringen lassen. Sie sei ein richtiges „Papakind". Doch es handelt sich hierbei mehr um einen unerwarteten Effekt als um einen Wunsch. Er sei stolz hierauf, schließlich habe niemand gedacht, dass er es mit dem Kind schaffen und es lange zuhause aushalten würde. Anders als Astrid hat Pit den „Job" mit dem Kind nur unter bestimmten Bedingungen übernommen: An einem Tag in der Woche ist das Kind bei den Großeltern und abends ist Elke zuständig. Pit ist genervt, wenn diese Absprachen nicht eingehalten werden. Hierfür gibt es allerdings auch nur selten Anlass, denn Elke lässt sich von der Ideologie der ‚Familie' anrufen. Obwohl sie versucht, „nach der Arbeit nichts anderes zu machen, als mich um das Kind kümmern", hat Elke ein schlechtes Gewissen. „Ich versuch das schon noch so 'n bisschen zu kompensieren", sagt sie und fügt an, beim nächsten Kind wolle sie auf jeden Fall mehr Zeit zuhause sein.

Eine ähnliche Dynamik entfaltet sich rings um die Hausarbeit. So wie Astrid und Michael argumentiert auch dieses Paar mit der Zeit: Da Pit mehr zuhause ist als Elke, erledigt er den Großteil der Hausarbeit. Für diese Aufteilung spricht aus Pits Perspektive allerdings auch seine Kompetenz: „Weil ich 'nen Haushalt, ja, nicht besser kann, aber öfters mache und deswegen vielleicht geübter bin, um es durch die Blume auszudrücken." Als Sohn einer alleinerziehenden erwerbstätigen Mutter musste er früh alle Haushaltsarbeiten lernen. Doch auch wenn Pit sich für diese Dinge zuständig fühlt, gibt es klare Grenzen. Die sind dann erreicht, wenn nicht mehr genügend Raum für seine anderen „Jobs" und für Treffen mit Freunden bleiben. Und so insistiert er auf Elkes Mitarbeit im Haushalt. In einer Auseinandersetzung habe er mal gesagt:

> Am Wochenende, wenn die Kleine schläft, dann kannst du auch ruhig noch mal 's Bad putzen, musst ja nicht unbedingt mit irgendwelchen Freundinnen fahren oder irgendwas, du hast abends genauso viel Freizeit wie ich, da kannste auch was machen.

Auch an diesem Punkt wird deutlich, dass sich Elke als ‚Frau' von der Ideologie der ‚Familie' anrufen lässt. Schon vor dieser Auseinandersetzung habe sie „natürlich auch immer 'n extrem schlechtes Gewissen" gehabt, weil sie kaum noch etwas im Haushalt gemacht habe. Das schlechte Gewissen „kam eigentlich von selber". Und so steht sie nun seit einigen Monaten morgens eine Stunde früher auf, um vor der Arbeit verschiedene Dinge im Haushalt zu erledigen (Küche sauber machen, Spülmaschine ausräumen, Waschmaschine starten). Pit ist mit dem Ergebnis zwar nicht immer zufrieden, aber zum einen kann sie es in seinen Augen durch Übung noch verbessern und zum anderen zählt die Erledigung an sich.

Zusammenfassend können wir festhalten: Auch Pit und Elke lassen sich von der *Zeitnorm* anrufen. Aber sie knüpfen die Notwendigkeit der exklusiven elterlichen Sorge um das Kind nicht an Funktionen des biologischen Geschlechts, sondern an die Frage, wer wie viel Geld verdienen kann. Auf diese Weise unterläuft das Paar in ihren (diskursiven) Praxen bestimmte Vorstellungen über geschlechtsspezifische Zuständigkeiten. Bemerkenswerterweise findet dies in einem Milieu statt, in dem eine ausgesprochen klare Vorstellung von ‚Männlichkeit' besteht. Angesichts mangelnder Ressourcen, die diese ‚Männlichkeit' überhaupt nur möglich machen, entwickelt Pit eigene Vorstellungen über seine Geschlechtsidentität. Bestimmte Formen der Fürsorge sind Bestandteil seines Selbstverständnisses. Gleichzeitig besteht ein Funktionsmechanismus des familialen Geschlechterarrangements aber auch in der „subjektivierenden Maßregelung" (Butler) Elkes als ‚Frau'. Ihre Erwerbstätigkeit verstärkt die Anerkennung von ‚Schuld'. Und es ist ihr Gewissen, das sie umwendet und fürsorgliche Praxen entstehen lässt, in denen sie sich als ‚Mutter' definiert.

Ein Arrangement, in dem „jeder von allem was hat"

Im letzten Paarbeispiel werde ich den Fokus nun auf *eine* der beiden Partnerinnen legen, um die Dynamik der Anrufung durch die ‚Familie' und die damit verbundene Darstellung von Geschlecht zu rekonstruieren. In ihrer Erzählung zeigt sich besonders deutlich, dass es möglich ist, einen flexiblen Umgang mit der *Zeitnorm* zu entwickeln. Gefragt, wie sie sich früher das Leben in einer Beziehung vorgestellt habe, unterscheidet Ute (Chemielaborantin) zwei Perioden. Vor ihrem *Coming Out* als Lesbe hatte sie folgende Vorstellung:

> Irgendwann mal Mann, Haus, Kinder, Hund. Also so richtig klassisch. Ich habe auch echt gedacht, ich werde Hausfrau und Mutter. Und dass ich da auch aufblühe drin, also dass mir das auch langt. Also dass ich nicht arbeiten gehen muss, sondern dass ich eher so dieses Kinder und Hausfrau und Mutter sein.

In der familialen Konstellation mit einem Mann wäre es für Ute selbstverständlich gewesen, als ‚Frau' bestimmte Funktionen zu übernehmen. Und sie ging davon aus, als ‚Mutter' nicht mehr erwerbstätig sein zu *wollen*. „Also ich dachte diese Mutterliebe oder dieses Aufgehen mit Kind, dass das überwiegt im Prinzip." Die zweite Periode beginnt, als Ute merkt, dass sie „auf Frauen steht". Zunächst habe sie gar nicht mehr über Kinder nachgedacht. Erst in der Beziehung mit Pia habe sie wieder einen „Kinderwunsch" gehabt. Doch in der Auseinandersetzung über die Art der Familiengründung und der Arbeitsteilung tauchten neue Vorstellungen von ihrer Funktion als ‚Frau' auf. Während Pia (Krankenschwester) unbedingt „das Wunder" der Schwangerschaft erleben wollte, hatte Ute keinen „brennenden Wunsch", ein Kind zu gebären. „Bei mir ist es nicht so dieses: Oh, ich bin eine Frau und ich muss unbedingt, diese Fähigkeit, Kinder zu bekommen." Etwas abstrakter ausgedrückt heisst das: Um zu sich ein Verhältnis als ‚Frau' herzustellen, muss Ute nicht schwanger werden. Und was ist mit der Funktion der leiblichen Mutter? Ute erzählt, es sei für Pia von vornherein klar gewesen, dass sie schnell wieder arbeiten gehen würde. Sie selbst habe zu dem Zeitpunkt hingegen noch gedacht, dass es für ein Kind wichtig ist, in den ersten drei Jahren von der Mutter „eine Rundumbetreuung" zu bekommen. Alles andere wäre ihr wie ein „Abschieben" des Kindes vorgekommen. Erst als Pia nach einem halben Jahr wieder stundenweise anfing zu arbeiten und Ute an den Wochenenden alleine für das Kind zuständig war, änderte sich diese Vorstellung. In den Vordergrund trat nun die Schwierigkeit, „den Tag rumzukriegen, alleine mit dem Kind". Ein Kind großzuziehen ist ein „Job", so Ute, „der anstrengender ist als jede andere Arbeit". Jetzt könne sie nachvollziehen „dass man als Frau auch irgendwo nicht nur Kind und Haushalt irgendwie existiert, sondern dieser Beruf halt schon auch 'ne gute Abwechslung ist". Ein Arrangement, in dem beide Elternteile erwerbstätig sind – „es irgendwie zusammen arrangieren, dass jeder von allem was hat" – ist dabei nicht nur für das Selbstbewusstsein der leiblichen Mutter wichtig, sondern auch „gut für das Kind". Die Mütter würden dann mit „mehr Elan und Aufmerksamkeit an das Kind heran gehen". Jetzt findet sie es schlimm, „Frauen zu verurteilen, die nach einem halben Jahr oder einem Jahr sagen, sie wollen wieder arbeiten gehen." In diesen Formulierungen ist die enge Verknüpfung gesellschaftlicher Normen mit dem Versprechen einer Identitätsstiftung besonders deutlich. In dem Maße, in dem neue Aspekte zu Utes Selbstverständnis als ‚Frau' hinzutreten, wird eine Kritik an der moralisch konnotierten *Zeitnorm* möglich.

Allerdings stellen auch Ute und Pia im Interview (etwas erschrocken) fest, dass sie seit der Geburt des Sohnes eine „klassische Rollenteilung" etabliert haben. Pia erledigt den größten Teil der Hausarbeit. Und wenn Ute etwas macht, dann sind es „eher die schwereren Sachen" (Getränkekisten schleppen, Müll). Sie übernehme „den männlichen Part". In Bezug auf das Kind nehmen sie ihre Situation anders wahr.

> U: Und ich glaube, dass wir als Frauenpaar da mehr wissen als, als, als
>
> P: Als wie 'n Heteropaar, und das erleben wir auch immer. Wir sind ja nicht nur jetzt unter Frauen zusammen, wir haben auch ganz viele Heteropaare und wo man viel mitbekommt, dass die Männer eigentlich aus dieser ganzen Kind-Beziehung oder Erziehung oder so was total draußen sind. Also viele, nicht alle. (...) Ich hab auch schon ganz extreme Fälle, wo das Kind sechs Monate alt ist und der Mann hat noch nicht einmal Windeln gewechselt. Wo ich mir denke: Hallo, hast du mit entschieden, dass wir jetzt 'n Kind bekommen. Also das ist bei uns überhaupt kein Thema.
>
> U: Also ich kämpf auch da, oder ich sag auch, ich will jetzt die Windeln wechseln oder ich will jetzt hier irgendwie Zeit mit ihm haben.

Pia und Ute argumentieren in dieser Passage mit ihrem Geschlecht: Gerade weil sie zwei Frauen sind bzw. sie sich als ‚Frauen' mehr für die Beziehung zum Kind interessieren, gestaltet sich das *parenting* nicht klassisch. Beide wollen Zeit mit dem Kind verbringen. Um diesen Wunsch zu erfüllen, muss Ute „kämpfen": Manchmal gegen Pia, die aufgrund ihrer täglichen Erfahrungen besser über das Kind Bescheid weiß. Manchmal gegen die Zwänge der Erwerbsarbeit. Und manchmal gegen sich selbst – nämlich dann, wenn sie müde von der Arbeit nach Hause kommt und/oder gerne Zeit für sich alleine hätte.

Fazit

Paare, die Kinder bekommen, *müssen* sich auf die eine oder andere Weise mit den Anrufungen auseinandersetzen, die mit der Ideologie der ‚Familie' verbunden sind. Diese Notwendigkeit verstehe ich im Anschluss an die Theorie der Interpellation nicht als einen Zwangsmechanismus, gegen den sich die Angerufenen im Sinne einer Befreiungslogik wehren sollten oder können. Denn die Auseinandersetzung mit bestehenden Normen und ‚Gesetzen' ist Teil des Prozesses, in dem Personen als ‚Mutter' oder ‚Vater' identifiziert werden. Zwingend meint also notwendig für die Subjektwerdung. So verbinden die Befragten mit der normativen Vorstellung darüber, was für ein Kind richtig und wichtig ist und was von den Eltern erwartet wird, immer auch ein Versprechen. Die Norm geht mit einem Gewinn für die SprecherInnen einher. Dabei versprechen sich die Interviewten unterschiedliche Dinge von der Betreuung und Fürsorge ihrer Kinder: eine bedingungslose Beziehung, eine Alternative zur (wenig erfüllenden) Erwerbsarbeit, ein „Gemeinschaftsprojekt" (Pia) mit der Partnerin. Diese Liste ließe sich fortsetzen. Der zentrale Punkt ist hier: Mit diesen unterschiedlichen Versprechungen sind unterschiedliche Selbstverständnisse als ‚Mutter'/‚Vater' sowie verschiedene Praxen familialer Arbeitsteilung verknüpft. Dargestellt werden nicht nur ‚Mütterlichkeit' in Abgrenzung von ‚Väterlichkeit', sondern auch unterschiedliche Arten von ‚Mütterlichkeit' und ‚Väterlichkeit'. Diese verschiedenen Formen geschlechtlicher Selbstverständnisse sind sowohl Indiz für einen Wandel als auch für eine zähe Persistenz traditioneller familialer Geschlechterarrangements.

Anmerkungen

1 Es handelt sich bei dieser Untersuchung um ein laufendes Habilitationsprojekt, das von der Universität Basel mit einem Stipendium unterstützt wird.
2 Cornelia Koppetsch/Günter Burkart: *Die Illusion der Emanzipation*, Konstanz 1999, S. 6. Helga Krüger: „Die Analyse ehepartnerlicher Erwerbsverläufe – Ansatzpunkte für modernisierungstheoretische Überlegungen", in: Claudia Born/Helga Krüger (Hrsg.): *Erwerbsverläufe von Ehepartnern und die Modernisierung weiblicher Lebensläufe*, Weinheim 1993, S. 209-226. Mit dem Konzept der „Institutionalisierung von Lebensläufen" wird die gesellschaftliche Strukturiertheit familialer Geschlechterarrangements hervorgehoben. Von Bedeutung ist dabei die spezifische Struktur und Organisation der verschiedenen Institutionen (Familie, Bildungssystem, Arbeitsmarkt und Versicherungssystem) sowie deren geschlechtsspezifische Verschränkung im Lebenslauf der EhepartnerInnen.
3 Siehe hierzu: Arlie Hochschild/Anne Machung: *The second shift: Working parents and the revolution at home*, New York 1989. Ute Notz: *Manager-Ehen. Zwischen Karriere und Familie*, Konstanz 2004. Einige Studien stellen dabei auch die ökonomischen Aspekte der Paararrangements ins Zentrum ihrer Untersuchungen. Siehe z.B. Christine Wimbauer: *Geld und Liebe. Zur symbolischen Bedeutung von Geld in Paarbeziehungen*, Frankfurt/M. 2003.
4 Michel Foucault: *Archäologie des Wissens*, Frankfurt/M. 1973.
5 Um verschiedene Dimensionen und Aspekte der Konstruktion von Geschlecht in den Blick zu bekommen, greife ich zum einen auf die ethnomethodologische Konzeption von Geschlecht als *doing gender* zurück (Candace West/Don H. Zimmermann: „Doing Gender", in: Judith Lorber/Susan A. Farrell (Hrsg.): *The Social Construction of Gender*, Newbury Park 1991, S. 13-37; Erving Goffman: „Das Arrangement der Geschlechter", in: Hubert Knoblauch (Hrsg.): *Interaktion und Geschlecht*, 2. Auflage, Frankfurt/M. 2001, S. 105-158). Zum anderen beziehe ich mich auf die diskurstheoretische Konzeption von Geschlecht als „performativer Akt" (Judith Butler: *Das Unbehagen der Geschlechter*, Frankfurt/M. 1991.). Die erste Konzeption hebt die Bedeutung der Mechanismen und Strukturen von sozialen Interaktionen hervor, die zweite rückt „Geschlechternormen und deren wirkmächtige Anrufungspraxis" ins Zentrum ihrer Analyse (Andrea Maihofer: „Geschlecht als soziale Konstruktion – eine Zwischenbetrachtung", in: Urte Helduser/Daniala Marx/Tanja Paulitz/Katharina Pühl (Hrsg.): *under construction? Konstruktivistische Perspektiven in feministischer Theorie und Forschungspraxis*, Frankfurt/M./New York 2004, S. 40).
6 Louis Althusser: „Ideologie und ideologische Staatsapparate", im gleichnamigen Band, Hamburg/Berlin 1977, S. 108-153.
7 Verschiedentlich wurde darauf hingewiesen, dass diese Szene auch allegorisch verstanden werden kann, sich also nicht ereignen braucht, um wirksam zu sein. Die Anrufung ist demnach „eine ganz bestimmte Inszenierung des Rufes". Judith Butler: „Das Gewissen macht Subjekte aus uns allen. Subjektivation

nach Althusser", in: Dies.: *Psyche der Macht. Das Subjekt der Unterwerfung*, Frankfurt/M. 2001, S. 101.
8 Ebd., S. 102.
9 Ebd., S. 102.
10 Ebd., S. 110.
11 Diese Vorstellung findet sich auch in wissenschaftlichen Diskursen wieder. So zum Beispiel in der Unternehmensstudie von Hochschild, in der sie beschreibt, wie der Arbeitsplatz für die Angestellten aller Etagen aufgrund der langen Arbeitszeiten zum Zuhause wird und in den Familien ein tayloristisches Zeitregime Einzug hält. Es sind vor allem die Kinder, die nach Hochschild unter diesem taylorisierten Zuhause leiden. Vgl. Arlie Russel Hochschild: *Keine Zeit. Wenn die Firma zum Zuhause wird und zu Hause nur Arbeit wartet*, Opladen 2002.

Literatur

Althusser, Louis: „Ideologie und ideologische Staatsapparate", in: Ders: *Ideologie und ideologische Staatsapparate*, übers.: Peter Schönler und Klaus Riepe, Hamburg/Berlin 1977, S. 108-153.

Butler, Judith: *Das Unbehagen der Geschlechter*, übers.: Katharina Menke, Frankfurt/M. 1991.

Butler, Judith: „Das Gewissen macht Subjekte aus uns allen. Subjektivation nach Althusser", in: Dies.: *Psyche der Macht. Das Subjekt der Unterwerfung*, übers.: Reiner Ansén, Frankfurt/M. 2001.

Foucault, Michel: *Archäologie des Wissens*, übers.: Ulrich Köppen, Frankfurt/M. 1973.

Goffman, Erving: „Das Arrangement der Geschlechter", in: Hubert Knoblauch (Hrsg.): *Interaktion und Geschlecht*, 2. Auflage, übers.: Margarethe Kusenbach und Hubert Knoblauch, Frankfurt/M. 2001, S. 105-158.

Hochschild, Arlie Russel/Machung, Anne: *The second shift: Working parents and the revolution at home*, New York 1989.

Hochschild, Arlie Russel: *Keine Zeit. Wenn die Firma zum Zuhause wird und zu Hause nur Arbeit wartet*, Opladen 2002.

Koppetsch, Cornelia/Burkart, Günter: *Die Illusion der Emanzipation*, Konstanz 1999.

Krüger, Helga: „Die Analyse ehepartnerlicher Erwerbsverläufe – Ansatzpunkte für modernisierungstheoretische Überlegungen", in: Claudia Born/Helga Krüger (Hrsg.): *Erwerbsverläufe von Ehepartnern und die Modernisierung weiblicher Lebensläufe*, Weinheim 1993, S. 209-226.

Maihofer, Andrea: „Geschlecht als soziale Konstruktion – eine Zwischenbetrachtung", in: Urte Helduser/Daniala Marx/Tanja Paulitz/Katharina Pühl (Hrsg.): *under construction? Konstruktivistische Perspektiven in feministischer Theorie und Forschungspraxis*, Frankfurt/M./New York 2004, S. 33-43.

Notz, Ute: *Manager-Ehen. Zwischen Karriere und Familie*, Konstanz 2004.

West, Candace/Zimmermann, Don H.: „Doing Gender", in: Judith Lorber/Susan A. Farrell (Hrsg.): *The Social Construction of Gender*, Newbury Park 1991, S. 13-37.

Wimbauer, Christine: *Geld und Liebe. Zur symbolischen Bedeutung von Geld in Paarbeziehungen*, Frankfurt/M. 2003.

Uta Meier-Gräwe

Bedarfsgerecht, verlässlich und von guter Qualität

Infrastrukturen für Kinder und Eltern als unverzichtbare Kontextbedingung familialer Lebensführung

Es mutet in der Tat paradox an: Die bundesdeutsche Gesellschaft verfügt heute über das weltweit dichteste System einer technisch-apparativen Versorgung für schwangere Frauen mit einer ständig sich erhöhenden Anzahl von empfohlenen Kontrolluntersuchungen. Ärzte stufen inzwischen ca. 70 bis 80 Prozent aller Schwangerschaften als ‚kontrollbedürftige Risikofälle' ein und überwachen damit selbst normal verlaufende Schwangerschaften immer intensiver.

Demgegenüber sind infrastrukturelle Angebots- und Versorgungsstrukturen für Familien nach der Geburt von Kindern bisher völlig unterentwickelt: Die von der Arbeiterwohlfahrt in Auftrag gegebene Studie „Gute Kindheit – Schlechte Kindheit"[1] belegt, dass 43 Prozent aller Kinder, die in mindestens zwei zentralen Lebensbereichen (Ernährung, kultureller und sozialer Bereich, Gesundheit) Defizite aufwiesen, keinerlei professionelle Unterstützung im Sinne einer gezielten Frühförderung erfahren hatten. Werden solche Unterversorgungslagen nicht bearbeitet, potenzieren sie sich tendenziell entlang des weiteren Lebensverlaufs. Gerade Kinder aus bildungsarmen Herkunftsfamilien sind bisher – pointiert gesagt – durch ein ‚Zuviel an Familie' und ein Zuwenig an ‚familien- und kindbezogenen Infrastrukturen' benachteiligt worden. Der Soziologe Paul Nolte spricht von ihrer „fürsorglichen Vernachlässigung" durch die Gesellschaft, weil lange an der Illusion festgehalten wurde, primär über finanzielle Transfers in die Familie hinein wäre das Armutsproblem in den Griff zu bekommen.

Auf Grund der Bedeutung eines vielseitigen und anregungsreichen Kinderalltags als Voraussetzung für die gesunde Entwicklung eines Kindes von Anfang an besteht ein großer Handlungsbedarf. In dieser Hinsicht hat die von der Sachverständigenkommission des 11. Kinder- und Jugendberichts im Jahre 2000 erhobene Forderung einer verstärkten ‚öffentlichen Verantwortung für das Aufwachsen von Kindern' in keinem Punkt an Aktualität verloren.

Die meisten der heute vorherrschenden gesundheitlichen Störungen bei Kindern, so der Bielefelder Gesundheitsforscher Klaus Hurrelmann, liegen im Schnittbereich zwischen Körper, Psyche und Umwelt. Fehlentwicklungen des Immunsystems gehen häufig mit Fehlentwicklungen des Ernährungsverhaltens, der Sinnesorgane und des Bewältigungsverhaltens einher. Damit geraten die sozialen Umweltbedingungen in den Blick, unter denen heute Kinder aufwachsen. Grundlegende Fertigkeiten (einen Ball auffangen, auf einen Baum klettern) sind heute nicht mehr selbstverständlich. Schon für Kinder im Kleinkindalter ist das Fernsehen inzwischen der wichtigste Geschichtenerzähler, obwohl es keinen Ersatz für die multisensorische Nähe von erzählenden Erwachsenen gibt. Wo lernt man Mutter oder Vater sein? In der Schule oder in der Ausbildungseinrichtung jedenfalls nicht.

Untersuchungen belegen die überproportionalen Kariesprävalenz- und Übergewichtsraten bei Grundschulkindern aus bildungs- und einkommensarmen Familienhaushalten, Entwicklungsverzögerungen im kognitiven, sprachlichen und motorischen Bereich, aber auch eine erhöhte Frühgeburtlichkeit und die unregelmäßige Inanspruchnahme von Vorsorgeuntersuchungen und Impfungen. Über 30 Prozent dieser Kinder werden deshalb nicht regulär eingeschult. Angesichts dieser Fakten hilft es einfach nicht weiter, gebetsmühlenartig an die Elternverantwortung zu appellieren, sondern das Kind in den Mittelpunkt zu stellen. Hier sind Familienbildungs- und Kindertagesstätten, später Schulen und Horte von Nöten, in denen Kinderinteressen wahrgenommen werden müssen. Das schwierige Verhältnis der westdeutschen Gesellschaft gegenüber der Auslagerung bestimmter Anteile der familialen Sorge- und Erziehungsarbeit von Kindern in wohlfahrtsstaatliche Betreuungseinrichtungen und Ganztagsschulen hat sich in der Vergangenheit nicht nur in der fehlenden oder zögerlichen Entwicklung entsprechender Infrastrukturen für Kinder manifestiert. Auch die in diesem Zusammenhang in Öffentlichkeit, Politik und Wissenschaft geläufige Terminologie einer ‚Fremdbetreuung' der jungen Generation ist geradezu symptomatisch für die Vorbehalte, die bis heute gegenüber der Professionalisierung von Fürsorge- und Erziehungsarbeit jenseits der Herkunftsfamilie von Kindern und Jugendlichen nicht vollständig ausgeräumt sind.

Der Begriff schleppt die gesamte Vorurteilspalette über die vermeintlich negativen Folgen öffentlicher Kinderbetreuung mit und ist einer unvoreingenommenen, längst überfälligen Diskussion in dieser Frage und dem dringend erforderlichen Strukturwandel abträglich, der sich an europäischen Standards orientieren muss.

Der Begriff der ‚Fremdbetreuung' flankiert zudem die Konzeption tradierter geschlechtsspezifischer Arbeitsteilungsmuster und reproduziert den in Westdeutschland immer noch verbreiteten, in das Bewusstsein weiter Teile der Bevölkerung eingeschriebenen Müttermythos als ein verfestigtes mentales und kulturelles Muster, der einzig die ‚Mutter-Kind-Symbiose' für ‚kindgerecht' ausgibt und damit letztlich auch die Praxis der deutschen Halbtagsschule lange Zeit legitimierte.

Nach der Geburt von Kindern ‚befällt' Frauen in Westdeutschland noch allzu oft das auch vom sozialen Umfeld oftmals genährte „Rabenmütter-Syndrom", das sie davon abhält, ihre ganzheitliche Lebensplanung zwischen Kind, Beruf, Partner, Zeit für sich und für andere Menschen zu realisieren, erworbene berufliche Qualifikationen wie auch ihre familienbezogenen Kompetenzen im Erwerbsbereich nach der Elternzeit (die immer noch fast ausschließlich Mütterzeit ist) angemessen zu verwerten. Auch dadurch wurde ein offensiver und kreativer Umgang mit dem Mangelzustand einer kindgerechten Bildungslandschaft in Deutschland quer durch alle Altersstufen verhindert, während viele andere europäische Länder im Interesse von Kindern, Müttern und Vätern gehandelt haben.

Im Gegensatz zu dem mütterliches Schuldbewusstsein generierenden Begriff ‚Fremdbetreuung' erscheint ein Begriff von familienergänzenden Angebotsstrukturen für Kinder und Jugendliche angemessen zu sein, wie er in aktuellen Veröffentlichungen erfreulicherweise immer häufiger gebraucht wird.

Gleichwohl sollte man sich nicht der Illusion hingeben, es gäbe unter allen kommunalen und schulischen Akteuren – allen voran der Lehrerschaft – bereits einen breiten Konsens darüber, dass es sich zum Beispiel bei Ganztagsbetreuungsangeboten respektive Ganztagsschulen um Lebens- und Lernorte handelt, die für Kinder und Jugendliche und ihre Sozialisation originäre und/oder kompensatorische Funktionen übernehmen (müssen). So argumentiert der Lehrerverband, der neben der GEW der zahlenmäßig größte Interessenverband der Pädagogen in Deutschland ist, in seiner Denkschrift *Ganztagsschule und schulische Ganztagsbetreuung* nach wie vor ausgesprochen vorurteilsbeladen und tendenziös: Weder Ganztagsbetreuung noch Ganztagsschule seien in der Lage, das erzieherische Bewusstsein der Eltern zu fördern; „eher fördern sie die Bereitschaft, immer mehr originäre erzieherische Aufgaben an den Staat zu delegieren".[2] Sie seien gegenüber einer familiären Betreuung der Kinder am Nachmittag und gegenüber außerschulischen Erfahrungsfeldern „nur die zweitbeste Lösung"[3], die Eltern nicht dazu verführen dürfe, nur noch „außer Haus"[4] erziehen zu lassen. Solche Denkmuster gehen an den Wünschen und der Lebensrealität von Kindern und Eltern schlichtweg vorbei.

Unterversorgung an verlässlichen und qualitativ hochwertigen Angebotsstrukturen und ihre Folgen

Seit Jahren generieren verschiedene Untersuchungen aus der Jugend-, Frauen-, *Gender-* und Familienforschung einen gleich lautenden Befund. Eltern, vor allem Mütter, die nach wie vor die Hauptverantwortung für die Betreuung und Erziehung ihrer Kinder tragen, wünschen sich verlässliche, aber auch flexible Infrastrukturangebote für ihre Kinder. Das gilt – in Abhängigkeit von den Lebensplanungen der Eltern – für Klein- und Vorschulkinder und erst recht für Schulkinder. Wie beispielsweise eine Totalerhebung über die Mittagessenversorgung von Grundschulkindern in der Stadt Gießen ergab, wurden jedoch – entgegen diesen Wünschen – immerhin 87 Prozent dieser Kinder jeden Tag individuell von ihren Müttern bzw. Großmüttern zu Hause mit einem Mittagessen versorgt.[5] Die restlichen 13 Prozent der Kinder wurden zwar in städtischen oder kirchlichen Betreuungseinrichtungen bekocht, die Kinder klagten jedoch ebenso wie die Mütter häufig über die schlechte Qualität der Essensversorgung: zu fad, zu fett, kaum frisches Obst und Gemüse.

Lediglich solche Einrichtungen, die sich in kirchlicher Trägerschaft befanden, schnitten besser ab.

Eine im Juli 2003 durchgeführte Repräsentativbefragung „Arbeitszeit und Kinderbetreuung" in NRW von 1232 Müttern mit 1985 Kindern zeigte, dass derzeit etwa 20 Prozent der SchülerInnen in diesem Bundesland eine Betreuungslösung in der Schule nutzten, wobei sich nach Einführung der offenen Ganztagsgrundschule im Schuljahr 2003/04 dieser Anteil sicherlich vergrößert hat und in den nächsten Jahren weiter steigen wird. Allein von den derzeit nicht erwerbstätigen Müttern mit Kindern unter 14 Jahren, so lautet ein weiterer Befund dieser Studie, würden etwa zwei Drittel gern wieder eine Berufstätigkeit aufnehmen.[6] Die praktischen Betreuungsarrangements mit Großeltern oder Tagesmüttern waren zu mehr als 50 Prozent lediglich Notlösungen, stattdessen wurden öffentliche Betreuungslösungen tendenziell bevorzugt, wenn es sie gibt (geben würde).

Die Tatsache, dass Schulen zu unterschiedlichen Zeiten mit dem Unterricht beginnen und die Kinder zu jeder beliebigen Zeit nach Hause schicken können, bringt vor allem Mütter in Bedrängnis. Denn sie sind es, die entweder als allein Erziehende oder als Partnerinnen von vollzeitbeschäftigten Vätern improvisieren und private Betreuungsarrangements organisieren. Es liegt auf der Hand, dass es sich dabei bisher oftmals um alles andere als um inhaltlich anregungsreiche und differenzierte Bildungsangebote handelt, sondern größtenteils schlicht um Notlösungen.

Diese Praxis führt zu beabsichtigten und unbeabsichtigten Folgen für Familien und ihre Mitglieder:

- Kinder und Jugendliche bleiben oftmals sich selbst überlassen und erhalten keine oder nur unzureichende Bildungs- und Förderangebote, die weder ihrem Alter noch ihren Interessen entsprechen. Soziale Unterschiede, die sich aus ihrer je spezifischen sozialen oder ethnischen Herkunft ergeben, bleiben bestehen, anstatt sie möglichst im Sinne von gleichen Bildungschancen zu vermindern. Zudem erfahren die spezifischen Talente und Begabungen der Kinder zu selten begleitende und professionelle Unterstützung;
- Mütter (und viel seltener Väter) müssen sich gegen eine ihrer Qualifikation entsprechende Berufsarbeit entscheiden, ganz oder teilweise aus dem Erwerbsleben aussteigen, sich auf geringfügige Beschäftigungsverhältnisse einlassen und/oder Abstriche von einer beruflichen Karriere hinnehmen mit allen Konsequenzen ihrer wirtschaftlichen Abhängigkeit vom Lebenspartner oder von staatlichen Alimentierungen entlang ihres Lebensverlaufs, oftmals verbunden mit einem erhöhten Zugangs- und Verbleibsrisiko in Armutslagen;
- Diese Bedingungen befördern im Übergang zur Elternschaft – und zwar quer durch alle Bildungsgruppen – ein erhebliches Konfliktpotential zwi-

schen Müttern und Vätern, wie beispielsweise die Studie von W. Fthenakis gezeigt hat: Das Streitverhalten zwischen den jungen Eltern nimmt deutlich zu, gegenseitige Wertschätzung, Sexualität oder gemeinsame Unternehmungen nehmen dagegen ab; nach fünf Jahren sind viele der analysierten Beziehungen auf dem Tiefpunkt angelangt.[7] Diese Befunde stehen auch in Zusammenhang mit der zunehmenden Ehe- und Beziehungshomogenität von Partnerschaften, sich nämlich vom Bildungs- und Qualifikationsniveau ‚auf gleicher Augenhöhe' zu begegnen, nach der Geburt eines Kindes aber auf das traditionelle Brotverdiener-Modell festgelegt zu werden, das erworbene berufliche Abschlüsse eines der Partner, fast immer der Mütter, ignoriert;

- Frauen, die eigentlich mit Kindern leben wollen, entscheiden sich angesichts dieser Verhältnisse und den wenig ermutigenden Erfahrungen in ihrem sozialen Umfeld überhaupt gegen Kind(er). Von den 30- bis 35-jährigen Frauen mit Fachhochschul- und Hochschulabschluss hatten dem Mikrozensus 2001 zufolge 62 Prozent noch keine Kinder, in 44,3 % aller Haushalte von 35- bis 39-jährigen Akademikerinnen leben keine Kinder. Einer Prognose von Eurostat zufolge wird Deutschland im Jahr 2020 innerhalb der EU das Land mit dem geringsten Anteil junger Menschen sein.[8]
- Kinder werden in eine Gesellschaft hineinsozialisiert, die ihnen vermittelt, dass unbezahlte Fürsorgearbeit und Hausarbeit in den Zuständigkeitsbereich von Frauen fällt, bezahlte Erwerbsarbeit und Karriere dagegen in den Verantwortungsbereich von Männern. Es fehlen demgegenüber lebendige Erfahrungen von befriedigenden Alternativen respektive Vorbildern einer selbstverständlichen partnerschaftlichen Arbeitsteilung zwischen Männern und Frauen, Vätern und Müttern. Kindergärten und Schulen erweisen sich in dieser Hinsicht größtenteils als ‚geschlechtsblind'.

Wir wissen inzwischen aus der neurobiologischen Forschung, dass sich Kinder im beständigen Dialog zu ihrer Umwelt entwickeln. Eine anregungsarme Umwelt behindert nachweislich die Entwicklung und Selbstorganisation des Gehirns von Kindern. Ausprägung und Vernetzung von Wahrnehmungskanälen zwischen linker und rechter Gehirnhälfte setzen voraus, dass alle Sensoren angesprochen werden, damit sich Körperwahrnehmung, Kreativität und Problemlösungskompetenz überhaupt entwickeln können. Deshalb sind eben auch vielfältige kompensatorische Angebote und ein anregungsreicher Kinderalltag im genuinen Interesse der Kinder selbst so bedeutsam.

Wichtig bleibt es gleichwohl, immer auch den häuslich-familialen Kontext von Kindern zu berücksichtigen. Familienbildung von Anfang an stellt angesichts der Bedeutung eines anregungsreichen Kinderalltags eine wichtige Aufgabe dar. Formen aufsuchender und anleitender Begleitung im unmittelbaren Familienkontext gehören ebenso in den Kanon möglicher Unterstützungsangebote für junge Eltern wie infrastrukturelle Hilfen im familialen Umfeld, um Mütter und Väter in ihrer Verantwortung und elterlichen Kompetenz zu stärken. Ihre Wirksamkeit wird allerdings gegenwärtig durch das separierte und unkoordinierte Nebeneinander einzelner familien- und kindbezogener Hilfen noch allzu oft beeinträchtigt: Empirische Befunde aus der qualitativen Armutsforschung belegen, dass die derzeit vorherrschende Trennung von hauswirtschaftlichen, sozialpädagogischen und sozialpsychologischen Angeboten in der Praxis der sozialen Arbeit dringend zugunsten ganzheitlicher und nachhaltiger Verbundlösungen abgelöst werden muss, um der Mehrdimensionalität benachteiligter Lebenslagen von Kindern und ihren Eltern wirksam begegnen zu können. Das heißt: Kooperation und Vernetzung aller Professionellen und Ehrenamtlichen mit dem Ziel, Hilfs- und Unterstützungsangebote aus einer Hand bereitzustellen und zwar unter Einbeziehung der verfügbaren mentalen und alltagspraktischen Ressourcen von Müttern und Vätern.

Ganztagsangebote als erweiterte Bildungschance für Kinder und als Entlastungsfaktor familialer Lebensführung

Professionell konzipierte Ganztagsschulen bzw. qualifizierte und passgerechte Ganztagsangebote werden vor dem Hintergrund dieser Bestandsaufnahme keine Belastung für die Beziehungsgestaltung zwischen den Familienmitgliedern sein oder gar zu einer Entfremdung voneinander führen, sondern im Gegenteil zu einer entspannten Familienatmosphäre beitragen.

- Für viele Einzelkinder bieten Ganztagsbetreuungsangebote eine Gemeinschaft von Gleichaltrigen, die auch jenseits des Unterrichts vielfältige Erfahrungen vermitteln und den Erwerb von sozialen Kompetenzen begünstigen können wie das Aushandeln von Interessen, das Knüpfen und die Pflege von Freundschaften oder auch den Umgang mit Stress und Konflikten. Wenn Kindern und Jugendlichen solche Gelegenheitsstrukturen, verbunden mit einer guten pädagogischen Begleitung geboten werden, hat das selbstverständlich auch positive Wirkungen auf die Beziehungsgestaltung in ihrer Herkunftsfamilie.
- Gerade für Kinder aus sozial benachteiligten Herkunftsmilieus können vielfältige und pädagogisch gut ausgestattete Ganztagsbetreuungsangebote einen elementar wichtigen Beitrag zur Chancengerechtigkeit bieten und damit etwa zum Durchbrechen des Teufelskreises von intergenerationeller Armut leisten. Allerdings setzt das voraus, sich von bestimmten ‚mittelschichtorientierten' Konzeptionen zu verabschieden, etwa nur dann bei der Erledigung der Hausaufgaben behilflich zu sein, wenn der betreffende Schüler/die Schülerin darum bittet. Unser qualitatives Armutspräventionsprojekt arbeitete heraus, dass Kinder mit problematischen Schulkarrieren oft nicht um Hilfe bitten und die Hausaufgaben dann nicht erledigt werden, so dass Mütter (und Väter) keine Entlastung erfahren und sich von den

Angeboten der Hausaufgabenbetreuung allein gelassen fühlen.[9] Es steht außer Frage, dass das Hausaufgabenproblem in den ganztägig angelegten Schulen aufgearbeitet und befriedigend gelöst werden muss, eine Forderung, die der Deutsche Bildungsrat bereits 1968 formuliert hatte.
- Für Kinder mit Migrationshintergrund bieten Ganztagsbetreuungsangebote die Chance, gemeinsam mit deutschen Kindern ihren Alltag auch jenseits des Schulunterrichts vielfältig zu gestalten mit positiven Wirkungen für den Erwerb der deutschen Sprache und des Austauschs unterschiedlicher Kulturen. Erfahrungsgemäß sind Kinder und Jugendliche als Akteure in ihren Herkunftsfamilien somit auch wieder diejenigen, die neue Erfahrungen und Anregungen in die familiale Alltagsgestaltung einbringen und damit zum Austausch und der Assimilation von verschiedenen Kulturen beitragen. Gefragt ist also ein intelligenter Umgang mit Differenz, anstatt diese Lern- und Lebensorte von Kindern vorschnell zu homogenisieren.
- Ganztagsangebote eröffnen vielfältige Chancen, Kinder und Jugendliche als ganzheitliche Persönlichkeiten wahrzunehmen und entsprechende Bedingungen im Lebensraum Schule und in ihrem Umfeld zielgruppenbezogen zu entwickeln. Das heißt aber auch, die gewonnene Zeit nicht durch ein ‚Noch mehr' an Unterrichtsstoff aufzufüllen, sondern sozial-räumliche Gelegenheitsstrukturen für neue Aneignungs- und Lernformen zu kreieren, das soziale Kompetenzspektrum von Kindern und Jugendlichen zu erweitern und den Zugang für einen erweiterten Kreis an Professionen im Bereich von Humandienstleistungen (Bewegungs- und MusiktherapeutInnen, Haushalts- und ErnährungswissenschaftlerInnen, Lebens- und KonfliktberaterInnen, MediatorInnen etc.) in schulische und außerschulische Ganztagsbetreuungsangebote zu öffnen, anstatt LehrerInnen übermäßig mit weiteren Aufgaben zu belasten.
- Mit Blick auf unterschiedliche Familienformen sind verlässliche Ganztagsbetreuungsangebote besonders für alleinerziehende Mütter und Väter entlastend, indem Zeitstress abgebaut, eine Erwerbsarbeit möglich und soziale Isolation vermieden wird. Aber auch in anderen Familienkonstellationen eröffnen Ganztagsangebote eine verlässliche Zeitstrukturierung und eine befriedigende Work-Life-Balance für alle Familienangehörigen, so dass Familienzeit, d.h., die zeitgleiche Anwesenheit von Eltern und Kindern auch de facto als gemeinsame Zeit genutzt werden kann. Zudem eröffnet sich dadurch insbesondere für Mütter die Möglichkeit, einer existenzsichernden Berufsarbeit nachzugehen, die ihrer Qualifikation entspricht. In diesem Zusammenhang sei daran erinnert, dass die Qualität einer Mutter-Kind-Beziehung nicht von der Anwesenheitszeit der Mutter per se abhängt, sondern vor allem von der Zufriedenheit der Mutter mit ihrer Lebenssituation.

Unerwünschte Nebenwirkungen werden nur dann eintreten, wenn die Qualität der Ganztagsangebote nicht an modernen Standards der Kindheits-, Familien- und *Gender*-Forschung orientiert wird, die fachliche Ausbildung nicht verbessert und erweitert wird oder wenn unter Hinweis auf die Finanzlage von Kommunen ‚Billiglösungen' gefahren werden, das heißt notwendige Investitionen für eine lebendige und vielfältige Bildungslandschaft ausbleiben. Daraus würden sich jedoch erhebliche Standortnachteile ergeben und Möglichkeiten des Ausbaus von Humandienstleistungen – einem Charakteristikum fortgeschrittener Gesellschaften – blieben ungenutzt.

Es ist die beste Familie heute strukturell nicht mehr in der Lage, ihren Alltag und die Förderung resp. Bildung ihrer Kinder ohne verlässliche Vernetzung mit außerfamilialen Angeboten wie Kindergärten und Ganztagsschulen sicherzustellen. Umgekehrt sollten Einrichtungen der Bildung, der Jugendhilfe oder von freien Trägern nicht ohne die Mitwirkung der Eltern an gemeinsamer Erziehungsverantwortung auskommen können. Deren Leistungen hätten allerdings nicht länger als Lückenbüßer für ‚Ausfallzeiten' oder als den jeweils eigenen Arbeitsprozess eher ‚störenden' Part zu gelten. Vielmehr geht es um die Herausbildung einer **Verantwortungskooperation** mit wechselseitiger Qualifizierung und Mitspracherechten. Das Wissen der Eltern über die Arbeit in ganztägigen Betreuungsangeboten, ihre Mitgestaltung und ihre Mitverantwortung bei entsprechenden Entscheidungsprozessen sind als grundlegende Eckpfeiler einer „ganztägig angelegten Lebensschule"[10] zu begreifen.

Wichtig erscheint es schließlich, angesichts der zunehmenden Flexibilisierung der Arbeitswelt und einer Vielfalt familialer Lebensformen, keine ‚Alles-oder nichts-Angebotsstrukturen' zu schaffen, sondern auch eine tageweise/variable Nutzung von Ganztagsangeboten einzukalkulieren, um nicht am Bedarf vorbeizuplanen.

Die tägliche Ernährungsversorgung – unterschätztes Handlungsfeld im Schulalltag von Kindern und Jugendlichen

Die tägliche Ernährungsversorgung von Kindern und Jugendlichen ist ein Handlungsfeld, das in seiner Bedeutung für die Vermittlung von Alltagskompetenzen (*life skills*) im Rahmen von Familienbildung und Familienhilfe, Kindergarten und Schule immer noch unterschätzt wird. Der gerade veröffentlichte Ernährungsbericht der Bundesregierung[11] berichtet unter anderem über den schlechten Ernährungs- und Gesundheitszustand, insbesondere von Kindern aus den unteren Bildungs- und Einkommensgruppen. Kein Wunder also, wenn Kinderärzte Alarm schlagen, weil inzwischen 20 Prozent aller Kinder übergewichtig sind; bei 8 Prozent lautet die Diagnose sogar Adipositas, das heißt Fettleibigkeit. Orthopädische Langzeitschäden, Fettleber und psycho-soziale Belastungen der Betroffenen gehören zu den Folgen von Fettleibigkeit. Zu den chronischen Kinderkrankheiten zählen inzwischen auch

Diabetes mellitus Typ 2, bisher bekannt als Altersdiabetes, eine Krankheit, die nicht wirklich heilbar ist, sondern fast wie eine Behinderung wirkt.

Übergewicht und Fettleibigkeit produzieren demnach volkswirtschaftliche Folgekosten in Milliardenhöhe. Kein noch so gut ausgebautes Gesundheitswesen kann das auf Dauer verkraften.

Bei Übergewicht handelt es sich allerdings keineswegs um ein kindspezifisches Phänomen. Auch Eltern, Großeltern, Onkel und Tanten essen zu viel, zu fett und zu süß. 65 Prozent aller Männer und 55 Prozent aller Frauen sind hier zu Lande schlichtweg zu dick.[12] Als leuchtendes Vorbild für eine gesunde Ernährung kommen sie demnach mehrheitlich kaum in Betracht. Die Herkunftsfamilie als der primäre Ort der Einübung in Ernährungsgewohnheiten verstärkt folglich die Tendenz zu ungesunder Ernährung heutzutage eher als sie abzuschwächen. Auch die Kulturtechniken der Mahlzeitenzubereitung vermitteln Eltern ihren Kindern im Familienalltag weniger häufig als noch vor zehn Jahren. Das trifft wiederum vor allem in den unteren Bildungs- und Einkommensgruppen verstärkt zu.

Folglich besteht ein großer Handlungsbedarf in Sachen Ernährungserziehung und Gesundheitsförderung. Vor dem Hintergrund des geplanten Ausbaus von Kindertagesstätten und Ganztagsschulen kommt der Gemeinschaftsverpflegung dabei hohe Bedeutung zu. Diese Aufgabe kann nicht allein vom Lehrpersonal bewältigt werden.

Demnach gilt es, Kindergärten und Schulen als Lebensorte auszugestalten, wo Kinder essen lernen, wo eine gesunde Kost von hoher Qualität angeboten wird, wo Kinder aber auch in den Prozess der Mahlzeitenvor- und -zubereitung einbezogen werden. Mir scheint, die Diskussionen nach Veröffentlichung der PISA-Ergebnisse greifen in dieser Hinsicht nach wie vor zu kurz. Da geht es um Bildungsstandards aller Art. Dass eine gesunde Ernährung eine essentielle Voraussetzung für erfolgreiches Lernen ist, wird viel zu wenig bedacht. Wo sind die sozial-räumlichen Gelegenheitsstrukturen, wie sie in Finnland oder Schweden seit Jahrzehnten existieren, in denen Kinder erfahren, dass gesund essen Spaß macht und viel mit Kommunikation, Wohlbefinden, aber auch mit Verantwortung für sich und andere zu tun hat? Positive Einzelbeispiele gibt es zwar. Doch bundesweit fehlen bis heute verbindliche Ernährungsleitlinien, nach denen sich Anbieter für Kindergärten und Schulen zu richten haben. Bundesweite Rahmenrichtlinien für eine zeitgemäße Schulverpflegung wurden Anfang Mai 2005 in Berlin erstmals vorgestellt. Es handelt sich hier eben keineswegs um eine triviale Angelegenheit, sondern um eine gute Grundversorgung für Kinder, um den Erwerb entsprechender Kompetenzen und Kulturtechniken, die zu deren Gesunderhaltung und Wohlbefinden in ihrem weiteren Lebensverlauf einen wesentlichen Beitrag leisten. Essen und Trinken, Körperwahrnehmung, Erleben und Genießen erlernen wir von frühester Kindheit an. Über diese Prozesse erwerben wir auch maßgeblich unsere kulturelle Identität. Nur wer in seiner Jugend eine vielseitige Geschmacksbildung erfährt, wer in entsprechenden sozialräumlichen Gelegenheitsstrukturen von Kindergarten und Schule mit verschiedenen Angeboten in Kontakt gekommen ist, wird später auswählen und als bewusster Nachfrager am

Markt zu einer Veränderung des Angebots und damit letztlich zu einer nachhaltigen Landwirtschaft beitragen.

Die Einführung einer ökologisch und ernährungswissenschaftlich begründeten ausgewogenen Schulverpflegung wird unter Umständen nicht sofort überall auf Zustimmung treffen. Schulen, die das schon in der Vergangenheit in Eigeninitiative umgesetzt haben, berichten, dass sich ein Teil der SchülerInnen vom Mittagessen abgemeldet hatte oder in der Pause lieber das übliche Fast Food und Coca Cola konsumierte. Selbst der junge britische Starkoch Jamie Oliver hat zunächst erfahren müssen, dass sein Engagement zur Verbesserung der Schulspeisung in London auf Ablehnung traf. Nicht nur, dass seine Kreationen an einer Londoner Gesamtschule dutzendfach im Mülleimer landeten. Es kam sogar zu Anti-Oliver-Demos. Oliver führt das zum einen darauf zurück, dass allzu viele junge Briten „in einer kulinarischen Wüste (leben), in der Obst und Gemüse, Ballaststoffe und Vitamine unbekannt sind".[13]

Ein Plädoyer für die nachdrückliche Berücksichtigung dieser versorgungsbezogenen Themen im Zuge des längst überfälligen Ausbaus von öffentlichen Infrastrukturangeboten für Kinder aller Altersstufen, der diese Dimensionen der Grundversorgung von Kindern einschließt und als einen unverzichtbaren Beitrag zu ihrer Gesundheitsförderung begreift, steht keineswegs im Gegensatz zur ebenso notwendigen Entwicklung und Stärkung elterlicher Kompetenz in Form von aufsuchender und begleitender Familienhilfe oder niedrigschwelligen Kursangeboten. Leider wird in ermüdenden ideologischen Grabenkriegen immer noch ein Gegensatz zwischen beiden Strategien konstruiert. Im Interesse von Kindern ist das jedenfalls nicht.

Chancenpotentiale nutzen:
Plädoyer für eine alltagsorientierte und geschlechterdemokratische Ausrichtung von Ganztagsangeboten

Ganztagsangebote bieten eine herausragende Möglichkeit, das Lernen und Leben von Kindern und Jugendlichen stärker **alltagsorientiert** und **geschlechterdemokratisch** auszurichten.

Unter dem Aspekt der alltäglichen Gesundheits- und Ernährungsversorgung besteht die Chance zu einer kontinuierlichen und anwendungsbezogenen Ernährungsaufklärung und -information in schulischen wie außerschulischen Ganztagsbetreuungsangeboten. Für Kinder und Jugendliche handelt es sich beim Schulfrühstück oder beim Mittagessen um sozialräumliche Gelegenheitsstrukturen, in denen sie praktisch erfahren können, dass ein an den Grundsätzen von gesundheitsförderlicher Ernährung orientiertes Angebot schmackhaft, leicht bekömmlich und abwechslungsreich sein kann, aber auch kommunikative Seiten hat.

Die Entwicklung von Qualitätsstandards für die Ernährungsversorgung in Ganztagsbetreuungsangeboten in und um Schule stellt somit einen wichtigen Beitrag zur

Wahrnehmung der öffentlichen Verantwortung für das Aufwachsen von Kindern und Jugendlichen und zu ihrer Gesundheitsprävention dar.

Das schließt die Bereitstellung von ernährungswissenschaftlich gestützten, aber auch alltagstauglichen Leitfäden, anwendungsbezogenen Informationsmaterialien sowie die Vermittlung von Erfahrungen aus „best-practise"-Projekten für SchulleiterInnen bzw. für andere AkteurInnen ein, die für diesen Aufgabenbereich verantwortlich zeichnen.

Die bewusste und zielgruppenorientierte Gestaltung der alltäglichen Ernährungsversorgung von Kindern und Jugendlichen ist dringend geboten und steht in ihrer Bedeutung für die physische und psychische Entwicklung von Kindern und Jugendlichen den Anforderungen einer verbesserten Qualität von Bildungsstandards in anderen Bereichen keineswegs nach. Außerdem haben Kinder und Jugendliche einen Bildungsanspruch auf Vermittlung von Kulturtechniken der Auswahl von gesunden Lebensmitteln und ihrer Zubereitung.

Schließlich verweist die vielfach konstatierte Fortschreibung der Zuständigkeit von weiblichen Familienmitgliedern für die Haus- und Fürsorgearbeit auf das Erfordernis, an kind- und jugendbezogenen Lernorten stärker als bisher an der Veränderung herkömmlicher Geschlechterrollenzuweisungen zu arbeiten. So hat etwa die Zeitbudgeterhebung 2001/02 zu dem Ergebnis geführt, dass sich immerhin 72 Prozent der 20- bis 25jährigen jungen Männer im Bereich Beköstigung vollständig versorgen lassen (1991/92: 55 Prozent), entweder durch die eigene Mutter oder durch die junge Lebenspartnerin, das heißt, dass sie zur Sicherstellung ihrer Ernährung keinerlei Aktivitäten wie Kochen, Geschirr spülen etc. übernehmen. Zudem hat sich zwischen 1991/92 und 2001/02 die Arbeitsteilung bei der Pflege und Betreuung von Kindern, aber auch von anderen Haushaltsmitgliedern weiter zuungunsten der Mütter verschoben.[14]

Mit dem geplanten Ausbau von Ganztagsbetreuungsangeboten ergibt sich vor dem Hintergrund dieser Ergebnisse die Notwendigkeit, Themen wie den tiefgreifenden Strukturwandel von Familie und Gesellschaft, die künftige Berufs- und Lebensplanung von Jungen und Mädchen aus geschlechtsspezifischer Perspektive aufzunehmen und konzeptionell und systematisch in die Gestaltung des Alltags in und um Schule zu integrieren. Das schließt die differenzierte und kritische Auseinandersetzung mit der klassischen Rollenteilung ein, vor allem auch in ihren Konsequenzen für den Zugang zu Einkommen, Berufsperspektiven und die Alterssicherung, aber auch mit Blick auf ein vielseitiges und verantwortliches Erwachsenendasein von Männern und Frauen. Es geht darum, in den konkreten Erfahrungs- und Lernzusammenhängen von Kindern und Jugendlichen beiderlei Geschlechts zu vermitteln, dass die Fürsorge- und Familienarbeit eben keineswegs selbstverständlich und naturgegeben in den Zuständigkeitsbereich von Mädchen und Frauen fällt, sondern als eine lebenslaufbegleitende Aufgabe beider Geschlechter zu betrachten ist, erst recht in einer künftigen Partnerschaft mit Kindern, in der Mutter und Vater einen Anspruch auf eine befriedigende Balance zwischen Beruf, Familie und ein Stück eigenes Leben haben, in der beide gemeinsam zur ökonomischen Basis des Familienlebens beitragen. Die Abkehr vom Modell „hegemonialer Männlichkeit"[15] setzt schließlich die Vermittlung eines breiten Kompetenzspektrums an beide Geschlechter voraus, das von der Gleichwertigkeit männlich und weiblich bestimmter Tätigkeits- und Erfahrungsfelder ausgeht.

Anmerkungen

1 Hock, Beate/Holz, Gerda/Simmedinger, Renate: *Gute Kindheit – Schlechte Kindheit? Armut und Zukunftschancen von Kindern und Jugendlichen in Deutschland. Abschlussbericht zur Studie im Auftrag des Bundesverbandes der Arbeiterwohlfahrt*, Frankfurt/M. 2000.
2 Deutscher Lehrerverband: *Denkschrift für Ganztagsschul- und schulische Ganztagsbetreuung: Schulischen Ganztagsbetrieb mit skeptischem Realismus angehen*, Presseerklärung, Bonn 2001 (http://www.lehrerverband.de).
3 Ebd.
4 Ebd.
5 Alexandra Heyer: *Ernährungsversorgung von Schulkindern in Gießen*, Lage 1997.
6 BMFSFJ: *Familie zwischen Verlässlichkeit und Flexibilität. Perspektiven für eine lebenslaufbezogene Familienpolitik*, Familienbericht der Bundesregierung, Berlin 2005, S. 416.
7 Wassilios E. Fthenakis/Bernhard Kalicki/Gabriele Peitz: *Paare werden Eltern. Die Ergebnisse der LBS-Studie*, Opladen 2002.
8 Europäische Kommission (Hrsg.): *Eurostat: Jahrbuch*, Luxemburg 2002.
9 Uta Meier/Heide Preuße/Eva Maria Sunnus: *Steckbriefe von Armut. Haushalte in prekären Lebenslagen*, Wiesbaden 2003.
10 Stefan Appel/Georg Rutz: *Handbuch Ganztagsschule. Praxis – Konzepte - Handreichungen*, Schwalbach 2004.
11 Deutsche Gesellschaft für Ernährung: *Ernährungsbericht der Bundesregierung*, Bonn 2004.
12 Ebd.
13 Sebastian Borger: „Die dicken Kinder von London. Die Briten sind entsetzt darüber, was der Nachwuchs in der Schule zu essen kriegt", in: *FAZ* vom 20. 3. 2005, S. 16.
14 Uta Meier-Gräwe/Uta Zander: „Veränderte Familienzeiten – Neue Balancen zwischen Männern und Frauen?", in: Anina Mischau/Mechthild Oechsle (Hrsg.); *Arbeitszeit – Familienzeit – Lebenszeit: Verlieren wir die Balance?*, S. 92-109.
15 Robert W. Connell: „Neue Richtungen für Geschlechtertheorie, Männlichkeitsforschung und Geschlechterpolitik", in: L. Christof Ambruster/Ursula Müller/Marlene Stein-Hilbers: *Neue Horizonte?* Opladen 1995, S. 71ff.

Literatur

Appel, Stefan/Rutz, Georg: *Handbuch Ganztagsschule. Praxis – Konzepte - Handreichungen*, Schwalbach 2004.
BMFSFJ: *Familie zwischen Verlässlichkeit und Flexibilität. Perspektiven für eine lebenslaufbezogene Familienpolitik*, Familienbericht der Bundesregierung, Berlin 2005.
Borger, Sebastian: „Die dicken Kinder von London. Die Briten sind entsetzt darüber, was der Nachwuchs in der Schule zu essen kriegt", in: *FAZ* vom 20. 3. 2005, S. 16.
Connell, Robert. W.: „Neue Richtungen für Geschlechtertheorie, Männlichkeitsforschung und Geschlechterpolitik", in: L. Christof. Ambruster/Ursula Müller/Marlene Stein-Hilbers: *Neue Horizonte?* Opladen 1995, S. 71ff.
Deutsche Gesellschaft für Ernährung: *Ernährungsbericht der Bundesregierung*, Bonn 2004
Deutscher Lehrerverband: *Denkschrift für Ganztagsschul- und schulische Ganztagsbetreuung: Schulischen Ganztagsbetrieb mit skeptischem Realismus angehen, Presseerklärung*, Bonn 2001, http://ww.lehrerverband.de.

Europäische Kommission (Hrsg.): *Eurostat: Jahrbuch*, Luxemburg 2002.
Fthenakis, Wassilios E./Kalicki, Bernhard/Peitz, Gabriele: *Paare werden Eltern. Die Ergebnisse der LBS-Studie*, Opladen 2002.
Heyer, Alexandra: *Ernährungsversorgung von Schulkindern in Gießen*, Lage 1997.
Hock, Beate/ Holz, Gerda/ Simmedinger, Renate: *Gute Kindheit – Schlechte Kindheit? Armut und Zukunftschancen von Kindern und Jugendlichen in Deutschland. Abschlussbericht zur Studie im Auftrag des Bundesverbandes der Arbeiterwohlfahrt*, Frankfurt/M. 2000.
Meier, Uta/Preuße, Heide/Sunnus, Eva Maria: *Steckbriefe von Armut. Haushalte in prekären Lebenslagen*, Wiesbaden 2003.
Meier-Gräwe, Uta/ Zander, Uta: „Veränderte Familienzeiten – Neue Balancen zwischen Männern und Frauen?", in: Anina Mischau/Mechthild Oechsle (Hrsg.): *Arbeitszeit – Familienzeit – Lebenszeit: Verlieren wir die Balance?*, S. 92-109.

Cornelia Helfferich/Anneliese Hendel-Kramer/Nina Wehner

Studierende Eltern – Eine Chance für egalitäre Arbeitsteilung?

Das Projekt „Familiengründung im Studium"

Die Lebenskonzepte der Menschen in der Bundesrepublik folgen weitgehend dem Phasenmodell, das ein Nacheinander von Ausbildung, Eintritt ins Erwerbsleben, Festigung der Berufsposition oder Karriere und dann erst eine Familiengründung vorsieht. Für Frauen (und Männer) mit Hochschulausbildung, die diesem Muster folgen, ist die Realisierung eines Kinderwunsches von besonderer Brisanz.

Die Absolventinnen eines Erststudiums sind durchschnittlich 27,5 Jahre, die Absolventen 28 Jahre alt.[1] Mit dem Start ins Erwerbsleben, der unter den gegenwärtigen Bedingungen des Arbeitsmarktes meist nicht nahtlos an den Studienabschluss erfolgt, der Festigung der Berufsposition und dann noch der Familiengründung geraten Akademikerinnen und Akademiker zu Beginn ihres vierten Lebensjahrzehnts in eine Situation, die als Rush-hour im Lebensverlauf bezeichnet werden kann.[2] Bei Frauen beginnt zudem die biologische Uhr zu ticken, da die Konzeptionsrate mit zunehmendem Alter sinkt.

Eine Möglichkeit der Entzerrung besteht in einer Familiengründung bereits während des Studiums. Diese Option wird jedoch in Deutschland selten gewählt: 7% der Studentinnen und 6% der Studenten sind Mütter bzw. Väter.[3]

Während die Frage der Vereinbarkeit von Erwerbstätigkeit und Elternschaft in der politischen Diskussion einen breiten Raum einnimmt, ist das Thema Vereinbarkeit von Studium und Kind politisch wenig präsent. Dabei ist der Spagat zwischen Vorlesungen, Prüfungsarbeiten und der Erziehung eines Kindes, oftmals noch verbunden mit einem Job zur Sicherung des Lebensunterhaltes, für studierende Eltern schwierig und Kräfte zehrend.

Inwieweit in dieser Situation ein erfolgreicher Studienabschluss erreicht werden kann, ist vor allem abhängig von den Bedingungen, die studierende Eltern an den Hochschulen vorfinden.

Das Projekt „Familiengründung im Studium" (FAST) wird im Rahmen des Programms Familienforschung der Landesstiftung Baden-Württemberg (www.landesstiftung-bw.de) am *Sozialwissenschaftlichen FrauenForschungsInstitut der Evangelischen Fachhochschule Freiburg* durchgeführt. Das Projekt geht folgenden Fragen nach:

- Wie ist die Lebens- und Studiensituation baden-württembergischer Studierender, die Kinder haben? Unterscheiden sich studierende Mütter von studierenden Vätern in Bezug auf ihre Lebensbedingungen?
- Wie kinderfreundlich sind die Hochschulen?

Unser Interesse gilt auch der Frage nach der familialen Arbeitsteilung in Haushalten Studierender. Eine Vielzahl von Studien belegt bei Hausarbeit und Kinderbetreuung eine bedeutend höhere Belastung der Mütter.[4] Theorien zur innerfamilialen Arbeitsteilung gehen davon aus, dass wesentliche Bedingungsfaktoren für die geschlechtsspezifische Arbeitsteilung in Familien unter anderen der Umfang der Erwerbstätigkeit eines Partners/einer Partnerin, der Beitrag zum finanziellen Einkommen eines Haushaltsmitgliedes und die Geschlechterrolleneinstellung sind.[5] In diesem Beitrag gehen wir folgenden Fragen nach:

- Wie viel Zeit verbringen Mütter und Väter mit häuslichen Arbeiten?
- Wie wird in den Haushalten Studierender die familiale Arbeit verteilt?
- Unterscheiden sich die Muster der Arbeitsteilung der Studierenden von denen der Allgemeinbevölkerung?
- Sind studierende Mütter und Väter die Vorhut einer egalitären häuslichen Arbeitsteilung?

Methodischer Ansatz

Methodisch wird im Projekt eine Kombination von quantitativen und qualitativen Erhebungsinstrumenten und ein Panelansatz verfolgt.

In der zweiten Hälfte des Jahres 2004 wurden an baden-württembergischen Hochschulen studierende Mütter und Väter mit einem standardisierten Fragebogen schriftlich bzw. online befragt. Es handelt sich hierbei nicht um eine Paarbefragung. Die Fragebogen wurden über Beratungsstellen an den Hochschulen, über Gleichstellungsbeauftragte, Kinderbetreuungseinrichtungen und ASTA-Büros verteilt. Die Online-Befragung (mit Link zum Fragebogen) wurde über Rundmails, die ein Teil der Hochschulen an die Studierenden versandte, und über Links auf Homepages und Webseiten von Hochschuleinrichtungen bekannt gemacht. Die gewonnene Stichprobe wird im ersten Quartal des Jahres 2006 erneut befragt werden mit dem Ziel, Erkenntnisse über den Studienverlauf und die Berufseinmündung zu gewinnen.

Aus den Studierenden der quantitativen Erhebung, die zu einem weiteren Interview bereit waren, wurde nach den Kriterien der maximalen Variation (neben standarddemographischen Kategorien wie Alter, Geschlecht und Familienstand gehörten dazu die Studienrichtung, Art und Ort der Hochschule, Wohnform, die Zahl der Kinder sowie der Zeitpunkt der Geburt im Studium) eine Subgruppe von N=30 Studierenden gezogen und in teilnarrativen, leitfadengestützten Interviews befragt. Ziel dabei ist es, subjektive Deutungsmuster von Muttersein/Vatersein und Studieren zu rekonstruieren. Wir folgen dabei dem rekonstruktiv-hermeneutischen Analyseansatz nach Gabriele Lucius-Hoene und Arnulf Deppermann[6], in der Annahme, dass in autobiografischen Erzählungen narrativ Identität konstruiert wird und sich subjektive Deutungsmuster aus den Erzählungen analysieren lassen. In diese Deutungsmuster gehen sowohl kollektive Deutungen aus dem jeweiligen Sozialkontext als auch individuelle biografische Verarbeitungen ein.

Aus der ersten standardisierten Erhebung liegen N=580 Fragebögen vor. 63% der Befragten sind Mütter, 37% sind Väter. Im Hinblick auf das Durchschnittsalter gibt es keine geschlechtsspezifischen Unterschiede, es liegt bei 28 Jahren. 74% der Befragten haben ein Kind, 22% zwei Kinder, 4% versorgen drei und mehr Kinder.[7]

Die Lebenssituation studierender Mütter und Väter

Der überwiegende Teil sowohl der Mütter (89%) als auch der Väter (91%) ist verheiratet oder lebt in einer festen Partnerschaft. Nur 11% der Frauen (versus 9% der Männer) haben keinen Partner bzw. keine Partnerin.

Der Familienstatus wurde in Bezug auf das Zusammenleben mit PartnerIn und mit Kindern nach fünf Formen differenziert: Verheiratete (Verh), in nicht ehelicher Lebensgemeinschaft Lebende (NEL), Alleinerziehende (d.h. mit Kind aber ohne PartnerIn im gemeinsamen Haushalt lebend), nur am Wochenende Zusammenlebende (Woend) und Distanzeltern (Distanz d.h. das Kind wohnt überwiegend beim anderen Elternteil oder bei anderen Personen).

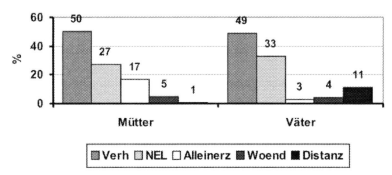

Abb.1: *Familienstatus der Mütter und Väter (Angaben in % der Befragten). Signifikanter Unterschied zwischen Müttern und Vätern bei p < 0,05.*

Die familiäre Situation der Mütter stellt sich signifikant anders dar, als die der Väter. Vor allem der Anteil von 17% allein erziehenden Frauen (versus 3% der Väter) und von 11% Distanzvätern (versus 1% Distanzmütter) ist für die Signifikanz verantwortlich.

Nicht nur der Familien-, sondern auch der Beschäftigungsstatus des Partners/der Partnerin beeinflusst den Studienalltag und die soziale Lage der Mütter und Väter. Befragte mit fester Partnerschaft sollten daher angeben, welcher Tätigkeit der/die PartnerIn hauptsächlich nachgeht.

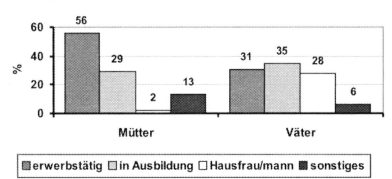

Abb.2: *Beschäftigungsstatus des Partners/der Partnerin bei Befragten in fester Partnerschaft (Angaben in % der Befragten). Signifikanter Unterschied zwischen Müttern und Vätern bei p < 0,05.*

Auch im Hinblick auf die Tätigkeit des Partners/der Partnerin unterscheiden sich Mütter und Väter signifikant. Die auffälligsten Unterschiede liegen darin, dass die Konstellation ‚studierend – erwerbstätig' bei über der Hälfte der Mütter jedoch nur bei ca. einem Drittel der Väter vorhanden ist, während die Konstellation ‚studierend – Hausfrau/-mann' bei den Vätern 14 mal häufiger vorkommt als bei den Müttern. In der Kategorie „sonstige" ist unter anderem die Angabe „PartnerIn ist arbeitslos" enthalten. Dies ist bei 5,5% der Mütter und bei 1,6% der Väter der Fall.

Die Daten zeigen, dass die Gruppe studierender Eltern nicht homogen ist, und dass sich die Familienformen studierender Mütter von denen studierender Väter unterscheiden.

Kinderfreundlichkeit der Hochschulen

Bereits im 5. Familienbericht von 1995 wurde die „strukturelle Rücksichtslosigkeit des Bildungssystems" gegenüber Elternschaft beklagt.[8] Der Studienalltag unterliegt einem anderen Rhythmus als der Alltag mit Kleinkindern, die Studienanforderungen sind nicht immer kompatibel mit den Möglichkeiten von Eltern; und die Zeitbudgets studierender Mütter und Väter unterliegen Zwängen, auf die weder die Studienorganisation noch die Terminplanung der Hochschulveranstaltungen Rücksicht nehmen.

Die Rahmenbedingungen, die studierende Eltern an den Hochschulen vorfinden (z.B. Abgabefristen für Arbeiten, Prüfungstermine usw.), wurden in unserer Studie ausführlich erhoben. Unter anderen wurden die drei Items „Die Hochschule ist kinderfreundlich", „Die DozentInnen haben Verständnis für die besonderen Belastungen von Studierenden mit Kind" und „Die KommilitonInnen unterstützen studierende Eltern praktisch, z.B. durch Seminarmitschriften" vorgegeben. Anhand einer fünfstufigen Skala wurde die Zustimmung bzw. Ablehnung dieser Aussagen erfasst. In der folgenden Abbildung wurden die Werte 4 (stimme zu) und 5 (stimme völlig zu) zusammengefasst.

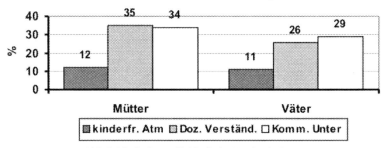

Abb.3: *Kinderfreundlichkeit der Hochschulen*

Die Hochschulen sind kein Ort der Kinderfreundlichkeit. Auch um das so wichtige Verständnis der Lehrenden und um die Unterstützung durch andere Studierende ist es schlecht bestellt. Im Hinblick auf Geschlechtsunterschiede bewerten Mütter das DozentInnenverständnis und die Unterstützung durch KommilitonInnen zwar tendenziell besser als die Väter, die Unterschiede sind jedoch nicht signifikant.[9]

Hinweise auf mögliche Gründe für die unterschiedlichen Bewertungen durch die Mütter und Väter ergeben sich aus den qualitativen Interviews. So erzählen Väter, dass sie sich oft gar nicht als Vater an der Hochschule wahrgenommen fühlen, da sie ihre Kinder eher selten mitnehmen und auch mit KommilitonInnen und Dozierenden nicht darüber sprechen. Im Vergleich zu den Müttern treten sie also auch weniger als Studierende mit Kind in Erscheinung. Auch gibt es vielfach keine institutionalisierten Ansprechpartner, an die sich Studenten mit Kind wenden und beraten lassen könnten. Sie werden dann oft an die Frauen- oder Gleichstellungsbeauftragten verwiesen, was eine gewisse ‚Schwelle' darstellt und in der Beratungssituation – auf beiden Seiten – ein gewisses Befremden auslöst.

Frauen beschreiben ganz unterschiedliche Reaktionen – sowohl auf ihre Schwangerschaft als auch auf das Kind. So berichten einige, seitens der Dozierenden offene Ablehnung bis hin zu Diskriminierung erfahren zu haben oder aber von ihren KommilitonInnen weitgehende Teilnahmslosigkeit und Ignoranz zu erleben, andere schildern rege Anteilnahme und Interessebekundungen bis hin zu konkreten Unterstützungsangeboten (Skripte mitbringen, Babysitterdienste anbieten etc.). Das Klima und das Erleben der eigenen Situation an der Hochschule sind dabei nach Fachbereich und Art der Hochschule (Uni/FH) stark verschieden. Die empfundene Kinderfreundlichkeit steht und fällt dabei mit dem Grad der Verbreitung von Kindern an der Hochschule und im Fachbereich, sowie mit der Alterszusammensetzung der KommilitonInnen. Studentische Mütter in ländlichen Gebieten sehen sich z.T. mit dem Rabenmutter-Vorwurf konfrontiert, wenn sie ihre Kinder im Alter von einem Jahr in die Krippe bringen – das erzählen Frauen aus den größeren Universitätsstädten so nicht.

Da 93% der Befragten (auch) Kinder im Säuglings- oder Kleinkindalter haben, ist die Betreuung des Nachwuchses, wenn Mutter oder Vater dem Studium nachgehen, besonders relevant. 70% der Befragten gaben an, dass es an ihrer Hochschule Kinderbetreuungseinrichtungen gibt, 15% verneinten dies und ebenso viele wussten das nicht. Die Existenz solcher Einrichtungen ist stark von der Art der Hochschule abhängig. 87% der Mütter und Väter an Universitäten oder Pädagogischen Hochschulen aber nur 41% der an Fachhochschulen Studierenden finden eine Einrichtung in der Nähe des Studienplatzes vor. Zudem haben 20% derer, die sich um einen Betreuungsplatz bemühten, keinen bekommen und teilweise mussten Wartezeiten von bis zu 30 Monaten überbrückt werden. In Anbetracht dieser Situation ist es nicht erstaunlich, dass sich 89% eine Verbesserung des institutionellen Betreuungsangebotes vor allem im Bereich Krippen und Krabbelstuben wünschen. Dies wäre insbesondere für studierende Mütter entlastend, denn nur 40% können sich bei der Betreuung auf den Partner verlassen, wenn sie an der Hochschule sind, wohingegen bei 76% der Männer die Partnerin das Kind betreut, wenn er studiert.

Häusliche Arbeitsteilung[10]

Im privaten Bereich können die Belastungen studierender Mütter durch eine partnerschaftlich egalitäre Aufteilung der familialen Aufgaben verringert werden. Eine Vielzahl von Studien belegen im Hinblick auf diese Arbeiten in heterosexuellen Partnerschaften eine höhere Beteiligung und Belastung der Frauen.[11]

Zur familialen Arbeitsteilung speziell studierender Paare in Deutschland liegt unseres Wissens bisher nur eine empirische Untersuchung aus dem Jahr 1994 vor.[12] Wir können daher mit unserer Studie eine Erkenntnislücke schließen.

Mit Daten aus der ersten standardisierten Befragung des Projektes gehen wir den o.g. Fragen zur häuslichen Arbeitsteilung nach. Es werden zunächst im Geschlechtervergleich die Angaben der Mütter denen der Väter gegenübergestellt und die Ergebnisse mit anderen Untersuchungen verglichen.[13] Da nach den Theorien zur Zeitallokation die häusliche Arbeitsteilung auch abhängt von der zeitlichen Verfügbarkeit der Partner werden anschließend Mütter und Väter mit studierendem/r PartnerIn verglichen mit Müttern und Vätern mit erwerbstätigem/r PartnerIn.[14]

Ein Indikator der geschlechtsspezifischen Arbeitsteilung ist die Zeit, die Frauen und Männer für verschiedene häusliche Aufgaben verwenden. Dabei werden in Untersuchungen zur Zeitallokation unterschiedliche methodische Instrumente eingesetzt. Die Zeitverwendung wird teilweise sehr differenziert erhoben über Protokollbögen zum Tagesablauf, in denen z.B. in 10-15 Minuten Intervallen die Aktivitäten dokumentiert werden sollen[15] oder über die generelle Einschätzung wie viele Stunden pro Tag für vorgegebene Aktivitäten verwendet werden.[16]

Hinweise für ein traditionelles oder egalitäres Geschlechterverhältnis ergeben sich auch aus der Art der von den Partnern verrichteten Tätigkeiten. So gibt es Bereiche, die als ‚typisch weiblich' etikettiert werden (z.B. Wäsche waschen, Bügeln, Kochen) und solche, die als ‚typisch männlich' gelten (z.B. Reparaturen im Haushalt). Die familiäre Arbeitsteilung wird daher auch über Fragen zur aufgabenspezifischen Allokation, d.h. wer welche Aktivitäten übernimmt (Partnerin, Partner, gemeinsam/abwechselnd) erfasst.[17]

In der FAST Studie wurden zum einen tägliche Stundenpläne eingesetzt, zudem wurden 14 kind- und 12 hausarbeitsbezogene Einzeltätigkeiten angeführt, mit der Frage, wer diese Aufgaben überwiegend verrichtet.

Kinderbetreuung

Studierende Mütter verbringen demnach durchschnittlich 48 Std. 15 Minuten wöchentlich (6 Std. 48 Minuten täglich) mit Aufgaben der Kinderbetreuung, studierende Väter geben durchschnittlich nur 26 Std. 25 Minuten wöchentlich (3 Std. 42 Minuten täglich) an.

Ein Vergleich des absoluten Stundenaufwandes mit anderen Untersuchungen ist zum einen wegen der bereits erwähnten unterschiedlichen Erhebungsinstrumente und zudem aufgrund des verschiedenen Alters der Kinder in den Stichproben nur begrenzt möglich. Aussagekräftiger ist die geschlechtsspezifische Relation der Arbeitsverteilung.[18] Diese beträgt bei unserer Studie 1,8 zuungunsten der Frauen.

In der Zeitbudgeterhebung 2001/02 des Statistischen Bundesamtes[19] waren (erwerbstätige) Mütter in Paarhaushalten mit einem Kind im Vorschulalter täglich 2 Std. 10 Minuten, die Väter 1 Std. 06 Minuten mit Kinderbetreuung beschäftigt. Die geschlechtspezifische Relation ist mit dem Faktor 1,9 nahezu gleich wie bei FAST. Der im Vergleich mit der Zeitbudgeterhebung sehr hohe Zeitaufwand der Studierenden für die Betreuung erklärt sich dadurch, dass 93% der Befragten (auch) Kinder im besonders betreuungsintensiven Säuglings- und Kleinkindalter versorgen.

Auch bei einem ‚historischen' Vergleich mit der von Künzler 1989 durchgeführten Untersuchung bei studierenden Eltern ist die geschlechtsspezifische Relation mit 1,6 mal höherem Aufwand der Mütter[20] den FAST Daten ähnlich.

Bei der aufgabenspezifischen Geschlechterverteilung beziehen wir uns auf die Angaben der Mütter, da die herangezogenen Vergleichsdaten ebenfalls von Müttern stammen.

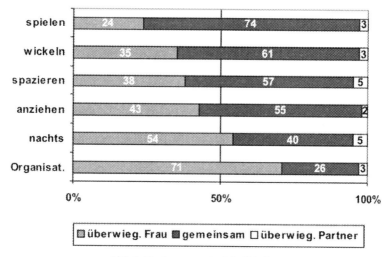

Abb.4: Kindbezogende Arbeitsteilung

Die Beteiligung der Väter an den so genannten Pleasure-Aufgaben (z.B. spielen) ist sehr hoch, aber auch bei den alltäglichen Versorgungsaufgaben sind die Väter meist zu über 50% beteiligt. Bei Organisationsaufgaben (in der Abbildung dargestellt ist die Organisation der Kinderbetreuung) halten sich die Väter merklich zurück. Dies wird auch deutlich bei der Frage, wer für die Kontakte und Gespräche mit Kindergärtnerinnen oder ähnlichen Personen überwiegend zuständig ist. Das ist zu 67% die Mutter, zu 2% der Vater und zu 31% wird diese Aufgabe gemeinsam erledigt. Wenn nur eine Person zuständig ist, dann findet sich bei allen Aktivitäten die traditionelle Geschlechtstypik: Dies ist die Mutter, eine alleinige Zuständigkeit der Väter ist selten. In der LBS-Studie[21], bei der teilweise die gleichen Tätigkeiten erfragt wurden, ist eine recht hohe Väterbeteiligung ersichtlich. Bei „mit dem Kind spielen", „spazieren gehen" und „wickeln" liegt in der LBS-Untersuchung die Väterbeteiligung mit 95%, 69% und 76% über der unserer Studie. Auffallend ist jedoch, dass bei allen in der Abbildung dargestellten Tätigkeiten, wenn auch zu sehr geringen Anteilen, die Partner der studierenden Mütter eher überwiegend für eine Verrichtung zuständig sind als die Väter der LBS-Studie. Dies trifft auch zu für das nicht in der Abbildung dargestellte „Kind zu Bett bringen", das bei FAST zu 9%, bei der LBS-Studie zu 4% überwiegende Vateraufgabe ist.

Zusammenfassend lässt sich feststellen: Studierende Mütter leisten im Hinblick auf den Zeitaufwand einen bedeutend höheren Beitrag zur Kinderbetreuung als die Väter. Die im Vergleich mit der Zeitbudgeterhebung und der Studierenden-Untersuchung von 1989 etwas ‚schlechtere' geschlechtsspezifische Relation zuungunsten der Mütter kann ihre Ursache darin haben, dass 26% der Befragten Kinder im Säuglingsalter haben. Hier werden die Mütter vermutlich auch für das nur von ihnen zu leistende Stillen Zeit verwenden.

Das Ergebnis, dass studierende Väter nicht nur Pleasure-, sondern auch Versorgungsaufgaben bei ihren Kindern übernehmen, macht sie noch nicht zu Vorreitern einer ‚neuen Vaterschaft', denn dieses Aufgabenspektrum erfüllen nach anderen Untersuchungen auch nicht studierende Väter. Generell ist bei nahezu allen Bevölkerungsgruppen die These „vom Vater als Zaungast in der eigenen Familie" nach den differenzierten Analysen der Zeitbudgeterhebung von 2001/02 nicht mehr zu halten.[22] Seit der letzten Zeitbudgeterhebung vor 10 Jahren hat sowohl für Väter (aber auch für Mütter) die mit den Kindern verbrachte Zeit zugenommen.[23]

In einem einzigen Punkt unterscheiden sich die Partner studierender Mütter von denen der LBS-Studie: Sie haben (obwohl nur zu Anteilen zwischen 2%-10%) auch selbst die überwiegende Verantwortung für kindbezogene Aufgaben. Ob sich hier bereits eine Änderung des traditionellen Rollenkonzeptes andeutet, ist jedoch fraglich.

Hausarbeit

Auch für die Hausarbeit verwenden studierende Mütter mehr Zeit als studierende Väter, nämlich im wöchentlichen Durchschnitt 13 Std. 45 Minuten (täglich 1 Std. 58 Min.). Die Väter geben wöchentlich nur 8 Std. und 54 Minuten (täglich 1 Std. 16 Min.) an. Die Frauen erledigen also 1,5-mal soviel Hausarbeit wie die Männer.

In der Allgemeinbevölkerung[24] wenden in Paarhaushalten mit zwei erwerbstätigen Partnern mit Kindern die Frauen 3 Std. 56 Minuten, die Männer 1 Std. 59 Minuten für die Haushaltsführung auf. Der Zeitaufwand der Mütter ist damit um den Faktor 2 größer als der der Männer.

Auffallend ist, dass in der Zeitbudgeterhebung insgesamt sowohl die Frauen aber auch die Männer absolut mehr Zeit für Hausarbeit verwenden als die befragten Studierenden. Es ist bekannt, dass jüngere Frauen und solche mit höheren Schulabschlüssen weniger Zeit mit dem Haushalt verbringen als ältere und solche mit niedrigerem Bildungsniveau.[25] Da die studierenden Mütter durchschnittlich jünger und höher gebildet sind als die in der Stichprobe der Zeitbudgeterhebung, könnte hier ein Grund für die Unterschiede liegen. Zudem bestehen in Studierenden-Haushalten vermutlich andere Standards und die pragmatische Einstellung, für den Haushalt nur soviel Zeit wie nötig zu verwenden. Im Vergleich zu der Studierendenstudie von 1989[26], in der die Mütter 1,8 mal soviel Hausarbeit erledigten wie die Väter, hat sich die Ungleichheit der Lastenverteilung verringert.

In der folgenden Abbildung zur aufgabenspezifischen Arbeitsteilung beziehen wir uns wieder auf die Angaben der Mütter.

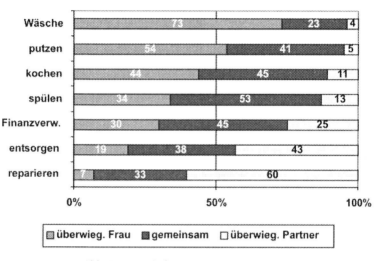

Abb. 5: *Hausarbeitsbezogene Arbeitsteilung**

* Legende zu den Tätigkeiten: Wäsche = die Vorgabe war: Waschen und Bügeln; Putzen = die Vorgabe war: Aufräumen und Putzen; Reparieren = die Vorgabe war: Reparaturen zur Wohnungsinstandhaltung

Waschen und Bügeln ist auch in Haushalten Studierender das Feld der Frauen. Doch bei den traditionell überwiegend von Frauen verrichteten Tätigkeiten Kochen und Spülen liegt die Beteiligung der Partner bei über 50% und ein bemerkenswerter Anteil von 11% bzw. 13% ist überwiegend für diese Aufgaben zuständig.

Vergleicht man wiederum die Verteilung der Hausarbeiten mit Ergebnissen der LBS-Studie dann ergibt sich ein völlig anderes Bild als das bei der Kinderbetreuung gezeichnete. Beim Kochen (mit 23% gemeinsamer Verrichtung), Spülen (48%) und Aufräumen/Putzen (38%) sind die Partner der LBS Mütter in bedeutend geringerem Umfang engagiert als die der FAST Studie und eine überwiegende Verantwortung der LBS Väter gibt es nur beim Kochen mit 1%.

Bei den Männerdomänen des Reparierens und Verwaltens jedoch sind in der LBS Studie zu 71% bzw. zu 43% überwiegend die Väter zuständig, eine gemeinsame Verrichtung dieser Tätigkeiten ist bei 27% bzw. bei 46% vorhanden und die überwiegend weibliche Verantwortung beträgt bei Reparaturen 2%, bei der Finanzverwaltung 11%.

Die Verteilung der Hausarbeit geschieht also in den Familien Studierender nach einem anderen Muster als in denen der zum Vergleich herangezogenen Studien. Zwar wenden auch studierende Mütter mehr Zeit für den Haushalt auf als studierende Väter, bei der geschlechtsspezifischen Relation ist der Abstand zwischen Frauen und Männern jedoch kleiner. Eine Enttraditionalisierung ist auch insofern festzustellen, als die Partner der studierenden Mütter in doch merklichen Anteilen überwiegend für ‚typische' Frauentätigkeiten zuständig sind und studierende Mütter sich in ‚typischen' Männerbereichen engagieren.

Zusammenfassend sind in den Haushalten der Studierenden stärker enttraditionalisierte Muster vorhanden als in denen der LBS Studie und im Vergleich zur Studierendenerhebung von 1989 hat sich die Verteilung der Hausarbeiten weiter in Richtung Egalität entwickelt.

Determinanten der Arbeitsteilung

In Studien zur Zeitallokation und zur innerfamilialen Arbeitsteilung wurden verschiedene Faktoren ermittelt, die die individuelle Zeitverwendung und die Verteilung der Hausarbeit auf Frauen und Männer beeinflussen. Die wichtigsten sind der Umfang der Erwerbsarbeit der Partner, die Höhe des Einkommens, das ein Haushaltsmitglied zum Lebensunterhalt beisteuert, das Alter, das Bildungsniveau und die Geschlechterrollen-Orientierung.[27] Alle Studien kommen zu dem Ergebnis, dass nicht ein einziger, sondern mehrere Faktoren (sowohl ökonomische als auch ideologische) wirksam sind.[28] Inwieweit treffen diese Erklärungsansätze auch auf Studierende zu?[29]

Geschlechterrollen-Orientierung und Zeitverwendung

Zur Rollenorientierung haben wir einen – wenn auch ‚groben' – Indikator gebildet. Wir haben gefragt, was die Idealvorstellung des gewünschten Umfanges der eigenen und der Berufstätigkeit des Partners/der Partnerin ist, wenn ein Kind unter drei Jahren im Haushalt lebt. Vorgegeben waren die Kategorien „Vollzeit berufstätig", „Teilzeit berufstätig" und „nicht berufstätig". Väter, die in dieser Situation eine Vollzeit-Erwerbstätigkeit wollen und sich von der Partnerin wünschen, dass sie zu Hause bleibt, wurden als traditionell orientiert kategorisiert. Mütter, die selbst nicht erwerbstätig sein wollen und sich eine Vollzeit-Erwerbstätigkeit ihres Partners wünschen, wurden ebenfalls als traditionell eingestuft. Alle anderen Kombinationen gelten bei Müttern und Vätern als nicht traditionelle Geschlechterrollen-Orientierung.

Nach dieser Kategorisierung sind 80% der Mütter und 77% der Väter nicht traditionell, 20% der Mütter und 23% der Väter traditionell orientiert.

In der folgenden Tabelle werden die Angaben der Mütter und der Väter zur Zeitverwendung für Kinderbetreuung und Hausarbeit differenziert nach Geschlechterrollen-Orientierung dargestellt.

Aktivitäten	Mütter		Väter*	
	traditionell *(n=26)*	nicht-trad. *(n=117)*	traditionell *(n=23)*	nicht-trad. *(n=61)*
Hausarbeit	15 Std. 5 M.	13 Std. 52 M.	7 Std. 26 M	9 Std. 46 M.
Kinderbetreuung	50 Std. 16 M.	49 Std. 34 M.	20 Std. 52 M.	29 Std. 4 M.

Tab.1: *Zeitverwendung bei zusammenlebenden Befragten nach Geschlechterrollen-Orientierung (Std. Mittelwerte/Woche).*

* Signifikanter Unterschied zwischen traditionell und nicht-traditionell $p < 0,05$ bei Kinderbetreuung.

Im Hinblick auf die Kinderbetreuungszeit unterscheiden sich die Mütter nicht. Zwar verrichten nicht-traditionell Orientierte wöchentlich ca. eine Stunde weniger Hausarbeit als die traditionell Orientierten, die Unterschiede sind jedoch nicht signifikant. Signifikant unterscheiden sich die Väter in der erwarteten Richtung bei der Kinderbetreuung und nicht-traditionell orientierte Väter engagieren sich auch tendenziell stärker bei der Hausarbeit.

Beschäftigungsstatus der Partner und Arbeitsteilung

Je nach Beschäftigungsstatus sind die zeitliche Verfügbarkeit und die Zeitflexibilität der Partner unterschiedlich. Erwerbstätige Personen haben nicht nur weniger Zeit für häusliche Tätigkeiten als Nichterwerbstätige, sie unterliegen auch strukturellen Bedingungen am Arbeitsplatz, die ihre häusliche Verfügbarkeit einschränken.

Bei der Paarkonstellation ‚studierend – erwerbstätig' kann zwar das Studium einen ähnlich oder gleich hohen Zeitaufwand erfordern wie die Erwerbstätigkeit, aber im Hinblick auf die Zeitflexibilität unterliegt der/die erwerbstätige PartnerIn größeren Restriktionen.

Hypothetisch kann angenommen werden, dass in Haushalten mit zwei studierenden Partnern gleiche Zeitbudgets für häusliche Arbeiten vorhanden und damit gute Bedingungen für eine egalitäre Arbeitsteilung gegeben sind.

Bei der aufgabenspezifischen Allokation der Betreuungstätigkeiten sind – nach Angaben der Mütter – beim Vergleich der Mütter mit studierendem Partner versus mit erwerbstätigem Partner signifikante Unterschiede nur bei zwei Tätigkeiten vorhanden. Die Versorgung eines kranken Kindes wird in den Haushalten mit zwei Studierenden zu 59% gemeinsam übernommen, in denen mit einem erwerbstätigen

Vater nur zu 31%. Die Gespräche mit der Kindergärtnerin o.ä. Personen werden bei der zuerst genannten Paarkonstellation zu 46% gemeinsam, bei der zweiten zu 25% gemeinsam geführt. Bei beiden Aktivitäten und für beide Paarkonstellationen kommt es jedoch zu höchstens 1% vor, dass die Väter die überwiegende Zuständigkeit haben.

Bei den Aktivitäten „mit dem Kind spielen", „sich nachts ums Kind kümmern", „das Kind zu Bett bringen" und „mit dem Kind spazieren gehen" haben die Mütter mit studierendem Partner zwar tendenziell höhere Anteile an gemeinsamer Verrichtung als die mit erwerbstätigem Partner, die Unterschiede zwischen den Paarkonstellationen sind jedoch nicht signifikant.

Auch bei den Einzeltätigkeiten der Hausarbeit geben die Mütter mit studierendem Partner (mit Ausnahme von Wäsche waschen/bügeln) zwar durchgängig höhere Anteile gemeinsamer Verrichtung als die mit erwerbstätigem Partner an, signifikant sind die Unterschiede jedoch nur beim Spülen. 67% der studierenden Paare verrichten das gemeinsam versus 41% der Konstellation studierende Mutter mit erwerbstätigem Partner.

Die Ergebnisse zur aufgabenspezifischen Allokation bestätigen – nach Angaben der Mütter – tendenziell die im Vergleich zu den erwerbstätigen Partnern höhere Beteiligung der studierenden Partner an familialen Aufgaben.

Verschiedene auf Erwerbstätigkeit bezogene Paarkonstellationen bedingen, so wurde bereits erwähnt, unterschiedliche Zeitbudgets und -belastungen. Bei einer egalitären Aufgabenverteilung müssten studierende Mütter und Väter bei gleicher Paarkonstellation ähnliche Entlastungen durch ihre PartnerInnen haben bzw. gleiche oder ähnliche Zeitbudgets aufweisen. In der folgenden Tabelle wird diese Annahme überprüft. Zudem wird der Zeitaufwand der studierenden Mütter ins Verhältnis gesetzt zu dem der studierenden Väter.

PartnerIn ist:	Zeit für Kinderbetreuung		Verhältnis Mütter:Väter	Zeit für Hausarbeit		Verhältnis Mütter:Väter
	Mütter	Väter		Mütter	Väter	
In Ausbildung*	46 Std. 6 Mi.	29 Std. 18 Mi.	1,6	13 Std. 48 Mi.	10 Std. 36 Mi.	1,3
Erwerbstätig	50 Std.	26 Std. 54 Mi.	1,9	14 Std. 12 Mi.	8 Std. 36 Mi.	1,6

Tab. 2: *Zeitverwendung der studierenden Mütter und Väter nach Beschäftigungsstatus des Partners/der Partnerin (Stunden Mittelwerte/Woche)[30]*

* der größte Teil der PartnerInnen studiert ebenfalls. Nur bei n=11 Mütter und n=7 Vätern ist der/die PartnerIn in einer Schul- oder Berufsausbildung.

Wie immer die Paarkonstellation aussieht: Das Gleiche ist nicht dasselbe. Mütter verwenden – wie zu erwarten war – mehr Zeit für familiale Aufgaben als Väter, aber die Mütter mit studierendem Partner sind zeitlich etwas weniger belastet als die mit erwerbstätigem Partner. Bei den Vätern besteht das umgekehrte Verhältnis. Hier verwenden diejenigen mit einer erwerbstätigen Partnerin weniger Zeit für Kinderbetreuung und Haushalt als die mit studierender Partnerin.

Bei der Konstellation ‚studierend/erwerbstätig' verwenden Mütter 1,9 mal mehr Zeit für Kinderbetreuung und 1,6 mal mehr für Hausarbeit als Väter in der gleichen familialen Situation. Wenn beide Partner studieren, verringert sich der Abstand zwischen den Geschlechtern auf den Faktor 1,6 bei der Kinderbetreuung und den Faktor 1,3 bei der Hausarbeit. Die Aufgabenverteilung in Familien mit zwei studierenden Partnern ist also stärker egalitär. Vermutlich sind bei dieser Paarkonstellation entsprechende Vorstellungen von Arbeitsteilung vorhanden, sowie die Erwartung diese auch zu realisieren, und die Mütter fordern hier die Partnerschaftlichkeit auch stärker ein. Wie unterschiedlich die Muster der Arbeitsteilung bei Studierenden sind und wie sie begründet werden, zeigen Auswertungen der qualitativen Interviews.

Begründungen für Formen der Arbeitsteilung

Zur Arbeitsteilung im Akademiker-Milieu hatten Cornelia Koppetsch und Günter Burkart bereits 1999 konstatiert, dass dort jegliche Regelung, die sich dem Verdacht aussetzt, traditionell zu sein, mittlerweile einen Anlass darstelle, sich rechtfertigen zu müssen. Angelika Wetterer hat in dem Zusammenhang den Begriff der „rhetorischen Modernisierung" geprägt.[31] Demzufolge sind insbesondere Akademikerinnen darauf bedacht, die eigene private Regelung – vor sich und vor anderen – unter allen Umständen als egalitär auszuweisen, und erhalten so die de facto auch in ihren Haushalten vorhandene Ungleichheit unter dem Deckmantel einer Gleichheitsrhetorik aufrecht. Koppetsch/Burkart sehen hier „latente Geschlechternormen" am Werk. Paradoxerweise seien es so häufig gerade die Frauen, „die auf der Ebene der praktischen Verrichtungen an den traditionellen Rollen – entgegen ihrer Vorstellung von der Gleichberechtigung der Frau – festhalten"[32] und so fatalerweise den eigens angestrebten und auf der Bewusstseinsebene oft schon vollzogenen Wandel der Geschlechtsverhältnisse selbst verhindern.

Angelika Wetterer hat mit dem Begriff der „rhetorischen Modernisierung" das Phänomen beschrieben, dass es gerade bei Akademikerinnen ein Auseinanderklaffen gibt zwischen dem Wissen um die Gleichheit der Geschlechter und dem daraus resultierenden Selbstverständnis als emanzipiert und egalitär lebendes Paar und dem tatsächlichen Handeln im Alltag, das faktisch häufig sehr stark der traditionellen Arbeitsteilung verhaftet sei. Wetterer schreibt, dass dadurch das Reden darüber problematisch geworden sei, da es bedeuten könne, sich einzugestehen, selbst und in der Partnerschaft den eigenen Ansprüchen nicht gerecht zu werden. Hieraus ergeben sich neue Begründungsnotwendigkeiten für die eigene Arbeitsteilung. Wie begründen die Interviewpartnerinnen und -partner die von ihnen praktizierte Arbeitsteilung?

Konfliktlose Arbeitsteilung

In den qualitativen Interviews fällt zunächst auf, dass die Arbeitsteilung nicht in allen Fällen als etwas Konflikthaftes thematisiert wird, über das es immer wieder neu zu verhandeln gilt. Für einige InterviewpartnerInnen war ‚von voneherein klar', wer was macht; andere erzählen, ein festes Konzept der Arbeitsteilung lehnten sie ab, das gebe es bei ihnen nicht, jede/r mache mal dies und mal das, wie es gerade anfalle. Aufschlussreich ist dabei, wie die Begründungen für diese eigene Praxis aussehen.

Konsens Traditionalität

Ein männlicher Interviewpartner (Anfang 30, Student im Pädagogikbereich, verheiratet, ein Kind, die Ehefrau ist zum Zeitpunkt des Interviews schwanger, im Moment nicht erwerbstätig) räumt, befragt nach der Arbeitsteilung ein, dass diese schon traditionell sei und der Großteil der Erziehungsarbeit von seiner Frau übernommen werde:

> Ja, also der, ich sag mal der größere Teil der Erziehung bleibt natürlich an meiner Frau hängen, ganz klar, weil ich im Prinzip ein hundertfünfzig Prozent Leben außerhalb der Familie ja schon hab, ich hab ein hundertprozent Studium – gilt ja als Vollzeitstudium und ich hab noch fünfzig Prozent Arbeitsalltag. (I 21)

Die Regelung zur Arbeitsteilung ist hier klassisch traditionell: Sie ist mit dem Kind zu Hause, er studiert und arbeitet. Diese Aufteilung ist für ihn erzählerisch begründungsbedürftig – er liefert den Grund dafür direkt nach – seine starke Eingebundenheit in Studium und Erwerbsleben macht es so erforderlich, dass sie mehr Aufgaben in der Erziehungsarbeit übernimmt.

Dies hat für ihn auch spürbare Folgen:

> Ja, und das heißt halt, dass der größte Teil der Zeit in der unser Sohn wach isch, isch er mit meiner Frau zusammen, das isch schon klar das merkt man auch, das merk ich auch, wie er sich ihr gegenüber und mir gegenüber verhält, da gibt's schon Punkte wo man das beobachten kann, dass sie ein engeres Verhältnis zu ihm hat, ganz klar, und das find ich natürlich auch schade. (I 21)

Es ist für ihn nicht fraglos klar, dass sich in dieser Aufgabenteilung jede/r der beiden Partner gemäß der eigenen Geschlechtsrolle selbst am besten verwirklicht und dass dies der einzig mögliche Weg ist. Und an die beschriebene Praxis knüpfen sich auch bedauerliche Folgen. Dies ist jedoch an dieser Stelle kein Anlass für ihn, die bestehende Arbeitsteilung in Frage zu stellen.

> Ansonschte, ich denk die Arbeitsteilung isch so, das ham wir vorher besprochen, und das isch für mei Frau auch völlig in Ordnung so. Also sie isch jetzt nicht der Typ Mensch, die jetzt sagen würde ach mir geht in meinem Leben jetzt furchtbar viel verloren, weil ich net weiter arbeiten kann oder, ich würd auch jetzt gerne noch's Abitur nachholen und noch studieren oder so. Solche Ambitionen hat sie bisher nie gehabt. Wenn sie die hätte, wär ich sofort bereit, meine Sachen zurückzustellen. Also jetzt wenn's Studium jetzt zum Beispiel beendet isch, zu sagen, okay dann geh ich jetzt für ein Jahr in Erziehungsurlaub, damit sie zum Beispiel irgend'nen Abschluss nachmachen kann oder so was. Da hätt ich überhaupt kein Problem damit. (I 21)

Die Legitimation erhält dieses Arrangement für den Interviewpartner aus der gemeinsam getroffenen Entscheidung des Paares. Die traditionelle Rollenaufteilung haben sie im Vorfeld konsensual beschlossen und der für ihn dabei relevante Maßstab ist, dass das für seine Partnerin auch in Ordnung ist. Die Zufriedenheit beider mit der bestehenden Rollenverteilung wird hier als entscheidendes Kriterium postuliert. Dies ist ihre private Lösung, die sie in beidseitigem Einverständnis gefunden haben. Er positioniert sich als jemand, der zu alternativen Arrangements bereit wäre, wenn seine Partnerin andere Bedürfnisse anmelden würde oder die Umstände anders wären. Solange dies jedoch nicht der Fall ist, besteht für ihn auch kein Anlass, an der Rollenaufteilung etwas zu verändern. Als Begründung werden hier weder traditionelle Vorgaben noch ‚biologische Bestimmungen' herangezogen; die praktizierte Arbeitsteilung ist das Ergebnis der privaten Verhandlungen des Paares – sie sieht zur Zeit so aus, sie könnte prinzipiell auch anders aussehen, nur ist das gerade nicht praktisch oder notwendig.

Persönliche Eigenschaften

Eine weibliche Interviewpartnerin (Frau, Ende 20, mit Promotion abgeschlossenes Medizinstudium[33], verheiratet, 2 Kinder, zurzeit überwiegend zu Hause, Partner Vollzeit erwerbstätig) schildert ebenfalls die konfliktlose Verteilung der Hausarbeit in ihrer Partnerschaft:

> IP: Des is bei uns immer nich sehr viel Verhandlungssache.
>
> I: ja.
>
> IP: Ja, also es gibt ich bin eigentlich jemand, der nich so gern den Haushalt aus der Hand gibt, weil ich so sehr konkrete Vorstellungen hab und muss alles ganz ordentlich sein und so. (H 03)

Sie begründet den eigenen, größeren Anteil der Hausarbeit unmittelbar mit Eigenschaften ihrer Person, nicht mit ihrer Geschlechtsrolle als Frau und Mutter in der Partnerschaft.

Eine andere Interviewpartnerin (Frau, Anfang 30, abgeschlossenes technisches Studium, verheiratet, ein Kind, zurzeit nicht erwerbstätig, Partner Vollzeit erwerbstätig) schreibt die traditionelle Verteilung der Hausarbeit ebenfalls unmittelbar ihrer Wesensart zu.

> Vielleicht bin ich auch selber n bissel ehrgeizig und sag ich muss hundert Prozent, also in allem perfekt sein. Und da geb ich auch net gern Aufgaben weiter. Also da möcht ich des alles an mich reißen.
>
> (...) ich bin net so'n Typ, der Schwäche zeigt. Weil für mich Aufgaben weiterzugeben bedeutet für mich immer gleich ich bin überfordert und zeig Schwäche und des' da bin ich, glaub ich, au net so der Typ. (I 15)

Ähnlich wie zuvor der männliche Interviewpartner seine Partnerin, konstruiert sie sich hier als „Typ", dem die traditionelle Aufgabenteilung entspricht.

Beide Frauen beklagen also nicht die ungleiche Verteilung der Arbeit, sondern begründen sie je in selbstkritischen Zügen mit Eigenarten ihrer Person. Dieser Argumentationstypus kennt auch die berüchtigte ‚niedrigere Schmutztoleranzgrenze'. Beide gehen in Wetterers Konzept der rhetorischen Modernisierung auf, wonach an prinzipiell aufrecht zu erhaltenden Gleichheitsgrundsätzen in der eigenen Partnerschaft fraglos festgehalten und die dennoch vorhandene ungleiche Verteilung der Hausarbeit somit begründungsbedürftig wird. Da die Geschlechtsklasse keine legitime Begründung mehr ist, wird die bestehende Regelung nun zu etwas, für dass sich die Frau oder das Paar aus freien Stücken individuell entschieden hat.

Sehr deutlich wird diese ambivalente Gleichzeitigkeit zweier kontrastierender Prinzipien im abschließenden Zitat der gleichen Interviewpartnerin:

> (...) also Aufgabenteilung ist auf jeden Fall kein Thema. Schaff mer auch, wenn mer wollen, aber ich will halt net immer. (I 15)

In ihrer bilanzierenden Bemerkung zum Thema Arbeitsteilung macht die Erzählperson explizit deutlich, dass ihr bewusst ist, dass eine Aufteilung, die eine gleichgroße Beteiligung beider Partner beinhalten würde, wohl die Form ist, auf die die Interviewfrage zielte: Sie konstruiert diese als eine Leistung, die es zu „schaffen" gilt. Hier wird die so verlangte egalitäre Form der Aufgabenteilung zu etwas, das nicht ihrem Willen entspräche, Arbeit quasi herzugeben, ist so für sie gar nicht erstrebenswert. Aber wenn nun die Qualität ihrer Beziehung danach beurteilt werden sollte, dann möchte sie schon klarstellen, dass sie und ihr Partner auch dazu in der Lage wären. Nur ist es eben keine Form, die sie für sich propagiert.

Diese erzählerische Konstruktion erschwert es, Ungerechtigkeiten festzumachen, da die Frauen sich die asymmetrische Aufteilung selbst zuschreiben und nicht als etwas konstruieren, das ihnen gegen ihren Willen widerfährt. Hier greift die „Zuschreibung von Selbstverantwortung für den eigenen Lebensverlauf" wie Birgit Geissler und Mechthild Oechsle sie beschrieben haben.[34]

Aus den zitierten Interviewpassagen lässt sich herauslesen, dass es Muster traditioneller Arbeitsteilung in der Gruppe der Studierenden gibt, diese aber begründungsbedürftig sind. Dies spiegelt sich auch in der interaktiven Situation im Interview wider, in der die Erzählperson gegenüber der Interviewerin, die wie sie selbst einen Hochschulhintergrund mitbringt, möglicherweise einen sozialen Erwartungsdruck verspürt, der es nahe legt, dass eine traditionelle Arbeitsteilung zwischen den Geschlechtern mittlerweile begründet und erklärt werden muss. Dies gilt, wie wir gesehen haben, sowohl für männliche als auch für weibliche Erzähler. Die gewandelte Vorstellung von der partnerschaftlichen Aufgabenteilung ist hier ganz im Sinne Wetterers die Folie, vor der die Erzählpersonen die eigene Regelung rechtfertigen. Vorstellungen von Egalität sind hier der Maßstab, Abweichungen davon werden erklärt unter Rückgriff auf konsensuale Entscheidungen bzw. persönliche Eigenarten, die jedoch ausdrücklich nicht an der Geschlechtsrolle sondern an den Individuen festgemacht werden.

Besonders deutlich wird dies hier über die Fragestellung nach der Arbeitsteilung im engeren Sinne hinausgehend in einer Passage der schon zitierten Medizinerin. Da sagt sie, befragt nach Veränderungen ihrer Berufs- und Karrierepläne:

> Nö. Also meine Karriere, ich wusste immer, des war ganz komisch dann war ich so sechzehn siebzehn, wenn dann die Leute gefragt ham: Was willst du mal später werden? Dann hätte ich eigentlich hab ich im Stillen immer gesagt ich will mal Mama werden. Ich will heiraten und Mama [werden], also heiraten war auch immer ganz wichtig, irgendwie für mich. (H 03)

Rückblickend erzählt sie von ihren Wünschen im jugendlichen Alter von sechzehn – siebzehn Jahren und fügt dabei aus heutiger Sicht ein, dass sie damals „im Stillen" für sich wusste, dass sie vor allem familiäre Ziele verfolgen wolle – gleichzeitig antizipierend, dass dies heutzutage in der Ausschließlichkeit nicht mehr ohne weiteres ein legitimer Lebensentwurf für (hoch gebildete) Frauen ist.

Egalität erzählen

Neben dem Muster der Rechtfertigung des Traditionellen gibt es entsprechend ein Muster, Egalität in der eigenen Partnerschaft erzählerisch auszugestalten.
Eine solche Thematisierung von Egalität ist das Motiv der Ausnahme, der Hervorhebung des eigenen Partners als überdurchschnittlich engagiert.
Frau, abgeschlossenes Studium im sozialen Bereich, verheiratet, 2 Kinder, sie Teilzeit, Partner Vollzeit erwerbstätig:

> I: Können Sie noch mehr erzählen so zur Arbeitsteilung zwischen Ihnen und ihrem Partner?

> IP: Mhm (...), kann ich nur Positives erzählen, da bin ich mit Sicherheit auch ne vielleicht schon fascht ne Ausnahme, mein Mann hat bei seiner Mutter erlebt, dass die immer gern zum Arbeiten gegangen wäre, aber eigentlich nie wirklich durfte von ihrem Mann aus, der wollte lieber, dass sie bei den Kindern zu Hause bleibt und die war eigentlich immer unzufrieden. Dementsprechend hat er für sich und seine Familie mitgenommen, dass seine Frau seine Familie andersch aussehen soll. Wenn jetzt seine Frau sagt, sie möcht zum Arbeiten gehen, sie möcht noch was für sich machen, darf sie des und da wird der des unterstützen so gut's geht. (I 13)

Hieraus wird deutlich, dass die Beteiligung des Mannes in der Wahrnehmung der Erzählerin eine Besonderheit darstellt – die Egalität erscheint hier also nicht als das Normale, das sie für sich beansprucht, sondern ist explizit der Rede wert. Hintergrundfolie ist hier die traditionelle Rollenaufteilung. Sie erklärt ihre davon abweichende Situation aus einer biografischen Disposition ihres Mannes – darin liegen die Wurzeln für sein Engagement begründet. So einen Partner zu haben, macht sie für sich zur Ausnahme.

Konflikthafte Arbeitsteilung

Bei den bisher zitierten InterviewpartnerInnen gibt es die Tendenz, den Zusammenhang der Arbeitsteilung als wenig konfliktbehaftet, sich mehr oder weniger von selbst Ergebendes zu schildern, zu deproblematisieren. Es gibt jedoch auch Thematisierungen von Arbeitsteilung, die konflikthafte Aushandlungen in der Partnerschaft explizit benennen.

Eine Interviewpartnerin (Frau, Anfang 20, Psychologie-Studentin, Nicht-eheliche Lebensgemeinschaft, ein Kind, Partner in postgraduiertem Studiengang) nennt die egalitäre Aufteilung (50:50) explizit ihr Ideal, an dem sie sich orientiert und auf das sie in ihrer Partnerschaft hinarbeitet:

> Aber im Großen und Ganzen würde ich sagen is von der Verteilung her schon so, dass wir also ich würd sagen ich mach sechzig Prozent und er macht vierzig Prozent von diesen typischen Haushaltsaufgaben und Kinderbetreuungsaufgaben. Aber also Fünfzig-fünfzig wär mir lieber, aber ich glaub's is schon n ganz guter Schnitt, also was ich von andern mitbekomme, da müssen die Mütter schon deutlich mehr machen. Von dem her, 's ist manchmal n bisschen 'n Streitthema zwischen uns aber es wird besser. (I 02)

Sie berichtet von ungleichgewichtiger kindbezogener Arbeitsverteilung in der Vergangenheit und welche Maßnahmen sie dagegen ergriffen hat:

> Mit dem Kleinen ham wir jetzt halt so mit dem Hinbringen und Abholen von
> der Krabbelstube war das schon sehr ungleich verteilt und dann hab ich jetzt so
> eingeführt, wir ham jetzt so'n Plan, wir erstellen dann immer am Wochenende
> n Plan für die nächste Woche und dann sieht man auch sehr schön, wenn da
> einer zehn Mal abholt und der andre macht's dann zweimal. (I 02)

Interessant ist hierbei, wie das (noch) uneingelöste Ideal der egalitären Paarbeziehung aufscheint: In ihrem Bestreben nach Egalität, einer Partnerschaft, in der sich beide auf Augenhöhe gegenüber stehen und sich gleichermaßen im Haushalt und für das Kind engagieren, unternimmt sie Anstrengungen und hält ihn dazu an, diesen Anforderungen zu genügen. Egalität bedarf hier der Planung und Anstrengung, sie muss errungen werden und wird nicht von beiden Seiten gleichermaßen aktiv angestrebt. Hier bleibt – bei vordergründig annähernd erreichter Egalität – eine strukturelle Asymmetrie hinter der praktizierten Gleichheit erhalten.

Bei einer weiteren Interviewpartnerin (Frau, Ende 20, Master im wirtschaftswissenschaftlichen Bereich, verheiratet, ein Kind, zum Zeitpunkt des Interviews schwanger, überwiegend zu Hause, Partner Vollzeit erwerbstätig) sieht die Schilderung der Arbeitsteilung in ihrer Partnerschaft folgendermaßen aus:

> Gut, man kriegt das zwar meistens irgendwie hin, gut, kleinere Sachen vergisst
> man auch immer wieder mal, aber was das an Kraft kostet, dass das läuft – das
> sieht man halt eigentlich in der Regel nicht. Da beschwer ich mich auch – immer
> mal wieder, aber irgendwie mach ich's dann doch wieder alleine. Wobei ich da
> dann auch manchmal denke, das is für Frauen vielleicht auch trotzdem noch
> leichter als für Männer – also's heißt ja immer dass Frauen eher multitasking-
> fähig sind als Männer und es lief dann halt auch besser, wenn ich es gemacht
> hab, als wenn's mein Mann gemacht hat. Weil ich hab mich dann geärgert
> wenn weiß ich nich die Milch halt doch nich eingekauft wurde, und hab's dann
> doch lieber selber gemacht. Das hat sich dann halt so eingeschlichen und ist
> jetzt halt so und, also ich denk da komm ich auch nich mehr raus – is nur noch
> die Frage wie ich's mir einfacher machen kann. (I 18)

Die ungleiche Verteilung der Hausarbeit erscheint in der Passage als eine Entwicklung. Es ist hierbei weniger ihr Mann, dem in diesem Traditionalisierungsprozess eine aktivische Rolle zukommt, er kommt kaum vor. Sie beschreibt hier vielmehr ihren eigenen Lernprozess, wie sie von egalitär geprägten Ansprüchen immer mehr zu einer traditionellen Praxis im Alltag kommt. Dies widerfährt ihr, es passiert schleichend; hier ist eine Koproduktion wirksam aus ihren eigenen Ansprüchen und den Erfahrungen, die sie unter den vorgefundenen Gegebenheiten macht. Darin kann man sie in der Nähe der oben zitierten Interviewpartnerin verorten, die sich den größeren Anteil der Hausarbeit typbedingt selbst zuschreibt. Auch auf die bereits erwähnte ‚niedrigere Schmutztoleranzgrenze' lässt sich an dieser Stelle verweisen.

In beiden Fällen formulieren die Frauen es jedoch dezidiert nicht als ihr eigenes Bedürfnis, den größeren Teil der häuslichen und kindbezogenen Arbeit zu verrichten. Hier ist die tatsächliche Einlösung der egalitären Arbeitsaufteilung handlungsleitender Orientierungsrahmen. Bei beiden ist es Initiative und Motivation der Frau, gerechte Arbeitsteilung zu praktizieren – und den Erfolg oder Misserfolg schreibt sie wiederum ihrem eigenen Einsatz und ihrer Durchsetzungsfähigkeit zu. Auch wenn auf der Ebene der praktischen Verrichtungen mehr Egalität praktiziert wird, bleibt so ein Ungleichgewicht gewissermaßen im Hintergrund erhalten.

So findet sich bei der schon zitierten Medizinerin eine Passage, in der sie den eigenen Partner gewissermaßen vorauseilend in Schutz nimmt und seinen ebenbürtigen Einsatz bei den kindbezogenen Tätigkeiten schildert:

> Und letztendlich denk ich ham wir auch von voneherein also hat er sich da sehr eingebracht, is genauso gut mit die Kinder wickeln und füttern und so, eigentlich wie ich, wüd ich sagen. (H 03)

Der Maßstab zur Bewertung seiner Beteiligung, seines ‚Sich-Einbringens', ist für sie dabei unhinterfragt ihr eigenes Handeln. Die eigene prinzipielle Zuständigkeit bleibt hier, wie auch schon zuvor, unhinterfragt.

Zusammenfassung

Die Frage, ob studierende Mütter und Väter die Vorhut einer geschlechtergerechten häuslichen Arbeitsteilung bilden, muss differenziert beantwortet werden.

Generell nimmt die Beteiligung der Väter an den Aufgaben und Freuden der Kinderbetreuung zu, und das Bild des ‚neuen Vaters' gewinnt gesellschaftlich an Realität. Die studierenden Väter zeichnen sich aber nicht durch ein besonderes überdurchschnittliches Engagement für ihren Nachwuchs aus.

Etwas anders sieht es bei der Hausarbeit aus. Zwar ist auch in den Familien Studierender das traditionelle Muster des größeren Arbeitseinsatzes der Mutter vorherrschend, aber die Geschlechterrelation der Arbeitsverteilung ist günstiger, der Abstand zwischen dem Aufwand der Mütter und dem der Väter ist bei den Studierenden kleiner als bei anderen Bevölkerungsgruppen. Das Ergebnis, dass Väter in Studierenden-Haushalten auch als typisch weiblich geltende Tätigkeiten wie Kochen, Putzen und Spülen (wenn auch zu geringen Anteilen) in überwiegender Verantwortung erledigen und die Mütter in der Männerdomäne des Reparierens den Hammer in die Hand nehmen, lässt ein Licht am Horizont der Enttraditionalisierung der Geschlechterrollen aufscheinen.

Auch angesichts der auf die Arbeitsteilung bezogenen Begründungen und Konfliktlagen in den qualitativen Interviews, stellt sich die Frage, ob nicht doch Bewegung im Verhältnis der Geschlechter zueinander zu verzeichnen ist, die über bloße Rhetorik hinausgeht.

Die Beziehungen zwischen Traditionalität und Egalität bei der Arbeitsteilung stellen sich komplex dar. Traditionelle Aufteilungen sind für Männer und Frauen begründungsbedürftig geworden. Die Standards haben sich verschoben – traditionelle Aufgabenteilungen sind gewissermaßen von Egalitätsansprüchen und Erklärungsbedürfnissen durchsetzt.

Umgekehrt finden sich viele Hinweise auf traditionelle Konstruktionen in den Erzählungen, teilweise gebrochen oder in Abrede gestellt. Auch in egalitären Arrangements gibt es vielfältige Verhaftungen im Traditionellen. So ist die Zuständigkeit für Kind und Haushalt von vornherein noch immer Frauensache – davon ausgehend formulieren die studentischen Mütter ihre individuellen Wünsche und Ansprüche. Ausnahmen und unterstützende Männer finden besondere Erwähnung.

Egalität hat als Anspruch an Bedeutung gewonnen und wird in der Praxis auch häufiger eingelöst. Aber ihre Realisierung ist nichts, was von alleine geschieht, nichts, was einfach selbstverständlich läuft. Sie stellt sich hintergründig als Anstrengung dar, als etwas, das es zu planen und zu organisieren gilt. Hier zeichnet sich eine Verschiebung des Traditionellen ins Egalitäre ab: Es bleibt Aufgabe der Frauen, für die Einlösung ihrer egalitären Ansprüche zu sorgen. Und es macht die Sache nicht leichter, dass sie sich die Verantwortung für das Gelingen oder Nicht-Gelingen von Egalität in der eigenen Partnerschaft wiederum selbst zueigen machen wollen.

Anmerkungen

1 Statistisches Bundesamt: *Prüfungen an den Hochschulen,* Fachserie 11, Wiesbaden 2003, http://www.destatis.de/shop (Zugriff am 23.6.05).
2 BMFSFJ Bundesministerium für Familie, Senioren, Frauen und Jugend: *Nachhaltige Familienpolitik. Zukunftssicherung durch einen Dreiklang von Zeitpolitik, finanzieller Transferpolitik und Infrastrukturpolitik,* Gutachten von Hans Bertram et al., Bonn/Berlin 2005, S. 45.
3 BMBF Bundesministerium für Bildung und Forschung: *Die wirtschaftliche und soziale Lage der Studierenden in der Bundesrepublik Deutschland 2003. 17. Sozialerhebung des Deutschen Studentenwerkes durchgeführt durch das HIS Hochschul-Informations-System,* Bonn/Berlin 2004, S. 314.
4 Zum Überblick s. Wassilios Fthenakis/Bernhard Kalicki/Gabriele Peitz: *Paare werden Eltern. Die Ergebnisse der LBS-Familien-Studie,* Opladen 2002, S. 98ff.
5 Zum Überblick über die theoretischen Ansätze s. ebd., S. 100ff.
6 Gabriele Lucius-Hoene/Arnulf Deppermann: *Rekonstruktion narrativer Identität. Ein Arbeitsbuch zur Analyse narrativer Interviews,* 2. überarbeitete Auflage, Wiesbaden 2004, S. 13.
7 Die Frage der Repräsentativität der Stichprobe ist nicht zu beantworten, da Daten zur Grundgesamtheit studierender Eltern in Baden-Württemberg nur ungenügend vorhanden sind. Das Hochschulinformationssystem (HIS) führt im Auftrag des Deutschen Studentenwerkes in regelmäßigen Abständen so genannte Sozialerhebungen der deutschen Studentenschaft durch, aus denen auch Informationen über die Situation studierender Eltern gewonnen werden können (*BMBF,* Bonn/Berlin 2004). Zu diesen Erhebungen gibt es länderspezifische Sonderauswertungen. Im Jahr 2003 umfasste die baden-württembergische Substichprobe jedoch lediglich N=122 studierende Mütter und Väter (HIS 2004). Aufgrund der geringen Zahl müssen bei allen Daten zu dieser Gruppe Fehlertoleranzbereiche von bis zu +/- 5,7% berücksichtigt werden. Die Definition der Zielgruppe des Projektes grenzt die Gruppe der studierenden Eltern zudem ein, da das Interesse vor allem den Familiengründungsprozessen im Studium gilt. Befragt wurden ausschließlich Studierende, die im Studium Mutter oder Vater geworden waren oder ein Kind im Alter von bis zu vier Jahren erziehen. Die Daten der HIS Erhebungen beziehen sich auf alle studierenden Eltern, also auch auf die, die z.B. nach Abschluss der Familiengründungsphase ein Studium begonnen haben. So ist es nicht erstaunlich, dass bei der bundesweiten Erhebung die Studierenden mit Kind im Jahr 2003 zu etwa einem Fünftel 40 und mehr Jahre alt waren (*BMBF,* Bonn/Berlin 2004: S. 318). Trotzdem wurden demographische und soziale Merkmale der HIS Erhebungen mit denen der FAST Stichprobe verglichen. Aufgrund der Zielgruppendefinition ist das Durchschnittsalter der Projektbefragten niedriger und die Kinderzahl geringer als in den HIS-Erhebungen. Bei Partnerschaft und Familienstatus entspricht die relationale Verteilung der Merkmalsausprägungen in der FAST Stichprobe der

in den HIS Erhebungen vorgefundenen. Der Vergleich zeigt, dass Unterschiede der Merkmalsausprägungen in der FAST Stichprobe auf die Definition der Zielgruppe zurückzuführen sind. Wir können daher davon ausgehen, dass sich mit den Studiendaten die Lebenssituation von baden-württembergischen Studierenden mit kleinen Kindern valide beschreiben lässt.

8 BMFSFJ Bundesministerium für Familie, Senioren, Frauen und Jugend: *Familien und Familienpolitik im geeinten Deutschland. Zukunft des Humanvermögens. Fünfter Familienbericht,* Bonn 1995, S. 200.

9 Bei einer bundesweiten Studierendenbefragung im Jahr 2003 wurden die gleichen Fragen gestellt, allerdings enthielt die Stichprobe nur N=85 studierende Eltern (HIS 2003). Mit 11% wurde die Kinderfreundlichkeit der Hochschulen gleich bewertet. Die Zustimmung zu den Items „Verständnis bei Dozierenden" mit 23% und „Unterstützung von KommilitonInnen" mit 12% war niedriger. Ob die positiveren Bewertungen der FAST Stichprobe auf bessere Bedingungen an baden-württembergischen Hochschulen oder auf statistische Effekte der Stichproben zurückzuführen sind, lässt sich nicht feststellen.

10 Bei den Auswertungen zur Arbeitsteilung wird nur die Gruppe der ständig mit einem Partner/einer Partnerin zusammenlebenden Befragten betrachtet. Dies sind 281 Mütter und 174 Väter.

11 Zum Überblick s. Wassilios Fthenakis et al., Opladen 2002, S. 98ff.

12 vgl. Jan Künzler: *Familiale Arbeitsteilung. Die Beteiligung von Männern an der Hausarbeit,* Bielefeld 1994; befragte N=36 studierende Paare mit Kindern. Neben Fragebögen wurden sehr differenzierte Protokollbögen zur zeitlichen Erfassung des Tagesablaufes eingesetzt. Die Ergebnisse wurden verglichen mit den Angaben von Studierenden ohne Kinder.

13 Es ist daran zu erinnern, dass wir keine Paarbefragung durchgeführt haben. Die Angaben der Mütter und Väter lassen sich also nicht validieren durch die entsprechenden Aussagen des/der zugehörigen PartnerIn.

14 Zum Überblick über die theoretischen Ansätze der Zeitallokation s. Martina Lauk/Susanne Meyer: *Frauen, Männer und die Hausarbeit. Hintergründe der Zeitverwendung in Theorie und Empirie.* Arbeitspapiere des Instituts für VWL, TU Darmstadt 2004, S. 5ff., http://www.bwl.tu-darmstadt.de/vwl/forsch/veroeff/papers/ddpie_125.pdf (Zugriff am 21.10.05).

15 Statistisches Bundesamt: *Wo bleibt die Zeit? Die Zeitverwendung der Bevölkerung in Deutschland 2001/02,* Berlin 2003.

16 Z.B. im Sozio-ökonomischen Panel s. Martina Lauk/Susanne Meyer, Darmstadt 2004; Künzler Jan et al.: *Gender Division of Labour in unified Germany,* 2001, http://www.uni-wuerzburg.de/soziologie/na_rep.pdf (Zugriff am 21.10.05).

17 Z.B. Wassilios Fthenakis, Opladen 2002.

18 Die geschlechtsspezifische Relation hat den Faktor 1, wenn der Zeitaufwand für eine Tätigkeit bei Frauen und Männer gleich hoch ist.

19 Statistisches Bundesamt (Hrsg.), Berlin 2003, S. 25. Der Erhebung liegt eine repräsentative Stichprobe der Bevölkerung der BRD ab dem Alter von 10 Jahren

zugrunde. Von 12.600 Personen wurden an jeweils drei Wochentagen alle Tätigkeiten und ihr Umfang dokumentiert. So entstanden ca. 37.700 Tagebücher.

20 Jan Künzler, Bielefeld 1994, S. 177.

21 Wassilios Fthenakis et al., Opladen 2002, S. 117. Bei der Studie handelt es sich um eine Längsschnittserhebung bei N=175 Paaren, die ein gemeinsames Kind erwarten. Die Paare wurden im Verlauf von drei Jahren zu fünf Zeitpunkten befragt. Die Befragten dieser Erhebung waren nur geringfügig älter als die der FAST-Stichprobe, die Mütter waren zwei Jahre und die Väter vier Jahre älter. Sie hatten bezogen auf die Allgemeinbevölkerung ein überdurchschnittlich hohes Bildungsniveau: 60% der Väter und 46% der Mütter hatten ein abgeschlossenes Hochschulstudium oder befanden sich noch im Studium.

22 Peter Döge/Rainer Volz: „Was machen Männer mit ihrer Zeit? – Zeitverwendung deutscher Männer nach den Ergebnissen der Zeitbudgetstudie 2001/2002", in: Statistisches Bundesamt (Hrsg.): *Forum der Bundesstatistik*, Bd. 43/2004. Wiesbaden 2004, S. 194-214.

23 Statistisches Bundesamt (Hrsg), Berlin 2003, S. 24.

24 Ebd. S. 17.

25 Heribert Engstler/Sonja Menning: *Die Familie im Spiegel der amtlichen Statistik. Lebensformen, Familienstrukturen, wirtschaftliche Situation der Familien und familiendemographische Entwicklungen in Deutschland*, herausgegeben vom BMFSFJ Bundesministerium für Familie, Senioren, Frauen und Jugend, Erweiterte Neuauflage, Berlin 2003, S. 133. Bei Männern hat das Bildungsniveau jedoch keinen Einfluss auf die Zeitverwendung für Hausarbeit.

26 Jan Künzler, Bielefeld 1994, S. 172.

27 Heribert Engstler/Sonja Menning, Berlin 2003, S. 133.

28 Z.B. Martina Lauk/Susanne Meyer 2004; Jan Künzler et al., 2001.

29 Unsere Auswertungen beruhen auf bivariaten statistischen Verfahren, die jedoch nur bei solchen Merkmalen angewendet werden können, bei denen die quantitative Verteilung statistische Aussagen erlaubt. So können z.B. keine Angaben zur Arbeitsteilung von studierenden Müttern mit einem Hausmann als Partner gemacht werden, da diese Partnerkonstellation nur bei n=6 Müttern vorhanden ist. Auch inwieweit Jobben oder eine Erwerbstätigkeit im Semester oder in den Semesterferien (und deren Umfang) Auswirkungen auf die Zeitverwendung haben, kann bivariat nicht geprüft werden. Die Auswertung der ersten standardisierten Befragung ist noch nicht abgeschlossen, wir werden im weiteren Projektverlauf auch multivariate Verfahren anwenden.

30 Zur Zeitverwendung nach Paarkonstellation liegen Angaben von n=73 Müttern mit studierendem und n=139 mit erwerbstätigem Partner und von n=43 Väter mit studierender und n=46 Väter mit erwerbstätiger Partnerin vor.

31 Angelika Wetterer: „Rhetorische Modernisierung und institutionelle Reflexivität: Die Diskrepanz zwischen Alltagswissen und Alltagspraxis in arbeitsteiligen Geschlechterarrangements", in: *Freiburger FrauenStudien. Zeitschrift für interdisziplinäre Geschlechterforschung – Arbeit und Geschlecht*, Band 16, Freiburg 2005, S. 77.

32 Cornelia Koppetsch/Günter Burkart: *Die Illusion der Emanzipation. Zur Wirk-*

samkeit latenter Geschlechtsnormen im Milieuvergleich, Konstanz 1999.

33 Zum Zeitpunkt der schriftlichen Befragung haben alle Erzählpersonen noch studiert – die qualitativen Interviews wurden ein halbes Jahr nach der quantitativen Erstbefragung geführt, sodass ein Teil der Befragten zwischenzeitlich ihr Studium beendet hatten.

34 Mechthild Oechsle/Birgit Geissler: „Die Modernisierung weiblicher Lebenslagen", in: Bundeszentrale für politische Bildung (Hrsg.): *Aus Politik und Zeitgeschichte*, Beilage zur Wochenzeitung *Das Parlament*, Band 31-32, Bonn 2000, S. 17.

Literatur

BMBF Bundesministerium für Bildung und Forschung: *Die wirtschaftliche und soziale Lage der Studierenden in der Bundesrepublik Deutschland 2003. 17. Sozialerhebung des Deutschen Studentenwerkes durchgeführt durch das HIS Hochschul-Informations-System,* Bonn/Berlin 2004.

BMFSFJ Bundesministerium für Familie, Senioren, Frauen und Jugend: *Familien und Familienpolitik im geeinten Deutschland. Zukunft des Humanvermögens. Fünfter Familienbericht,* Bonn 1995.

BMFSFJ Bundesministerium für Familie, Senioren, Frauen und Jugend: Nachhaltige Familienpolitik. Zukunftssicherung durch einen Dreiklang von Zeitpolitik, finanzieller Transferpolitik und Infrastrukturpolitik. Gutachten von Hans Bertram et al., Bonn/Berlin 2005.

Döge, Peter/Volz, Rainer: „Was machen Männer mit ihrer Zeit? Zeitverwendung deutscher Männer nach den Ergebnissen der Zeitbudgetstudie 2001/2002", in: Statistisches Bundesamt (Hrsg.): *Forum der Bundesstatistik,* Bd. 43/2004. Wiesbaden 2004, S. 194-214.

Engstler, Heribert/Menning, Sonja: *Die Familie im Spiegel der amtlichen Statistik. Lebensformen, Familienstrukturen, wirtschaftliche Situation der Familien und familiendemographische Entwicklungen in Deutschland,* herausgegeben vom BMFSFJ Ministerium für Familie, Senioren, Frauen und Jugend, erweiterte Neuauflage, Berlin 2003.

Fthenakis, Wassilios E. /Kalicki, Bernhard/Peitz Gabriele: *Paare werden Eltern. Die Ergebnisse der LBS-Familien-Studie,* Opladen 2002.

HIS Hochschul-Informations-System: *Kinder eingeplant? Lebensentwürfe Studierender und ihre Einstellung zum Studium mit Kind. Kurzbericht Nr. 5,* 2003, https://hisbus.his.de/hisbus/docs/hisbus-lebensentwuerfe.pdf (Zugriff am 21.10.05).

HIS Hochschul-Informations-System: *Grundauszählung zur 17. Sozialerhebung. Auszählungsreihe: Länder. Baden-Württemberg,* Hannover 2004.

Koppetsch, Cornelia/Burkart, Günter: *Die Illusion der Emanzipation. Zur Wirksamkeit latenter Geschlechtsnormen im Milieuvergleich,* Konstanz 1999.

Künzler, Jan: *Familiale Arbeitsteilung. Die Beteiligung von Männern an der Hausarbeit,* Bielefeld 1994.

Künzler Jan et al.: *Gender Division of Labour in unified Germany,* 2001, http://www.uni-wuerzburg.de/soziologie/na_rep.pdf (Zugriff am 21.10.05).

Lauk, Martina/Meyer, Susanne: *Frauen, Männer und die Hausarbeit. Hintergründe der Zeitverwendung in Theorie und Empirie,* Arbeitspapiere des Instituts für VWL TU Darmstadt, Darmstadt 2004, http://www.bwl.tu-darmstadt.de/vwl/forsch/veroeff/papers/ddpie_125.pdf (Zugriff am 21.10.05).

Lucius-Hoene, Gabriele/Deppermann Arnulf: *Rekonstruktion narrativer Identität. Ein Arbeitsbuch zur Analyse narrativer Interviews,* 2. überarbeitete Auflage, Wiesbaden 2004.

Oechsle, Mechthild/Geissler, Birgit: „Die Modernisierung weiblicher Lebenslagen", in: Bundeszentrale für politische Bildung (Hrsg.): *Aus Politik und Zeitgeschichte*, Beilage zur Wochenzeitung *Das Parlament*, Band 31-32, Bonn 2000, S. 11-23.

Schmitt, Christian/Winkelmann, Ulrike: *Wer bleibt kinderlos? Sozialstrukturelle Daten zur Kinderlosigkeit von Frauen und Männern*, Discussion-Papers 473, Berlin 2005. http://www.diw.de/deutsch/produkte/publikationen/diskussionspapiere/docs/papers/dp473.pdf (Zugriff am 21.10.05).

Statistisches Bundesamt: *Prüfungen an den Hochschulen.* Fachserie 11, 2003, www.destatis.de/shop (Zugriff am 23.6.05).

Statistisches Bundesamt: *Wo bleibt die Zeit? Die Zeitverwendung der Bevölkerung in Deutschland 2001/02*, Berlin 2003.

Wetterer, Angelika: „Rhetorische Modernisierung und institutionelle Reflexivität: Die Diskrepanz zwischen Alltagswissen und Alltagspraxis in arbeitsteiligen Geschlechterarrangements.", in: *Freiburger FrauenStudien. Zeitschrift für interdisziplinäre Geschlechterforschung – Arbeit und Geschlecht*, Band 16, Freiburg 2005, S. 75-96.

Astrid Lange-Kirchheim

„Ein Kind und Arbeit!"

Mutterschaftsentwürfe in Texten von deutschen Autorinnen um 1900

„Wie viel Mutter braucht das Kind?" – titelte die *Badische Zeitung* kurz vor Weihnachten 2004 eine ganzseitige Besprechung von allerlei Erziehungsratgebern für den Gabentisch.[1] Und die Rezensentin gibt zu, dass sie angesichts dieser Empfehlungen am liebsten antworten möchte: „So wenig wie möglich". Das spiegelt die Ambivalenz, in welche der ‚Mutterberuf' heute geraten ist. Standen noch vor einigen Jahren die besonderen Fähigkeiten der Mutter, vor allem ihr Einfühlungsvermögen, im Vordergrund – mindestens „good enough" hatte sie laut Winnicott zu sein[2] –, verschob sich der Fokus bald auf den „kompetenten Säugling" und heute auf das „kompetente Kind".[3] Vielleicht kann diese veränderte Perspektive zum Abschied von der mythisch verklärten idealen Mutter einerseits, von der Schuld der Mütter andererseits beitragen.[4] Wie belastet der Mutterbegriff durch seine nationalsozialistische Instrumentalisierung immer noch ist, zeigt sich, wenn ein Aufsatz zur deutschen Frauenbewegung mit den Worten beginnt: „‚Mütterlichkeit' hatte in allen deutschen Frauenbewegungen vor 1933 – einschließlich der sozialistischen – einen guten Klang".[5]

Um 1900 – im beginnenden „Jahrhundert des Kindes" (Ellen Key) – haben die Begriffe *Mutterschaft* und *Mütterlichkeit* Hochkonjunktur: Das spiegelt sich in fiktionalen und expositorischen Texten über „Die Mütter" oder „Die neue Mutter",[6] über „Das Recht der Mutter",[7] über „Mutterschaft und geistige Arbeit",[8] über „Mutterschutz" und „Neue Ethik"[9] usw. Dabei stehen sich ‚Mutterschaft' im vorrangig literalen, d. h. im biologischen Sinne und ‚Mütterlichkeit' im vorrangig übertragenen Sinne gegenüber. Der – übrigens von Freud geschätzte – Arzt Paul Julius Möbius vertrat die Auffassung, dass Mutterschaft der ‚natürliche Beruf der Frau' sei. „Ein Weib, das nicht Mutter ist, hat seinen Beruf verfehlt".[10] Wie sehr solche Lehren sich in das Selbstverständnis von Frauen zur innersten Überzeugung einfleischen können, zeigt noch Schnitzler in seinem Drama *Der einsame Weg,* in dem eine kinderlos gebliebene Frau, eine Schauspielerin, depressiv äußert: „Eine Frau, die kein Kind hat, ist gar nie eine Frau gewesen".[11] Das Rhetorische, d. h. Unredliche an der Behauptung von Möbius ist die metaphorische Verwendung des

Begriffs ‚Beruf': Der Mutterberuf wird auf der gleichen Ebene angesiedelt wie der gelehrte oder der künstlerische Beruf. Damit wird eine Wahrheit persuasiv erschlichen. Andererseits dekonstruiert sich der Satz, ‚der natürliche Beruf der Frau sei die Mutterschaft' selbst, denn etwas, das Natur, d. h. Instinkt, Trieb, sein soll, kann hier nur mit Hilfe seines Gegenbegriffs, nämlich Kultur, definiert werden. Einen ‚natürlichen Beruf' gibt es nicht; betreibe ich aber Mutterschaft als Beruf, setzt das eine kulturelle Entscheidung voraus, der ihrerseits eine Konstruktion des ‚Wesens' der Frau vorhergeht.

Zum Muttersein qualifiziert das Weib, laut Möbius, seine Tierähnlichkeit. Denn evolutionsbiologisch stehe die Frau als Gefühlswesen unter dem Mann, dem Geistwesen, aber über dem Tier, dem reinen Instinktwesen.

> Aus Gefühl handeln, aus Gefühl etwas für wahr halten, heißt es halb instinktiv tun. (...) Der Instinkt nun macht das Weib tierähnlich, unselbständig, sicher und heiter. In ihm ruht ihre eigentümliche Kraft, er macht sie bewundernswert und anziehend. Mit dieser Tierähnlichkeit hängen sehr viele weibliche Eigentümlichkeiten zusammen (...).[12]

Aus diesem „Mittelzustande" erklärt sich die beschränkte Moral, die Enge des Gesichtskreises, die Eignung für die Kinderaufzucht: „[Die Frauen, A. L.-K.] leben in den Kindern und dem Manne, was jenseits der Familie ist, interessiert sie nicht".[13] Um den Naturberuf der Frau zu erhalten, muss laut Möbius alles von ihm entfernt werden, was ihm schadet, und das ist „die übermäßige Gehirntätigkeit, welche das Weib nicht nur verkehrt, sondern auch krank macht". Denn „gesund und dumm" will Möbius das Weib. „[Je, A. L.-K.] besser die Schulen werden, desto schlechter werden die Wochenbetten, umso geringer wird die Milchabsonderung, kurz, umso untauglicher werden die Weiber".[14]

Gegen diese frauendiskriminierende medizinische Sicht – Helene Böhlau nimmt sie mit ihrem Romantitel *Halbtier!* programmatisch ins Visier[15] – setzt die bürgerliche Frauenbewegung, wenn auch in ebenfalls differenzfeministischer Argumentation, dezidiert die ‚kulturelle Mission der Frau', die sie im Konzept der ‚Mütterlichkeit' fasst. Diese bezieht sich auf die Frau als natürliche und zugleich geistige Mutter des Kindes sowie auf die berufstätige Frau, die ihre weibliche Eigenart, z. B. als Lehrerin, in den Dienst der Gesellschaft stellt. Mit dem Konzept der „geistigen Mütterlichkeit", auch „erweiterte", „soziale" oder später „organisierte Mütterlichkeit" genannt, sollte der eigene Beitrag der Frauen zur kulturellen und gesellschaftlichen Entwicklung sichtbar gemacht werden.[16] Die Ungleichheit der Geschlechter wird bejaht, indem ihre Komplementarität herausgestellt wird: die Frauen trügen etwas zur Kultur bei, was Männer nicht könnten. Die Privatsphäre des Hauses, in dem die sozialen Leistungen der Frauen, wie Kindererziehung, Krankenpflege, Fürsorge für Alte und Behinderte erbracht werden, wird geöffnet, indem z. B. durch Petitionen der Frauenverbände eine Verbesserung der Mädchenerziehung gefordert wird. „Schafft uns bessere *Lehrerinnen*, und wir werden bessere

Mütter und durch diese bessere *Menschen* haben".[17] Die Erschließung weiblicher Arbeitsbereiche – von der „Macht der Arbeit", dem „Adel der Arbeit" ist die Rede[18] –, sollte die kulturelle Leistungsfähigkeit der Frau beweisen und im Blick auf die Zukunft die Einsicht befördern, dass den Frauen staatsbürgerliche Rechte (wie das Stimmrecht) nicht länger vorenthalten werden dürften.

Die Betonung der Mütterlichkeit sollte nicht zuletzt die Bedeutung der Mann-Frau-Beziehung für das Leben der Frauen relativieren, sie aus der Abhängigkeit von *einem* Mann herauslösen und ihnen eine weibliche Öffentlichkeit schaffen. ‚Mütterlichkeit' wurde damit zum Gegenbegriff von ‚Weiblichkeit', denn im 19. Jahrhundert reduzierte ‚Weiblichkeit' die Frau auf ein Geschlechtswesen, das nicht ohne Zuordnung zum Mann denkbar war. Von hier aus wird verständlich, dass mit der Bestimmung des Wesens der Frau unter dem Aspekt des Mütterlichen Vorstellungen von Askese verknüpft waren. So befürwortete die gemäßigte Frauenbewegung unter Helene Lange das Berufszölibat für Lehrerinnen. Das Interesse, Frauen als eigenverantwortliche Wesen unabhängig von Männern zu konzipieren, führte schließlich auch zu vermehrter Diskussion von unehelicher Mutterschaft, der Situation alleinstehender Mütter und zur Marginalisierung des Mannes. Vorstellungen von ‚keuscher Mutterschaft' und, damit einhergehend, eine Sakralisierung der Mutter-Kind-Beziehung gehören in den Umkreis dieser Versuche, Mutterschaft/Mütterlichkeit als ‚positive Differenz' gegenüber Männern zu denken.[19]

An vier Erzähltexten um 1900 werde ich nun aufzeigen, wie die Autorinnen Gabriele Reuter, Hedwig Dohm, Franziska zu Reventlow und Helene Böhlau mit diesen Diskursen als Vorgaben umgegangen sind.

Gabriele Reuter: *Evis Makel*[20]

Mutterschaft als ‚natürlichen Beruf' der Frau thematisiert Gabriele Reuter in ihrer Erzählung *Evis Makel* auf ganz eigene Weise. Analytisch aufgebaut, beginnt die Geschichte mit ihrem Ende, mit einer toten Frau: Die Spannung steigernd, werden wir vom Text nur allmählich mit den Umständen dieses Todesfalls bekannt gemacht. Zu Grabe getragen wird ein ‚Fräulein', von einigen abschätzig „alte Jungfer" genannt, die Bezeichnung ‚Frau' wird ihr verweigert: „Nein, – Frau – das war sie freilich nicht ...". Diese Opposition von totem Frauenkörper und ritualisierter Diskussion um seine Benennung macht gleich zu Anfang klar, dass es *die* Frau nicht gibt, sondern nur ihre Konstruktionen. Die „schöne Rede" des Predigers, der „das sanfte, hilfreiche Wesen der Verstorbenen preist", aber gleichzeitig der Familie gegenüber vieldeutig Schonung an den Tag legt, fügt weitere Zuschreibungen hinzu:

> Nur Gott allein kann in das Verborgene schauen, (...) laßt uns darum nicht verdammen. Eines wollen wir festhalten: sie hat viel geliebt – und wer viel geliebt hat, dem wird viel vergeben werden. (S. 151)

Die Verstorbene wird als Gefallene, als große Sünderin wie Maria Magdalena aufgebaut. Hier rekrutiert sich die Kirche nicht nur ihre Sünderin selbst, sondern bestätigt sich im Prediger ihre staatstragende Funktion, ihre Partizipation an der Definitionsmacht. Begraben wird eine Stigmatisierte, befriedigt wird ein Ausgrenzungsbedürfnis.

Denn in ‚Wahrheit' handelt es sich bei diesem ‚Fräulein' um eine etwa 50jährige ledige Frau, der es trotz bürokratischer Schwierigkeiten gelungen war, ein Kind zu adoptieren.[21] Ursache ihres Todes ist das Leiden, das sie heimsucht, nachdem die Adoptiv-Tochter mit einem Liebhaber auf und davon gegangen ist. Gabriele Reuters Geschichte handelt von der Performativität der Diskurse. Die Tochter hat das Gerede der Leute internalisiert, sie sei gar kein Waisenkind, sondern die Folge eines Fehltritts ihrer Pflegemutter, die somit also ihre biologische, leibliche Mutter sei. Der Adoptionsakt einer unverheirateten Frau wird von der Umwelt als Maskierung eines unehelichen Kindschaftsverhältnisses interpretiert und die „jungfräuliche Mutter", Maria mit dem Kinde, in ihr Gegenteil, Maria Magdalena, verkehrt. Was hier buchstäblich wahr ist, die „jungfräuliche Mutter", wird zum Spitznamen, den Evi auf den Amtsstuben erhalten hat (S. 156). Die ‚soziale Mutterschaft' der unverheirateten Frau stellt offenbar einen solchen Normenverstoß dar, dass er, da man ihn juristisch nicht ahnden kann, in einen anderen Normenverstoß verwandelt werden muss, um das Fräulein Mutter ausgrenzen und zusammen mit der Tochter stigmatisieren zu können. Die Adoptivtochter entwickelt allmählich in sich ein Bild von Verworfenheit, was zur Folge hat, dass sie auf die entwürdigenden Annäherungen „alter und junger Männer" (S. 160) eingeht, welche sich berechtigt glauben, die Tochter einer „Gefallenen" ihrerseits als „Gefallene" benutzen zu können. Sie lässt die Pflegemutter mit dem Vorwurf zurück, mit dem Adoptionsakt habe sie die eigene Tochter verleugnen wollen. An diesem Verlust und der doppelten Etikettierung von Mutter und Tochter als „Gefallenen" geht Evi zugrunde.

Es zeugt von Gabriele Reuters Kenntnis gesellschaftlicher Mechanismen, dass sie ihr Experiment sozialer Mutterschaft nicht etwa an staatlichen Hürden scheitern lässt, sondern an der Macht der Diskurse, welche die Einzelnen internalisiert haben. Dazu gehört die misogyne Konstruktion von Weiblichkeit, ihre Spaltung in gut und böse, Maria und Eva, asexuell und sexuell usw. Die Misogynie besteht darin, dass der positive Term nur die zu durchschauende Maskierung des negativen darstellt: dass stets hinter einer aufopferungsfreudigen *Evi* erfolgreich eine sündige *Eva* hervorgeholt werden kann. Hierzu gehört die Ähnlichkeit, die Otto Weininger zwischen der Mutter und der Dirne hergestellt hat: Beide seien sie in Bezug auf die Individualität des sexuellen Komplements, den Mann, anspruchslos, der Mutter gehe es nur um das Kind, der Dirne nur um den erotischen Genuss.[22] Es zeugt weiterhin für Gabriele Reuters Einsicht, dass sie Evi nicht nur Opfer sein, sondern ihr Schicksal wie in der griechischen Tragödie selbst mit hervorbringen lässt: Reuter hat deutlich deren 5-aktiges Schema zur Darstellung ihres „unabwendbaren Verhängnisses" (S. 163) benutzt. Die Protagonistin partizipiert an den herrschenden Denkweisen, wie der Polarisierung in ‚gut' und ‚böse', wenn sie sich mit den Worten: „Ich habe ein fleckenloses Leben hinter mir" (S. 155) gegenüber der leichtsinnigen Pflegetochter aufbaut, die sie von einem unanständigen zu einem anständigen Mädchen zurückerziehen möchte. Das Mädchen solle sich nicht ‚wegwerfen', so lautet ihre Ermahnung an die Tochter: Das aber ist wortwörtliche Väter-Brüder-Männerrede, welcher gemäß herrschender Geschlechterordnung obliegt, die weibliche Sexualität zu regulieren und zu kontrollieren. Man vergleiche etwa in dem fünf Jahre später erschienenen Roman Thomas Manns die zweimal wiederholte Ermahnung des Thomas Buddenbrook, als er sich von seinem Blumenmädchen Anna endgültig verabschieden muss: „Aber wirf dich nicht weg, hörst du, Anna? Denn bis jetzt hast du dich *nicht* weggeworfen, das sage ich dir".[23] Derjenige, der die Definitionsmacht hat, und sei er selbst nur der erste in der Reihe der Liebhaber, entscheidet, wann ein Fall von ‚Wegwerfen' vorliegt.

Evi gibt ihrer Adoptiv-Tochter den Namen Lina. Das ruft die ‚schöne Helena' auf. Sie phantasiert also ihre Tochter genau in das Verhalten hinein, das diese später an den Tag legen wird: das einer männerbetörenden Frau. Gleichzeitig erwartet sie aber von ihr, dass sie ‚verheiratbar', also anständiges Mädchen bleibe. Damit unterwirft sie die Heranwachsende einem *double bind*, der exakt der herrschenden Polarisierung des Weiblichen in Heilige und Hure entspricht. Der Name „Lina" signalisiert zugleich Evis innerseelische Verwundung, ihren eigenen unerfüllten Liebeswunsch. Diese Verwundung ist kulturell bedingt: Evi verliert ihre Jugend in der Pflege ihrer kranken Mutter. Solche aufopfernde Pflege wertet Freud in seinen gleichzeitig erscheinenden *Studien über Hysterie* – hier allerdings am Muster der *Vater*-Tochter-Beziehung – als Trauma, das aus der erzwungenen Verdrängung der eigenen vitalen Bedürfnisse und der Triebwünsche resultiert.[24] Gabriele Reuter ist genauer: Ihre Protagonistin verliert in der Fürsorge „das Verlangen nach leidenschaftlichen Freuden", sie wird depressiv. Als sie nach dem Tod der Mutter allein zurückbleibt, definiert sie ihre Situation in paradigmatisch mütterlicher Weise: „Sie wollte nun für andere leben" (S. 153). Die Identifikation von Frausein und Muttersein stellt Gabriele Reuter hier mit der Erzählstrategie der Erlebten Rede als Doppelstimme ironisch aus.

Zuerst sind es die Kinder der verheirateten Freundinnen, um die sie sich kümmert. Als jedoch die zärtliche Zuneigung der Kinder Eifersucht und Besitzansprüche der leiblichen Mütter auf den Plan ruft, steht sie wieder vor dem Beziehungsnichts. Nun tritt der Wunsch nach einem eigenen Kind gebieterisch auf. Auf einer Reise bietet sich ihr die Gelegenheit, das Neugeborene eines Fabrikmädchens, das bei seiner Geburt gestorben war und dessen Vater unbekannt ist, zu sich zu nehmen. Der Hass, der auf die Provokation der ledigen Mutterschaft antwortet, formiert sich in verschiedenen Gruppen: da sind die Verwandten, die Männer in guten Lebensstellungen, sodann die Mütter mit Trauring, die Männer im Club und schließlich der Arzt. Besonders anlässlich einer schweren Kinderkrankheit stellt Reuter die in den heteronormativen gesellschaftlichen Strukturen erzeugten Frustrationen dar, die im Neid auf die aufopfernde Pflege für ein fremdes Kind zutage treten. Aus dem Munde des Arztes tönt der erbbiologische Diskurs: „Schlechte Säfte, verdorbenes Blut. (...) Geben Sie das Kind fort, Sie werden keine Freude daran erleben" (S. 156). Evis verheiratete Freundinnen konstruieren die schwere Krankheit als Unfähigkeit, mithin Schuld der nicht-leiblichen Mutter: „Da sieht man, was daraus entsteht, wenn eine alte Jungfer sich mit Kinderpflege abgeben will! (...) Sie wird den armen Wurm noch völlig zu Grunde richten". Das Engagement der ledigen Mutter wird, mit der Autorität der Bibel im Gepäck, als Anmaßung, mithin als Sünde gebrandmarkt:

> Sämtliche junge Frauen waren einig in der Ansicht, dass Evi ohne den Trauring und die Qualen der Geburtsstunden kein Recht auf Mutterglück und Muttersorgen habe. Es war einfach lächerlich, wenn sie sich dieselben anmaßte. (S. 157)

Der Trauring als Entrébillett nicht nur für Mutterglück, sondern auch Mutter*sorgen* – damit zeigt Reuter, wie viel an Masochismus in die heterosexuelle und durch die Ehe sanktionierte Geschlechterordnung eingegangen ist. Die Mutterqualen, die sich die verheirateten Frauen nicht nehmen lassen wollen, verbürgen die Hierarchie-Differenz gegenüber der alten Jungfer und Adoptivmutter und sind Garant der Partizipation an der Macht.

Als das erkrankte Kind wider Erwarten am Leben bleibt, ist der Arzt zwar voller Bewunderung, hält aber an seinem Ausgrenzungsdiskurs zwischen Gutem und Schlechten, Eigenem und Fremden fest: „Eine Pflege, die das möglich macht, ist bewundernswürdig! Und das alles für ein fremdes Kind!" Aus diesem Widerspruch wird sodann Evis Fehltritt konstruiert: „‚Ob da nicht doch die Natur sich verraten hat?' fragten die Männer im Club. Der Arzt zuckte die Achseln: ‚Man sollte eine so große Aufopferung sonst nicht für möglich halten'" (S. 157). Evis Ersatzelternschaft wird nicht als soziale Leistung und kulturelle Tat gewürdigt, sondern auf Natur, d.h. Triebnatur reduziert – denn Kulturträger kann laut zeitgenössischem Geschlechterdiskurs nur der Mann sein. Mit dieser Argumentationskette zeigt Reuter ganz nebenbei, dass die Frauenbewegung mit ihrem Konzept der ‚geistigen Mütterlichkeit', in die „Mutterschaftsfalle" lief:[25] Mütterlichkeit, wie ‚geistig', ‚sozial', ‚organisiert' auch immer, lässt sich nur zu leicht dem Natur-Pol innerhalb der Polarisierung der Geschlechtscharaktere zuordnen und zementiert daher die Dichotomie, statt zu einer Lockerung der starren Opposition beizutragen.

Doch, wie gesagt, scheitert Evi nicht nur an Behinderungen von außen, sondern an den verinnerlichten Theoremen. Mutterschaft als vornehmster, ja heiliger Beruf der Frau ist ihr in Fleisch und Blut übergegangen und äußert sich in der „scheuen Gier" nach dem Kind und dem „Neid" auf Mütter jeglichen Standes. Das Adoptionsprojekt, das sie auf einem Umweg zur Mutter macht, ist somit sowohl diskursgesteuert wie innerstes Bedürfnis, also quasi normkonform. Evi scheitert vor allem, weil sie vom idealisierten Mutterberuf unbewusst Entschädigungen erwartet für die Entbehrungen, die sie aufgrund eben der Idealisierung von Mütterlichkeit im Sinne eines selbstlosen Daseins für andere zu ertragen hatte. Letztlich sind das die Zumutungen, die aus der Abwertung der Frau zum zweiten Geschlecht, ja zum Nichts resultieren. Denn auch die sozialen Berufe, in denen sich ‚geistige Mütterlichkeit' zu bewähren hatte, sind von der Lehrerin bis zur Fürsorgerin sämtlich Berufe zweiter Ordnung, die noch dazu mit einem Zölibat belegt waren. Auf Grund dieser Entwertung spiegelt die Adoptivmutter die Nöte auch der verheirateten Mütter, allen voran ihre Einsamkeit und ihren Mangel an Selbst: Die Zärtlichkeit ihrer Kinder beanspruchen sie – aus Not – als ihren alleinigen Besitz. Evi malt sich

> das große, große Glück [aus, A. L.-K.], ein kleines, fremdes, hilfloses Wesen an ihr einsames Herz zu nehmen. Ganz, ganz klein mußte es sein, und beide Eltern mußten tot sein, damit sie es allein für sich haben konnte. (S. 154)

Das Adoptivkind erfüllt dann in der Tat die Funktion, ihr bedürftiges Selbst zu stabilisieren. Indem sie es in Mützchen und Jäckchen kleidet, die sie selbst einmal getragen, macht sie es zum Substitut ihrer eigenen verlassenen Person und bemuttert in ihm sich selbst. Von ihrer Adoptivtochter lässt sie sich zwar Tante nennen, erlaubt sich aber, das Kind zu sich ins Bett zu nehmen und es zu bitten: „Mama" zu ihr zu sagen. In dieser Grenzüberschreitung lässt Reuter die Problematik dieser Adoptivelternschaft gipfeln:

> Und das Kind umfaßte Evis Hals mit seinen Ärmchen, drückte sich mit seiner ganzen kleinen Kraft fest an sie, sah sie schelmisch an und hauchte ihr ins Ohr: „Mama!" Über des Mädchens Antlitz flossen dann lautlos die Thränen herab und sie küßte das fremde Kind hundert- und hundertmal. (S. 158)

Reuter macht klar, dass dieses Kind, welches das beschädigte Selbst seiner Mutter zu reparieren hat, das „fremde Kind" und dazu ein „unglückliches Kind" (S. 161) bleiben wird. Implizit heißt das, dass (Adoptiv-)Mutterschaft erst gelingen kann, wenn Frauen ein eigenes Selbst entwickeln dürfen und nicht mehr dem Auftrag eines Mütterlichkeitsideals folgen, selbstlos für andere zu leben. Dieser Auftrag stellt sich nämlich dialektisch als Missbrauch des anderen, hier des Kindes, heraus. Schon eine der ersten erbitterten Rezensentinnen des *Physiologischen Schwachsinns des Weibes* hatte Möbius vorgehalten, dass „zur Hochhaltung des Mutternamens (...) sowohl die Achtung der Kinder wie die Selbstachtung" gehörten.[26] Die Reuter spiegelt an der Einsamkeit der allein erziehenden Mutter die Einsamkeit der verheirateten Mütter und thematisiert in transgenerationaler Perspektive, wie Mütter ihr eigenes bedürftiges Selbst an die Töchter weitergeben. Lina/Helena ist Substitut des idealen Selbst ihrer (Adoptiv-)Mutter Evi und hat in der Bezauberung der Männer mit dem Ziel der Heirat ein Ideal zu realisieren, das dieser selbst misslungen ist. Dieser Auftrag belastet jedoch das Selbst des Kindes, und in der Gefahr des Sich-Wegwerfens, diesmal an einen falschen Liebhaber, ist auch die Depression der Tochter vorgezeichnet.

Als Beispiel für eine verheiratete Mutter, an der die gleiche Problematik – die einer durch das Geschlechterverhältnis induzierten Depression und deren Weitergabe an die Kinder – aufgezeigt wird, möchte ich auf die Figur der Marie in Helene Böhlaus *Halbtier!* vorausweisen: Hier wird eine begabte junge Frau mit brutaler Härte aus dem männlich konnotierten kulturellen Bereich, konkret aus der Kommunikation mit ihrem Mann, einem großen Künstler, ausgeschlossen und buchstäblich auf ein Dasein im Kinderzimmer reduziert:

> Von diesem Tag an warb sie [Marie, A. L.-K.] nicht mehr um die geistige Zugehörigkeit zu ihrem Gatten. (...) Diese arme, bittende Seele drängte sich nicht mehr an ihn heran. (...) Den ganz kleinen Kindern vertraute Marie sich an, nahm sie auf den Schoß und klagte es ihnen leise in die Öhrchen, was ihr gethan worden war.[27]

Es war Sandor Ferenczi, der 1932 erstmals solche Klageerfahrungen der Kinder als eine Form von Traumatisierung erkannte und beschrieb.

> Nebst leidenschaftlicher Liebe und leidenschaftlichem Strafen gibt es auch ein drittes Mittel, ein Kind an sich zu binden, und das ist: *der Terrorismus des Leidens.* (...) Eine ihre Leiden klagende Mutter kann sich aus dem Kind eine lebenslängliche Pflegerin, also eigentlich einen Mutterersatz schaffen, die Eigeninteressen des Kindes gar nicht berücksichtigend.[28]

Hedwig Dohm: *Sibilla Dalmar*[29]

Die fatalen Folgen der Idealisierung der Mutterschaft – auch innerhalb der Ehe – zeigt Hedwig Dohm in ihrem Roman *Sibilla Dalmar* auf, und wiederum am Beispiel der weiblichen Generationenfolge. Mutterschaft als „Beruf der Frau" fördert die Segregation der Geschlechter – Kommunikation mit dem Ehemann findet kaum mehr statt –, so dass faktisch auch in der Ehe Ein-Elternschaft vorliegt: „Der Vater als Erzieher!" (S. 40), das ist in diesem Roman soviel wie ein Widerspruch in sich. Zudem rückt der Ehegatte selbst in die Rolle des Kindes ein und adressiert seine Frau als „unsre Mutti", so dass ihr Vorname Außenstehenden überhaupt nicht bekannt ist. Vordergründig durch sein Künstlertum motiviert, ist der Vater Sibillas bald ganz abwesend, amüsiert sich in einer fremden Stadt und liefert damit die Tochter an die Mutter aus. Auf Seiten der Frau erweist sich ‚Mutterschaft als Beruf' als so reduktiv, dass alle anderen Fähigkeiten verkümmern. Sibillas Mutter wird mit einer verwelkten Knospe verglichen, „die nie Blume gewesen war" (S. 1).

> Daß sie unbeachtet blieb, war ihr gerade recht. Ohne jede Bitterkeit hatte sie sich damit abgefunden, *nur* die Mutter ihrer Tochter zu sein. Ihrer Tochter Sibilla! ein so süßes Geschöpf! Alle ihre Gemütskraft concentrierte sich in der Anbetung ihres Kindes. (S. 2)

Es entsteht eine symbiotische Mutter-Tochter-Beziehung, in der Grenzen überschritten werden: Der Roman beginnt mit einer Szene, in der die Mutter das Tagebuch ihrer Tochter liest. Diese ‚Eisprinzessinnen-Mutter' imaginiert ihre begabte Tochter als Schriftstellerin, zieht andererseits, da keine Mitgift vorhanden ist, auch eine Berufstätigkeit mit vorausgehendem Studium in Zürich (in Deutschland war das zu dieser Zeit noch nicht möglich) in Erwägung. Doch da die Aussichten, jemals den Beruf ausüben zu können, gering sind oder die Bezahlung schlecht, entschließt sich die Tochter lieber zur Ehe mit einem – wiederum von der Mutter vorgeschlagenen – Angestellten, der ein reicher Bankier zu werden verspricht. Vom Zeitpunkt der Eheschließung an ist das Erzählen als Folge von Briefen an die Mutter organisiert, so dass diese Bindung ständig erneuert und erst mit dem Tod der Tochter beendet wird.

Diese Briefe sind ein Dokument der Einsamkeit der Tochter und ihrer vergeblichen Versuche, eine eigene Identität auszubilden. Sie führt zwar in München einen großen Salon, ist in allen Diskursen der Zeit versiert, sieht sich aber von der Gesellschaft als Frau nicht ernst genommen. Mehr und mehr lernt sie, die herrschende Gesellschaftsordnung, vor allem aber die Ordnung der Geschlechter, zu durchschauen, so dass ihre Briefe zu Dokumenten einer beißenden Kulturkritik werden. Da sie aber erkennen muss, dass sie an den kritisierten Strukturen selbst partizipiert – z.B. mit ihrer Un-Ehe oder ihrer Existenz als luxuriöse Gesellschaftsdame –, wird sie zunehmend bitterer und depressiver, was wiederum die Bindung an die Mutter und das Verharren in erlernter weiblicher Passivität verstärkt und Formen der Selbstsabotage im Gefolge hat. Der erneute Vorschlag der Mutter, sich als Schriftstellerin zu betätigen, wird daher sofort zunichte gemacht: „Bücher schreiben! ich! Wird noch nicht genug gedruckt gelogen? Ich würde ja doch nie wagen zu sagen, was ich denke" (S. 200). Insofern stellen Sibillas Briefe ihre ungeschriebenen Werke dar. Denn die Nabelschnur der Briefe verhindert, dass die Tochter an die Öffentlichkeit träte und damit sichtbar aktiv und kreativ würde.

Sibillas Kreativität verbleibt im Reproduzieren, Umdenken und Neudenken, erreicht darin aber eine sarkastische Schärfe und intrikate Subversivität, welche die Leserin an Judith Butlers Konzept gesellschaftlicher Veränderung durch Zitation denken lässt.[30] Einer der ersten Rezensenten des Romans hat die Heldin denn auch erbost eine ‚Zitate schnatternde Dekadenz-Gans' genannt.[31] Dabei war ihm nicht präsent, dass diese „Gans" die topische misogyne Geflügelmetapher bereits selbst dekonstruiert hat, indem sie klagt:

> Ich unterliege einem grüblerischen Hang der Zeit: das Suchen nach sich selber. (...) Und hätte ich nun wirklich die Goldader meines Ich's aus den umhüllenden Schlacken herausgeschält, ich hätte doch nicht die Kraft mich durchzusetzen, um einen philosophischen Ausdruck zu gebrauchen. Aller weiblichen Kreatur werden von früh an die Flügel gestutzt. Und dann zuckt man die Achseln über die Flügellahmen, die nur bis auf den nächsten Zaun fliegen können, wie die Hühner und – Gänse. (S. 192)

Die Geflügel-Metapher Sibillas ist ihrerseits subvertierende Zitation aus Nietzsches *Zarathustra*, wo es im Abschnitt *Von Kind und Ehe* heißt, dass viele Ehen so schlecht funktionierten, weil sich in der Regel „ein Heiliger und eine Gans" paarten.[32]

Mit 36 Jahren, in einer Phase depressiver Lebensbilanzierung, entwickelt die Protagonistin das Projekt, ein Kind zu schaffen. „So vieles kenne ich, nur das Kind kenne ich nicht" (S. 358). Gut nietzscheanisch tut sie das Gelübde, „das Werk aller Werke zu thun, einen Menschen zu schaffen" (S. 358). Sie möchte zunächst nur ein Kind adoptieren. Erst als sie hört, dass das ausersehene Proletariermädchen Marie schon gestorben ist, entschließt sie sich, das Kind selbst zu bekommen und wählt sich als Erzeuger einen Mann jenseits ihres Salons, der sie sehr verehrt und den sie schätzt, aber nicht wiederliebt. Mit diesem Projekt Kind fächert Hedwig Dohm ideologiekritisch auf, zu welchen Konsequenzen eine Auffassung von ‚Mutterschaft als Beruf' führen kann. Ihre Heldin widerlegt zunächst das Nietzsche-Diktum, dass sich „in der Ehe ein Heiliger und eine Gans paaren", indem sie sich selbst zur Schöpferin des Kindes macht, jenseits sexueller Lust, in der Rolle einer heiligen „Elisabeth", die sich nur kurzzeitig herbeilässt, „Venus" zu sein (S. 362). Der Ehebruch wird nicht begangen um des neuen Partners willen, der vielmehr mit dem Schmutz der Sexualität belegt wird, sondern um des Kindes willen. In dieser ‚keuschen Mutterschaft' treten sodann die perversen Konsequenzen einer Ideologisierung der Sexualität der Frau zutage, die zeittypisch als ‚mütterlich' und ganz dem Kinderwunsch untergeordnet konzeptualisiert wird. Denn, wie Hedwig Dohm zeigt, wird damit auch die Sexualität des Mannes instrumentalisiert. Und in der Tat liegen der Heldin Sibilla Züchtungsgedanken nicht fern, fragt sie doch ihre Mutter, wäre

> nicht offenbar diejenige Vereinigung von Mann und Weib die zweckentsprechendste, die die beste und reinste Erhaltung der Art verbürgte? (...) Wie, wenn zwei der besten und intelligentesten Menschen verschiedenen Geschlechts sich zu einer – verzeihe das Wort – Idealzüchtung vereinigten, zur Schöpfung eines neuen Menschen? (S. 273)

Auch der Vergleich des Kindes mit dem künstlerischen Werk, den Sibilla vornimmt, ist ein Nachdenken bzw. Übernehmen männlicher Vorstellungen:

> Das Kind (...), ist das Werk aller Werke. (...) Ein Buch, ein Bild, ein Lied, das Du geschaffen, Du liebst Dein Werk, aber es liebt Dich nicht wieder. Das Kind aber, Dein Kind, liebt seinen Schöpfer. Wer ein Kind am Herzen hält, fühlt die überschwengliche Wonne des Pygmalion, der von seinem eigenen Werk, seiner Galathea, umarmt wird. (S. 358)

Hier macht sich Sibilla nicht nur die Meinung ihres Zeugungspartners, sondern auch die traditionsbeladene Metapher einer männlichen Produktionstheorie zu eigen. Werke wie Kinder hervorzubringen vollzieht sich als ‚Tötung des Weiblichen im Schöpfungsmythos' und gilt bis ins 20. Jahrhundert als Vorrecht des Mannes.[33] Quelle des Zitats ist hier wieder Nietzsche; für ihn sind Gedanken und Werke symbolische Kinder, eine Symbolik, welche den Neid auf die weibliche Gebärfähigkeit spiegelt und eine Eingrenzung des Mütterlichen notwendig macht: Da der Mann *nur* Werke wie Kinder hervorbringen kann, die Frau aber Werke *und* Kinder, was ein Plus an Produktivität ist, wird die Frau dahingehend eingeschränkt, dass sie nur Kinder wie Werke hervorbringen soll: Aus der Kunst wird sie ausgeschlossen. „Die Weibchen haben an den Kindern Befriedigung ihrer Herrschsucht, ein Eigentum, eine Beschäftigung, etwas ihnen ganz Verständliches, mit dem man schwätzen kann: dies alles zusammen ist Mutterliebe – sie ist mit der Liebe des Künstlers zu seinem Werke zu vergleichen", so Nietzsche.[34] Hier hat eine Verkehrung von Zeichen und Bezeichnetem stattgefunden: Ist ursprünglich die Mutterschaft das Modell, an dem das Werk gemessen wird, ist im zweiten Fall die Künstlerschaft das Modell, an dem die Mutterschaft gemessen wird. Diese Verkehrung ist eine Entmächtigung des Weiblichen.

Die Substitution von Kind durch Werk und Werk durch Kind lässt den narzisstischen Missbrauch des Kindes durch die Mutter erahnen. Und in der Tat entwickelt Sibilla, als ihr Projekt gescheitert ist, sie einen Knaben, statt des erwarteten Mädchens geboren hat und am Kindbettfieber stirbt, die Einsicht, dass sie selber das gescheiterte Projekt ihrer Mutter gewesen ist.

> Nichts! Nichts? Das Spiel eines Schattens an der Wand, mein Dasein? Und Du, geliebteste Mutter, Du hättest ein so schönes, eigenes Leben haben können und hast Dich an mich geklammert. Zwei, die an so einer dürftigen Existenz zehrten. (S. 370)

Am Anfang des Romans hatte die Erzählstimme noch konstatiert:

> Sibilla kam es gar nicht in den Sinn, daß diese Mutter auch ein Leben für sich haben könne. Und in der That, sie hatte keins. Als Mutter aber besaß sie unschätzbare Vorzüge (...). (S. 41)

Ebensowenig ist es wohl Sibilla in den Sinn gekommen, dass ihr eigenes Kind als selbständiges Wesen zu respektieren gewesen wäre. Stattdessen hat sie es mit Delegationen überfrachtet, Ort, Zeit, Ausstattung des Werdenden programmiert. „Das Kind – meine Wiedergeburt! Ein Mädchen soll es sein. Johanna wird es heißen wie Du [, Mutter, A. L.-K.]" (S. 364). Also auch die Mutter soll in ihm wiedergeboren werden. Sie wünscht sich ein Kind weiblichen Geschlechts, weil sie nur dieses verstehen könne sowie wissen könne, „was es will, und was ihm fehlt, besonders was ihm fehlt" (S. 370). Sichtbar wird hier das Leiden an der Geschlechterdichotomie sowie der Wunsch, den erlittenen Mangel zu beheben, sich im Kind selbst zu restaurieren. An einem Sonntag soll es geboren werden und in Rom, dem Mittelpunkt der abendländischen kulturellen Welt. „Ich sehe [Rom] nur wie einen Rahmen für ein herrliches Bild – mein Kind" (S. 366).

Das Mutterschaftsprojekt Sibillas scheitert, da sie die Relation Werk-Kind wörtlich nimmt und damit einer männlichen Ideologie erliegt, wie ihr folgendes Bekenntnis zeigt:

> O, ich begreife jetzt ganz die Seligkeit eines Künstlers, der, einer außer ihm liegenden Aufgabe hingegeben, seine ganze Welt in seinem Werke findet, und mit diesem Werke steht und fällt. (S. 364)

Es ist von bitterer Ironie, aber konsequent, dass sie mit dem Scheitern ihres „Werkes" tatsächlich stirbt und das Kind, indem es ein Knabe ist, sich ihren Delegationen entzieht. Sibilla erliegt der Suggestion, im Kind ein Werk zu schaffen, da es ihr in der herrschenden Geschlechterordnung verwehrt ist, sich in einer ernst genommenen, nicht entwerteten Arbeit zu objektivieren. „Arbeit! Arbeit! Und statt dessen von früh an – Toilette, Flirt, Klatsch, ein bißchen Lektüre und Klavierklimpern (...)" (S. 206). Ihr fehlen bildungsmäßige Voraussetzungen, Wissen und Reflexionsniveau. Sie fühlt sich als Übergangsgeschöpf, das zwischen den Zeiten steht – „Ich bin doch schuldlos daran, daß ich zwischen zwei Kulturen geklemmt bin, daß ich nicht rückwärts kann zu den spinnenden, strickenden Hausfrauen, nicht vorwärts zu den freien Geschlechtern, die nach mir kommen werden" (S. 206) –, als Übergangsgeschöpf aber auch in der Weise, dass sie sich nicht als Zentrum von eigener Initiative und Handlungsmächtigkeit, d.h. als Subjekt erfahren kann: „Gallertartig fließe ich auseinander" (S. 165). Kurz, es ist der ihr einsozialisierte Objektstatus, der sie scheitern lässt und der nur mit der Vision des Kindes als eines alter Egos und Subjekts überschritten werden kann. Wie die Mutter die Schönheit und den Geist ihrer Tochter anbetete, so betet die Tochter im Kind ihren „kleinen Gott" an – beides Versuche, über idealisierende Partizipation zu einem Subjekt zu werden. Auch bei Hedwig Dohm nimmt also die geschlechtsspezifische weibliche Sozialisation Züge eines Traumas an, das transgenerational weitergegeben wird.

Franziska zu Reventlow: *Ellen Olestjerne*[35]

Ellen Olestjerne ist der einzige Text in der hier vorgestellten Reihe, in dem die Protagonistin nicht am Projekt Mutterschaft zugrunde geht. Ihr wird vielmehr die Geburt ihres Kindes zur Offenbarung des Lebens selber.

> Mein Weg war wohl oft dunkel und blutig, ich habe den Tod von Angesicht zu Angesicht gesehen und seinen Blick gefühlt (...) – nun sehe ich dem Leben ins Auge und bete es an, weil ich weiß, daß es heilig ist. (S. 168)

Das säkulare Ereignis der Geburt macht die Welt zu einem „Tempel, in dem alle Offenbarungen tönen" (S. 167). Wie für Sibilla Dalmar ist der Wunsch nach einem Kind auch bei Ellen Olestjerne Ergebnis einer Lebensbilanzierung und Herausführung aus einer tiefen Depression, ist „die eine Hoffnung" (S. 159). Auch die Sakralisierung von Schwangerschaft und Geburt findet sich schon bei Sibilla Dalmar. Beide Frauenfiguren rücken in die Nähe der Jungfrau-Mutter, da das Kind nicht mehr Bestätigung des Bundes der Liebespartner, sondern Bestätigung der Fähigkeiten der Frau selbst ist. War in *Sibilla Dalmar* der Partner wenigstens noch eine Figur des Romans, ein Journalist mit gefährlichen sozialrevolutionären Ideen, so blieb er doch während der Schwangerschaft bereits buchstäblich weggesperrt, nämlich im Gefängnis. Im Roman Reventlow ist der Vater nun programmatisch ausgeschlossen:

> Mein Kind hat keinen Vater, es soll nur mein sein. Ich habe es selbst so gewollt – er ist schon lange fort, und ich würde ihn nicht zurückrufen, selbst wenn ich wüßte, wohin er gegangen ist. Dieser Mann gehört nicht zu meinem Schicksal. (S. 162)

Während in Hedwig Dohms Roman ausdrücklich immer die anderen Frauen im Blick waren – auch Sibilla sieht ihr Kind als Tochter, der sie das zuteil werden lassen möchte, was ihr auf Grund ihres Frauseins vorenthalten blieb –, so sind sie im Roman der Reventlow nur noch abstrakt in dem totalen Bruch mit der patriarchalischen Ordnung präsent. Dieser Ordnung wird provokativ ihre Grundlage entzogen, indem der Vatersname verweigert wird: *pater semper incertus*. Mutterschaft und Geburt werden inszeniert als ein Jenseits von Gesellschaft, ja, als deren Gegenmodell: das Ausgegrenzte, das Verworfene – die uneheliche Mutter – wird zur Heiligen im Tempel. An die Stelle der Bindungen an Familie und Gesellschaft tritt die an ein abstraktes Schicksal:

> Und das Kind? – Ich weiß meine Verantwortung wohl – und ich bin froh, ihm gerade dieses Schicksal bieten zu können – ich will es lehren, sein Schicksal zu lieben, wie ich meines lieben gelernt habe. (S. 166)

Für die Protagonistin ist das erwartete Kind einmal die Bestätigung der Befreiung von einschränkenden Bindungen, d. h. die Bestätigung der Selbständigkeit der Frau: denn die Einrichtung der wenn auch ärmlichen Geburtsstube – in Analogie zum bethlehemitischen Stall – ist selbst erarbeitet: „Es war so viel Freude darin, alles selbst einzurichten, so viel Stolz, daß man es selbst zusammengearbeitet hat" (S. 167). Die „letzte Arbeit", d. h. die Geburtsarbeit, ist die Krönung der gegen alle Anfeindungen durchgesetzten Arbeit der Frau für ihren Lebensunterhalt. Auf der anderen Seite ist dieses Kind jedoch narzisstisches Objekt, das als Verkehrung ins Gegenteil all das mitenthält, was der Mutter widerfahren ist: „Die Heimat", die sie ihm bereitet, ist die, welche sie selbst entbehrt hat. „Der Glanz der Liebe", der hier zwischen Mutter und Kind leuchten soll, korrespondiert der visuellen Metaphorik, in der die Baby-Forscher über das Spiegeln, d.h. die frühen Kommunikationen zwischen Mutter und Kind, sprechen.

> [I]ch sehe dem Leben ins Auge und bete es an (...). Es hat mich all seinen Reichtum gelehrt an Leiden und Lust – ich liebe alle die Schmerzen, die es mir angetan hat, und all die Opferwunden, die es schlug – (...). Wie konnten wir je Feinde sein? Mag es jetzt geben oder nehmen – ich sehe ihm ins Auge, und wir lächeln beide. (S. 168)

In diesem Schlusssatz des Romans ist das Mutter-Antlitz deutlich zu erkennen, auch wenn es durch den abstrakten Begriff „Leben" ersetzt ist. In der imaginierten Erfahrung von Blick und Wiederlächeln entwirft sich hier die Protagonistin zugleich als Mutter und Kind, was ihr ermöglicht, das bisher entbehrte Urvertrauen zu entwickeln. Das ist umso plausibler, als der gemeinsame Lächelblick kontrastiv auf den bösen Blick der eigenen Mutter bezogen ist:

> Mama! Seit sie denken konnte, fühlte Ellen sich wie verfolgt von ihr und warum? Warum bekamen Mamas Augen immer diesen sonderbaren, bösen Blick und ihre Stimme den zornigen, fast pfeifenden Ton, wenn Ellen nur zur Tür hereinkam? War sie allein mit der Mutter im Zimmer, so wehte es sie eisig an, als ob jeden Augenblick etwas Furchtbares geschehen könnte, und nachts träumte sie manchmal, daß die Mutter mit der großen Schere hinter ihr herlief und sie umbringen wollte. Sie hatte sich ja beinahe daran gewöhnt, wie an ein Gebrechen, mit dem man geboren wird und weiß, daß es auf Lebzeiten nicht wieder abzuschütteln ist. Aber woher die Kraft nehmen, es zu tragen? (S. 26f.)

In der Mutterschaft hat die Protagonistin offenbar diese Kraft gefunden. Sie soll die Wiederholung enttäuschender Erfahrungen mit Liebesobjekten beenden, welche der Roman als Folge einer traumatisierten Kindheit entwickelt. Ellen erwartet von ihren Liebespartnern eine so unbedingte Liebe, wie sie wohl nur das kleine Kind von der Mutter erwarten kann. Diese Überfrachtung des Liebespartners mit Mutterqualitäten wird von Ellen selbst ausgesprochen: „Friedl, denke daran, daß ich keine Mutter habe, nie gewußt, was Mutterliebe ist – das alles musst Du mir ersetzen" (S. 57). Als sie während ihrer zweiten Schwangerschaft von ihrem Ehemann, Reinhard, das Telegramm erhält: „Wiedersehen ausgeschlossen", zieht sie Bilanz.

> Es ist wie eine ewige Wiederholung, die durch mein Leben geht. – Meine Mutter, die mir sagen ließ: Du gehörst nicht mehr hierher –; dann Henryk –, aber der gab mir wenigstens noch die Hand. Und nun auch Reinhard, der mich geliebt haben will. – Das ist also immer das letzte, was Liebe geben kann! – Sie wissen alle nicht, was Liebe ist – sind alle hart. (S. 162)

Wenn auch an dem Projekt der ledigen Mutterschaft der Ellen Olestjerne auf Grund seiner narzisstischen Struktur Zweifel angebracht sind – durch die Verwechslung von Kind und Selbst entsteht ja die grandiose Überzeugung, ich bin mir selbst Vater und Mutter –, so enthält es doch den entscheidenden Schritt zur Selbstheilung, den, sich nicht mehr als Opfer zu fühlen und somit aus dem Objektstatus herauszutreten. Die ledige Mutter wie die Madonna mit dem Kind gehören beide zum System als die zwei Seiten einer Medaille, gehören zusammen wie Verehrung und Verachtung. Franziska zu Reventlow gebührt das Verdienst, diese Identität aufgezeigt und die verachtete Position provokant in das Licht des Sakralen getaucht zu haben.

Unter dem Einfluss von Ludwig Klages entwickelte Franziska zu Reventlow das Modell der „hetärischen Mutter", auf welches das Ende ihres Romans bereits verweist. In diesem Mutterschaftsmodell wird die Opposition von verheirateter und lediger Mutter, von Hure und Madonna, tatsächlich aufgebrochen:

> Die Hetären des Altertums waren freie, hochgebildete und geachtete Frauen, denen niemand es übel nahm, wenn sie ihre Liebe und ihren Körper verschenkten, an wen sie wollten und so oft sie wollten und die gleichzeitig am geistigen Leben der Männer teilnahmen. Das Christentum hat statt dessen die Einehe und – die Prostitution geschaffen.[36]

Dass der Staat für die unehelichen Kinder aufkommen soll, die aus der Befreiung der Frau zum Geschlechtswesen entstehen, gehört zu den utopischen Implikaten dieses Modells.

In der Ablehnung der herrschenden Ehegesetze besteht hier eine Nähe zu den Forderungen der radikalen Frauenbewegung. Anita Augspurg, promovierte Juristin, rief 1905 öffentlich zu einem Eheboykott auf, denn „die legitime Ehe", so ihre Argumentation, „bedeutet für die Frau den gesetzlichen Verzicht auf ihre Rechtsexistenz", und sie bedeutet „die gänzliche Rechtlosigkeit an ihren Kindern".[37] Mit seinem unehelichen Kind gilt der Vater als nicht verwandt, hat an ihm auch keine Rechte – in der Ehe allerdings hat *nur er* Rechte gegenüber dem Kind, was z. B. seinen Aufenthalt, seine Erziehung, Pflege und Behandlung betrifft: eine Formulierung des Elternrechts ausschließlich zugunsten des Vaters. Deshalb hält es Anita Augspurg für „die Pflicht der sittlich hochstehenden Frau, die freie Ehe zu wählen".[38] Wäre es nicht ebenso Pflicht, die ledige Mutterschaft zu wählen? Für sie brach sogar der schon genannte Arzt Möbius eine Lanze:

> Ich habe schon einmal angedeutet, daß wir mehr Mütter und mehr Menschenglück haben könnten, wenn wir nicht bloß in der Ehe erzeugte Kinder gelten ließen. Man könnte doch weitherziger sein. Ich wenigstens würde Respekt haben, wenn ein Mädchen sagte: das ist mein Kind, für das ich sorge, von wem ich es habe, geht euch nichts an. ‚Halt ein, Unseliger, du tastest die Grundlage des christlichen Staates an!' Hört auf mit der Lüge vom christlichen Staate, er ist so unchristlich wie möglich.[39]

Hier ist dem Verfasser des Traktats vom *Physiologischen Schwachsinn des Weibes* ausnahmsweise einmal zuzustimmen.

Helene Böhlau: *Halbtier!*

Mit ihrer Forderung „Ein Kind und Arbeit!",[40] die im Zentrum von Helene Böhlaus Roman *Halbtier!* erhoben wird, besteht zwar eine Nähe zur Allein-Elternschaft der Protagonistin von Franziska zu Reventlow, doch steht dort eher die Selbstfindung und Wieder-Beheimatung der Heldin Ellen in ihrem Kind im Mittelpunkt. Da der Roman mit der Geburt endet, bleibt die Tragfähigkeit dieses Mutterschaftsmodells unerprobt. Das gilt auch für den glühenden Entwurf der Isolde „Ein Kind und Arbeit!", denn sie entwickelt ihn in einer Rede vor einer Frauenversammlung: Diese Rede wird jedoch nie laut, sondern findet nur in einem Tagtraum statt. Isolde, eine Bildhauerin, sucht die Frauenversammlung auf im Zusammenhang mit ihrem künstlerischen Projekt, das „Antlitz des Weibes" zu bilden. In dieses sollen ihre jahrelangen Auseinandersetzungen mit der „Lage des Weibes", dem „Geschöpf zweiter Klasse", eingehen (S. 162). Angestoßen durch die eigene schwere Kränkung seitens des von ihr verehrten Künstlers und angebeteten Mannes, Mengersen – er weckte ihre Gefühle und ihre Hingabebereitschaft, um ihr anschließend ihre Schwester als Ehefrau vorzuziehen –, angestoßen durch diese Verletzung hat sie die großen Werke der Kulturen studiert, um einerseits immer erneut die Verachtung und Ausschließung des Weiblichen zu erfahren und andererseits das Fehlen weiblicher Vorbilder konstatieren zu müssen. „Jedes Buch, das sie aufschlug, bestätigte, was sie empfand. (...) [kein großer Geist war, A. L.-K.] über die Erde gegangen, ohne daß er dem Weib ein neues Schandmal aufgedrückt hatte" (S. 162). Die Ausbeutung ihrer Person durch den großen Künstler hat ihr die Augen für die Geschlechterordnung geöffnet:

> Das Weib ist nicht Mensch, nur Weib (...) – etwas Geistloses – ohne Feinheit – ohne Freiheit – etwas so Brutales, das nur Körper ist! – (...) Alles, was je gedacht, war vom Mann gedacht worden; alles, was je gethan, war vom Manne gethan worden. Nie war ihr das noch klar geworden, – ganz neu starrte sie das an. Das Weib und das Tier haben nichts gethan und nichts gedacht, von dem man weiß. (S. 132f.)

„[G]etreten, beschimpft, beschmutzt, vereinsamt", muss sie sich zugehörig fühlen der „verachteten, dumpfen, gedankenlosen Hälfte der Menschheit, die nicht das Recht hat, voll Mensch zu sein." (S. 134)

Von der Frauenbewegung erträumt sie sich: „Macht etwas Ganzes aus ihr!" (S. 167):

> Ohne daß ein Funke von Verachtung in eurem Blick aufsteigt, laßt in unangetasteter Reinheit das junge Weib ein Kind ihr eigen nennen dürfen. – Ein Kind und Arbeit! Gebt ihnen Arbeit, bei der ihnen die Seele weit wird, und ein Kind, das ihnen das Herz froh macht.

Der Wunsch der Isolde ist, als Frau etwas Ganzes und vor allem geachtet zu sein – Verachtung ist ein leitmotivisch wiederkehrendes Schlüsselwort des Textes.

Sie wünscht, dass sich die Frauen wehren gegen die Zuschreibungen, Sklaven, Haus- und Halbtiere à la Schopenhauer und Möbius zu sein. Sie sieht eine Veränderung hin zur Freiheit, wie das ihr Name Isolde Frey signalisiert. Den Weg dorthin sieht sie in der Aufhebung der Spaltung zwischen weiblich und männlich, welche durch die Opposition von Kind und Arbeit repräsentiert wird. Arbeit bezieht sich – das entspricht der Begriffsverwendung im gesamten Roman – vorrangig auf nicht-entfremdete, auf geistige, vor allem aber künstlerische Arbeit. Arbeit, bei der die Seele weit wird, ist schöpferische Arbeit. Das „Kind" in der Formel benennt die weibliche, die reproduktive Potenz, die der produktiven des männlichen Geistes korrespondiert. Das Plädoyer für Kind *und* Arbeit meint also im Besonderen die Zulassung der Frauen zum Bereich der Kunst und gleichzeitig die Aufhebung ihrer Reduktion auf die bloße Gebärfunktion. Bekanntlich ist ja von allen Ausschließungen, welche die Frau erfährt, jene aus dem Tempel der Kunst eine der härtesten und affektgeladensten, man denke nur an Otto Weinigers Festellung: „Es gibt kein weibliches Genie, hat nie ein solches gegeben und kann nie ein solches geben".[41] Im ‚Kind' wird eine spezifisch weibliche Ressource gesehen, womit die Auffassung verbunden ist, dass es erlaubt sein muss, diese Potentialität zu nutzen, d. h. sie besteht jenseits herrschender Ehe- und Moralgesetze. Eine junge Frau, die ihren Kinderwunsch realisiert, ist keine Gefallene oder Verführte, sondern ‚bleibt unangetastet rein' (S. 167).

Dass es sich bei der Zauberformel „Ein Kind und Arbeit!" um einen Traum, mithin eine Utopie handelt, zeigt, dass nirgends im Roman diese Ganzheit realisiert ist. Vielmehr herrscht die Spaltung, für die symbolisch die beiden Schwestern Frey stehen: Marie und Isolde. Marie, die heteronormative Mutter, bekommt die Kinder und wird von ihrem Ehemann, dem großen Künstlerheros, unter Androhung von Sanktionen aus der Kommunikation über geistige und künstlerische Belange ausgeschlossen. In der Entwicklung hin zur Depression gerät sie zum unheimlichen Doppel ihrer eigenen Mutter. Isolde, die eigenwillig Liebende, realisiert die Arbeitskomponente, bleibt aber einsam. Marie und Isolde verhalten sich also zueinander wie weiblich und männlich: Zahlreiche männliche Einzelzüge kennzeichnen Isolde als die Vaterstochter. Als sie sich eines Tages in ihrem Atelier ihrer Einsamkeit bewusst wird – nach ihrer Kränkung durch den zynischen und brutalen Mengersen hat sie keine Beziehung zu einem Mann mehr aufnehmen können – und sich in ihren Tagträumen die Sehnsucht nach einem Kind regt, wird sie von eben jenem Mengersen sexuell bedrängt und wiederum nur auf ihr Geschlecht reduziert: er stilisiert sie zur Bacchantin, zur Verführerin, zum Rassetier, zum liebestollen Geschöpf. Isoldes Sehnsucht galt aber nicht der sinnlichen, sondern der zärtlichen Liebe:

> Sie sehnte sich nach Leben von ihrem Leben, nach dem süßen Körper von ihrem Körper – nach dem Ende der großen Einsamkeit, nach dem Wesen von ihrem Wesen, nach der Verkörperung einer großen Liebe, nach einer so alleinigen Liebe, so eng aneinandergedrängt, so trostreich – so zwei-eins wie Mutter und Kind sind. (S. 193)

Isolde erschießt zwar ihren Vergewaltiger, den großen Maler Mengersen, den Repräsentanten von Männlichkeit und Künstlertum im Patriarchat, glaubt diesen Akt der Notwehr aber mit ihrem Selbstmord beantworten zu müssen. Mit diesem Akt der Sühne oder der Selbstbestrafung verbindet sie sich zwar wieder mit der hegemonialen Ordnung, in der Frauen zu Blick- und Beuteobjekten und Mütter zu Opfertieren werden, entscheidend scheint jedoch zu sein, dass sie zur Tat findet und aus der Märtyrerinnen- und Opferrolle der Frau heraustritt. Wie männlich konnotiert ihre Vorstellungen auch wirken, was zählt, ist, dass sie sich *nicht mehr* als „waffenlos" (S. 196) erfährt: „Und habt ihr eine Welt auf mich geworfen – ich breche durch! Und habt ihr mich verschüttet mit Schutt von Jahrtausenden – ich breche durch" (S. 200).

Ihre Emanzipationsforderung: „Ein Kind und Arbeit!", die sie nicht verwirklichen konnte, überlässt Isolde als Vermächtnis ihrer Freundin Lu. Es handelt sich dabei ebenfalls um eine Künstlerin, eine Schriftstellerin, die mit einem Philosophen zusammen *das* Musterehepaar des Romans bildet und auch ein Kind mit viel Liebe und Verständnis großzieht. Trotz der guten Kommunikation zwischen den Ehepartnern besteht das Problem hier darin, dass sich die Ehefrau in der ängstlichen Sorge nicht um ihr eigenes, sondern um das Werk ihres Ehemanns verzehrt, d. h. ständig auf sein Wohl und seine Arbeitsfähigkeit bedacht ist: eine durch Überfürsorge sich als falsch erweisende Liebe. Das emanzipative Postulat „Ein Kind und Arbeit" ist daher im Kern gegen solche die Frau versklavenden Liebesbeziehungen und ehelichen Bindungen gerichtet. Uneheliche Mutterschaft verspricht, das kreative Potential der Frau zu erhalten, das in der patriarchalischen Ehe, in der die Frau selbstlos für Ehemann und Kind sorgt, verloren geht. Selbstlosigkeit und Aufgehen im anderen als seit Generationen internalisiertes Liebesideal ist vielmehr etwas zu Verneinendes, so die Mahnung Isoldes an ihre Künstlerfreundin:

> „Zieh die Liebe in dir nicht so unselig groß. Siehst du, wir Frauen neigen dazu, alles in die Liebe zu legen. Wir haben die Liebe zu einer Art Untier gezogen, zu einer Bestie. Sie hat unsern Geist gefressen. Wir haben uns an ihr arm und dumm gefüttert." (S. 198)

Die Forderung zu arbeiten gilt der Mäßigung dieser Liebe, letztlich aber der Entwicklung einer vom anderen getrennten Position: „Lu arbeite! Arbeite dich zu Tode meinetwegen, Lu. Verzehre deine Kräfte in deiner Arbeit, aber nicht in Liebe und Angst. Sei ein geistiges Geschöpf" (S. 198).

Die permanente Sorge um ihren Gatten, den großen Philosophen, – „Das Werk ihres Mannes war Frau Lus Lebenshoffnung" (S. 87) – fügt diese Frau ein in die Reihe der Märtyrerinnen unter dem Motto: „Weib sein! Sich opfern" (S. 54). Die weltgewandte Salondame Mrs. Wendland sieht daher diese Frau hellsichtig ebenfalls an ein Kreuz genagelt, mag dieses Golgatha auch aus den Rosen der Liebe bestehen (S. 46). Hinter das Lebens- und Liebesmodell der – durch ihren Namen ausgezeichneten – Familie *Geber* setzt daher der Roman allein schon durch die

penetrante Wiederholung ihres Idyllencharakters – ‚euer schönes, stilles Heim',
‚eure Insel der Seligen' (S. 137, 146) – ein Fragezeichen. In einem Text, der die
Selbstlosigkeit der Frauen, ihre Opferbereitschaft problematisiert, wirkt zudem ein
Selbstlosigkeitsprogramm aus Philosophenmund deplaziert, mag es sich auch um
fernöstliche bzw. Schopenhauersche Weisheiten handeln:

> „Du gewinnst in dem Maße, wie du verlierst. Sei selbstlos aus Selbstsucht.
> Du tauschest den Himmel ein für die Erde, – für den sterblichen Menschen
> die ewige Gottheit. Sei selbstlos gegen deinen Nächsten, sei selbstlos gegen
> Fernstehende, sei selbstlos gegen die ganze Menschheit, gegen alle Wesen,
> gegen die ganze Welt. Das ist Erlösung! Gib das ‚Ich' auf und du bist das
> ‚All'." (S. 191)

Damit wird einerseits ironisch auf die Weltfremdheit des Philosophen Geber
abgehoben sowie andererseits auf die Schwierigkeit der jungen Frauen, sich aus
der Idealisierung der ‚großen' Vaterfiguren zu lösen. Das gilt auch für Isolde, die
erst am Ende ihr Selbst findet, indem sie sich als Täterin begreift. Böhlau bedient
sich einer Neben- und Außenseiterfigur, Mrs. Wendland, die als Ausländerin auf
die deutsche Szene blickt, um ihre Kritik an den Männlichkeitspositionen der Zeit
anzubringen.

> „Ich bewundere die deutsche Frau, daß ihr die Geduld nicht ausging. Ich
> würde eine Bombe nehmen und auf die Schlafrock von meinem Mann werfen
> und auf die Schlafrock von alle Männer, die schreiben und philosophieren
> und sprechen von die Frau. Mitten in ihr Dunkel würde ich werfen. (...) Deut-
> sche Liebe! Ich mache zwei Kreuze davor, damit man sich in acht nimmt."
> (S. 47f.)

An dieser und etlichen anderen Textstellen kann man zeigen, wie sorgfältig
Böhlau Isoldes Aggression, den Pistolenschuss, vorbereitet: Die Bombe als Gegen-
gewalt belegt das Ausmaß männlicher Gewalt, der die Frauen, und besonders die
Mütter, in der patriarchalen Ordnung ausgesetzt sind. Psychoanalytisch gesehen,
kann sogar die übergroße Sorge der Frau Lu um ihren Philosophengatten als un-
bewusster Todeswunsch gelesen werden. Das bestätigt der Text wie folgt: Genau
in dem Augenblick, als Isolde Mengersen erschießt, erwacht Lu, so lässt sich rekonstruieren, aus einen Alptraum, der offenbar den Tod ihres Mannes zum Inhalt
hat und klagt: „Die Todesfurcht für ihn. Man lebt doch wie vor einer Hinrichtung"
(S. 197). Bei Lu kann sich also die Aggression gegen männliche Vereinnahmung
und damit der Wunsch nach einem eigenen Selbst nur in den Verkleidungen der
Traumsprache äußern.

Die Aussicht auf „Ein Kind und Arbeit!" und die damit verbundene Hoffnung
auf eine Änderung im Geschlechterverhältnis, die Hoffnung auf eine „neue starke
Menschheit", steht also im Zeichen des Utopischen. „Achtung wird das Weib unter
der Sonne genießen" (S. 167) – das ist Isoldes Wunsch für die Zukunft. Aber ist die

scheinbar so emanzipatorische Formel der rechte Wegweiser dorthin oder stellt der Text ihre Praktikabilität nicht selbst in Frage? Zunächst gibt ihre Zweigliedrigkeit zu denken, ihre Zusammensetzung aus einem weiblichen und einem männlichen Anteil, in der die Polarisierung der Geschlechtscharaktere, das Denken in Gegensätzen, beibehalten wird, was unweigerlich zur Hierarchisierung führen muss.[42] Als Beispiel sei Otto Weininger genannt, der zunächst bei jedem Menschen, sei er Mann oder Frau, ein unterschiedliches Mischungsverhältnis von männlichen und weiblichen Anteilen, groß M und groß W, annahm, wobei W für weiblich/triebhaft steht, M für männlich/geistig. Dass unterschwellig dabei immer eine Priorisierung des Männlichen stattfindet, verrät sich an der Sprache. Im Fortgang von Weiningers Untersuchung wird nämlich, was eigentlich eine Bestimmung der Komponente W oder M ist, mehr und mehr zu einer ontologisierenden Wesensbeschreibung *der* Frau oder *des* Mannes, die einander wie positiv und negativ gegenüber stehen. So spricht Weininger von der „Non-Entität der Frau (...) Formung und Bildung der Frau durch den Mann. (...) Der Mann als das Etwas, die Frau als das Nichts".[43] Die Zweierformel „Ein Kind und Arbeit!" mit der impliziten Entgegensetzung ihrer Teile ist an der abendländischen männlich ausgerichteten Identitätslogik orientiert, die nach dem Muster des kontradiktorischen Urteils mit Ausschlüssen operiert.[44] Mit den polarisierten Wesensbestimmungen von männlich und weiblich lassen sich also keine historischen Veränderungen herbeiführen. Das gilt folglich auch für die Bestimmung des Wesens der Frau über das Kind, über die Mutterschaft. Diese Wesensbestimmung kann zwar dazu dienen, die ledige Mutter und ihr Kind nicht länger zu diskriminieren und damit Leiden zu mildern. Mutterschaft kann aber keine hinreichende Bestimmung der Frau sein, denn so gibt schon Hedwig Dohm zu bedenken:

> Mit einiger Übertreibung könnte man sagen, daß die Mutterschaft einen Saisoncharakter trägt. Unser Leben währt sieben oder acht Jahrzehnte. Die Zeit, in der das Kind auf die Mutter angewiesen ist, beträgt wenig mehr als ein Jahrzehnt.

Und sie folgert: „Im allgemeinen (...) macht des Weibes Einzelleistung als Mutter nicht ihre Gesamtpersönlichkeit aus".[45] Was in der Formel „Ein Kind und Arbeit!" weiterhin nicht bedacht ist – und das macht sie so angreifbar –, ist die Position des Kindes. Es wird funktionalisiert zum Wohle der Mutter, „es soll ihr das Herz froh machen". Nun kann die Betonung der Arbeit, welche die „Seele weit" macht, zweifellos auch zu einer angemessenen Sorge um das Kind führen. Aber die Gefahr liegt doch nahe, dass es bei diesem Programm zu einer Beeinträchtigung des Kindes kommt. Sowohl an Marie wie an Isolde und auch an deren Mutter wird vorgeführt, wie in Phasen der Depression das Kind die Funktion eines Trösters und Helfers übernehmen muss. Die Proklamation des Rechts auf Mutterschaft, wenn auch gekoppelt an das der Berufstätigkeit, der Arbeit, ist hinsichtlich ihres emanzipatorischen Potentials also problematisch und wird kaum die ‚Mutterfalle' zu umgehen vermögen.

Hiermit kehre ich zu meiner Frage vom Anfang zurück: „Wie viel Mutter braucht das Kind?" und überlege, ob ich nicht von ihrer Umkehrung gehandelt habe: „Wie viel Kind braucht(e) die Mutter, vielmehr die Frau und warum?" „Die Mutterschaft auf ihr vernünftiges Maß zurückzuführen, ist eine Aufgabe der Zukunft", so befand Hedwig Dohm im Jahr 1900.[46]

Anmerkungen

1 *Badische Zeitung* (Freiburg/Br.), Montag, 20. Dezember 2004, S. 23. Es sei nachgetragen, dass es sich bei dieser Überschrift um eine Anspielung auf den Buchtitel von Herrad Schenk handelt: *Wieviel Mutter braucht der Mensch? Der Mythos der guten Mutter*, Köln 1996.

2 Die berühmte Formel von der ‚hinreichend guten Mutter' prägte der englische Psychoanalytiker Donald W. Winnicott: *Reifungsprozesse und fördernde Umwelt. Studien zur Theorie der emotionalen Entwicklung* (1965), Frankfurt/M. 1984, S. 231.

3 Vgl. Martin Dornes: *Der kompetente Säugling. Die präverbale Entwicklung des Menschen*, Frankfurt/M. 1993 und Jesper Juul: *Das kompetente Kind*, Reinbek bei Hamburg 2003.

4 Vgl. Christa Rohde-Dachser: „Abschied von der Schuld der Mütter", in: *Praxis Psychotherapie und Psychosomatik* 34, 1989, S. 250-260.

5 Irene Stoehr: „‚Organisierte Mütterlichkeit'. Zur Politik der deutschen Frauenbewegung um 1900", in: Karin Hausen (Hrsg.): *Frauen suchen ihre Geschichte*, München 1983, S. 221-249.

6 Hedwig Dohm: *Die Mütter. Beitrag zur Erziehungsfrage*, Berlin 1903 und Hedwig Dohm: „Die neue Mutter" [1900], in: Dies.: *Die Neue Mutter*, hrsg. von Berta Rahm, Neunkirch 1987, S. 9-24.

7 Helene Böhlau: *Das Recht der Mutter*. Roman, Berlin 1896.

8 Adele Gerhard und Helene Simon: *Mutterschaft und geistige Arbeit. Eine psychologische und soziologische Studie*, Berlin 1901.

9 Helene Stöcker: „Zur Reform der sexuellen Ethik", in: *Mutterschutz. Zeitschrift zur Reform der sexuellen Ethik* 1, H. 1, 1905, S. 1-12.

10 Paul Julius Möbius: *Über den physiologischen Schwachsinn des Weibes* [Halle 1900], Augsburg 2000, S. 86.

11 Arthur Schnitzler: *Der einsame Weg*. Schauspiel in fünf Akten [1904], Stuttgart 1993, S. 41.

12 Paul Julius Möbius: *Über den physiologischen Schwachsinn des Weibes*, Augsburg 2000, S. 34.

13 Ebd., S. 35.

14 Ebd., S. 41.

15 Helene Böhlau (Frau al Raschid Bey): *Halbtier!* Roman [1899], herausgegeben, kommentiert und mit einem Nachwort versehen von Henriette Herwig und Jürgen Herwig, Mellrichstadt 2003.

16 Vgl. hierzu die Ausführungen von Irene Stoehr, München 1983, bes. S. 223-226.

17 Helene Lange in der sog. *Gelben Broschüre*, d.i. ‚*Begleitschrift zu einer Petition an das preußische Unterrichtsministerium und das preußische Abgeordnetenhaus*': „Die höhere Mädchenschule und ihre Bestimmung", in: Elke Frederiksen (Hrsg.): *Die Frauenfrage in Deutschland 1865-1915*, Stuttgart 1981, S. 207-226, hier S. 221.

18 Vgl. die Nachweise bei Monika Simmel: *Erziehung zum Weibe. Mädchenbildung im 19. Jahrhundert*, Frankfurt/M. 1980, S. 133.

19 Siehe hierzu ausführlich Annette Kliewer: *Geistesfrucht und Leibesfrucht: Mütterlichkeit und „weibliches Schreiben" im Kontext der ersten bürgerlichen Frauenbewegung*, Pfaffenweiler 1993, S. 241-253.

20 Gabriele Reuter: *Evis Makel.* Novellette, in: Dies.: *Der Lebenskünstler,* Berlin 1897, S. 149-164. Die Seitenangaben im Text folgen dieser Ausgabe.

21 Die Anrede ‚Fräulein' wurde schon in der Frauenbewegung als diskriminierend, ‚unsittlich' und als ‚lächerlicher Anachronismus' eingeschätzt und bekämpft, vgl. Elke Frederiksen (Hrsg.), Stuttgart 1981, S. 190f. – Dass die Adoption eines Kindes laut Allgemeinem Landrecht bzw. Bürgerlichem Gesetzbuch (ab 1896) für unverheiratete Frauen möglich war, belegt mit prominenten Beispielen Bärbel Kuhn: *Familienstand: ledig. Ehelose Frauen und Männer im Bürgertum (1850-1914),* Köln/Weimar/Wien 2002, S. 94.

22 Otto Weininger: *Geschlecht und Charakter. Eine prinzipielle Untersuchung* [Wien 1903], München 1980, S. 288.

23 Thomas Mann: *Buddenbrooks,* Roman, 53. Aufl. Frankfurt/M. 2004, S. 167-168.

24 Josef Breuer/Sigmund Freud: *Studien über Hysterie* [Leipzig/Wien 1895], Frankfurt/M. 1970, vgl. bes. „Frl. Elisabeth von R....", S. 108-138.

25 Reuter nimmt also die heutige Kritik am Differenzfeminismus Helene Langes hellsichtig vorweg, vgl. die reflektierte Einschätzung Helene Langes bei Ute Gerhard: *Unerhört. Die Geschichte der deutschen Frauenbewegung,* unter Mitarbeit von Ulla Wischermann, Reinbek bei Hamburg 1990, bes. S. 148.

26 Eugenie Hennig: „Zur Frauenemanzipation. Eine Antwort an Herrn Dr. Möbius", in: *Umschau* 190, 1901 (Rezension wiederabgedruckt in: Paul Julius Möbius, Augsburg 2000, S. 176).

27 Helene Böhlau, Mellrichstadt 2003, S. 185.

28 „Sprachverwirrung zwischen den Erwachsenen und dem Kind. Die Sprache der Zärtlichkeit und der Leidenschaft" [1932], in: Sandor Ferenczi: *Schriften zur Psychoanalyse,* Auswahl in zwei Bänden, hrsg. von Michael Balint, Bd. 2, Frankfurt/M. 1972, S. 303-313, hier S. 312.

29 Hedwig Dohm: *Sibilla Dalmar. Roman aus dem Ende unseres Jahrhunderts,* Berlin 1896. Die Seitenangaben im Text folgen dieser Ausgabe.

30 Vgl. Judith Butler: *Das Unbehagen der Geschlechter,* übers. von Kathrina Menke, Frankfurt/M. 1991, bes. S. 201ff (Originalausgabe: *Gender Trouble. Feminism and the Subversion of Identity,* New York/London 1990).

31 „Sie ist eine Gans wie andere Dekadenz-Gänse auch. Ein ewiges Zitateschnattern." Rezension zu *Sibilla Dalmar* in: *Die Gesellschaft* 13, 1887, S. 401-402.

32 Die zahlreichen intertextuellen Bezüge in *Sibilla Dalmar* hat Gaby Pailer aufgezeigt: *Schreibe, die du bist. Die Gestaltung weiblicher „Autorschaft" im erzählerischen Werk Hedwig Dohms. Zugleich ein Beitrag zur Nietzsche-Rezeption um 1900,* Pfaffenweiler 1994, hier S. 104. Vgl. Friedrich Nietzsche: *Werke,* hrsg. von Karl Schlechta, Bd. II, Darmstadt 1966, S. 332.

33 Vgl. mit Bezug auf Walter Benjamins ‚Denkbild' „Nach der Vollendung" Lena Lindhoff: *Einführung in die feministische Literaturtheorie,* Stuttgart/Weimar 1995, S. 21-29.

34 Friedrich Nietzsche: „Die Mütter", in: *Die fröhliche Wissenschaft,* in: Ders.: *Werke,* Bd. II, Darmstadt 1966, S. 84.

35 Franziska zu Reventlow: *Ellen Olestjerne.* Roman [1903], München 2002.

Die Seitenangaben im Text folgen dieser Ausgabe.
36 Franziska zu Reventlow: „Viragines oder Hetären?", [1899], in: Dies.: *Autobiographisches*, hrsg. von Else Reventlow, München 1980, S. 468-488, hier S. 479.
37 Anita Augspurg: „Ein typischer Fall der Gegenwart [gesetzliche oder freie Ehe]. Offener Brief (1905)", in: *Frauen und Sexualmoral*, hrsg. und eingeleitet von Marielouise Janssen-Jurreit, Frankfurt/M. 1986, S. 101-107, hier S. 102-105.
38 Ebd., S. 102.
39 Paul Julius Möbius, Augsburg 2000, S. 87.
40 Helene Böhlau, Mellrichstadt 2003, S. 167. Die Seitenangaben im Text folgen dieser Ausgabe.
41 Otto Weininger, München 1980, S. 242.
42 Cornelia Klinger hat mit Niklas Luhmann für das Geschlechterverhältnis gezeigt, dass auf Grund der klassischen Logik jede Unterscheidung mit einer Asymmetrierung einhergeht, daß bei der Entgegensetzung zweier Terme stets die Priorisierung eines der Terme stattfindet. Cornelia Klinger: „Beredtes Schweigen und verschwiegenes Sprechen: Genus im Diskurs der Philosophie", in: Hadumod Bußmann/Renate Hof (Hrsg.): *Genus. Zur Geschlechterdifferenz in den Kulturwissenschaften*, Stuttgart 1995, S. 34-59, hier S. 40f.
43 Otto Weininger, München 1980, S. XXI. Auf S. 242 heißt es sogar apodiktisch: „Man ist entweder Mann oder Frau, so viel man auch von beiden Geschlechtern Eigentümlichkeiten haben mag".
44 Siehe dazu ausführlich Cornelia Klinger Stuttgart 1995, S. 40-42.
45 Hedwig Dohm, Neunkirch 1987, S. 70.
46 Hedwig Dohm, Berlin 1903, S. 22.

Literatur

Augspurg, Anita: „Ein typischer Fall der Gegenwart [gesetzliche oder freie Ehe]. Offener Brief (1905)", in: *Frauen und Sexualmoral*, hrsg. und eingeleitet von Marielouise Janssen-Jurreit, Frankfurt/M.1986, S. 101-107.

Böhlau, Helene (Frau al Raschid Bey): *Halbtier!* Roman [1899], Herausgegeben, kommentiert und mit einem Nachwort versehen von Henriette Herwig und Jürgen Herwig, Mellrichstadt 2003.

Böhlau, Helene: *Das Recht der Mutter.* Roman, Berlin 1896.

Breuer, Josef/Sigmund Freud: *Studien über Hysterie,* [Leipzig/Wien 1895] Frankfurt/M. 1970.

Butler, Judith: *Das Unbehagen der Geschlechter*, übers. von Kathrina Menke, Frankfurt/M. 1991 (Originalausgabe: *Gender Trouble. Feminism and the Subversion of Identity*, New York/London 1990).

Dohm, Hedwig: *Sibilla Dalmar. Roman aus dem Ende unseres Jahrhunderts*, Berlin 1896.

[**Dohm, Hedwig:** *Sibilla Dalmar*] Rezension, in: *Die Gesellschaft* 13, 1887, S. 401-402.

Dohm, Hedwig: *Die Neue Mutter*, hrsg. von Berta Rahm, Neunkirch 1987.

Dohm, Hedwig: *Die Mütter. Beitrag zur Erziehungsfrage*, Berlin 1903.

Dornes, Martin: *Der kompetente Säugling. Die präverbale Entwicklung des Menschen*, Frankfurt/M. 1993.

Ferenczi, Sandor: „Sprachverwirrung zwischen den Erwachsenen und dem Kind. Die Sprache der Zärtlichkeit und der Leidenschaft" [1932], in: *Schriften zur Psychoanalyse*, Auswahl in zwei Bänden, hrsg. von Michael Balint, Frankfurt/M. 1972, S. 303-313.

Frederiksen, Elke (Hrsg.): *Die Frauenfrage in Deutschland 1865-1915*, Stuttgart 1981.

Gerhard, Adele/Helene Simon: *Mutterschaft und geistige Arbeit. Eine psychologische und soziologische Studie*, Berlin 1901.

Gerhard, Ute: *Unerhört. Die Geschichte der deutschen Frauenbewegung*, unter Mitarbeit von Ulla Wischermann, Reinbek bei Hamburg 1990.

Hennig, Eugenie: „Zur Frauenemanzipation. Eine Antwort an Herrn Dr. Möbius", Rezension, in: *Umschau* 190, 1901 (wiederabgedruckt in: Möbius 2000, S. 175-178).

Juul, Jesper: *Das kompetente Kind*, Reinbek bei Hamburg 2003.

Kliewer, Annette: *Geistesfrucht und Leibesfrucht: Mütterlichkeit und „weibliches Schreiben" im Kontext der ersten bürgerlichen Frauenbewegung*, Pfaffenweiler 1993.

Klinger, Cornelia: „Beredtes Schweigen und verschwiegenes Sprechen: Genus im Diskurs der Philosophie", in: Hadumod Bußmann/Renate Hof (Hrsg.): *Genus. Zur Geschlechterdifferenz in den Kulturwissenschaften*, Stuttgart 1995, S. 34-59.

Lindhoff, Lena: *Einführung in die feministische Literaturtheorie*, Stuttgart/Weimar 1995.

Kuhn, Bärbel: *Familienstand: ledig. Ehelose Frauen und Männer im Bürgertum (1850-1914)*, Köln/Weimar/Wien 2002.

Mann, Thomas: *Buddenbrooks*, Roman, 53. Aufl., Frankfurt/M. 2004.

Möbius, Paul Julius: *Über den physiologischen Schwachsinn des Weibes* [Halle 1900], Augsburg 2000.

Nietzsche, Friedrich: *Werke,* in drei Bänden, hrsg. von Karl Schlechta, Darmstadt 1966.

Pailer, Gaby: *Schreibe, die du bist. Die Gestaltung weiblicher „Autorschaft" im erzählerischen Werk Hedwig Dohms. Zugleich ein Beitrag zur Nietzsche-Rezeption um 1900,* Pfaffenweiler 1994.

Reuter, Gabriele: *Evis Makel. Novellette,* in: Dies.: *Der Lebenskünstler,* Berlin 1897, S. 149-164.

Reventlow, Franziska zu: „Viragines oder Hetären?" [1899], in: Dies.: *Autobiographisches,* hrsg. von Else Reventlow, München 1980, S. 468-488.

Reventlow, Franziska zu: *Ellen Olestjerne.* Roman [1903], München 2002.

Rohde-Dachser, Christa: „Abschied von der Schuld der Mütter", in: *Praxis Psychotherapie und Psychosomatik* 34, 1989, S. 250-260.

Schnitzler, Arthur: *Der einsame Weg.* Schauspiel in fünf Akten [1904], Stuttgart 1993.

Simmel, Monika: *Erziehung zum Weibe. Mädchenbildung im 19. Jahrhundert,* Frankfurt/M. 1980.

Stöcker, Helene: „Zur Reform der sexuellen Ethik", in: *Mutterschutz. Zeitschrift zur Reform der sexuellen Ethik* 1, H. 1, 1905, S. 1-12.

Stoehr, Irene: „‚Organisierte Mütterlichkeit'. Zur Politik der deutschen Frauenbewegung um 1900", in: Karin Hausen (Hrsg.): *Frauen suchen ihre Geschichte,* München 1983, S. 221-249.

Weininger, Otto: *Geschlecht und Charakter. Eine prinzipielle Untersuchung* [Wien, 1903], München 1980.

Winnicott, Donald W.: *Reifungsprozesse und fördernde Umwelt. Studien zur Theorie der emotionalen Entwicklung,* übers. von Gudrun Theusner-Stampa, Frankfurt/M. 1984 (Originalausgabe: *The Maturational Processes and the Facilitating Environment,* London 1965).

Maria-Barbara Watson-Franke

Mütter als Machtträger

Matrilineare Überlegungen zur Elternschaft

Einleitung

In der westlichen Industriegesellschaft werden Familie und Elternschaft im Vergleich zu den ‚größeren Fragen der Zeit' eher als Randthemen behandelt. Dass es dabei aber oft auch recht erhitzt zugeht, demonstriert wiederum ihre Bedeutung. In den Debatten tauchen trotz diverser Themen zwei grundlegende Fragen immer wieder auf: Die Pflichten der Mütter und die Rechte der Väter, wobei hier nicht die juristische Seite sondern die ideologische Formung von Wertvorstellungen und Praktiken im Vordergrund steht. Beispiele aus den öffentlichen Debatten in Deutschland und den USA sollen dies hier kurz illustrieren.

Die Pflichten der Mütter werden häufig in Bezug auf mütterliche Anwesenheit und Bereitschaft diskutiert. In den USA z.B. wird die Berufstätigkeit von Müttern oft kritisch betrachtet. In Deutschland wird speziell den Akademikerinnen vorgeworfen, keine Kinder zu wollen. Die moderne Gesellschaft, die schwierige technologische Probleme lösen kann, weiß nicht, wie Muttersein und Berufstätigkeit effektiv zu vereinbaren sind.

Dabei geht es aber nicht nur darum, dass Frauen Mütter sein sollen – besonders Deutschland ist besorgt um die Geburtenraten – wichtig ist, wer der Vater ist. Die Suche nach dem ‚Vater' ist *die* Frage des Patriarchats. So gab es kürzlich eine recht aktive Diskussion in Deutschland um den Vaterschaftstest, ein Beispiel dafür, wie wichtig die Kontrolle der Paternität ist. Sie ist die Grundlage des Patriarchats und bestimmt die Bedingungen der Maternität. Das wird uns an einem juristischen Beispiel aus den USA vorgeführt, wonach auch nach einer Scheidung die Vaterschaftsansprüche gewahrt bleiben müssen. So wird z.B. im Bundesstaat Washington der Ex-Ehemann der Kindesvater, solange das Kind bis zu 300 Tage nach der Scheidung geboren wurde. Nur ein Vaterschaftstest kann gegebenenfalls eine andere, anerkannte Entscheidung bringen. Das wurde einer jungen Frau zum

Verhängnis, deren Scheidung für ungültig erklärt wurde, als der Richter erfuhr, dass sie ein Kind (von einem anderen Mann als dem Ex-Ehemann) erwartete. Die Frau war von ihrem Ehemann misshandelt worden, was offensichtlich zur Scheidung geführt hatte.[1]

In matrilinearen Gesellschaften werden mütterliche Pflichten und väterliche Rechte anders erlebt und geregelt, denn hier ist die Mutter die zentrale Figur im sozialen System und die Frage der Vaterschaft hat nicht den gleichen Stellenwert.[2]

Um dem Leser ein Gefühl für diese Zentralität der Mutter zu geben, möchte ich ein Beispiel aus meiner ersten Feldforschung bei den Wayuu in Venezuela bringen. Die Wayuu leben als Viehzüchter im Nordwesten Südamerikas.

Ich hatte anfangs große Schwierigkeiten, all die Personen, Gesichter und Verwandtschaftsbeziehungen zu identifizieren und auseinander zu halten. Eines Tages, sehr entmutigt, vertraute ich mich einer Wayuu-Frau an. Als ich ihr mein Dilemma erklärte, meinte sie: „Das ist ganz einfach. Frage immer, wer die Mutter ist, und du weißt, wer die Person ist." Der Tipp war Goldes wert. Nicht, dass ich über Nacht ein besseres Gespür oder Gedächtnis entwickelt hätte, aber meine Informanten hatten nun den Eindruck, dass ich ihre Lebensweise verstand; ethnologisch ausgedrückt: ich konnte jetzt ‚matrilineare Fragen' stellen, und die Interviews gingen besser, gleich vom Start an.

Heute folgen mehrere Millionen Menschen – meist Minderheiten in ihren jeweiligen Nationalstaaten – einer matrilinearen Ideologie und Lebensweise. Die Akan in Ghana und die Minangkabau in Indonesien repräsentieren die zahlenmäßig stärksten matrilinearen Ethnien. Im Rahmen dieser Diskussion werden Beispiele aus Nord- und Südamerika, Afrika, China, Indien und Ozeanien angeführt, wobei wir uns ständig gegenwärtig sein müssen, dass all diese Gesellschaften Veränderungen unterworfen sind und entsprechend Variationen der im Folgenden aufgezeigten Struktur zeigen.

Matrilineare Prinzipien und Geschlechterdynamiken

In matrilinearen Gesellschaften ist die Mutter die strukturell zentrale Figur. Sie, zusammen mit ihrem Bruder und anderen Verwandten ihrer Verwandtschaftsgruppe, bestimmt die soziale und ökonomische Position des Kindes und nicht der Vater. Das Kind trägt den Namen der Mutter, nicht den des Vaters. Inwieweit allein diese Tatsache der Namensgebung die mütterliche Macht präsentiert, zeigt das folgende Beispiel von den Navaho im Südwesten der USA. Hier kritisiert eine Mutter ihren 25-jährigen Sohn, dass er geizig sei. Geiz ist bei den Navaho eine absolut inakzeptable Eigenschaft:

„Du bist nach mir genannt", sagt die Mutter.

Alle kennen mich, und alle kennen dich durch mich. Alle nennen dich ‚Sohn der Aba'. Ich finde, du hast einen so hübschen Namen. Warum willst du dann geizig sein? Sie werden dich bald ‚Geizhals' nennen anstatt bei meinem Namen. Du wirst dir selbst einen Namen machen, wenn du nicht aufpasst![3]

In der matrilinearen Kultur bleiben Kind und Mutter ein Leben lang eng verbunden. Das gilt in gleichem Maße für beide Geschlechter. Die Nähe zur Mutter ist im matrilinearen Raum nicht nur typisch, sie wird von einem erwachsenen Mann erwartet. Begriffe wie ‚Muttersöhnchen' oder ‚mama's boy' mit ihrer negativen Wertgebung sind hier unbekannt.

Ganz anders gestalten sich die kulturell definierten Ziele des westlichen Helden, der „hinaus in die Welt gehen soll", nämlich weg von der Mutter, *um sich einen Namen zu machen*. Wir werden früh mit diesem Thema durch Märchen bekannt und es setzt sich fort in der Medienkultur für Erwachsene. Wer denkt da nicht an James Bond, den von Frauen umgebenen Held. Aber wo ist Mrs. Bond, die Mutter? Roscoe hat in seiner Studie eines Zuni *two-spirit* treffend erklärt, wie anders sich das matrilineare Sohn-Mutter-Verhältnis im Laufe des Lebens entwickelt, wo es zu einer erneuten Angleichung in der Beziehung kommt, und nicht zu Entfremdung oder gar einem Bruch.[4]

Das Kind im matrilinearen Raum erlebt die elterliche Autorität durch die Mutter und ihren Bruder. Beide treffen Entscheidungen, die das Leben des Kindes betreffen, und sie haben das Recht, das Kind zu disziplinieren, nicht der Vater. Thomas berichtet z.B. von den Minangkabau, dass sich ein Vater „ruhig" verhält und nicht eingreift, wenn der Mutterbruder Grund sieht, den Neffen zu strafen.[5] Der Mann sieht die Kinder seiner Schwester/n, also seine Nichten und Neffen, als seinen Nachwuchs an, und nicht ‚seine' Kinder. Diese Tatsache ließ westliche Beobachter zu dem Schluss kommen, dass der Mutterbruder dem Vater gleichzusetzen sei und der Vater strukturell nicht wichtig oder sogar unnötig sei.[6] Das Machtdreieck Vater-Mutter-Kind, wie es der Westen kennt, sei das gleiche, nur eben mit Mutterbruder-Mutter-Kind besetzt. Der Fokus dieser Annahme konzentriert sich vor allem auf die Beziehung der Erwachsenen zum Kind, lässt aber eine sehr wesentliche Tatsache außer Acht, nämlich die Beziehung der betreffenden Erwachsenen zueinander. Im matrilinearen System ergibt sich eine andere Geschlechterdynamik, denn eine Komponente ist hier völlig anders geschaltet als im patriarchalischen Westen: die Koppelung der sexuellen und ökonomischen Beziehungen.

Im westlichen Patriarchat sind Vater und Mutter sexuell und ökonomisch ver- und gebunden. Aus dieser Art der Beziehung erwächst die patriarchalische Autorität in der Familie. Finemann spricht von der „sexual family" als dem Ideal der westlichen Nuklearfamilie.[7] In der matrilinearen Ordnung sind Mutterbruder und

Mutter ökonomisch gebunden, aber es besteht keine sexuelle Bindung. Außerdem besitzt die Mutter Autorität im wirtschaftlichen Bereich. Das bedeutet, dass keine oder zumindest nur eine schwache Bindung zwischen Heterosexualität und Ökonomie besteht. Das beeinflusst die Geschlechterdynamik, d.h., dass der Mann als sexuelle Person (d.h. als Ehemann und Vater) keine oder äußerst begrenzte Autorität besitzt. Damit lässt sich wahrscheinlich auch die Abwesenheit oder niedrige Quote von Vergewaltigungen in diesen Gesellschaften erklären.[8] Die Autorität des Mannes drückt sich stattdessen in seinen nicht sexuell definierten Rollen als Onkel und Bruder aus. Es gibt also keine Koppelung von Sex und Autorität und damit ergibt sich ein vom Patriarchat verschiedenes Bild von Paternität.

Wir sehen dementsprechend eine Gesellschaft, in der das Geschwisterband zwischen Männern und Frauen wichtiger ist als die Verbindung zwischen den Eheleuten. Wenn ich verheiratete Wayuu-Frauen und -Männer fragte, wer die wichtigste Frau/der wichtigste Mann in ihrem Leben sei, bekam ich immer, ohne jedes Zögern, die gleiche Antwort, „mein Bruder"/„meine Schwester". Das beeinflusst die Dynamik innerhalb der Familie. Allerdings wird diese Konfiguration nicht von allen als Ideal empfunden wie die folgende Bemerkung einer älteren Nayar-Frau in Südindien zeigt: „Ich denke, dass auf eine Art das heutige System besser ist. Es ist leichter, mit einem Ehemann zu sprechen und ihn zu überzeugen als einen Bruder. Ich denke, die meisten Frauen haben bis zu einem gewissen Grad Macht über Männer mit denen sie sexuell verbunden sind, und das ist nicht der Fall mit Brüdern."[9]

Die Verwandtschaftsstruktur wird weiterhin durch die Heiratsregeln beeinflusst, welche den Wohnort des Paares bestimmen und zu unterschiedlichen Haushaltsmustern führt. Matrilineare Gesellschaften zeigen in diesem Zusammenhang viele Variationen. Hierzu ein paar Beispiele:

Bei den Wayuu in Südamerika leben beide Ehepartner zunächst getrennt im Haushalt ihrer Mutter oder Schwester. Während dieser Zeit besucht der Mann seine Frau in ihrem Rancho. Er kommt spät, nach dem Abendessen, und geht frühmorgens, praktisch in der Nacht. Das bedeutet natürlich, dass sie nicht für ihn kocht oder andere häusliche Aufgaben ihn betreffend erfüllt. Nach etwa einem Jahr zieht der Mann in das Rancho seiner Frau, doch wird er auch dann öfter abwesend sein, um seine Schwester/n zu besuchen. Dass der Mann seine Verwandten verlässt und zu seiner Frau zieht, ist in der Ethnologie als matrilokale Regel bekannt.

Bei den Akan in Ghana leben die Eheleute häufig getrennt im Haushalt ihrer jeweiligen Mütter. Hier gilt also die duolokale Regel. Die Frau kocht und sendet das Essen für den Mann ins Haus ihrer Schwiegermutter, wobei sie, wenn nötig, diese Situation benutzen kann, ihrem Ärger über ihren Mann Ausdruck zu geben, indem sie z.B. eine besonders schlechte Suppe schickt und ihn damit vor seinen matrilinearen Verwandten demütigt.[10]

Bei den Mosuo in China leben Frauen und Männer in den Häusern ihrer jeweiligen Mütter. Es gibt keine Heirat und der Vater wird nicht identifiziert. Partnerschaften sind begrenzt auf Tage, Wochen, Monate oder auch Jahre. Das Verlangen nach einem Vaterschaftstest würde hier als unnatürlich, wenn nicht ungeheuerlich, empfunden.[11]

In all diesen verschiedenen Situationen wird das matrilineare Prinzip durch die Heiratsregel noch weiter verstärkt. Es gibt dem Ehemann und Vater eher die Rolle eines Besuchers oder Außenseiters, im Unterschied zum ‚Hausvater' im patriarchalischen Sinne. Natürlich sind auch die täglichen Routinen entsprechend betroffen und verschieden von denen, die uns vertraut sind.

Die Rolle der Mutter

Zwei Hauptthemen sind hier vorrangig, nämlich die Mutter als die Schöpferin von Generationen und als wirtschaftliche Machtträgerin.

Die Mutter als die Schöpferin von Generationen

Die Mutter ist die strukturell zentrale Figur. Die Begrenztheit der weiblichen Fruchtbarkeit und das Wissen darum ist sicher einer der Faktoren, welche diese zentrale Rolle der Frau bestimmen. Ohne sie stirbt die Verwandtschaftsgruppe aus. Diese Tatsache und Einstellung spiegelt sich u.a. in den Reproduktions-Ideologien wider:
 Die Wayuu z.B. glauben, dass Frau und Mann physische Substanzen zur körperlichen Schöpfung des Kindes beitragen. Aber während das Kind heranwächst, nimmt die väterliche Substanz laufend ab bis sie schließlich bei Erreichen des Erwachsenen-Stadiums völlig verschwindet – die Wayuu sind die Kinder ihrer Mütter. Doch sind sie durch ihr Blut nicht nur mit der Mutter, sondern auch mit ihrem Mutterbruder verbunden.[12]

Bei den Trobriandern Melanesiens wird die Frau schwanger, wenn ein im Wasser lebender Geist in sie eindringt. Der Vater hat am Schöpfungsakt keinen Anteil, aber er ist verpflichtet, während der Schwangerschaft, zusammen mit der Mutter, das neue Leben zu nähren. Das geschieht durch den Geschlechtsakt. Auch nach der Geburt muss der Vater zur Pflege des Kindes beitragen. Er soll für die Ernährung des Kindes sorgen und zur Schönheit des Babys beitragen. Entsprechend schmückt der Vater das Kind mit Muschelschalen, was als öffentlich wichtiger Akt angesehen wird.[13] Hier sehen wir deutlich, dass der ideale matrilineare Vater nicht autoritär, sondern fürsorglich ist.

Die Mutter als Schöpferin der Generationen ist eine historische Figur. Sie prägt das Geschichtsverständnis ihrer Gemeinschaft sowie das Selbstverständnis derer Mitglieder. Stoeltje erklärt dies in Bezug auf die Akan wie folgt:

> Die Position der Mutter besitzt einen Wert, der über die biologische Funktion hinausgeht. Die Mutter [die Position der Mutter] wird damit zum wichtigen Symbol, weil sie die Macht darstellt, einen Menschen zu definieren und seine/ihre Position im weiteren sozialen System zu bestimmen. Damit repräsentiert sie auch das Wissen um diese Macht.[14]

Die Bedeutung der Mutter im Leben eines Menschen liegt also nicht nur in der emotionalen Bindung, sondern auch in dem Einfluss, den sie auf seine öffentliche Identität hat.[15]

Alice Schlegel spricht von einer auf die Mutter gerichteten „kognitiven Orientierung" in matrilinearen Gesellschaften.[16] Hier möchte ich wieder an die Aussage der Wayuu-Frau erinnern, dass man nach der Mutter fragen muss, will man etwas über die Identität einer Person erfahren. Diese Denkweise unterscheidet sich stark von der geschichtslosen Vorstellung von der Mutter im westlich-patriarchalischen Weltbild, wie wir sie z.B. auch in den Texten der feministischen Theoretikerin Julia Kristeva finden.[17]

Die Mutter als wirtschaftliche Machtträgerin

In matrilinearen Systemen ist die Mutter nicht nur sozial, sondern auch wirtschaftlich die Schlüsselfigur. Sie ist voll für das Wohl ihrer Kinder verantwortlich. Sie kann Unterstützung von ihrem Bruder erwarten, wie sie auch dem Bruder helfen soll, wenn er in Not gerät. Matrilineare Väter müssen für gewöhnlich ihren Beitrag leisten, aber daraus können sie keine Autoritätsansprüche ableiten. Die Frau als Mutter trägt die volle Verantwortung für die ökonomische Sicherheit der Kinder. Gracia Clark hat das lebendig und umfassend am Beispiel der Akan in Ghana dokumentiert.[18] Hier ist jene Frau eine gute Mutter, die eine erfolgreiche Marktfrau ist. Die Tatsache, dass ihre Berufstätigkeit sie viele Stunden von ihren Kindern fernhält, wird nicht als Mangel, sondern als verantwortliches Verhalten empfunden. Auch in anderer Weise wird sie von ihrer Verwandtschaftsgruppe unterstützt. So müssen z.B. alle Erwachsenen bestimmte Abgaben zur Erfüllung ritueller Aufgaben entrichten, doch wird den Frauen ein geringerer Betrag abverlangt, weil sie für die Kinder verantwortlich sind. Die wirtschaftliche Effektivität matrilinearer Mütter wird auch von Brenzel belegt, deren Vergleich matri- und patrilinearer Gruppen in Ghana zeigte, dass die Kinder in matrilinearen Gruppen besser versorgt wurden, einschließlich der Gesundheitspflege.[19] Die Mütter der matrilinearen Gruppen besaßen mehr wirtschaftliche Ressourcen und soziale Autorität, das Wohl ihrer Kinder zu sichern, als die der patrilinearen.

Die wirtschaftliche Rolle der Frau in matrilinearen Systemen ist ein weiteres Beispiel dafür, dass diese Gruppen Vertrauen in ihre weiblichen Mitglieder setzen und entsprechende Anforderungen stellen. Hier kann sich eine Frau nicht hinter ihrer ‚weiblichen Schwäche' verstecken. Und natürlich wird das Mädchen in der matrilinearen Gesellschaft so erzogen, dass sie später Verantwortung übernehmen kann. Bei den Wayuu in Südamerika z.B. werden die Mädchen in einem langen Seklusionsprozess auf ihre zukünftigen Aufgaben vorbereitet. Für die Wayuu schließt das die Geburtenkontrolle ein, „weil eine Frau mit zu vielen Kindern keine Zeit für alle ihre Pflichten hat." Das Ziel ist die selbständige und verantwortliche Frau, die die Verantwortung für die wirtschaftliche Sicherheit ihres Haushaltes übernehmen kann.[20]

Bei den Iroquois Nordamerikas wurde die wirtschaftliche Rolle der Frau im Ritual gewürdigt, das ohne Zweifel einen bedeutsamen Platz in der Sozialisation der jungen Generation einnahm. Es war nämlich üblich, dass die Kinder von früh auf zu den Zeremonien mitgenommen wurden. Hier lernten sie die Göttinnen und Götter ihrer Kultur und deren Macht und Bedeutung kennen. Eine besonders wichtige Rolle spielten die Göttinnen der Haupt-Nahrungsmittel – die Maismutter, die Bohnenmutter und die Kürbismutter. Es ist leicht vorstellbar, wie beeindruckt die kleinen Mädchen und Jungen gewesen sein müssen, wenn sie z.B. die Maismutter auftreten sahen und die Verehrung beobachten konnten, die ihr von den Erwachsenen entgegengebracht wurde. Dass die Existenz von Göttinnen das Leben der Durchschnittsfrau nicht unbedingt verbessert, ist bekannt. Bei den Iroquois jedoch waren diese Göttinnen die Reflexion der weiblichen Rolle im Alltagsleben. Das zeigte sich u.a. in der weiblichen Kontrolle aller Nahrungsmittel, d.h. das tägliche Mahl, die rituellen Speisen und die Versorgung des Militärs. Letztere Tatsache gab Iroquois-Frauen die Kontrolle darüber, ob Krieg geführt werden konnte und sollte oder nicht. So lernten die Kinder von früh auf, dass die Frauen, ihre Mütter, wichtige Personen waren. Die Rituale erinnerten die ganze Gemeinschaft –, Frauen, Männer und Kinder – an die Wichtigkeit der Beiträge, welche die Frauen leisteten, das heißt durch die Rituale wurden diese Leistungen öffentlich anerkannt und gewürdigt.[21]

Patriarchalische Einflüsse

Im Laufe der Geschichte ist es immer wieder zu Konfrontationen zwischen matrilinearen und patriarchalischen Gruppen gekommen, die sich nun in der Zeit der Nationalstaaten noch zuspitzen.[22]

Weltweit sehen wir über die Jahrhunderte Versuche, die frauenzentrierte erweiterte Familie der matrilinearen Systeme durch die Männer-dominierte nukleare Familie der westlich-patriarchalischen Gesellschaft zu ersetzen. Ich möchte das am Beispiel der Minangkabau Indonesiens und der Mosuo Chinas illustrieren:

Minangkabau

Ihre Gesellschaft ist durch Kolonisierung, Islamisierung, Migration und Modernisierung verändert worden, aber die Wichtigkeit matrilinearer Prinzipien haben sie bewahrt, obwohl es nicht an Versuchen fehlte oder fehlt, das zu ändern.

1872 z.B. erließ die koloniale Regierung Regeln, die das „häusliche Verhalten der nicht-europäischen Bevölkerung" kontrollieren sollten. Dabei ging es vor allem um das Sexualverhalten der Frauen, die sich nun nach westlich inspirierten Ideen von patriarchalischer Kontrolle verhalten sollten.[23] Heute führt der Modernisierungstrend zu Generationskonflikten zwischen Müttern und Töchtern. Dabei ist jedoch interessant, dass die jungen Frauen nicht den Wünschen der Regierung folgen, welche die Schaffung und Festigung der nuklearen Familie unter der Führung des Ehemanns anstrebt. Wie die Regierung wünschen die Töchter eine abgeschwächte mütterliche Autorität, aber sie wollen diese nicht durch die Autorität des Ehemannes ersetzt sehen. Dabei steht einiges auf dem Spiel für beide Geschlechter, denn die Frau hat Anrecht auf das Einkommen des Mannes, er aber nicht auf das ihre.[24] Die Frauen haben das Heft immer noch in der Hand, nur ist es nunmehr nicht immer die mütterliche Hand. Trotz dieser beginnenden Veränderungen hält Peggy Reeves Sanday die Minangkabau, bei denen sie über zwei Jahrzehnte hin Feldforschungen durchgeführt hat, für die stabilste matrilineare Gruppe der Gegenwart.[25] Sie haben große Flexibilität bewiesen, Ideologien, die manchem widersprüchlich erscheinen mögen, in ein funktionierendes Ganzes einzubinden.

Mosuo

Die Mosuo leben in der entlegenen Bergregion der Provinz Yunnan in Südwest-China. Nach 1949 geriet ihre matrilineare Welt in Konflikt mit der kommunistischen Ideologie Chinas. Diese Situation ist nicht ohne Ironie, wenn man bedenkt, dass kommunistische Staaten die Gleichstellung der Frau (mit dem Mann) zu einem ihrer zentralen Themen gemacht haben. Doch die Freiheit der Mosuo-Frau entsprach nicht der Denkweise der kommunistischen Führung. Chinesische Forscher und Propagandisten erklärten die Kultur der Mosuo als ‚primitiv' und dem Aufbau einer kommunistischen Gesellschaft hinderlich. Das Ziel ist wieder, wenngleich unter anderen Vorzeichen, die Bildung und Festigung der nuklearen Familie unter Führung des Ehemannes. In fünf großen Kampagnen, die sich über fast 20 Jahre erstreckten (1956-1974), versuchte die Regierung die Mosuo zu Heirat und einer neuen Familienordnung zu zwingen. Die Absicht war, den Mosuo „die korrekte Art zu lieben" beizubringen.[26] Dabei war die Regierung nicht zimperlich in ihren Mitteln, dieses Ziel zu erreichen. Geldstrafen und Lebensmittelrationierung zwangen die Mosuo schließlich in die Knie. Sie heirateten, und Frauen und Männer lebten nun zusammen. Doch der Erfolg dauerte nur so lange, wie die Regierung Zwang ausübte. Sobald sich die strenge Minoritätenpolitik lockerte und Freiheiten zurückgab, kehrten die Mosuo zu ihrer gewohnten Lebensweise zurück. Männer, die mit ihren Ehefrauen im gleichen Haus gelebt hatten, zogen aus und kehrten zu ihren Müttern und Schwestern zurück. Der direkte Versuch, Geschlechter- und Familien-Dynamiken zu ändern, scheiterte also. Allerdings scheinen jüngste Versuche, Änderungen durch das Schulsystem zu erreichen, mehr Erfolg zu zeigen. Dabei wird wieder zu brutalen Methoden gegriffen, indem z.B. Kinder in der Schule der Lächerlichkeit preisgegeben werden, wenn sie nicht den Namen ihres Vaters nennen können.

Wie können Aspekte der matrilinearen Ideologie für die westliche Industriegesellschaft nutzbar gemacht werden?

Matrilineare Systeme zeigen größere und öffentliche Anerkennung für die wirtschaftliche Position der Frau im Allgemeinen und der Mutter im Besonderen. Für Industriegesellschaften könnte das eine höhere Flexibilität in Familie und Wirtschaft bedeuten und damit mehr Freiheit für beide Geschlechter schaffen. Praktische Maßnahmen wie die effektive Unterstützung der berufstätigen Frau, öffentliche und volle Anerkennung des ‚Hausmanns' und bessere soziale Absicherung bei Teilzeitarbeit für beide Geschlechter sind angezeigt. Das schließt auch größere Flexibilität im sozialen Bereich durch Anerkennung und Unterstützung Alleinerziehender – einschließlich lesbischer Mütter und homosexueller Väter – ein, was schließlich zur öffentlichen Anerkennung neuer Familienmuster führen kann.

Diese Ziele erfordern *gender*-sensitive Neuorientierungen im Erziehungs- und Bildungswesen. Spiele im Kindergarten und Lesebücher in der Schule, um nur zwei Beispiele zu nennen, vermitteln Kindern ihre Wertvorstellungen, einschließlich der *gender*-Ideologie. Ein weiterer Schwerpunkt kann die Öffentlichkeitsarbeit sein, indem sie sich konstruktiv auf diese Ziele richtet. Die Medien spielen hier offensichtlich eine wichtige Rolle. Dabei sollte sich nicht nur die öffentliche politische Debatte dieser Themen annehmen, sondern auch die Seifenopern und andere Bereiche der Unterhaltung. Die Bildenden Künste und Literatur sind gleichfalls wichtige Kräfte in diesem Prozess, wobei die Kinderliteratur nicht vergessen werden darf.

Wie das Beispiel der Irokesen zeigt, ist es wichtig, dass Kinder sehr früh Wertvorstellungen bezüglich Respekt für Weiblichkeit und Gleichheit der Geschlechter erfahren und kennenlernen. Matrilineare Kulturen im Allgemeinen sind Beispiele für den Erfolg einer solchen Strategie. Sie demonstrieren volles Vertrauen in ihre weiblichen Mitglieder und stellen große Erwartungen an sie. Hier werden die Beiträge der Frauen zum Gemeinwohl nicht falsch verherrlicht, sondern öffentlich anerkannt. Darin liegt u.a. die Stärke und Flexibilität dieser Systeme.

Anmerkungen

1 *Los Angeles Times*, 9. Januar 2005.
2 Maria-Barbara Watson-Franke: „‚We have mama but no papa'. Motherhood in women-centered societies", in: Andrea O'Reilly (Hrsg.): *From motherhood to mothering. The legacy of Adrienne Rich's Of Woman Born*, Albany, NY 2004, S. 75-87.
3 Walter Dyk/Ruth Dyk: *Left Handed. A Navajo Autobiography*, New York 1980, S. 16 (übersetzt von der Autorin).
4 Will Roscoe: *The Zuni man-woman*, Albuquerque 1991, S. 134.
5 Lynn L. Thomas: *Kinship categories in a Minangkabau village*, Ph.D. Dissertation, University of California Riverside, Riverside, CA 1977, S. 119.
6 David M. Schneider: „Introduction. The distinctive features of matrilineal descent groups", in: David M. Schneider und Kathleen Gough (Hrsg.): *Matrilineal kinship*, Berkeley, CA 1961, S. 14.
7 Martha Albertson Fineman: *The neutered mother, the sexual family and other twentieth century tragedies*, New York 1995.
8 Peggy Reeves Sanday: „The socio-cultural context of rape: A cross-cultural study", in: *Journal of Social Issues* 37/ 1981, S. 5-27; Maria-Barbara Watson-Franke: „‚A world in which women move freely without fear of men'. An anthropological perspective on rape", in: *Women's Studies International Forum*, Vol. 25, Nr. 6, 2002, S. 599-606.
9 Shanti Menon: „Male authority and female autonomy: A study of the matrilineal Nayars of Kerala, South India", in: Mary Jo Maynes/Ann Waltner/Birgitte Soland (Hrsg.): *Gender kinship power.*
A comparative and interdisciplinary history, New York 1996, S. 140.
10 Katharine Abu: „The separateness of spouses: Conjugal resources in an Ashanti town", in: Christine Oppong (Hrsg): *Female and male in West Africa*, London 1983, S. 156-168.
11 Cai Hua: *A society without fathers or husbands. The Na of China*, übers.: Asti Hustvedt, New York 2001 (Französische Originalausgabe: *Une société sans père ni mari: Les Na de Chine*, Paris 1997). Die Na sind auch unter dem Namen Mosuo bekannt. Von besonderem Interesse ist hier Kapitel 8.
12 Johannes Wilbert: „Goajiro kinship and the eiruku cycle", in: Walter Goldschmidt/Harry Hoijer (Hrsg.): *The social anthropology of Latin America: Essays in honor of Ralph Leon Beals*, Los Angeles 1970, S. 306-357.
13 Bronislaw Malinowski: *The father in primitive psychology*, New York 1927; Annette B. Weiner: *The Trobrianders of Papua New Guinea*, New York 1988, S. 59.
14 Beverly J. Stoeltje: „Asante queenmothers: A study in identity and continuity", in: Mechthild Rehaud/Gudrun Indwar-Eue (Hrsg.): *Gender and identity in Africa*, Münster 1995, S. 18.
15 Beverly J. Stoeltje: „Spuren weiblicher und männlicher Macht im Königreich der Ashanti in Westafrika", in: Gisela Völger (Hrsg.): *Sie und Er. Frauenmacht und Männerherrschaft im Kulturvergleich*, Köln 1997, S. 377.
16 Alice Schlegel: *Male dominance and female autonomy: Domestic authority in matrilineal societies*, New Haven, 1972, S. 142.

17 Toril Moi (Hrsg.): *The Kristeva reader/ Julia Kristeva*, Oxford 1986.
18 Gracia Clark: *Onions are my husband. Survival and accumulation by West African market women*, Chicago *1994*; Gracia Clark: „'Nursing mother-work' in Ghana: Power and frustration in Akan market women's lives", in: Linda J. Seligmann (Hrsg.): *Women traders in cross-cultural perspective. Mediating identities, marketing wares*, Stanford 2001, S. 103-126.
19 Logan Elaine Brenzel: *Female decision-making power and the intra-household allocation of food and child medical care resources in Ghana*, Ph.D. Dissertation, The Johns Hopkins University, Ann Arbor 1995.
20 Maria-Barbara Watson-Franke: „To learn for tomorrow: Enculturation of girls and its social importance among the Guajiro of Venezuela", in: Johannes Wilbert (Hrsg.): *Enculturation in Latin America. An anthology*, Los Angeles, CA 1976, S. 191-211.
21 Martha Champion Randle: „Iroquois women then and now", in: Bureau of American Ethnology: *Symposium on Local Diversity in Iroquois Culture*, Bulletin 149, Nr. 8, Washington 1950, S. 169-182.
22 Maria-Barbara Watson-Franke: „To teach ‚the correct procedure for love': Matrilineal cultures and the nation state" (in press).
23 Jeffrey Alan Hadler: *Places like home: Islam, matriliny, and the history of the family in Minangkabau*, Ph.D. Dissertation Cornell University, Ann Arbor 2000, S. 157f.
24 Evelyn Blackwood: „Big houses and small houses: Doing matriliny in West Sumatra", in: *Ethnos* 64, Nr. 1/1999, S. 51f.
25 Peggy Reeves Sanday: *Women at the center. Life in a modern matriarchy*, Ithaca 2002, S. x.
26 Cai Hua, New York 2001, S. 397.

Literatur

Abu, Katharine: „The separateness of spouses: Conjugal resources in an Ashanti town", in: Christine Oppong (Hrsg.): *Female and male in West Africa*, London 1983, S. 156-168.

Blackwood, Evelyn: „Big houses and small houses: Doing Matriliny in West Sumatra", in: *Ethnos* 64, Nr. 1/1999, S. 32-56.

Brenzel, Logan Elaine: *Female decision-making power and the intrahousehold allocation of food and child medical care resources in Ghana*, Ph.D. Dissertation, The Johns Hopkins University, Ann Arbor 1995.

Hua, Cai : *A society without fathers or husbands. The Na of China*, aus dem Französischen von Asti Hustvedt, New York 2001, (Französische Originalausgabe: *Une société sans père ni mari: Les Na de Chine*, Paris, 1997).

Clark, Gracia: *Onions are my husband. Survival and accumulation by West African market women*, Chicago 1994.

Clark, Gracia: „,Nursing mother-work in Ghana: Power and frustration in Akan market women's lives", in: Linda Seligmann (Hrsg.): *Women traders in cross-cultural perspective. Mediating identities, marketing wares*, Stanford 2001, S. 103-126.

Dyk, Walter/Dyk, Ruth: *Left Handed. A Navajo autobiography*, New York 1980.

Fineman, Martha Albertson: *The neutered mother, the sexual family and other twentieth century tragedies*, New York, 1995.

Hadler, Jeffrey Alan: *Places like home: Islam, matriliny, and the history of the family in Minangkabau*, Ph.D. Dissertation Cornell University, Ann Arbor 2000.

Los Angeles Times, 9. Januar 2005.

Malinowski, Bronislaw: *The father in primitive psychology*, New York 1927.

Menon, Shanti: „Male authority and female autonomy: A Study of the matrilineal Nayars of Kerala, South India", in: Mary Jo Maynes/Ann Waltner/Birgitte Soland (Hrsg.): *Gender kinship power. A comparative and interdisciplinary history*, New York 1996, S. 131-146.

Moi, Toril (Hrsg.): *The Kristeva reader/ Julia Kristeva*, Oxford 1986.

Randle, Martha Champion: „Iroquois women then and now", *Symposium on Local Diversity in Iroquois Culture*, in: Bureau of American Ethnology Bulletin 149, Nr. 8, Washington 1950, S. 169-182.

Roscoe, Will: *The Zuni man-woman*. Albuquerque 1991.

Sanday, Peggy Reeves: „The socio-cultural context of rape: A cross-cultural study", in: *Journal of Social Issues*, 37/1981, S. 5-27.

Sanday, Peggy Reeves: *Women at the center. Life in a modern matriarchy*, Ithaca 2002.

Schlegel, Alice: *Male dominance and female autonomy: Domestic authority in matrilineal societies*, New Haven 1972.

Schneider, David M.: „Introduction. The distinctive features of matrilineal descent groups", in: David M. Schneider/Kathleen Gough (Hrsg.): *Matrilineal kinship*, Berkeley, CA 1961, S. 1-29.

Stoeltje, Beverly J.: „Asante queenmothers: A study in identity and continuity", in: Mechthild Rehaud/Gudrun Indwar-Eue (Hrsg.): *Gender and identity in Africa*, Münster 1995, S. 15-32.

Stoeltje, Beverly J.: „Spuren weiblicher und männlicher Macht im Königreich der Ashanti in Westafrika", in: Gisela Völger (Hrsg.): *Sie und Er. Frauenmacht und Männerherrschaft im Kulturvergleich*, Köln 1997, S. 375-380.

Thomas, Lynn L.: *Kinship categories in a Minangkabau village*, Ph.D. Dissertation, University of California Riverside, Riverside, CA 1977.

Watson-Franke, Maria-Barbara: „To learn for tomorrow: Enculturation of girls and its social importance among the Guajiro of Venezuela", in: Johannes Wilbert (Hrsg.): *Enculturation in Latin America. An anthology*, Los Angeles, CA 1976, S. 191-211.

Watson-Franke, Maria-Barbara: „‚A world in which women move freely without fear of men'. An anthropological perspective on rape", in: *Women's Studies International Forum*, Vol. 25, Nr. 6, 2002, S. 599-606.

Watson-Franke, Maria-Barbara: „‚We have mama but no papa'. Motherhood in women-centered societies", in: Andrea O'Reilly (Hrsg.): *From motherhood to mothering. The legacy of Adrienne Rich's Of Woman Born*, Albany 2004, S. 75-87.

Watson-Franke, Maria-Barbara: „To teach ‚the correct procedure for love': Matrilineal cultures and the nation state", (in press).

Weiner, Annette B.: *The Trobrianders of Papua New Guinea*, New York 1988.

Wilbert, Johannes: „Goajiro kinship and the eiruku cycle", in: Walter Goldschmidt/Harry Hoijer (Hrsg.): *The social anthropology of Latin America: Essays in honor of Ralph Leon Beals,* Los Angeles 1970, S. 306-357.

Cornelia Helfferich/Jan Kruse

Familienplanungskonzepte von Männern im Geschlechterfokus

1. Familienplanung von Männern: Eine relevante Fragestellung?

‚Familienplanung' stellt ein originäres Feld familiensoziologischer Analysen dar, in dem allerdings lange Zeit die Perspektive auf die Frauen dominierte. Dies hat vermutlich zwei Gründe: Erstens die einfache biologische Tatsache, dass es Frauen sind, die Kinder gebären, und zweitens der immer noch größtenteils ungebrochene soziale Tatbestand, dass in unserer Gesellschaft weiterhin das ‚*male-bread-winner*'-Modell dominiert, das heißt dass der Mann der Erwerbsarbeit nachgeht, um die Familie zu ernähren, und die Frau für Haushalt und Kinder zuständig ist.[1] Die männliche Perspektive auf Familienplanung war somit lange Zeit in familiensoziologischen Analysen ausgeblendet: Männer waren „das vernachlässigte Geschlecht in der Familienforschung", wie der neue Band von Angelika Tölke und Karsten Hank titelt.[2] In jüngster Zeit hat sich dies aus verschiedenen Gründen geändert: Erstens werden nun vor dem Hintergrund des sozioökonomischen Wandels unserer Erwerbsgesellschaft Fragen der Vereinbarkeit von Beruf und Familie auch für Männer aktuell.[3] Zweitens wird vor dem Hintergrund der Diskussionen über den Geburtenrückgang immer deutlicher, dass dieser nicht allein auf einen ‚Gebärstreik' von Frauen zurückgeführt werden kann.[4] Und drittens ist es plausibel, dass Entscheidungen zur Familiengründung nicht entweder von Frauen oder von Männern isoliert, sondern in der Regel in einem Partnerschaftskontext getroffen werden.[5]

In jüngster Zeit nimmt die Zahl der Studien, in denen die männliche Perspektive auf Familienplanung verfolgt wird, zu.[6] In den Studien werden insbesondere Fragen zur Verteilung von Erwerbsarbeit und Familienarbeit diskutiert. In unserem Beitrag rücken wir näher an das Faktum heran, dass es Frauen sind, die schwanger werden, und nicht Männer, und gehen dabei der Frage nach, was dieser Unterschied mit all seinen sozialen Folgen für Frauen und Männer, für Vaterschaft und Mutterschaft, bedeutet, wobei wir die *subjektive Wahrnehmung* von Familienplanung und der Planbarkeit von Familie fokussieren. Hierfür rekurrieren wir auf ein umfassendes Verständnis reproduktiver Biografieplanung: Familienplanung wird nicht im engen

Sinn auf Kontrazeption reduziert, sondern zielt außer auf Verhütung auf so unterschiedliche Aspekte wie das Eingehen von Partnerschaft und Entscheidungen für Lebensformen, der Kinderwunsch, der Umgang mit gewollten und ungewollten Schwangerschaften oder mit ungewollter Kinderlosigkeit. Gemeinsam haben diese Aspekte, dass sie mit der Gestaltung reproduktiver Ereignisse und des eigenen reproduktiven Lebenslaufs zu tun haben. Familienplanung im weiten Sinn wird also verstanden als Summe von Vorstellungen und Praktiken, die zur Realisierung privater Lebensformen im Lebenslauf mit oder ohne Kinder führen.

Ein solches Verständnis von ‚Familienplanung' bringt mehrere Vorteile mit sich: Erstens bewahrt es davor, Beziehungs-, Partnerschafts- und Familienentwicklungen bzw. Familienplanungsentscheidungen unter einem zu stark rationalisierenden Imperativ zu analysieren, wie es zum Beispiel in den Modellen der Familienökonomie und der *Rational-Choice*-Theorien der Fall ist.[7] Zweitens wird es auf diese Weise möglich, sowohl die männliche als auch die weibliche Perspektive auf Familienplanung zu fokussieren und zu integrieren[8], da es drittens möglich wird, männliche und weibliche Familienplanungsmuster vor einem geschlechtertheoretischen Hintergrund miteinander zu vergleichen, um Unterschiede, Gemeinsamkeiten und das Zusammenspiel herauszuarbeiten.[9] In diesem Zusammenhang wären dann vor allem folgende Fragen von besonderem Interesse: Welche subjektiven Konzepte von Familienplanung äußern Männer? Das heißt, wie sehen sich Männer selbst in Bezug auf die Gestaltung ihrer reproduktiven Biografie? Sehen sie sich selbst als Planende, als aktiv Gestaltende? Oder, wenn nicht, wie sehen sie den Weg, auf dem sie zu Kindern gekommen sind? Haben Männer andere ‚Strategien' als Frauen, um Familie zu realisieren? Welche Rolle spielen dabei die Partnerinnen bzw. die Gemeinsamkeit mit den Partnerinnen?

Anhand der Studien „männer leben"[10] und „frauen leben"[11] – beides Studien zu Lebensläufen und Familienplanung im Auftrag der *Bundeszentrale für gesundheitliche Aufklärung* (*BZgA*) – können die Perspektiven von Männern und die von Frauen nun umfassender verglichen und aufeinander bezogen werden. Die Studie „männer leben" wurde 2001 bis 2004 in Nachfolge von und in Ergänzung zu der Studie „frauen leben" (1997 bis 1999) durchgeführt. Beide Studien weisen ein ähnliches Grunddesign auf:[12] Es wurde jeweils eine große standardisierte Befragung mit vier bzw. drei repräsentativen regionalen Stichproben an insgesamt rund 1500 Männern bzw. Frauen durchgeführt[13] sowie eine umfangreiche qualitative Befragung von rund 100 Männern bzw. Frauen, die jeweils aus den Gesamtstichproben der standardisierten Befragung ausgewählt wurden. Darin liegt eine besondere methodische Stärke der beiden Studien, denn es kann eine Brücke geschlagen werden zwischen den standardisierten und den qualitativen Erhebungen, das heißt es kann direkt verglichen werden, was die Frauen bzw. Männer jeweils in der standardisierten Befragung und in den qualitativen Interviews geantwortet haben.[14]

Es ist bislang wenig über die subjektive Perspektive von Männern in der Familienplanung bekannt. Die wenigen Aussagen gehen von einer Differenz aus:

Männer und Frauen (...) sind mit geschlechtsspezifisch unterschiedlichen Rahmenbedingungen konfrontiert, die einer Elternschaft förderlich oder hinderlich sein können.[15]

Damit wäre zu erwarten, dass Männer an Familienplanung anders herangehen als Frauen. Unklar ist aber, wie dieses ‚Anders' aussehen kann: Einmal kann angenommen werden, dass Männer rationaler als Frauen an Fragen der Familienplanung herangehen. Dies könnte dazu dienen, Unsicherheit zu kompensieren und abzubauen. Man könnte aber auch annehmen, dass Männer eine größere Distanz zur Planung reproduktiver Ereignisse haben, weil sie weniger als Frauen über die Planungsgrundlagen, nämlich die Gebärfähigkeit, verfügen.

Diesen ersten Spekulationen und Fragen über mögliche Unterschiede entgegen zeigen die jüngsten Studien, die Familienplanung aus der Perspektive von Männern untersuchen, „vielfältige Gemeinsamkeiten zwischen Männern und Frauen (...), die so nicht immer erwartet wurden."[16] Fokussiert man z.B. Familienplanung auf die Frage der Intendiertheit von Familiengründung oder -erweiterung, also auf die *Gewolltheit* von Schwangerschaften bzw. Kindern, gilt dies auch für unsere beiden eigenen Forschungsprojekte „frauen leben" und „männer leben": Sowohl die befragten Frauen als auch die Männer gaben an, dass gut zwei Drittel aller Kinder nicht nur gewollt, sondern sogar auf den Zeitpunkt hin gewollt waren.[17]

Bei einer vergleichenden Queranalyse der Daten der Studien „männer leben" und „frauen leben" hat sich die Tendenz gezeigt, dass Besonderheiten in der Perspektive der Frauen und der Männer nicht in den standardisierten Daten, sondern erst in dem qualitativen Datenmaterial sichtbar werden. Wir werden uns daher auf die qualitativen Daten der Studie „männer leben" konzentrieren und in der Diskussion die Bedeutung der unterschiedlichen methodischen Zugänge noch einmal aufgreifen.

Für die Rekonstruktion der Familienplanungskonzepte, das heißt der subjektiven Vorstellungen reproduktiver Biografieplanung von Männern und Frauen benötigt man ein heuristisches Analysekonzept, das es vermag, die möglicherweise sehr vielfältigen Motive und reproduktiven Beteiligungsformen differenziert zu rekonstruieren. Diesen Anforderungen entspricht das Konzept der *Agency* als Analyseheuristik, die bisher in der Familienforschung keine Anwendung gefunden hat und die wir nun als neue Konstruktion von Familienplanung im Sinne von subjektiven Handlungsstrategien einführen möchten. Das Konzept wird zuerst in aller Kürze vorgestellt; im Anschluss daran werden vier Beispiele männlicher Familienplanungskonzepte im Sinne von reproduktiven Beteiligungsformen vorgestellt. Zum Schluss dieses Beitrages möchten wir auf der Grundlage dieser Ergebnisse männliche und weibliche Familienplanungskonzepte vor dem Hintergrund des Konzepts der *reproduktiven Kultur* aufeinander beziehen und das Zusammenspiel von Ungleichheit und hergestellter Gemeinsamkeit analysieren.

2. Das Konzept der *Agency* als Analyseheuristik männlicher Familienplanungskonzepte

Sowohl für männliche als auch für weibliche Familienplanungskonzepte spielt die subjektive Wahrnehmung der eigenen Handlungs- und Wirkmächtigkeit hinsichtlich reproduktiver Gestaltungsformen eine zentrale Rolle.[18] Dies kann mit dem Konzept der ‚Agency' analytisch gefasst werden, das aus der amerikanischen Erzähltheorie und der narrativen Gesprächsanalyseforschung stammt. Gabriele Lucius-Hoene und Arnulf Deppermann, die das Konzept in Deutschland bekannt gemacht haben, fassen definitorisch zusammen: ‚Agency' bedeutet,

> wie der Erzähler seine *Handlungsmöglichkeiten und Handlungsinitiative* in Hinblick auf die Ereignisse seines Lebens linguistisch konstruiert. *Agency* meint somit die *kognitive Repräsentation der eigenen Handlungs- und Wirkmächtigkeit*. Dies betrifft den Umgang mit der Frage, ob und in welchen Aspekten und Bereichen seines Lebens er sich als handelnde Person, als Zentrum der Geschehnisse seines Lebens, als Inhaber von Kontrollmöglichkeiten und Entscheidungsspielräumen erlebt, oder ob und hinsichtlich welcher Erfahrungen er sich von heteronomen Mächten dirigiert fühlt.[19]

Diese Forschungstradition liefert eine Analyseheuristik, die es eben ermöglicht, die vielfältigen subjektiven Vorstellungen von der eigenen Beteiligung an der Familien-„Planung" differenziert herauszuarbeiten. Lucius-Hoene und Deppermann folgend veranschaulichen wir dies anhand von drei Aussagen, die auf den ersten Blick sprachlich nur leicht variieren:

1. Der Satz: *„Dann kamen Kinder."* drückt aus, dass eine anonyme Macht am Werk ist, und nicht die erzählende Person die Handlungskontrolle besitzt.
2. Der Satz: *„Und dann hat sie mich zum Vater von einem Kind gemacht."* drückt aus, dass andere Menschen – hier die Partnerin – das eigene Schicksal der erzählenden Person bestimmen.
3. Und der Satz: *„Und dann habe ich mir eine Frau gesucht und habe ein Kind gezeugt."* zeigt, dass die erzählende Person Handlungsinitiative bei sich sieht.[20]

Zwar wird in der Familienforschung diskutiert, wie die Intention für ein Kind konzeptionell zu fassen ist, z.B. als Entscheidungsprozess mit rationalem Abwägen oder als Befolgen einer kulturell selbstverständlichen Vorgabe.[21] Dabei fanden aber bisher die subjektiven Vorstellungen von Handlungs- und Gestaltungsfähigkeit wenig Beachtung und speziell das Konzept der ‚Agency', das eng mit der qualitativen Forschung verbunden ist, wurde bisher nicht verwendet.

3. Beispiele reproduktiver Beteiligungsformen von Männern

In der rekonstruktiven Analyse der qualitativen Interviews konnten wir mehrere Muster herausarbeiten, von denen wir vier vorstellen möchten. Sie beschreiben jeweils spezifische Formen von Agency in Hinsicht auf die subjektive Ausgestaltung von Familienplanung.[22]

3.1 „Wie man halt so macht" – anonyme bzw. kollektive und strukturelle Agency

Das folgende Zitat eines Interviewten aus Gelsenkirchen gibt Auskunft darüber, wie es zum ersten Geschlechtsverkehr mit der späteren Ehefrau gekommen ist:

> Tja, wie kam dat? Auch, ja ich sag mal, ich weiß nicht, ob man wo wat immer allet plant. Das is einfach, wir waren abends so raus und sind uns dann jo, wie man halt so mach. (2-M/N-31)[23]

Die Schilderung des Übergangs der Beziehung in eine reproduktive Partnerschaft ‚*läuft*' hier insgesamt nach einem akzidentellen und anonymen Muster ab, das sprachlich mit einem „*man*" als Regel formuliert wird. Dies bedeutet, dass hier ein *Kollektiv* das handelnde Agens ist: ‚*man macht, was man halt so macht*'. Entsprechend haben wir diese Handlungsform ‚anonyme' bzw. ‚kollektive Agency' genannt. ‚Kollektive Agency' meint, dass der Mann seine Familienplanung an kollektive Muster – mit einem Begriff von Adorno – ‚*anschmiegen*' kann. Auf den ersten Blick wird *Passivität* damit assoziiert, aber bei genauerer Betrachtung wird ersichtlich, dass dieser Typus von Agency *weder aktiv noch passiv* ist, sondern nur *anonym*, da ein Kollektiv agiert.

Diese Form der anonymen Agency kann sich jedoch nicht nur an eine kollektive Eingebundenheit anschmiegen, sondern auch an *Handlungssituationen*. Das handelnde ICH löst sich dabei nicht in Passivität auf, wie es zunächst den Eindruck erwecken mag, sondern wird durch das reine Geschehnis selbst ersetzt: Es ist damit die Handlung, die handelt. Ein klassischer Modus ist dieser Agency-Typus auch für die Beschreibung der ersten sexuellen Erfahrungen mit einer Frau. Der eben bereits herangezogene Interviewte aus Gelsenkirchen äußert zum Beispiel:

> Irgendwann kam man sich näher. Die Sachen wurden weniger, die man anhatte. (2-M/N-31)

Ein weiterer Erzähler aus Gelsenkirchen beschreibt:

> Sturmfrei. Keiner zuhause. Vater arbeiten, Bruder unterwegs, keiner zuhause, Ruhe gehabt, kam halt dazu (lacht). (2-J/N-37)

Ein Erzähler aus der Erhebungsregion Freiburg Umland formuliert bezogen auf die Familienplanung im engeren Sinn:

> Und auf der Suche nach ner Frau zum Heirate war ich eigentlich nie. Ja. Und hab dann meine jetzige Frau durch Zufall ebe kenne und liebe gelernt, ja, und sie hatte schon'n Kind, ja, 'n kleines Kind, hatte ich auch überhaupt keine Probleme, ja. (…) Kinderfrage isch eigentlich nie im Raum g'stande, ich wollt eigentlich nit unbedingt Kinder, ja. Ma het also nicht drauf hingearbeitet. (4-A/M-87)

Eine spezifische Unterform ist die ‚strukturelle Agency'. ‚Strukturelle Agency' meint dabei, dass der Erzähler in seinem Leben bestimmte Strukturen identifiziert, die er ursächlich für positive Handlungsgefüge ausmacht. Diese Strukturen sind es dann, welche seine aktive Agency übernehmen und beginnen, selbst zu handeln:

> Ich habe nur Glück gehabt. Weil, im Haus wohnte ein Mädchen, war zwei Jahre älter als ich, und die war natürlich dementsprechend weiter, ne. Und da brauchte ich mir da kein Kopf machen, ne. Das war also schon mal gut, und ich muss sagen, auch sonst mit den Leuten (…) Es lief einfach alles irgendwie so ab, wie es sein muss. (2-M/M-36)

In dem Interviewzitat bildet das „Haus", in dem der Interviewer wohnt, eine spezifische Struktur, die ihm den Weg zum ersten Geschlechtsverkehr bereitet, ‚ohne dass er sich einen Kopf machen brauchte'. Es fällt dabei auf, dass diese Strukturen, die zu einer selbst tragenden Agency führen, insbesondere kollektive Strukturen sind („mit den Leuten"), was eine Verwandtschaft zwischen kollektiver und struktureller Agency konstituiert.

Die Motive des ‚Glück gehabt' und die *Weg-Metaphorik*[24] („es lief") bilden als strukturelle Agency einen leitmotivischen Zusammenhang. Mit der Weg-Metaphorik wird die (reproduktive) Biografie als ein Folgen eines (vorgeschriebenen) Lebensweges konstruiert. Hierzu einige Zitat-Beispiele: *„Also das lief eigentlich ganz normal ab."* (2-A/M-42); *„Ja das lief alles seinen Weg, eigentlich."* (ebd.); *„Es kam einfach aus em Lauf raus."* (4-A/M-94); *„Also die Ehe isch an und für sich gut verlaufe."* (ebd.). Die reproduktive Biografie wird hier als ein Weg beschrieben, der einer normativen Route bzw. einem normativen Entwicklungsplan folgt, der auch oftmals die Zuteilung und Übernahme konventioneller Arbeits- und Aufgabenrollen umfasst.[25]

3.2 „Da hat der Mann nun eigentlich nach meinen Begriffen am wenigsten Einfluss" – Die Agency wird der Partnerin überlassen bzw. zugeschrieben

Zitate wie die beiden folgenden haben uns zur Feststellung einer zweiten Form von Agency gebracht:

> Vorschriften mach ich do keiner Frau, die muss selber wissen, was sie mit ihrem Körper macht und ob sie das Kind will. Da hat der Mann nu eigentlich nach meinen Begriffen am wenigsten Einfluss, weil es ist der Frau ihr Körper, die muss sich damit belasten. (1-M/M-17)

> War aber gewollt. Sie wollte unbedingt, ich wollte eigentlich nich. Ich hab gesacht, okay, ich hab jetzt zweie und bin'n gebranntes Kind und wollte eigentlich nich. Ich hab aber jetzt nich gesacht auf keenen Fall, also hundert Pro nich, ich sach eigentlich nich so richtig, immer gesacht, ja und dann bin dann eigentlich dann irgendwo überrascht worden, wo se gesacht hat: schwanger. Ja s'war okay. (…) Hat sie mir och gesacht [Anmerkung: dass die Frau die Pille abgesetzt hat], aber ich hab och gesacht, ich will eigentlich nich so richtig und aber jetzt nich so massiv dagegen vorgegangen. (1-A/M-3)

Eine solche geäußerte Agency erscheint auf den ersten Blick ebenfalls passiv und indifferent. Bei genauerer Betrachtung ist sie jedoch eine *Anerkennung der reproduktiven Autonomie der Frau*, die eine zum Mann hin egalitäre Position einnimmt. Die Familienplanung des Mannes bedeutet diesmal ein ‚Anschmiegen' an den Lebensentwurf der Frau. Dies ist jedoch weder passiv noch aktiv in der herkömmlichen Bedeutung, sondern ein Mitgehen des reproduktiven Lebensweges der Frau. In der eigenen retrospektiven Rekonstruktion erscheint dann die Familienplanung auch oftmals als offen für die Akzeptanz von Entwicklungen und Ereignissen und wenig durch Zielvorstellungen strukturiert im Sinne eines *‚Ich habe gewollt, aber wenn es nicht geklappt hätte, wäre es auch in Ordnung gewesen'*.

Wie bei der anonymen bzw. kollektiven Agency gibt es als einen impliziten Gegenhorizont die Formulierungen *„massiv gegen etwas vorgehen"*, *„richtig"*, *„100 Prozent"*, *„auf jeden Fall"* oder *„unbedingt wollen"*, *„darauf hinarbeiten"*, *„Einfluss haben"* oder auch *„planen"*, gegen die sich die Befragten mit einer Verneinung abgrenzen. Sie öffnen so eine Zwischenwelt zwischen der zugespitzten Form der aktiven Gestaltung, die sie ablehnen, und einer zugespitzten Passivität in dem Sinne, dass jemand mit ihnen gegen ihren Willen etwas macht, was sie in den Formulierungen ausklammern. In einer Variante wird die Handlungsmacht sprachlich den Kindern zugeschrieben und die Familienplanung erscheint grammatikalisch im Passiv:

> Und dann haben uns unsere Kinder eingeholt (…) ja und so sind wir eigentlich dann zu einer Familie geworden. (4-M/H-86)

In einer weiteren Variante dieses Agency-Typus überlässt der Erzähler im Zusammenhang der Diskussion über die Familienerweiterung seiner Frau *die Agency, ihn zu überzeugen*, ebenfalls noch ein zweites Kind zu wollen:

> Ja. Im Moment isch's eher unterschiedlich so, dass wir - unsere Tochter isch jetzt neun Monate alt, und [Ehefrau] redet ab und zu schon mal vom zweiten, wobei ich mir des eher net vorstelle kann (...)Und ich denk, bei uns wird sicherlich äh zu ner intensiven Diskussion kommen, und letschtendlich wenn die [Ehefrau] noch ein Kind will, dann denk ich, werd ich mich au überzeugen lasse, auch noch ein zweites Kind zu wolle. (3-M/M-56)

Auch in diesem Fall stellt die reproduktive Biografieplanung des Erzählers ein – wenn auch zuerst als widerwillig inszeniertes – Anschmiegen an den reproduktiven Lebensentwurf der Frau dar (ungewolltes Wollen).

3.3 „Die passt also zu mir" – indirekte Agency

Das folgende Zitat veranschaulicht eine dritte Form von Agency. Ein Befragter aus der Erhebungsregion Leipzig erzählt, wie er seine Frau kennen lernte:

> So, und ne Hausverwalterin, die kann auch also mit Zahlen umgehen, die hatte dann Wirtschaftskauffrau gelernt. Und die passt also zu mir in die Firma, dass sie mir so beistehen kann. Und meine Frau ist auch eine brillante Hausfrau, also was Besseres könnte ich mir nicht wünschen. (1-M/M-12)

Diesen Typus haben wir ‚indirekte Agency' genannt, weil nicht eine aktive Gestaltung der Kinderfrage mit der Partnerin gewählt wird, sondern weil die Realisierung des Ziels sich des Wegs bedient, in der ersten Phase aktiv eine Frau zu suchen, die eben „dazu passt" und mit der ‚man' sein reproduktives Konzept umsetzen kann, um sich dann zurückziehen zu können aus der weiteren ‚Planung'. Das bedeutet keine Passivität, sondern vielmehr eine in der arbeitsteiligen Übertragung an die Frau geronnene aktive und somit indirekte Agency. Dieses Muster hat sich prototypisch bei selbständigen Männern in mittelständischen Betrieben gezeigt: Diese haben ein eigenständiges reproduktives Biografiekonzept, bei dem sie eine Frau suchen, mit denen sie ihr Konzept auch umsetzen können. D.h. die Passung besteht darin, dass die Partnerin spezifische funktionale Erfordernisse erfüllt, wie Mitarbeit im Betrieb und die zuverlässige Übernahme der Versorgung der (notwendigen) Kinder mit einer Entlastung des selbstständigen Mannes in diesem Bereich der familialen Gestaltungsarbeit.

Auch in anderen Interviews, insbesondere bei niedrig qualifizierten und/oder älteren Männern[26], kam dieses Muster vor, dass nach einer Prüfung, ob ‚man' sich bezogen auf die Familienvorstellungen einig ist, die Realisierung der eigenen Intentionen der Agency der Frau überlassen werden kann. Dies erfolgt vor allem vor dem

Hintergrund einer konventionellen, arbeitsteiligen Rollenaufteilung, der sich beide verpflichtet fühlten.

3.4 ‚Wir haben' versus ‚ich habe und sie hat' – konsensuale und individualisierte Agency

Eine vierte Agency-Form haben wir als ‚gemeinsame oder konsensuale' bzw. ‚getrennte oder ausgehandelte Agency' von ‚ICH und SIE' bezeichnet. Die qualitativen ebenso wie die standardisierten Daten der Studie „männer leben" zeigen einen hohen Konsens zwischen Frau und Mann, was das ‚Wünschen' und ‚Wollen' angeht und zwar sowohl bezogen auf Kinder wie auf Schwangerschaftsabbrüche. Was die Agency angeht, so findet sich das Motiv des ‚wir wollten beide (ein Kind)' als Motiv nach der Eheschließung in der überwiegenden Zahl der Interviews.

Ältere Erzählpersonen vollziehen mit dem Phasenwechsel von der Adoleszenz bzw. Postadoleszenz in die reproduktive Phase dabei auch einen stringenten syntaktischen Wechsel hin zu einem neuen ‚WIR WOLLTEN', das sich sozusagen automatisch mit der Ehe einstellt, weil gemeinsame Vorstellungen von dem, was Familie bedeutet, vorausgesetzt werden konnten. Hierzu ein Zitat-Beispiel:

> Da waren wir verheiratet, da haben wir gesacht, so, wir sind verheiratet, wir haben Grund, nach meiner Meinung, also nach meinem Verständnis hab ich auch nur deshalb geheiratet, um Kinder zu haben, sonst hätt ich nie geheiratet. (...) Heirat sacht man sich, man bleibt zusammen, man hat im Grunde auch ein Ziel, wenn man Kinder hat, da macht das auch Sinn. (2-A/M-42)

Jüngere Erzähler hingegen sehen sich und ihre Partnerin mit einer eigenständigen Agency auch *nach* der Heirat. Es kann sein, dass die Synthese der beiden partnerschaftlichen ‚ICH WOLLTE' und ‚SIE WOLLTE' zu einem ‚WIR WOLLTEN' nicht gelingt bzw. dass das WIR in ein ICH und ein SIE zerfällt. Mit dem Übergang in die reproduktive Phase besteht noch kein gegebener Konsens. Dieser muss zwischen einem egalitären ICH und einem egalitären SIE ausgehandelt werden. Das folgende Zitat eines jüngeren Erzählers aus Freiburg veranschaulicht diese diskursive Form von Agency:

> Im konkreten Fall war jetzt unser erstes Kind nicht geplant so nach dem Motto: Wir wollen genau jetzt ein Kind bekommen. Das war nicht geplant, es ist dann passiert und hat uns natürlich in dem ersten Moment auch erschrocken sag ich mal. (...) Aber es war bei mir persönlich war es eigentlich nur, es war eigentlich von vorne rein klar, dass ich das Kind will, auch wenn wir nicht verheiratet sind, und wir waren grad da in der Beziehung in einer Phase, die nicht ganz so einfach war. Also von daher war es wahrscheinlich für die Seite meiner Freundin nicht ganz so einfach, aber trotzdem kann ich sagen, dass auch von ihrer Seite aus relativ schnell klar war: Okay, das ist unser Kind und das wollen wir und das kriegen wir. Und das Kind haben wir dann eben 1994 in einer Hausgeburt hier in dieser Wohnung bekommen. (3-J/M-67)

Folge dieser stetigen Notwendigkeit einer diskursiven Aushandlung zwischen zwei egalitären Individuen ist, dass sich die Familienplanung dann auch in einem Dissens verlieren kann. In dem Dissens gilt nämlich, dass das ‚Nein' sich durchsetzt[27]:

> Dass dann im Laufe der Zeit mal jemand den Kinderwunsch hatte, das war dann immer mal zwischendurch alle zwei, drei Jahre mal hatte ich mal ein Kinderwunsch, soll'n wir nich vielleicht doch mal ein Kind. Dann hatte meine Frau, war dann im Beruf ein bisschen engagierter, sagte, nö sie möchte nich. Dann war's mal wieder umgekehrt. Dann war's mal meine Frau mal wieder, gesagt, ach soll'n wir nich mal Kinder kriegen, is vielleicht so weit. Dann wollte ich nich, weil wir durch die Hobbys immer mit dem Reisen und wir haben viel mit Galopprennen gemacht. Und dann ham ich gesagt, ach nee. (2-A/N-29)

3.5 Komplexe Formen von Agency

Es lassen sich noch weitere, ausdifferenziertere Formen von Agency männlicher Familienplanung finden, die hier aber nicht weiter dargestellt werden können. Einige Formen sind hochkomplex und mehrdimensional, wie die folgenden Zitate verdeutlichen:

> Sie [s.o. ‚ungewolltes Wollen'] wollte unbedingt, ich wollte eigentlich nich. Ich hab gesacht, okay, ich hab jetzt zweie und bin'n gebranntes Kind und wollte eigentlich nich. Ich hab aber jetzt nich gesacht, auf keenen Fall, also hundert Pro nich, ich sach eigentlich nich so richtig, immer gesacht, ja, und dann bin dann eigentlich dann irgendwo überrascht worden, wo se gesacht hat – schwanger. Ja s'war okay. (...) Hat sie mir och gesacht [Anmerkung: dass die Frau die Pille abgesetzt hat], aber ich hab och gesacht, ich will eigentlich nich so richtig, und aber jetzt nich so massiv dagegen vorgegangen. (1-A/M-3)

> S Kind kam sehr schnell, also knapp zehn Monate, nachdem se bei mir eingezogen war, ja, war des da. Das heißt also ich bin n Freund von schnellen und vernünftigen Entscheidungen. Wenn ich einmal ne Entscheidung getroffen habe, dann steh ich dazu. (…) Ich bin ja damals arbeitslos gewesen (…) und ich hatte an für sich <u>nicht</u> vorgehabt während meiner Arbeitslosigkeit n Kind zu zeugen, so nach dem Motto: Gewisse Verantwortung is ja da und das is im Grunde unverantwortlich, wenn man schlecht gestellt is, dass da noch n Kind in de Welt gesetzt wird, das da mitleiden soll. Aber sie hat mich auf ihre wundervolle Art und Weise dazu gebracht (lachender Unterton), doch n Kind haben zu wollen. (3-A/M-65)

4. Diskussion

Die Ergebnisse der qualitativen Analyse in der Studie „männer leben" überraschen insofern, als sich in den standardisierten Daten nicht das Bild einer solchen diffusen Wahrnehmung der eigenen Gestaltungsmacht abgezeichnet hatte. Wir hatten dort nach unterschiedlichen Indikatoren der Intendiertheit von Schwangerschaften (der Partnerinnen) gefragt. Etwa zwei Drittel aller berichteten Schwangerschaften der befragten Männer hatten eine im üblichen Sinne rationale Entstehungsgeschichte: Die Männer haben die Schwangerschaft ihrer Partnerin auf den Zeitpunkt hin gewollt[28], die Verhütung wurde zuvor weggelassen und die eingetretene Schwangerschaft freudig begrüßt und durch die Partnerin ausgetragen.[29] Bei der Auswertung der qualitativen Interviews in Hinblick auf die subjektiven Beteiligungsformen zeigt sich ein anderes Bild: Es dominieren die Formen der anonymen oder gemeinsamen Gestaltungsmächtigkeit. Zwar sagen die befragten Männer in den standardisierten Telefoninterviews, dass sie die Schwangerschaft „wollten, auch auf den Zeitpunkt hin", wenn sie aber diesen Sachverhalt in den qualitativen Interviews mit eigenen Worten ausdrücken, entsteht nicht der Eindruck der Selbstwahrnehmung als aktiv-entscheidendes Ich, das Familie gestaltet. Standardisierte Befragungen zum Kinderwunsch von Männern unterstellen möglicherweise zu stark das (sozial erwünschte) Konstrukt des Individuums, das sich über sein Wollen oder Nichtwollen im Klaren ist, um die diffizilen Formen nicht-aktiver Agency zu erfassen.

Was Konsens und Gemeinsamkeit angeht, passen die Ergebnisse der standardisierten und der qualitativen Erhebung sehr gut zusammen. Sowohl in der Frauen- als auch in der Männerstudie haben wir standardisiert die Perspektive des Partners bzw. der Partnerin erfragt: Wollte sie/er auch das Kind bzw. die Schwangerschaft? Für Frauen und für Männer dominiert die Übereinstimmung der eigenen Angaben und der Angaben für den Partner bzw. die Partnerin. Auch in den qualitativen Daten spielt das gemeinsame Wollen (,Wir-Agency') eine große Rolle.

In den Studien „männer leben" und „frauen leben" konnten wir personenbezogen Angaben aus den standardisierten Interviews zur Gewolltheit von Kindern bzw. zu zurückliegenden Schwangerschaften mit den sprachlichen Formen von Agency in den qualitativen Interviews miteinander in Beziehung setzen. Wie auch in dem Projekt „frauen leben"[30], geht bei den befragten Männern die Kategorie „gewollt und auch auf den Zeitpunkt hin gewollt" mit einem breiten Spektrum an unterschiedlichen Formen von reproduktiver Agency einher, vor allem mit:

1. einer *aktiven, überwiegend konsensualen Agency*, semantisch von „hab ich gesagt, jetzt werden wir mal ein Kind machen" bis „wir haben uns unterhalten" oder „wir haben probiert"

2. einer *anonymen oder kollektiven Agency*: „Das war eigentlich geplant, ja, also geplant in dem Sinn, als mer gesagt hat: Also wenn's passiert, passiert's (...) Es ist ganz gut, wenn man das mal hinterfragt: Wie kam des zustande? Naja, s'isch, sag'emer so der übliche Lebensweg (...) man hat also nicht explizit den Wunsch, keine Kinder zu haben."
3. einer *Agency mit einem akzidentellen Akzent*: „Ma habe es gewusst, dass es a Kind geben kann und was ja au net falsch ist."

Der vorgegebene Begriff ‚gewollt' wurde damit vor dem Hintergrund eines breiten Spektrums subjektiver Einstellungsvarianten gewählt, das von einer allgemeinen emotionalen Bereitschaft für ein Kind über ein ‚es passte' (d.h. die Bedingungen waren günstig) bis zur dezidierten aktiven Planung reicht. Unter ‚gewollt' von Seiten des Mannes werden auch Schwangerschaften bezeichnet, die eigentlich in den qualitativen Interviews als primär von der Frau initiiert dargestellt werden. Damit differenziert das Konzept der (reproduktiven) Agency vor allem bei Männern stärker als die Abfrage der ‚Gewolltheit' von Schwangerschaften.

Da die Darstellung der Formen von Agency aus den biografischen Erzählungen gewonnen wurde, in denen auch über anderes, z.B. über die berufliche Entwicklung, gesprochen wurde, lässt sich die Selbstpräsentation der eigenen Gestaltungsmächtigkeit in unterschiedlichen Lebensbereichen vergleichen. Die berufliche Entwicklung wird – selbst bei arbeitslosen Männern – überwiegend im Stil aktiver Agency mit einem handelnden Ich erzählt, das sich bewirbt, sucht, arbeitet, wechselt, verdient etc. Die Beobachtung der komplexen nicht direkt aktiven Agencymuster ist also spezifisch mit dem Bereich Familie bzw. Familienplanung verbunden.

Beim Vergleich mit der sprachlichen Präsentation von Agency bei Frauen (in der Studie „frauen leben") ergibt sich, dass Frauen wesentlich seltener die anonyme oder kollektive Agencyform verwenden und vor allem die Gestaltungsmacht nicht dem Partner überlassen. Eine detaillierte Analyse der Erzählungsausschnitte speziell zum Thema Verhütung zeigt, dass Frauen ein starkes Motiv haben, sich selbst eigenständig und aktiv zu schützen („Ich habe ..."), während sich Männer eher auf die handelnden Frauen beziehen.[31]

Der Ausdruck nicht-aktiver, persönlicher Agency ist also – lässt man zunächst weitere Differenzierungen beiseite – sowohl bereichsspezifisch mit den Themen Familie und Familienplanung verbunden, als auch in dieser Form im Kontext von Familienplanung eher bei Männern und kaum bei Frauen zu finden. Quer durch alle Interviews sehen wir eine prinzipielle strukturelle Asymmetrie in dem Sinn, dass, vereinfacht und pauschal ausgedrückt, sich Frauen eher auf sich selbst, ihr Leben, ihren Körper, Kinder, Verhütungsmittel, Schwangerschaften und Schwangerschaftsabbrüche beziehen, und Männer auf ihre Partnerinnen. Die Gestaltungsmacht der Frauen ist stärker unmittelbar und praktisch, und Frauen sehen sich eher als aktiv-gestaltendes Ich. Die Gestaltungsmacht von Männern ist stärker indirekt und mittelbar; Handlungsbeteiligung wird eher darüber erreicht, dass „wir darüber gesprochen" haben und eine gemeinsame Entscheidung getroffen wurde.

Mit diesen Unterschieden ergibt sich insgesamt eine komplexe Beziehung zwischen der Agency von Frauen und der von Männern, denn neben dieser Differenz ist die Herstellung von Gemeinsamkeit ein zentraler Aspekt. Frauen und Männer konstruieren beide *auch* eine gemeinsame Agency (bei der Kinderfrage: „Wir wollten Kinder", bei der Verhütung: „Wir haben mit der Pille verhütet"). Möglicherweise zeigt der hohe Konsens als Ergebnis der Auswertung der standardisierten Daten den großen Bedarf an der Herstellung von Gemeinsamkeit gerade angesichts der Asymmetrie, dass Männer sich auf ihre Partnerinnen, Frauen auf die reproduktiven Fragen und Ereignisse selbst beziehen.

Gehen wir davon aus, dass für die Partnerschaften ein gemeinsames Fundament von geteilten Überzeugungen konstitutiv ist, ist interessant, welche Form von Gestaltungsmacht bei der Frau und bei dem Mann angesiedelt ist, wie viel Gemeinsamkeit notwendig ist und wie sie hergestellt wird. Diese Ansichten, die nicht verbal explizit sein müssen, sondern die rekonstruiert werden können, lassen sich als Aspekte ‚reproduktiver Kulturen' beschreiben. Der Begriff ‚reproduktive Kultur'

... verbindet die Einzelaspekte von umfassend verstandenem Familienplanungsverhalten (mitsamt entsprechenden Einstellungen) zu einem kohärenten, um zentrale Werte organisierten Muster

und meint ein

System von Regeln des angemessenen Umgangs mit reproduktiven Aspekten, also mit Sexualität, Kontrazeption, Schwangerschaften, Kindern, Elternschaft, ungewollter Kinderlosigkeit, Schwangerschaftsabbrüchen etc.[32]

Hier sollen nun im Folgenden nicht ‚weibliche' und ‚männliche' reproduktive Kulturen erarbeitet werden, sondern das Regelsystem, das für Frauen und Männer – möglicherweise unterschiedlich – gilt und das dem Zusammenspiel der Gestaltungsmacht der Frau und des Mannes zu Grunde liegt.

Reproduktive Kulturen werden zwar anhand einer Summe auf Familienplanung bezogener alltäglicher *Praktiken und Einstellungen* in unterschiedlichen Feldern (wie z.B. Verhütung, Aufteilung des Engagements bei der Kindererziehung, Umgang mit Schwangerschaftsabbrüchen) konstruiert. Wir beschränken uns hier aber aus Platzgründen auf die Analyse einiger Kerndimensionen von Familienplanungsagency, die sich dafür eignen, eine erste systematische Differenzierung zu veranschaulichen.

Prinzipiell können zwei Kulturformen danach unterschieden werden, ob Gemeinsamkeit durch den – über eine entsprechende Partnerwahl sichergestellten – Bezug auf gemeinsam geteilte Familienwerte hergestellt wird, oder ob sie stets neu aus diskursiven Aushandlungsprozessen erwächst. Im ersten Fall finden wir

Formen von kollektiver und über den Bezug auf Familienwerte hergestellter, gemeinsamer Agency, zum Teil auch indirekter Agency. Im zweiten Fall werden zwei individualisierte Agency-Perspektiven in einem diskursiven Auseinandersetzungsprozess zur gemeinsamen Gestaltung zusammengebracht. Die erste Form nennen wir ‚Akzeptanzkultur', die zweite ‚Diskurskultur'.

In ‚Akzeptanzkulturen' finden wir einen ‚weichen' Planungsbegriff im Sinne des Topos: *„Wenn's passiert, passiert's"* mit einer Abgrenzung gegen eine „zu genaue" Planung. Konstitutiv für dieses Muster sind Zitate wie:

> Also wir haben jetzt nicht: Konkret jetzt muss es unbedingt, es muss jetzt funktionieren. Ne also, eher zufällig, wenn es passiert, passiert es. (1-J/M-5)

> Wenn des Kind kommt, dann kann des komme wann's will, ja? Speziell drauf hingschafft hemmer jetz eigentlich net, (...), also wenn's klappt, klappt's. (3-A/M-64)

> Des wurd einfach dann nich verhütet. Wenn's passiert, passiert's. (2-J/N-46).

Von beiden Partnern wird eine starke Familienorientierung – teilweise verbunden mit religiösen Werten – berichtet. Die Akzeptanz zeigt sich als Planungsdistanz, bei genauerer Betrachtung umfasst sie aber auch Planungselemente. Dies bezieht sich darauf, *planmäßig* die (vor allem materiellen) Voraussetzungen dafür zu schaffen, dass Kinder kommen können, „wann sie wollen", dass also auf Planung verzichtet werden kann. Die Akzeptanz ist also nicht voraussetzungslos: Eine abgeschlossene Ausbildung und/oder ein bestimmtes Lebensalter und ein Fundus an Erfahrungen sind notwendig. „Wenn's passiert, passiert's" sagen so vor allem Männer, die in einer sicheren Partnerschaft leben, die sich in einer beruflich konsolidierten Situation befinden und die über andere materiale Voraussetzungen (bestimmte Höhe des Einkommens, bestimmte Größe des Wohnraums, etc.) verfügen.

Sowohl Frauen als auch Männer in Akzeptanzkulturen tragen diese Akzeptanz (auch wenn die Frauen stärker eine aktiv-individuelle Agency äußern) und sie sind sich auch weitgehend einig in der Profilierung der Rollen im Sinne einer konservativen Aufteilung der Zuständigkeiten zwischen Frau und Mann. Die Erfüllung der Voraussetzungen bedeutet gerade die Möglichkeit, dass die Frau ihre Erwerbstätigkeit zu Gunsten der Kinder unterbricht bzw. reduziert. Die Gemeinsamkeit braucht auch ein „Wir haben darüber gesprochen", da aber vor allem ein schon bei der Partnerwahl fixierter Konsens nur aktiviert werden muss, ist weniger Thematisierungsdruck vorhanden. Die *Gemeinsamkeit* umfasst, weil sie mit dem Bild des komplementären Paares verbunden ist, gerade die *Unterschiedlichkeit* der Formen der Familienplanungsagency der Frau (deren Aufgabe die aktive Gestaltung der Familienwelt ist) und des Mannes (der die Gestaltungsmacht an die Frau delegieren kann). Wir finden also eine Gemeinsamkeit auf der Basis der Ungleichheit.

In ‚Diskurskulturen' wird die Kinderfrage zwischen zwei gleich gestellten Akteuren ausgehandelt – mit dem Anspruch, dass die Aufteilung der Zuständigkeiten im Bereich der Familienarbeit egalitär oder zumindest der Ausgang dieser Frage offen ist. Beispiele, wie bezogen auf die Agency aus dem ICH und dem ER/SIE ein WIR wird, wurden oben bereits zitiert. Das aktive Nutzen einer Gestaltungsmacht ist in diesen Diskurskulturen notwenig, da die Geburt eines Kindes tief greifende Veränderungen mit sich bringt und die Realisierung nicht-konventioneller Arrangements der Zuständigkeit für die Familienarbeit vorausschauender Planung bedarf. Frauen aus den alten Bundesländern[33], die einen egalitären Anspruch haben in dem Sinne, dass sie auch den beruflichen Biografiestrang verfolgen möchten, bezeichneten diese Planung aber nicht nur als notwendig, sondern zugleich auch als nicht möglich: Den ‚richtigen' Zeitpunkt für Kinder gibt es nicht. Daher gibt es auch in Diskurskulturen eine Akzeptanz ungeplanter Schwangerschaften, nämlich dann, wenn die Bereitschaft für ein Kind zwar da ist, nichtsdestotrotz zu viel dagegen spricht, um dezidert ‚darauf hinzuarbeiten'. Der ungeplante Eintritt einer Schwangerschaft schafft dann Fakten, die akzeptiert werden.

Sowohl Frauen als auch Männer tragen diese Herstellung der gemeinsamen Agency als Aushandlung der beiden individuellen Agencys. Die Herstellung des Konsens ist hier aus zwei Gründen eine Daueraufgabe: Zum einen weil jede Veränderung auch die Planungsvoraussetzungen verändert und diskursiv und situativ aufgearbeitet werden muss, zum anderen aber auch, weil die Spannung zwischen der strukturellen Asymmetrie der ungleichen Gestaltungsmacht von Frauen (die sich auf ihren Körper etc. beziehen) und Männern (die sich auf die Frau beziehen) einerseits, dem Gleichheitsanspruch andererseits immer wieder neu austariert werden muss. Wir haben hier also die Form einer *Gemeinsamkeit trotz Ungleichheit oder in der Bearbeitung von Ungleichheit*.

Akzeptanzkulturen und eine Dominanz kollektiver Agency finden wir in Milieus oder Regionen, in denen ein ausgeprägter sozialer Zusammenhalt herrscht und Familie eine große Bedeutung für diesen Zusammenhalt hat. Sie haben eine eigene Tradition in Leipzig (bei Älteren, Kollektivorientierung im Sozialismus, Selbstverständlichkeit des ersten und des zweiten Kindes), in Gelsenkirchen (Arbeiterkultur mit Solidaritäts- und Familienwerten) und im Freiburger Umland (ländlicher sozialer Zusammenhalt). In den letzten beiden Regionen wurden auch nicht gewollte Schwangerschaften in hohem Maße akzeptiert und ausgetragen und die Rate der Schwangerschaftsabbrüche ist niedrig. Die kollektive Agency scheint in der jüngeren Generation insgesamt an Bedeutung zu verlieren. Diskurskulturen mit einer hohen Gewichtung der individualisierten Agency, bei der beiden Partnern jeweils eine eigene aktive Agency zugestanden wird, die in ein gemeinsames Wollen transformiert werden muss, finden wir vor allem bei hochqualifizierten und bei den jüngeren Männern. In der Universitätsstadt Freiburg ist dieses Muster stärker als in den anderen West-Regionen zu finden, da hier mehr Hochqualifizierte leben und entsprechend ihr Anteil in der Stichprobe größer ist.

Kehren wir zur Frage zurück, ob Männer rationaler mit Familienplanung umgehen als Frauen. Angesichts der ausgedrückten indirekteren Gestaltungsmacht und angesichts der Verbreitung einer – mitunter sogar *nachträglichen* – Akzeptanz ungeplanter Ereignisse kann man nicht sagen, dass Männer in besonderem Maße rational planend ihr reproduktives Leben gestalten, z.b. weil sie ohnehin rationaler an die Dinge des Lebens herangehen oder weil sie mit der Planung Unsicherheiten kompensieren. Sie beziehen sich bei der reproduktiven Biografieplanung auf ihre Partnerinnen. Historisch haben Männer das patriarchale Monopol der eigenmächtigen Gestaltung der Reproduktion und das Verfügungsrecht als Familienoberhaupt über die Reproduktionsfähigkeit ihrer Frau(en) verloren. Sie sind nun auf einen Konsens mit der Partnerin angewiesen. Soweit ein Ernährer-Hausfrauen-Modell von Frauen und Männern getragen wird, kann dieser Konsens die alte Ungleichheit fortschreiben. Bewegung kommt in die Geschlechteraspekte der Familienplanung, wenn diese Ungleichheit nicht mehr akzeptiert wird. Wie wird es weitergehen? Unsere Prognose ist, dass gemeinsame Agency wichtig bleiben wird. Die kollektive und anonyme Agency wird an Bedeutung verlieren; individualisierte Agency und damit die Notwendigkeit von Aushandlungen an Bedeutung gewinnen. Die Schlussfragen aber bleiben offen: Wird die Tatsache, dass es die Frauen sind, die Kinder gebären, an Relevanz verlieren? Werden die Formen von subjektiver Gestaltungsmacht bei Frauen und Männern sich annähern – etwa indem Männer mehr direkt-aktive Vorstellungen entwickeln und Frauen Gestaltungsmacht an Männer abgeben? Wird eine strukturelle Entlastung das Konfliktpotenzial der fehlenden Vereinbarkeit von Familie und Beruf, das die Geschlechterungleichheit schärft und immer aufs Neue reproduziert, beseitigen? Oder bleibt die Spannung zwischen struktureller Asymmetrie und Gleichheitswünschen mit der Folge dauerhafter Aushandlungen, die eventuell nicht zu einer gemeinsamen Entscheidung für Kinder führen?

Anmerkungen

1 Vgl. Karsten Hank/Angelika Tölke: „Männer – Das ‚vernachlässigte Geschlecht' in der Familienforschung: Untersuchungen zu Partnerschaft und Elternschaft bei Männern", in: Angelika Tölke/Karsten Hank (Hrsg.): *Männer – Das vernachlässigte Geschlecht in der Familienforschung, Zeitschrift für Familienforschung (ZfF)*, Sonderheft 4, Wiesbaden 2005, S. 7f. Das „male-bread-winner"-Modell gilt in dieser Form jedoch nur für West-Deutschland: In den neuen Bundesländern sind vor dem Hintergrund der kollektiven und egalitären Tradition der DDR Frauen nach wie vor im Arbeitsmarkt in fast gleichem Maße eingebunden wie die Männer. Allerdings deuten sich hier seit der Wende auch Veränderungen an, die aber empirisch weiter beobachtet werden müssen, vgl. Jürgen Dorbitz et al.: *Einstellungen zu demographischen Trends und zu bevölkerungsrelevanten Politiken. Ergebnisse der Population Policy Acceptance Study in Deutschland, Bundesinstitut für Bevölkerungsforschung beim Statistischen Bundesamt (BiB)*, Wiesbaden 2005, S. 44ff.; Jann-Michael Dornseiff/Reinhold Sackmann: „Familien-, Erwerbs- und Fertilitätsdynamiken in Ost- und Westdeutschland", in: Walter Bien /Jan H. Marbach (Hrsg.): *Partnerschaft und Familiengründung. Ergebnisse der dritten Welle des Familien-Survey*, Opladen 2003; siehe auch weiter unten im Text, Abschnitt 4: Diskussion.

2 Angelika Tölke/Karsten Hank, Wiesbaden 2005.

3 Vgl. Thomas Kühn: „Die Bedeutung von Familiengründung für die Biografiegestaltung junger Männer", in: Angelika Tölke/Karsten Hank, Wiesbaden 2005, S. 127-151; Angelika Tölke: „Die Bedeutung von Herkunftsfamilie, Berufsbiografie und Partnerschaften für den Übergang zur Ehe und Vaterschaft", in: Ebd., S. 98-126; Karsten Kassner/ Anneli Rüling: „‚Nicht nur am Samstag gehört Papa mir!' Väter in egalitären Arrangements von Arbeit und Leben", in: Ebd., Wiesbaden 2005, S. 235-264.

4 Vgl. Christian Schmitt: „Kinderlosigkeit bei Männern – Geschlechtsspezifische Determinanten ausbleibender Elternschaft", in: Angelika Tölke/Karsten Hank, Wiesbaden 2005, S. 73-99; Angelika Tölke/ Karsten Hank: „Männer und Familie: Vom Schattendasein zum Rampenlicht. Der Übergang zur Vaterschaft im Kontext der beruflichen Entwicklung", in: *BZgA* (Hrsg.): *„männer leben" – ein anderer Blick auf den Geburtenrückgang*, Dokumentation der Fachtagung 12.-13.09.2004 in Freiburg, Köln 2005, S. 96-105; in populärwissenschaftlicher Hinsicht Meike Dinklage: *Der Zeugungsstreik. Warum die Kinderfrage Männersache ist*, München 2005.

5 Vgl. Cornelia Helfferich/Heike Klindworth/Jan Kruse: *männer leben. Eine Studie zu Lebensläufen und Familienplanung*, Vertiefungsbericht, Köln 2006; Karin Kurz: „Die Familiengründung von Männern im Partnerschaftskontext", in: Angelika Tölke/Karsten Hank, Wiesbaden 2005, S. 178-197; Gunnar Andersson et al.: „Erwerbsstatus und Familienentwicklung in Schweden aus paarbezogener Perspektive", in: Ebd., S. 220-234; Thomas Klein: „Die Geburt von Kindern in paarbezogener Perspekti-

ve", in: *Zeitschrift für Soziologie*, 32. Jg. (H. 6) 2003, S. 506–527.

6 Exemplarisch Cornelia Helfferich/Heike Klindworth/Holger Wunderlich: *männer leben. Eine Studie zu Lebensläufen und Familienplanung*, Basisbericht, Köln 2004; Cornelia Helfferich/Heike Klindworth/Jan Kruse, Köln 2006; sowie verschiedene Beiträge in Angelika Tölke/Karsten Hank (Hrsg.), Wiesbaden 2005.

7 Für eine Kritik hierzu siehe z.B. Günter Burkart: *Die Entscheidung zur Elternschaft. Eine empirische Kritik von Individualisierungs- und Rational-Choice-Theorien*, Stuttgart 1994.

8 Vgl. wieder Karsten Hank/Angelika Tölke, Wiesbaden 2005, 7ff.

9 Hier ist Vorsicht geboten, dass nicht die mit dem männlichen und weiblichen Geschlecht üblicherweise verbundenen Vorannahmen reifiziert werden, vgl. Sylvia Buchen/Cornelia Helfferich/ Maja S. Maier: *Gender methodologisch. Empirische Forschung in der Informationsgesellschaft vor neuen Herausforderungen*, Wiesbaden 2004; Cornelia Helfferich: „‚männer leben' und ‚frauen leben' – der „kleine Unterschied" in der Familienforschung", in: *BZgA* (Hrsg.): *„männer leben" – ein anderer Blick auf den Geburtenrückgang*, Dokumentation der Fachtagung 12.-13.09.2004 in Freiburg, Köln 2005, S. 54.

10 Cornelia Helfferich/Heike Klindworth/ Holger Wunderlich, Köln 2004; Cornelia Helfferich/Heike Klindworth/Jan Kruse, Köln 2006.

11 Cornelia Helfferich et al.: *frauen leben. Eine Studie zu Lebensläufen und Familienplanung*, *BZgA*, Band 19, Köln 2001.

12 Für weitere Informationen zu den Studiendesigns siehe für „frauen leben" wieder Cornelia Helfferich et al., Köln 2001, für „männer leben" Cornelia Helfferich/Heike Klindworth/Jan Kruse, Köln 2006.

13 Für die Studie „männer leben" waren dies die vier Regionen: Leipzig, Gelsenkirchen, Freiburg-Stadt, und Freiburg-Umland; für die Studie „frauen leben" waren dies die drei Regionen: Freiburg, Hamburg und Leipzig (jeweils Stadt und Umland).

14 Beide Studien bezogen gleichgeschlechtliche Partnerschaften ein. In diesem Fall wurden weitgehend identische Fragen gestellt und die Begriffe ‚Ehefrau', ‚Ehemann', ‚Partnerin' und ‚Partner' durch einen angemessenen Begriff ersetzt. Die Fallzahlen sind aber so gering, dass die Auswertung sich nur auf eine anekdotische Evidenz berufen kann.

15 Christian Schmitt, Wiesbaden 2005, S. 19.

16 Karsten Hank/Angelika Tölke, Wiesbaden 2005, S. 14.

17 Siehe Cornelia Helfferich et al., Köln 2001, S. 247; Helfferich/Heike Klindworth/Holger Wunderlich, Köln 2004, S. 49; Cornelia Helfferich/Heike Klindworth/Jan Kruse, Köln 2006, Kapitel 8.

18 Auf den ebenfalls wesentlichen Aspekt der subjektiven Biografie- und Phasenkonzepte, die die biografischen Rahmungen der Familienplanung abgeben, wird hier nicht näher eingegangen. Dazu ausführlicher siehe Cornelia Helfferich/ Heike Klindworth/Jan Kruse, Köln 2006, Kapitel 5.

19 Gabriele Lucius-Hoene/ Arnulf Deppermann: *Rekonstruktion narrativer Identität. Ein Arbeitsbuch zur Analyse*

narrativer Interviews, Opladen 2002, S. 59.
20 Die Beispielsätze von Gabriele Lucius-Hoene/Arnulf Deppermann, Opladen 2002, S. 59 lauten: „Dann bin ich ins Krankenhaus gekommen und operiert worden", „Dann haben sie mich ins Krankenhaus eingewiesen und mich operiert" und „Dann bin ich ins Krankenhaus gegangen und habe mich operieren lassen".
21 Siehe ausführlicher wieder Cornelia Helfferich/Heike Klindworth/Jan Kruse, Köln 2006, Kapitel 8; Rainer Münz/Jürgen M. Pelikan: *Geburt oder Abtreibung. Eine soziologische Analyse von Schwangerschaftskarrieren*, Wien/München 1978; Karl Oeter: *Entscheiden und Handeln*, Stuttgart 1984.
22 Im Zuge der Weiterentwicklung dieses Auswertungsvorgehens werden diese Muster noch weiter differenziert und weitere Einzelaspekte herausgearbeitet werden.
23 Die Interviews wurden für die rekonstruktiven Analysen angelehnt an das Basistranskriptionssystem nach GAT (vgl. Arnulf Deppermann: *Gespräche analysieren*, Opladen 2001, S. 41ff., S. 119) verschriftet. Für die einfachere Lesbarkeit wurden jedoch die hier zitierten Passagen ins Schriftdeutsche übertragen. Die Interviewkennung jeweils am Ende der Passagen ist eine interne Kennzeichnung, welche den sozialen Status der Befragten codiert: Die erste Ziffer steht jeweils für eine der vier Erhebungsregionen der Studie „männer leben" (1 = Leipzig, 2 = Gelsenkirchen, 3 = Freiburg-Stadt, 4 = Freiburg-Land), der erste Buchstabe steht für das Alter des Befragten (J = 25-34 Jahre, M = 35-44 Jahre, A älter als 45 Jahre), der zweite Buchstabe steht für das Qualifikationsniveau des Befragten (N = Niedrig, M = Mittel, H = Hoch), die letzte Ziffer ist eine laufende Nummer des Interviews, die für interne Zuordnungen benötigt wird.
24 Vgl. George Lakoff/ Mark Johnson: *Leben in Metaphern. Konstruktion und Gebrauch von Sprachbildern*, Heidelberg 2003.
25 Das ist ein Grund dafür, warum sich diese Agency-Form vor allem bei älteren Erzählern oder bei Erzählern aus ländlichen Regionen (insbesondere Erhebungsregion Freiburg-Land) rekonstruieren ließ, wo konventionellere Muster dominieren.
26 Vgl. Cornelia Helfferich et al.: „Familienentwicklung als Transformation von Männlichkeit. Retrospektive Deutung der Gestalt und der Gestaltung der Familienbiografie von Männern mit Hauptschulabschluss", in: Angelika Tölke /Karsten Hank, Wiesbaden 2005, S. 71-97.
27 Peter Cuyvers fand bei einem Typus von Paaren die Einstellung, wenn man sich bezogen auf die Elternschaft nicht vollständig einig sei, sollte man keine Kinder bekommen, siehe Peter Cuyvers: „Partnerinteraktion und reproduktive Entscheidung in den Niederlanden", in: *BZGA* (Hrsg.): *Familienplanung und Lebensläufe von Frauen. Kontinuitäten und Wandel*, Dokumentation der gleichnamigen Tagung vom 27.-29.2.2000, Köln 2000, S. 65.
28 Antwortnuancen waren: „gewollt, auf den Zeitpunkt hin"; „gewollt, aber später", „nicht gewollt", „zwiespältig oder ambivalent gewollt". In der Studie „frauen leben" variierten wir die Fragen (Erwünschtheit, Planung und

Gewolltheit, Akzeptanz). Dabei ergaben sich semantische Differenzen: War eine Schwangerschaft geplant, so war sie auch gewollt, aber nicht jede gewollt eingetretene Schwangerschaft wurde auch als „geplant" bezeichnet. Die bewusste Planung erwies sich als enger und spezifischer als die Antwort, die Schwangerschaft sei sehr gewünscht gewesen. In den qualitativen Interviews wurden auch negative Äußerungen und eine Abgrenzung gegenüber einer „richtigen", „zielgerichteten" oder „100%"-Planung" vorgenommen; vgl. Cornelia Helfferich et al., Köln 2001; Cornelia Helfferich et al.: „frauen leben. Lebensläufe und Familienplanung. Konzeption eines Forschungsprojektes im Auftrag der BZgA", in: *Bundeszentrale für gesundheitliche Aufklärung* (Hrsg.): *Wissenschaftliche Grundlagen. Teil 3 – Familienplanung*, Köln 1999, S. 45ff.; und insbesondere Cornelia Helfferich/Silke Burda: *Einstellungen von Frauen zu Planbarkeit und Machbarkeit in der Familienplanung unter besonderer Berücksichtigung des Aspektes ‚pränatale Diagnostik'*. Abschlussbericht im Auftrag der BZgA, Freiburg/Köln 2001.

29 Siehe ausführlicher Cornelia Helfferich/Heike Klindworth/Jan Kruse, Köln 2006, Kapitel 8.

30 Cornelia Helfferich et al., Köln 2001.

31 Cornelia Helfferich/Heike Klindworth/Jan Kruse, Köln 2006, Kapitel 7.

32 Cornelia Helfferich et al., Köln 1999, S. 39; das Konzept der „reproduktiven Kultur" ist dem der „somatischen Kultur" in der Gesundheitsforschung nachgebildet (Boltanski; mit Bezug auf Bourdieu). „Somatische Kultur" ist definiert als „System von Regeln des angemessenen Umgangs mit dem Körper".

33 Frauen aus den neuen Bundesländern sahen die parallele Familien- und Berufsorientierung eher als Selbstverständlichkeit und gingen auch stärker von einer Vereinbarkeit aus.

Literatur

Andersson, Gunnar et al.: „Erwerbsstatus und Familienentwicklung in Schweden aus paarbezogener Perspektive", in: Angelika Tölke /Karsten Hank (Hrsg.): *Männer – Das vernachlässigte Geschlecht in der Familienforschung, Zeitschrift für Familienforschung (ZfF)*, Sonderheft 4, Wiesbaden 2005, S. 220-234.

Buchen, Sylvia/Helfferich, Cornelia/ Maier, Maja S.: *Gender methodologisch. Empirische Forschung in der Informationsgesellschaft vor neuen Herausforderungen*, Wiesbaden 2004

Burkart, Günter: *Die Entscheidung zur Elternschaft. Eine empirische Kritik von Individualisierungs- und Rational-Choice-Theorien*, Stuttgart 1994.

Cuyvers, Peter: „Partnerinteraktion und reproduktive Entscheidung in den Niederlanden", in: *Familienplanung und Lebensläufe von Frauen. Kontinuitäten und Wandel*, Dokumentation der gleichnamigen Tagung vom 27.-29.2.2000, Köln 2000, S. 61ff.

Deppermann, Arnulf: *Gespräche analysieren*, Opladen 2001.

Dinklage, Meike: *Der Zeugungsstreik. Warum die Kinderfrage Männersache ist*, München 2005.

Dorbitz, Jürgen et al.: *Einstellungen zu demographischen Trends und zu bevölkerungsrelevanten Politiken. Ergebnisse der Population Policy Acceptance Study in Deutschland*, Bundesinstitut für Bevölkerungsforschung beim Statistischen Bundesamt (BiB), Wiesbaden 2005.

Dornseiff, Jann-Michael/Sackmann, Reinhold: „Familien-, Erwerbs- und Fertilitätsdynamiken in Ost- und Westdeutschland", in: Walter Bien/Jan H. Marbach (Hrsg.): *Partnerschaft und Familiengründung. Ergebnisse der dritten Welle des Familien-Survey*, Leske u. Budrich 2003, S. 309-348.

Hank, Karsten/ Tölke, Angelika: „Männer – Das ‚vernachlässigte Geschlecht' in der Familienforschung: Untersuchungen zu Partnerschaft und Elternschaft bei Männern", in: Angelika Tölke/Karsten Hank (Hrsg.): *Männer – Das vernachlässigte Geschlecht in der Familienforschung, Zeitschrift für Familienforschung (ZfF)*, Sonderheft 4, Wiesbaden 2005, S. 7-17.

Helfferich, Cornelia/Klindworth, Heike/Wunderlich, Holger: *männer leben. Eine Studie zu Lebensläufen und Familienplanung*, Basisbericht, Köln 2004.

Helfferich, Cornelia/Klindworth, Heike/Kruse, Jan: *Verhütung: Verhalten und Orientierungen. Frauen und Männer im Vergleich*, Abschlussbericht im Auftrag der *BZgA*, Freiburg/ Köln 2004.

Helfferich, Cornelia/Klindworth, Heike/Kruse, Jan: *männer leben. Eine Studie zu Lebensläufen und Familienplanung*, Vertiefungsbericht, Köln 2006.

Helfferich, Cornelia/Burda, Silke: *Einstellungen von Frauen zu Planbarkeit und Machbarkeit in der Familienplanung unter besonderer Berücksichtigung des Aspektes ‚pränatale Diagnostik'*. Abschlussbericht im Auftrag der *BZgA*, Freiburg/Köln 2001.

Helfferich, Cornelia et al.: „frauen leben. Lebensläufe und Familienplanung. Konzeption eines Forschungsprojektes im Auftrag der *BZgA*", in: *Bundeszentrale für gesundheitliche Aufklärung* (Hrsg.): *Wissenschaftliche Grundlagen. Teil 3 – Familienplanung*, Köln 1999, S. 31-49.

Helfferich, Cornelia et al.: *frauen leben. Eine Studie zu Lebensläufen und Familienplanung*, BZgA, Band 19, Köln 2001.

Helfferich, Cornelia et al.: „Familienentwicklung als Transformation von Männlichkeit. Retrospektive Deutung der Gestalt und der Gestaltung der Familienbiografie von Männern mit Hauptschulabschluss", in: Angelika Tölke/Karsten Hank (Hrsg.): *Männer – Das vernachlässigte Geschlecht in der Familienforschung, Zeitschrift für Familienforschung (ZfF)*, Sonderheft 4, Wiesbaden 2005, S. 71-97.

Helfferich, Cornelia: „,männer leben' und ,frauen leben' – der „kleine Unterschied" in der Familienforschung", in: *BZgA* (Hrsg.): „männer leben" – *ein anderer Blick auf den Geburtenrückgang*, Dokumentation der Fachtagung 12.-13.09.2004 in Freiburg, Köln 2005, S. 52-61.

Kassner, Karsten / Rüling, Anneli: „,Nicht nur am Samstag gehört Papa mir!' Väter in egalitären Arrangements von Arbeit und Leben", in: Angelika Tölke/Karsten Hank (Hrsg.): *Männer – Das vernachlässigte Geschlecht in der Familienforschung. Zeitschrift für Familienforschung (ZfF)*, Sonderheft 4, Wiesbaden 2005, S. 235-264.

Klein, Thomas: „Die Geburt von Kindern in paarbezogener Perspektive", in: *Zeitschrift für Soziologie*, 32. Jg. (H. 6) 2003, S. 506 –527.

Kühn, Thomas: „Die Bedeutung von Familiengründung für die Biografiegestaltung junger Männer", in: Angelika Tölke/Karsten Hank (Hrsg.): *Männer – Das vernachlässigte Geschlecht in der Familienforschung. Zeitschrift für Familienforschung (ZfF)*, Sonderheft 4, Wiesbaden 2005, S. 127-151.

Kurz, Karin: „Die Familiengründung von Männern im Partnerschaftskontext", in: Angelika Tölke/Karsten Hank (Hrsg.): *Männer – Das vernachlässigte Geschlecht in der Familienforschung. Zeitschrift für Familienforschung (ZfF)*, Sonderheft 4, Wiesbaden 2005, S. 178-197

Lakoff, George/Johnson, Mark: *Leben in Metaphern. Konstruktion und Gebrauch von Sprachbildern*, Heidelberg 2003.

Lucius-Hoene, Gabriele/Deppermann, Arnulf: *Rekonstruktion narrativer Identität. Ein Arbeitsbuch zur Analyse narrativer Interviews*, Opladen 2002.

Münz, Rainer/Pelikan, Jürgen M.: *Geburt oder Abtreibung. Eine soziologische Analyse von Schwangerschaftskarrieren*, Wien/München 1978.

Oeter, Karl: *Entscheiden und Handeln*, Stuttgart 1984.

Schmitt, Christian: „Kinderlosigkeit bei Männern – Geschlechtsspezifische Determinanten ausbleibender Elternschaft", in: Angelika Tölke/ Karsten Hank (Hrsg.): *Männer – Das vernachlässigte Geschlecht in der Familienforschung, Zeitschrift für Familienforschung (ZfF)*, Sonderheft 4, Wiesbaden 2005, S. 73-99.

Tölke, Angelika/Hank, Karsten (Hrsg.): *Männer – das „vernachlässigte" Geschlecht in der Familienforschung, Zeitschrift für Familienforschung (ZfF)*, Sonderheft 4, Wiesbaden 2005.

Tölke, Angelika/ Hank, Karsten: „Männer und Familie: Vom Schattendasein zum Rampenlicht. Der Übergang zur Vaterschaft im Kontext der beruflichen Entwicklung", in: *BZgA* (Hrsg.): *„männer leben" – ein anderer Blick auf den Geburtenrückgang*, Dokumentation der Fachtagung 12.-13.09.2004 in Freiburg, Köln 2005, S. 96-105.

Tölke, Angelika: „Die Bedeutung von Herkunftsfamilie, Berufsbiografie und Partnerschaften für den Übergang zur Ehe und Vaterschaft", in: Angelika Tölke/Karsten Hank (Hrsg.): *Männer – Das vernachlässigte Geschlecht in der Familienforschung, Zeitschrift für Familienforschung (ZfF)*, Sonderheft 4, Wiesbaden 2005, S. 98-126.

Wiebke Kolbe

‚Neue Väter' – oder was?

Vaterschaft und Vaterschaftspolitik in Schweden und der Bundesrepublik von den sechziger Jahren bis heute

Seit rund zwanzig Jahren wird in Wissenschaft und Öffentlichkeit darüber diskutiert, ob es sie nun gibt oder eher doch nicht, die so genannten ‚neuen Väter'. Bereits die Existenz dieser Diskussion zeigt, dass sich Vaterschaft seit den 1960er Jahren offenbar verändert hat: Die Vaterschaft heutiger Männer ist etwas grundlegend anderes als noch die ihrer Väter. Umstritten ist jedoch, was sich genau verändert hat und ob diese Veränderungen qualitativ und quantitativ ausreichen, um das Phänomen tatsächlich ‚neue Väter' zu nennen. Wie die Antwort auf die Frage nach den ‚neuen Vätern' ausfällt, hängt zum einen wesentlich von der Vätergruppe ab, auf die man sich bezieht, zum anderen von der Definition des Konzepts ‚neue Väter' selbst, und schließlich von der gesellschaftlichen Ebene, auf die die Frage abhebt. Zum Ersten: Bezieht man sich nur auf Väter von Kleinkindern, allgemeiner auf Väter minderjähriger Kinder oder womöglich auf alle Väter, also auch auf solche bereits erwachsener Söhne und Töchter? Geht es um Väter in so genannten vollständigen Familien, um Väter, die ihre Kinder nur zeitweise sehen, oder um allein erziehende Väter? Zum Zweiten: Meint man mit ‚neuen Vätern' Männer, die mit der Mutter gemeinsam Geburtsvorbereitungskurse besuchen, bei der Geburt ihrer Kinder dabei sind, sie wickeln und ausfahren, mit ihnen spielen, kurz: Väter, die sich überwiegend in ihrer Freizeit mit ihren Kindern beschäftigen? Oder sind solche Männer gemeint, die ihre Kinder auch im Alltag ver- und umsorgen, Elternzeit nehmen, ihre Erwerbstätigkeit reduzieren oder sogar zeitweise aufgeben, um mehr Zeit mit ihren Kindern zu verbringen? Zum Dritten: Geht es bei der Frage nach den ‚neuen Vätern' (ausschließlich) um gelebte Vaterschaft oder (auch) um gesellschaftliche Werte und Normen? Und in welchem Verhältnis stehen diese beiden Ebenen gesellschaftlicher Wirklichkeit?

Diese Vielzahl von Fragen zeigt, dass heutige Vaterschaft ein umfassendes, komplexes und stark ausdifferenziertes Forschungsfeld für diverse Disziplinen darstellt und keinesfalls in einem Aufsatz abgehandelt werden kann. In meiner historischen Annäherung an das Phänomen der ‚neuen Väter' nehme ich daher drei Einschränkungen oder vielmehr Definitionen vor, die sich an den gestellten Fragen orientieren: Erstens geht es im Folgenden nur um Väter von Kleinkindern in so genannten vollständigen Familien. Zweitens bezieht sich das Konzept ‚neue Väter' hier in erster Linie auf Väter, die ihre Erwerbstätigkeit zugunsten der Kinderbetreuung und -erziehung zeitweise zurückstellen, insbesondere auf solche, die Erziehungsurlaub nehmen. Doch werden auch Aspekte engagierter Vaterschaft berücksichtigt, die sich mit Erwerbstätigkeit verbinden lassen. Für eine ‚Klassifizierung' verschiedener Ausdrucksformen ‚neuer Vaterschaft' in Bezug auf die hier behandelte Gruppe von Kleinkind-Vätern, die mit der Mutter zusammen leben, lassen sich folgende Stufen väterlichen Engagements unterscheiden, die keinen Anspruch auf Vollständigkeit erheben:

I ‚Neue Vaterschaft' ohne Abstriche bei der eigenen Erwerbstätigkeit

1. Vater, der zum Geburtsvorbereitungskurs mitgeht und bei der Geburt dabei ist
2. Vater, der das Baby wickelt und nachts aufsteht, um es zu füttern (Arbeitsentlastung der Mutter zu Hause)
3. Kinderwagen schiebender Vater (Öffentlichkeit: Infragestellen traditioneller Männlichkeitskonzepte)
4. Vater, der häufig mit dem Kind spielt oder ihm abends eine Gute-Nacht-Geschichte vorliest

II ‚Neue Vaterschaft' mit Abstrichen bei der eigenen Erwerbstätigkeit

5. Vater, der sich um ein krankes Kind kümmert oder das Kind z.B. regelmäßig in den Kindergarten bringt und/oder von dort abholt
6. Vater, der sich stunden- oder tageweise ausschließlich mit dem Kind beschäftigt (nicht nur mit ihm spielt, sondern es auch betreut und z.B. bekocht) und dafür ggf. Teilzeit arbeitet oder früher von der Arbeit nach Hause kommt
7. Vater, der einen Teil der Elternzeit nimmt
8. ‚Hausmann' (‚Rollentausch' mit der Mutter)

Der Fokus meiner Ausführungen wird auf Punkt 7 liegen, doch auch die Punkte 1-6 werden einbezogen. Punkt 8, der Aufgabentausch mit der Mutter, kommt so selten vor, dass er weder in der Diskussion noch in der Praxis eine wesentliche Rolle spielt. Damit kommen wir zum dritten Teil meiner Definition des Untersuchungsgegenstandes: Ich werde nach dem Wandel von Vaterschaft auf beiden Ebenen fragen, dem Verhalten von Vätern einerseits und den gesellschaftlichen Vorstellungen von Vaterschaft andererseits. Letztere werden nochmals untergliedert in erstens wissenschaftliche Theorien über Vaterschaft, zweitens Vaterschaftspolitik, drittens die Einstellungen von Vätern und viertens gesellschaftliche Werte und Normen im Allgemeinen. Diese nun insgesamt fünf Bereiche sozialer und historischer

Wirklichkeit werden vergleichend für Schweden und die Bundesrepublik betrachtet. Schweden gilt als Pionierland der ‚neuen Väter', das für andere Länder, nicht zuletzt für Deutschland, immer wieder als nachahmenswertes Beispiel angeführt wird. Die beiden Länder werden daher nicht nur vergleichend betrachtet, sondern auch im Bezug aufeinander, in einer Transferperspektive. Dieser ist der letzte Abschnitt gewidmet, der die Vorbildfunktion Schwedens mit Blick auf die aktuelle deutsche Situation beleuchtet.

Der Wandel von Vaterschaft in der Wissenschaft

Seit Beginn der bürgerlichen Gesellschaft im 19. Jahrhundert stand für Pädagogen und Mediziner fest, dass für die Erziehung und Pflege der *Klein*kinder, für das Wickeln, Füttern, Ausfahren und Beaufsichtigen die Mutter zuständig war – also nicht etwa eine Amme, wie im Adel, und auch nicht der Vater, der allerdings die ‚Oberaufsicht' und die Verantwortung für die Kindererziehung trug und dementsprechend der Mutter Weisungen erteilen konnte. Vätern kam zudem die Rolle des Erziehers der älteren Kinder, vor allem der Söhne, zu. An der Wende zum 20. Jahrhundert setzte sich die Auffassung durch, dass die Mutter für die Sozialisation besonders des Kleinkindes eine zentrale Rolle spiele und ihre mütterlichen Aufgaben daher möglichst wenig an andere Personen abgeben solle.[1] In den 1940er und 1950er Jahren gipfelten die wissenschaftlichen Vorstellungen von der Mutter-Kleinkind-Bindung in den Thesen über „Hospitalismus" und „mütterliche Deprivation", die zuerst von amerikanischen Psychoanalytikern formuliert wurden. Anfangs waren sie allein auf Kinder in Heimen bezogen, die dauerhaft von ihren Müttern getrennt und ohne feste Bezugsperson lebten, wurden jedoch bald auf alle Kleinkinder übertragen. Ein Kind, so hieß es, müsse mindestens in den ersten drei Lebensjahren möglichst ununterbrochen mit seiner Mutter zusammen sein; sonst nehme es psychischen Schaden mit nicht zu behebenden Spätfolgen.[2] Väter kamen in dieser nahezu als symbiotisch konzipierten Mutter-Kind-Beziehung nicht vor. Je mehr Bedeutung die Wissenschaft der Mutter-Kind-Beziehung im Laufe des 19. und 20. Jahrhunderts zumaß, umso mehr marginalisierte sie Väter (und andere) als Bezugspersonen für Kleinkinder.[3]

Das änderte sich seit den späten 1960er Jahren, als Pädagogik und Psychologie in den USA und Europa die Väter ‚entdeckten'. Zunächst ging es um das Problem der abwesenden Väter in Bezug auf ältere Kinder, besonders hinsichtlich der Söhne. Vor allem Jungen bräuchten männliche Bezugspersonen und Vorbilder, hieß es nun. Die angeblich steigende Jugendkriminalität, psychische Labilität und sozialen Anpassungsschwierigkeiten von Kindern und Jugendlichen wurden nicht mehr, wie noch in den fünfziger Jahren, fehlender mütterlicher Fürsorge, sondern im Gegenteil einer mütterlichen Überbehütung und den abwesenden Vätern angelastet. Diese Theorien bezogen sich sowohl auf dauerhaft abwesende Väter, etwa bei Waisen oder Scheidungskindern, als auch auf Väter, die wegen ihrer Erwerbstätigkeit de facto zu Hause kaum präsent waren.[4]

In den siebziger Jahren entdeckten Wissenschaftler Väter erstmals als wichtige emotionale Bezugspersonen für *Klein*kinder – historisch etwas vollkommen Neues. Von Geburt an sei der Vater für das Kind eine Bezugsperson, die, genau wie die Mutter, durch niemand anderen ersetzt werden könne. Die emotionale Mutter-Kind-Bindung müsse notwendig um die Vater-Kind-Bindung ergänzt werden.[5] Das wissenschaftliche Theorem der „mütterlichen Deprivation" wurde nun erweitert um das der „väterlichen Deprivation".[6] Dies war die Geburtsstunde der ‚neuen Väter' in der Wissenschaft.

Rezeption der Väterforschung in der schwedischen und westdeutschen Öffentlichkeit

Die ‚Erfindung' der ‚neuen Väter' war ein gemeinsames ‚Projekt' der westlichen Industrienationen, ausgehend von den USA, deren Forschungsergebnisse zur Sozialisation von Kleinkindern in Europa rezipiert und durch eigene Studien ergänzt wurden. Bemerkenswerterweise waren die Fragestellungen solcher Studien wie auch die Rezeption der internationalen Forschungen in den jeweiligen Länderöffentlichkeiten durchaus unterschiedlich. Doch überall gaben die neuen wissenschaftlichen Erkenntnisse den Anstoß für Diskussionen in den Medien und in der Politik, die nach einiger Zeit in familienpolitische Reformen mündeten. Die wissenschaftlichen Erkenntnisse über die Sozialisation von Kleinkindern dienten zugleich der Legitimierung der politischen Maßnahmen. Die öffentlichen und politischen Debatten in Schweden und die daraus resultierenden Politiken unterschieden sich deutlich von denen in der Bundesrepublik. So konzipierten Öffentlichkeit und Politik die Vorstellung von ‚neuen Vätern' auf je länderspezifische Weise.[7]

In der politischen Öffentlichkeit Schwedens diskutierte man bereits in den sechziger Jahren, dass Väter wichtig für die Sozialisation von Kleinkindern seien. Diese Diskussion verband sich mit einer im internationalen Vergleich sehr frühen „Geschlechterrollendebatte". Bereits Anfang der sechziger Jahre forderten vor allem engagierte WissenschaftlerInnen und JournalistInnen öffentlichkeitswirksam, dass Frauen und Männer sich nicht nur die Erwerbs-, sondern auch die Hausarbeit und Kindererziehung teilen sollten. Die „Emanzipation des Mannes" sei die notwendige Voraussetzung für die „Frauenbefreiung" und Gleichberechtigung der Geschlechter. Die Gleichberechtigungsfrage wurde argumentativ mit den Ergebnissen der psychologischen Forschungen zur „Vaterabwesenheit" verbunden. Obwohl sich diese damals meist auf ältere Kinder und Jugendliche bezogen, argumentierten die VerfechterInnen egalitärer Geschlechterrollen, dass die Beteiligung an der Kleinkindbetreuung und -erziehung nicht nur eine enorme emotionale Bereicherung für den Vater sei, durch die er erst zu einem vollständigen Menschen werde, sondern dass es auch zum Besten des Kindes sei, wenn es von Anfang an von beiden Eltern betreut und erzogen werde.[8]

In der bundesdeutschen Öffentlichkeit und Politik hielt sich dagegen die Vorstellung, die enge und ausschließliche Bindung des Kleinkindes zur leiblichen Mutter sei unerlässlich für eine gesunde kindliche Entwicklung, länger und hartnäckiger als in anderen Ländern. Hier entstand erst seit den siebziger Jahren, als die Frauenbewegung einflussreich wurde, in vorsichtigen Ansätzen eine ähnliche Diskussion wie in Schweden. Sie setzte sich jedoch stärker mit der Frage auseinander, ob der Vater überhaupt eine der Mutter äquivalente Bezugsperson für das Kleinkind sein könne, und erörterte zunächst nur verhalten eine frühe und intensive Vater-Kind-Bindung als besonders wünschenswert für die kindliche Entwicklung.[9]

In der politischen Öffentlichkeit beider Länder manifestierte sich schließlich die Vorstellung, das Kleinkind brauche Mutter *und* Vater, verbunden mit der Forderung nach Gleichberechtigung der Geschlechter, in Vorschlägen für konkrete familienpolitische Reformen. Politikerinnen und Politiker diskutierten in Schweden seit Mitte der sechziger und in der Bundesrepublik seit Mitte der siebziger Jahre die Einführung eines Erziehungsgeldes für wahlweise Mutter oder Vater, das einem Elternteil die Kinderbetreuung zu Hause oder beiden Eltern eine Kombination aus (Teilzeit-)Arbeit und Kinderbetreuung ermöglichen sollte. Diese Debatten mündeten in sehr unterschiedliche politische Entscheidungen.

Die politische Antwort Schwedens auf die ‚neuen Väter': Elternurlaub für Mütter oder Väter

Schweden führte 1974 statt des zuvor diskutierten Erziehungsgeldes als weltweit erstes Land eine Elternversicherung mit einem bezahlten Elternurlaub für wahlweise Mütter oder Väter ein. Er betrug zunächst sechs Monate und wurde bis 1989 allmählich auf 15 Monate ausgedehnt. Der Urlaub konnte an einem Stück genommen oder bis zum achten Lebensjahr des Kindes von einem Zeitkonto abgebucht werden. Die Eltern durften sich im Urlaub mehrfach abwechseln oder ihn gleichzeitig mit Teilzeitarbeit kombinieren. Während des Elternurlaubs bezog der betreuende Elternteil – analog zur Leistungshöhe anderer Sozialversicherungen – zunächst 90, seit den neunziger Jahren wegen Sparmaßnahmen im Haushalt 75 bzw. 80 Prozent seines vorherigen Bruttolohnes aus der staatlich finanzierten Elternversicherung. Nicht-erwerbstätige Eltern erhielten ein Elterngeld in Höhe eines bestimmten Sockel-, d.h. Mindestbetrags. Seit 1979 haben vollerwerbstätige Eltern mit Kindern im Vorschulalter zudem das Recht, ihre Arbeitszeit um ein Viertel zu reduzieren.[10]

Jahr	Elternurlaub/-geld nach der Geburt	„Gelegentlicher Elternurlaub"
1974	6 Monate Lohnersatzhöhe: 90% des letzten Bruttoeinkommens oder Sockelbetrag (750 SEK monatlich)	10 Tage pro Jahr für Familien mit Kindern bis 10 Jahre 90% des Bruttoeinkommens
bis 1989	sukzessive verlängert auf 15 Monate, davon 3 Monate nur mit Elterngeld in Höhe des Sockelbetrags	sukzessive verlängert auf 90 Tage pro Kind und Jahr für Kinder bis zu 16 Jahren
1979	Recht auf Arbeitszeitverkürzung um ein Viertel für Eltern von Kindern bis zu 8 Jahren	
1989	der gesamte Elternurlaub kann flexibel bis zum 8. Lebensjahr des Kindes genommen werden, auch als Arbeitszeitreduzierung (Elterngeld beziehbar in vollen, halben oder viertel Beträgen)	
1995		Kürzung auf 60 Tage pro Kind und Jahr für Kinder bis zum 12. Lebensjahr
1991-1997	Lohnersatzhöhe wegen Einsparungen im Sozialbereich sukzessive von 90 auf 75% gesenkt	
1998	Lohnersatzhöhe 80%	
2002	Verlängerung auf 16 Monate	

Tabelle: Die wichtigsten Entwicklungen der schwedischen Elternversicherung 1974-2005

Der Elternversicherung und allen anderen schwedischen Sozial- und Steuergesetzen lag seit den siebziger Jahren im Zuge der damals forcierten Gleichstellungspolitik die Norm der „Zweiversorgerfamilie" zugrunde, in der Mann und Frau gleichermaßen zum Familieneinkommen beitrugen. Erwerbstätigkeit für alle Männer und Frauen sollte die Regel sein, da nur so eine tatsächliche Gleichstellung der Geschlechter entstehen könne. Die Erwerbstätigkeit sollte nur kurzzeitig zur Kinderbetreuung unterbrochen werden, also lediglich so lange, bis das Kind alt genug war, um in eine Kindertagesstätte aufgenommen zu werden, was in der Regel mit sechs Monaten der Fall war. Konsequenterweise forcierte die Regierung auch den Bedarf deckenden Auf- und Ausbau entsprechender Betreuungseinrichtungen. Mit dem relativ kurzen Elternurlaub und der Möglichkeit, dass auch Väter den

Urlaub nahmen, wollte man eine kontinuierliche Erwerbsanbindung von Frauen sicher stellen.[11]

Die schwedische Familien- und Sozialpolitik nahm beginnende gesellschaftliche Entwicklungen auf, etwa die zunehmende Müttererwerbstätigkeit und eine steigende Zahl von Vätern, die eine intensivere Beziehung zu ihrem Kleinkind aufbauen wollten. Mehr noch folgte sie aber der politischen Utopie einer gleichberechtigten Gesellschaft und versuchte, diese mit gezielter politischer Lenkung zu verwirklichen. Diese Politik hatte die ausgesprochene Intention, das Verhalten von Müttern und Vätern im gewünschten Sinne zu beeinflussen.

Was bedeutete sie für die ‚neuen Väter', die zuvor in Wissenschaft und Politik diskutiert worden waren? Die Antwort mag überraschen: Mit der normativen Durchsetzung der Zweiversorgerfamilie und der Elternurlaubsreform wurde nicht etwa eine neue Form von aktiver Vaterschaft in der Politik verankert. Im Gegenteil: „Väter" wie „Mütter" verschwanden zunächst gänzlich aus der schwedischen Familienpolitik. Das Gesetz war vollkommen geschlechtsneutral formuliert, und auch in den Debatten im Vorfeld der Reform sprach man durchgängig von „Eltern" und nicht mehr von „Vätern" und „Müttern".[12] Zwar hatte die Entdeckung von Vätern als emotionalen Bezugspersonen für Kleinkinder in der politischen Öffentlichkeit als notwendiger Katalysator gewirkt und den Weg für den Elternurlaub bereitet, doch mit der Formulierung des Elternurlaubsgesetzes wurden die Väter erneut unsichtbar. Die schwedische Gleichstellungspolitik der siebziger Jahre versuchte, alle Geschlechtsunterschiede normativ einzuebnen.[13] Dabei war eine aktive Vaterschaft, die sich von Mutterschaft unterschied und dadurch die Geschlechterdifferenz betonte, nicht vorgesehen.

‚Neue Väter' in der bundesdeutschen Politik: Erziehungsgeld für Mütter oder Väter

Verglichen mit der schwedischen war die bundesdeutsche politische Diskussion sehr viel weniger vom Ziel einer konsequenten Gleichstellung der Geschlechter in allen Bereichen, auch in der Elternschaft, geprägt. Erst 1986, zwölf Jahre nach Inkrafttreten des schwedischen Elternurlaubsgesetzes, führte die damalige christlich-liberale Koalition einen Erziehungsurlaub für wahlweise Mütter oder Väter ein. Er war mit anfangs zehn Monaten, die bis 1992 auf drei Jahre ausgedehnt wurden, deutlich länger als der schwedische Elternurlaub. Allerdings war er erheblich schlechter, häufig sogar überhaupt nicht bezahlt. Grundsätzlich erhielten alle Kinder betreuenden Elternteile ein einkommensabhängiges Erziehungsgeld von maximal 600 DM monatlich für (seit 1993) höchstens zwei Jahre. Für die meisten Eltern verringerte sich jedoch die Höhe der Leistung aufgrund der niedrig angesetzten Einkommensgrenzen ab dem sechsten Monat oder fiel ab einer gewissen Einkommenshöhe sogar ganz weg. Die Reform bot damit erwerbstätigen Eltern keinen adäquaten Lohnersatz und richtete sich vor allem an nicht-erwerbstätige

Frauen oder sollte berufstätige Mütter motivieren, ihre Erwerbsarbeit für mehrere Jahre aufzugeben.[14]

Trotzdem war das Erziehungsgeldgesetz, ebenso wie die schwedische Elternversicherung, geschlechtsneutral formuliert und sprach ausdrücklich „Eltern" als Zielgruppe an. Während jedoch der schwedischen Familienpolitik eine Konzeption egalitärer Elternschaft zugrunde lag, fand sich in der westdeutschen Politik die Vorstellung komplementärer Elternrollen. Ein Elternteil sollte mehrere Jahre lang ausschließlich oder überwiegend die Kinder betreuen, während der andere für den notwendigen Familienunterhalt sorgen sollte. Welche dieser Aufgaben den Müttern und welche den Vätern zukamen, machten sowohl die politischen Diskussionen über das Erziehungsgeld als auch das familienpolitische Informationsmaterial der Bundesregierung unmissverständlich deutlich. Beide hielten weitgehend ein Bild traditioneller Mutter- und Vaterschaft mit eindeutig verteilten Rollen aufrecht. In den Informationsbroschüren des Bundesfamilienministeriums kamen jedoch vereinzelt auch ‚neue Väter' vor, allerdings, gemäß dem Konzept der komplementären Elternrollen, nicht im Sinne einer der Mutter vergleichbaren Bezugs- und Betreuungsperson für die Kinder, sondern als Väter, die neben ihrer Erwerbstätigkeit einen Teil ihrer Freizeit ihrem Kleinkind widmeten.[15]

Während somit die schwedische Politik der siebziger Jahre geschlechtsneutrale, austauschbare Eltern konzipierte, betonten deutsche Politikerinnen und Politiker im Kontext der Erziehungsgeldreform, dass Eltern aus Müttern und Vätern bestünden, die nicht beliebig austauschbar seien. Gerade deshalb jedoch schrieb das Erziehungsgeldgesetz traditionelle und bereits vorhandene gesellschaftliche Konzeptionen von Mutter- und Vaterschaft eher fest, als dass es sie radikal veränderte, wie es die schwedische Politik versuchte. Anders als in Schweden 1974 zogen mit der deutschen Reform 1986 aber auch ‚neue Väter' in die Politik ein.

Die Verankerung dieser Form von Vaterschaft in der Gesetzgebung hatte freilich Ende der achtziger Jahre in Deutschland keinen besonders revolutionären oder innovativen Charakter mehr, sondern nahm lediglich bereits bestehende Veränderungen in der sozialen Praxis von Vaterschaft auf. Anders als die schwedische wollte die bundesdeutsche Familien- und Sozialpolitik nicht darauf hin wirken, das Verhalten von Müttern und Vätern zu verändern, sondern machte vielmehr die notwendigen Zugeständnisse an die gesellschaftliche Entwicklung und versuchte im Übrigen, weitere Veränderungen eher zu erschweren, indem sie etwa die Hausfrauenehe in der Steuer- und Sozialgesetzgebung nach wie vor förderte.[16]

Verhalten und Ansichten von Vätern in der Bundesrepublik der achtziger und neunziger Jahre

Zu dieser Zeit war die Anwesenheit von Männern bei der Geburt ihrer Kinder bereits üblich. Viele Väter halfen beim Wickeln, Füttern und Ausfahren und kümmerten sich mehr um ihre Neugeborenen, als die Generation ihrer Väter es getan hatte. Die tatsächlichen ‚neuen Väter' entsprachen somit dem Bild, das die Gesetze und das familienpolitische Informationsmaterial der Bundesregierung zeichneten: Es ging nicht um einen Rollentausch mit der Mutter, nicht darum, dass der Vater eine genauso intensive Bindung zum Kind entwickeln können sollte wie die Mutter, sondern darum, überhaupt eine Beziehung zu dem Neugeborenen aufzubauen. Die eigene Erwerbstätigkeit wurde dafür in der Regel nicht eingeschränkt. Im Gegenteil: Statistiken belegten, dass viele Väter nach der Geburt des ersten Kindes mehr arbeiteten als vorher – was damit erklärt wurde, dass sie wegen des wegfallenden Einkommens der Frau häufiger Überstunden machten, um das Familieneinkommen aufzubessern. Eine andere Erklärung war, dass viele Männer die Flucht in den Beruf ergriffen, weil sie sich zu Hause überflüssig und ausgeschlossen vorkamen angesichts einer Mutter-Kind-Bindung, die sie in dieser Intensität selbst nicht erleben konnten. Ende der achtziger und Anfang der neunziger Jahre war sich daher ein größerer Teil der sozialwissenschaftlichen Forschung einig, dass die ‚neuen Väter' lediglich eine „Feierabendvaterschaft" lebten, die sich sehr gut mit ihrer Vollzeiterwerbstätigkeit vereinbaren ließ. Abstriche bei der Karriere zugunsten einer aktiven Vaterschaft blieben die Ausnahme. Viele SozialwissenschaftlerInnen betrachteten daher die ‚neuen Väter' eher als „Medienereignis" denn als „Realität".[17] Zu diesem Schluss kommen auch Studien aus den letzten zehn Jahren.[18] Der impliziten Kritik an der väterlichen Praxis liegt eine Vorstellung von ‚neuer Vaterschaft' zugrunde, nach der die Wertigkeiten des männlichen Lebens so verschoben werden sollten, dass Männer zugunsten einer intensivierten Vater-Kind-Beziehung auch ihre Karriere zurückstellen und sich ähnlich umfassend um ihre Kinder kümmern wie die meisten Mütter.

Doch nicht nur die soziale Praxis von Vater- und Mutterschaft war von diesem Ideal weit entfernt; auch in ihren Einstellungen bevorzugten viele bundesdeutsche Männer (und Frauen) eher traditionelle Formen von Vater- und Mutterschaft. Hinzu kam, dass, während sich die wissenschaftliche, gesellschaftliche und politische Diskussion in Schweden seit den achtziger Jahren zunehmend auf Väter konzentrierte, sie sich in der Bundesrepublik weiterhin vor allem um das Mutter-Kind-Verhältnis und die Auswirkungen mütterlicher Berufstätigkeit auf die Kinder drehte.[19] Das spiegelte sich in der Einstellung der erwachsenen westdeutschen Bevölkerung wider, von der 1993 immerhin 80 Prozent der Auffassung waren, Kleinkinder würden unter der Berufstätigkeit ihrer Mütter leiden. Mitte der achtziger Jahre hatte sich ein ebenso hoher Prozentsatz von Männern dafür ausgesprochen, dass Mütter bis zum zehnten Lebensjahr des Kindes zu Hause bleiben sollten.[20] Die Beharrungskraft traditioneller und konservativer Wertorientierungen war auch im europäischen Vergleich bemerkenswert, denn die Bevölkerungen anderer EG-Länder einschließlich Südeuropas wirkten in ihren Einstellungen ‚fortschrittlicher' als die der Bundesrepublik: Laut einer Enquête von 1987 sprachen sich im EG-Durchschnitt 41, in der Bundesrepublik dagegen nur 26 Prozent der Befragten für eine gleichmäßige Aufteilung von Haus- und Erwerbsarbeit zwischen Männern und Frauen aus. Nur 31 Prozent der bundesdeutschen Männer befürworteten eine Berufstätigkeit von Ehefrauen – gegenüber 47 Prozent im EG-Durchschnitt.[21] Außerdem zeigten sich bundesdeutsche Männer besonders renitent gegenüber Veränderungen der Arbeitsteilung in Haushalt und Familie: Während sich die Beteiligung von Männern und Vätern an der Hausarbeit in den meisten anderen EG-Ländern zwischen 1970 und 1990 signifikant erhöht hatte, war sie in der Bundesrepublik nahezu gleich geblieben. Mit durchschnittlich etwa zehn Stunden pro Woche lag sie deutlich unter der wöchentlichen Hausarbeitszeit von Ehefrauen und Müttern, die im Mittel rund 34 Stunden betrug.[22]

Bis zum Ende des 20. Jahrhunderts hatte die bundesdeutsche Bevölkerung in Einstellung und Verhalten gegenüber anderen EU-Ländern ‚aufgeholt', was auch an der teils deutlich anderen Haltung und Praxis in den neuen Bundesländern lag. So leisteten die deutschen Frauen und Mütter 1998/2000 ‚nur' noch rund doppelt so viel Hausarbeit wie ihre Männer, während es in Italien, Frankreich und den Niederlanden etwa viermal so viel und selbst in Finnland, wo fast 90 Prozent aller Frauen vollzeitbeschäftigt sind, immerhin zweieinhalbmal so viel war.[23] Doch gibt es weiterhin auch deutliche Unterschiede gegenüber etwa Schweden und Frankreich. Vergleicht man beispielsweise die ausgeübten und erwünschten Erwerbsmuster von Paaren mit Kindern unter sechs Jahren, zeigt sich, dass sich am Beginn des 21. Jahrhunderts die Mehrheit der deutschen Paare (42,9%) eine Vollzeiterwerbstätigkeit des Vaters und eine Teilzeiterwerbstätigkeit der Mutter wünscht – während in Schweden mit 66,8 Prozent und in Frankreich mit 52,4 Prozent der Wunsch nach Vollzeiterwerbstätigkeit beider Eltern überwiegt. Die so genannte Hausfrauenehe ist dagegen in allen Ländern deutlich aus den Idealvorstellungen der meisten Paare verschwunden (Deutschland: 5,7%, Schweden: 6,6%, Frankreich: 14,1%). Die Realität sieht allerdings ganz anders aus und stimmt in keinem der Länder mit den Idealen überein: In Deutschland sind über die Hälfte der Mütter von Kleinkindern nicht erwerbstätig, und auch in Schweden und Frankreich liegt der Anteil an Hausfrauen mit 24,9 und 38,3 Prozent deutlich höher als gewünscht.[24]

Danach befragt, welcher Elternteil überwiegend für die Kleinkindbetreuung zuständig sein solle, war sich noch 1991 ein Drittel aller west- und ostdeutschen Männer und Frauen einig, dass dies in erster Linie eine Aufgabe der Mutter sei. Zwei Drittel votierten für eine Aufteilung der Betreuung zwischen den Eltern, und ebenso viele begrüßten es, dass auch Väter Erziehungsurlaub nehmen konnten, während ein Drittel diese Möglichkeit ablehnte. Vier Jahre später begrüßten nur noch zwischen zehn und 20 Prozent der Befragten eine alleinige Zuständigkeit der

Mutter für die Kindererziehung; zwischen 78 und 89 Prozent sprachen sich für eine gemeinschaftliche Erziehung beider Eltern aus. Auch die Akzeptanz des Erziehungsurlaubs für Väter war leicht gestiegen.[25]

Zwischen diesen öffentlich bekundeten Ansichten bundesdeutscher Frauen und vor allem Männer zum Erziehungsurlaub und ihrem eigenen Verhalten bestanden aber weiterhin erhebliche Diskrepanzen.[26] Denn die tatsächliche Beteiligung von Vätern am Erziehungsurlaub war extrem niedrig: Seit 1986 stieg sie lediglich in Zehntelprozenten an und überschritt bis zum Jahr 2000 niemals die zwei-Prozent-Grenze.[27] Es ist im Übrigen bezeichnend, dass die deutschen Behörden nie differenziertere Zahlen zur väterlichen Nutzung des Erziehungsurlaubs erhoben, etwa darüber, zu welchem Zeitpunkt und wie lange die Väter ihn in Anspruch nahmen. Es gibt lediglich Angaben zum Anteil der Väter, die während des Bezugs von Erziehungsgeld teilzeiterwerbstätig waren. Er lag 1988 mit 21 Prozent erheblich höher als derjenige der Mütter mit vier Prozent.[28] In den neunziger Jahren erhöhte sich der Anteil der Väter, die während des Erziehungsurlaubs Teilzeit arbeiteten, bis auf 16 Prozent, während sich der Anteil der Mütter bei drei bis vier Prozent einpendelte.[29]

Deutsche Vaterschaft und Vaterschaftspolitik im 21. Jahrhundert

Die konservativ-liberale Bundesregierung registrierte zwar die geringe Väterbeteiligung am Erziehungsurlaub, unternahm aber keine Versuche, sie durch politische Lenkung zu erhöhen. Erst die rot-grüne Bundesregierung problematisierte verstärkt die Tatsache, dass Erziehungsurlaub fast nur von Müttern genommen wurde. Um das zu ändern, wandelte sie zum 1. Januar 2001 den Erziehungsurlaub in eine Elternzeit um, die – angelehnt an das schwedische Elternurlaubsmodell – flexibler als zuvor und teilweise bis zum achten Lebensjahr des Kindes in Anspruch genommen werden kann. Die Einkommensgrenzen wurden geringfügig angehoben und die neue Option eingeführt, zwischen zwei Jahren Erziehungsgeld von maximal 600 DM und einem Jahr mit maximal 900 DM monatlich wählen zu können. Wichtiger waren allerdings das neue Recht auf bis zu 30 Stunden wöchentliche Teilzeitarbeit während der Elternzeit und die Möglichkeit, dass Mutter und Vater erstmals gleichzeitig Elternzeit nehmen können. Anders als schwedische Eltern, die ihr Kind abwechselnd betreuen sollten und dabei auswechselbar erschienen, wurde damit nun ein Ideal von Elternschaft entworfen, bei dem sich Mutter und Vater gemeinsam um das Kind kümmerten. Dahinter stand weiterhin die Vorstellung, dass die Elternteile sich ergänzten und beide in je spezifischer Weise für die Entwicklung des Kleinkindes notwendig seien. Die ‚neuen Väter', die das rot-grüne Gesetz konzipierte, machten idealerweise dieselben Abstriche bei ihrer Erwerbstätigkeit wie die Mütter.[30]

Die Reform zielte ausdrücklich auf eine erhöhte Berufsorientierung und Arbeitsmarktanbindung von Müttern sowie auf eine stärkere Beteiligung von Vätern an der Elternzeit ab. Beidem sollten die neuen Teilzeitregelungen dienen, denn nach

Ansicht der Regierungsparteien trug die bisherige „starre Regelung" dazu bei, dass so wenige Väter den Erziehungsurlaub in Anspruch genommen hatten. Von der Reform erhofften sie sich, dass mehr Väter Elternzeit nehmen würden, da sie nun nicht mehr vor die Wahl zwischen Vollerwerbstätigkeit oder gänzlichem Ausscheiden aus dem Erwerbsleben zwecks Kinderbetreuung gestellt seien.[31] Umfragen und wissenschaftliche Studien über Vaterschaft, die in den achtziger und neunziger Jahren in wachsendem Maße entstanden, dokumentierten nämlich deutlich die Wünsche von Vätern, mehr Zeit mit ihren Kindern zu verbringen.[32]

Damit diese Wünsche Wirklichkeit werden konnten, initiierte das Bundesfamilienministerium im März 2001 in Kooperation mit der Wirtschaft das fünf Millionen DM teure Werbe- und Aktionsprogramm „Mehr Spielraum für Väter". Es hatte das Ziel, „für ein neues Leitbild von Männern und Vätern in der Gesellschaft zu werben", und wollte Männer ermutigen, häufiger Elternzeit zu nehmen, vor allem aber den Unternehmen Möglichkeiten ‚väterfreundlicher' Arbeitszeit- und Beurlaubungsmodelle aufzeigen.[33]

Auch ansonsten bemühte sich die rot-grüne Bundesregierung, ‚neue Väter' in Wort und Bild erscheinen zu lassen. Die für das reformierte Gesetz herausgegebene Broschüre „Erziehungsgeld, Elternzeit" etwa zeigte erstmals keine Mutter oder beide Eltern, sondern einen Vater mit Kleinkind auf dem Titelbild.[34]

Abb. 1: Titelblatt der Erziehungsgeldbroschüre des Bundesfamilienministeriums seit 2001

Neuere Studien kommen jedoch zu dem Ergebnis, dass Appelle an die Einstellungen zu Vaterschaft wie die „Mehr Spielraum für Väter"-Kampagne (allein) keine nennenswerten Auswirkungen auf das tatsächliche Verhalten von Vätern und Arbeitgebern haben. Laut einer Befragung, die 1999 im Auftrag des Bundesfamilienministeriums durchgeführt wurde, war eine deutliche Mehrheit von Männern der Ansicht, flexiblere Arbeitszeiten und ein höheres Erziehungsgeld von rund 1.200 DM oder 65 bis 70 Prozent eines durchschnittlichen männlichen Nettoeinkommens würden die Bereitschaft von Vätern erhöhen, Erziehungsurlaub zu nehmen.[35] Die Bundesregierung berücksichtigte mit ihrer Reform nur die erste Anregung. Auch international vergleichende Studien weisen darauf hin, dass Väter nicht mehr Elternzeit nehmen, solange diese nicht mit Lohnersatzleistungen verbunden und mit einer Väterquotierung versehen ist.[36]

Deshalb ist die Beteiligung von Vätern an der Elternzeit in Deutschland nach wie vor niedrig: Sie liegt bei nicht einmal fünf Prozent. Diese Zahl ist zwar höher als der Väteranteil vor der Reform von 2001. Dennoch: Nimmt man die Beteiligung von Vätern an der Elternzeit als Maßstab, dann gibt es in der Bundesrepublik nur eine winzige Minderheit von ‚neuen Vätern'. Legt man hingegen andere Maßstäbe an, findet sich durchaus eine Mehrzahl ‚neuer Väter': Diverse ‚Väterstudien' der letzten Jahre zeigen, dass Männer heutzutage achtmal so viel Zeit mit ihren Kindern verbringen wie die Väter vor 30 Jahren. 90 Prozent der Männer sind bei der Geburt ihrer Kinder dabei, und 70 Prozent der Väter halten das Wickeln und Füttern ihres Babys für selbstverständlich. 77 Prozent würden gern weniger arbeiten und mehr Zeit für die Familie haben.[37] Letzteres bleibt jedoch ein Wunsch, der von den wenigsten in die Realität umgesetzt wird. Hier zeigt sich erneut die Diskrepanz zwischen öffentlich bekundeten Einstellungen und dem tatsächlichen Verhalten von Vätern.

Im Zeitalter quotierter Vaterschaft: Schwedische Politik seit den achtziger Jahren

Wenn somit in der Bundesrepublik ‚neue Väter', die ihre Erwerbstätigkeit zugunsten ihrer Kinder phasenweise zurückstellen, weiterhin Seltenheitswert besitzen, stellt sich natürlich die Frage, ob Väter in Schweden die – attraktiveren – Möglichkeiten des Elternurlaubs mehr nutzen als ihre deutschen ‚Brüder'. Die Antwort lautet eindeutig: Ja. Doch dauerte es eine geraume Zeit, bevor es soweit war.

In den siebziger und achtziger Jahren machten die schwedischen Väter von ihrem Recht auf Elternurlaub zunächst nur in geringem Maße Gebrauch. Dabei war die Elternversicherung von Anfang an als gleichstellungspolitische Maßnahme gedacht und gerade deshalb konsequent geschlechtsneutral formuliert. Doch der erwünschte Erfolg hatte sich nur zur Hälfte eingestellt. Zwar war nun die Mehrheit der schwedischen Mütter erwerbstätig: Die Erwerbsquote von Müttern mit Kindern im Vorschulalter hatte sich zwischen 1965 und 1975 von 37 auf 61 Prozent und bis 1985 weiter auf 84 Prozent erhöht.[38] Aber nur eine Minderheit der schwedischen Väter nahm einen nennenswerten Teil des Elternurlaubs oder reduzierte die Arbeitszeit zugunsten der Kindererziehung. Die Erwerbsquote von Vätern war sogar höher als die der Männer ohne Kinder im Vorschulalter, und ihre Wochenarbeitszeit lag in den achtziger Jahren bei über 41 Stunden. 1985 arbeiteten nur drei Prozent der Väter – gegenüber 50 Prozent der Mütter – von Kleinkindern Teilzeit, und Männer nahmen nur sechs Prozent aller Elternurlaubstage in Anspruch.[39]

In den achtziger Jahren weckten daher Väter und ihre Gründe, sich an der Kleinkindbetreuung (nicht) zu beteiligen, zunehmend die Aufmerksamkeit von Wissenschaft, Politik und Öffentlichkeit.[40] Die schwedische Regierung versuchte nun mit beträchtlichem, auch finanziellem, Aufwand, die Einstellung von Vätern und Arbeitgebern zum Elternurlaub positiv zu beeinflussen. Sie setzte zwei Sachverständigenkommissionen ein, die „Ideengruppe für Männerrollenfragen" *(Idégrupp för mansrollsfrågor)* und die „Arbeitsgruppe über Väter, Kinder und Arbeitsleben" *(Arbetsgrupp om papporna, barnen och arbetslivet),* die von 1983 bis 1992 und von 1992 bis 1995 verschiedene Aktionen zur Erhöhung des Väteranteils am Elternurlaub entwickelten.[41] Bereits seit den siebziger Jahren hatten das *Reichsversicherungswerk* und die Regierung mit Werbekampagnen Väter für den Elternurlaub zu gewinnen versucht. Große Aufmerksamkeit weckte ein Plakat von 1978, auf dem der bekannte schwedische Gewichtheber „Hoa Hoa" Dahlgren mit einem Neugeborenen auf dem Arm unter der Überschrift „Barnledig pappa!" *(Vater im Elternurlaub!)* zu sehen war (Abb. 2). Die Plakate der achtziger und neunziger Jahre orientierten sich dagegen mehr am schwedischen Durchschnittsmann (Abb. 3). 1994 führten 44 Mütterberatungszentren einen Modellversuch zur „Väterausbildung" *(pappautbildning)* durch, und seit 1996 stellte das *Reichsversicherungswerk* zwei „Papapakete" *(pappapaket)* bereit, eines für werdende Väter und eines für Arbeitgeber. Dieses Material enthielt neben allgemeinen Informationen Berichte von Vätern über ihre positiven Erfahrungen mit dem Elternurlaub und dem intensiven Kontakt mit ihrem Neugeborenen sowie lobende Äußerungen von Arbeitgebern über ihre Erfahrungen mit männlichen Arbeitnehmern im Elternurlaub.[42]

„Neue Väter' – oder was?

Abb. 2: Plakat des schwedischen Reichsversicherungswerkes zum Elternurlaub 1978

Auch der Elternurlaub selbst sollte stärker Väter motivierend gestaltet werden. 1980 führte man zunächst einen eigenständigen Vaterschaftsurlaub von zehn Tagen bei der Geburt eines Kindes ein. Er sollte den Vater-Kind-Kontakt von Anfang an intensivieren und dem Vater ermöglichen, etwaige ältere Kinder zu betreuen, während die Mutter noch in der Klinik war oder sich um den Säugling kümmerte. Dieser Urlaub wurde bald von vier Fünftel aller Väter in Anspruch genommen.[43] Der Väteranteil am Elternurlaub stieg dagegen weiterhin nur langsam an. Väter stellten 1990 zwar immerhin ein knappes Drittel derjenigen, die überhaupt Elternurlaub nahmen, die Bilanz verschlechtert sich jedoch deutlich, wenn man den Väteranteil an der Gesamtheit aller Elternurlaubstage betrachtet: Davon nahmen Väter nur sieben Prozent in Anspruch, Mütter dagegen 93 Prozent. Denn die durchschnittliche Länge des Elternurlaubs von Vätern hatte sich seit Bestehen der Elternversicherung nur unwesentlich erhöht: von 40 Tagen 1976 auf 53 Tage 1990 – in diesem Zeitraum wurde der Elternurlaub jedoch von 210 auf 450 Tage verlängert. Väter tendierten außerdem dazu, ihren Elternurlaub als Teilzeiturlaub zu nehmen und ihn so zu legen, dass die Mutter gleichzeitig mit Erholungsurlaub zu Hause war – oder, wie böse Zungen behaupteten, ihn im Sommer zu nehmen, wenn sie ohnehin Erholungsurlaub genommen hätten.[44]

Daher begann in den achtziger Jahren eine Diskussion um die Quotierung des Elternurlaubs. Eine Überlegung dabei war, dass Männer dann nicht mehr die ‚Ausrede' hätten, die Mutter wolle den gesamten Elternurlaub allein nehmen, oder ihr Arbeitgeber akzeptiere keinen Mann im Vaterschaftsurlaub. Die Arbeitgeber sollten gesetzlich verpflichtet sein, den Elternurlaub zuzulassen, und mit entsprechenden Kampagnen und Informationen positiv auf väterliche ‚Elternurlauber' eingestimmt werden. Doch erst 1995 war es soweit: Unter einer bürgerlich-konservativen Fünf-Parteien-Regierung – im von sozialdemokratischen Regierungen dominierten Schweden eher selten – und auf besonderes Betreiben des liberalen Familienministers Bengt Westerberg, der mit gutem Beispiel voranging und medienwirksam selbst Elternurlaub nahm, wurde ein Monat Elternurlaub für jeden Elternteil reserviert. Er kann dem anderen nicht übertragen werden und verfällt, wenn er nicht in Anspruch genommen wird. Zum Zeitpunkt ihrer Einführung war diese Quotierung durchaus umstritten in der schwedischen Politik und Öffentlichkeit.[45] Und doch war Schweden nicht das einzige Land, das Väter mit dem für sie reservierten „Papamonat" *(pappamånad)* zu einer höheren Beteiligung am Elternurlaub zu bewegen versuchte: Norwegen hatte bereits 1993 eine „Väterquote" *(fedrekvot)* von einem Monat eingeführt; Dänemark folgte 1998 mit zwei Wochen quotiertem Vaterschaftsurlaub,[46] der allerdings von der seit 2001 regierenden rechtskonservativen Regierung schnellstens wieder abgeschafft wurde.[47]

Abb. 3: *Plakat des schwedischen Reichsversicherungswerkes zum Elternurlaub 1986*

Die Quotierungen zeigten in Norwegen und Schweden innerhalb kurzer Zeit deutliche Wirkungen auf die Beteiligung von Vätern am Elternurlaub. In Norwegen erhöhte sich der Prozentsatz der Väter, die einen Teil des Elternurlaubs nahmen, innerhalb der ersten drei Jahre von vier auf 55 Prozent und in Schweden von 50 auf 80 Prozent. Der Anteil der männlichen an allen BezieherInnen von Elterngeld stieg in Schweden zwischen 1990 und 1999 von rund 26 auf fast 36 Prozent an. Weniger beeindruckend klingt der Quotierungseffekt, wenn man den väterlichen Anteil an der Gesamtzahl aller Elternurlaubstage betrachtet. Er lag 1996 in Norwegen bei rund sechs und in Schweden bei annähernd zwölf Prozent, wo er somit um fünf Prozent gegenüber 1990 gestiegen war. Schwedische Väter von Kindern, die nach 1995 geboren waren, hatten Ende des Jahrzehnts durchschnittlich 41 Tage Elternurlaub in Anspruch genommen, also den „Papamonat" plus zehn Tage.[48]

Die schwedische Regierung schloss aus diesen Zahlen, dass man mit der Politik, einen Teil des Urlaubs mit einem individuellen, nicht übertragbaren Anspruch für den Vater zu verbinden, den richtigen Weg eingeschlagen hatte, und quotierte ab 2002 einen weiteren Monat. Zugleich wurde der Elternurlaub um einen auf insgesamt 16 Monate verlängert. Dieses Mal war die Quotierung gesellschaftlich allgemein akzeptiert.[49] Und wieder zeigte sie deutliche Effekte, allerdings durchaus überraschende: Statt zu steigen, sank der Anteil an Vätern, die bis zu zwei Monaten Elternurlaub nahmen, bis 2005 um fast acht Prozent. Der Grund dafür war allerdings die Tendenz zu einem durchschnittlich insgesamt längeren Vaterschaftsurlaub: Während der Anteil der Väter, die zwischen 30 und 59 Tagen in Anspruch nahmen, nahezu konstant blieb, sank der Anteil derjenigen, die weniger als 30 Tage nahmen, um eben jene acht Prozent. Diese fanden sich als Zuwachs in der Gruppe der Väter wieder, die 60 bis 70 Tage Elternurlaub nahmen. Die wesentlichste Veränderung war folglich ein Trend zu väterlichem Elternurlaub, der um bis zu zehn Tage über die beiden quotierten Monate hinausging. Zugleich verringerte sich der Anteil Väter, die von ihrem Recht auf Elternurlaub überhaupt keinen Gebrauch machten, von einem Viertel auf ein Fünftel.[50]

Festzuhalten bleibt, dass die geschlechtsneutrale Politik Schwedens der siebziger Jahre in den vergangenen 25 Jahren einer geschlechterspezifischen Politik und Diskussion gewichen ist, die weit mehr als die zeitgleiche bundesdeutsche betont, dass die Beteiligung von Vätern an der Kinderbetreuung und -erziehung sowohl für den Vater als auch für das Kind eine elementar wichtige emotionale und soziale Erfahrung sei; dass die Zuwendung, die Väter ihren Kindern geben könnten, anders als die mütterliche Zuwendung und eben deshalb so notwendig sei; und schließlich, dass aktive Vaterschaft eine wichtige Voraussetzung für die Gleichstellung der Geschlechter sei.[51] Die schwedische Forschung, Öffentlichkeit und Politik interessiert sich heutzutage, wenn es um Familie, Elternschaft, die Eltern-Kind-Beziehung oder die Vereinbarkeit von Familie und Beruf geht, mehr für die Väter als für die Mütter.

Verhalten und Ansichten von Vätern im Schweden der achtziger und neunziger Jahre

Doch wie empfanden schwedische Väter selbst ihre Vaterschaft? Welche Auswirkungen hatten die häufigen öffentlichen Diskussionen über Vaterschaft und die Politik, die bewusst ‚neue Väter' hervorbringen wollte, auf die Einstellungen und das alltägliche Verhalten von Vätern? Wie reagierten sie auf ihre Zwangsverpflichtung zum Elternurlaub? Wie gestalteten sie den Alltag mit ihren Kindern?

Der Aussage, dass sich Männer und Frauen die Hausarbeit gleichmäßig teilen sollten, stimmten Mitte der neunziger Jahre 85 Prozent der befragten Frauen und 80 Prozent der Männer zu.[52] Der Elternurlaub für Väter war ebenfalls allgemein akzeptiert. Zu Beginn der achtziger Jahre befürworteten diese Möglichkeit 97 Prozent der befragten Mütter und 95 Prozent der Väter.[53] Auch die Arbeitgeber standen Männern, die Elternurlaub nahmen, häufig positiv gegenüber.[54]

In der Praxis nutzten die meisten Väter in den neunziger Jahren den Elternurlaub, um ihr Kind in einem kürzeren Zeitraum von durchschnittlich sechs Wochen, der häufig in der zweiten Hälfte des ersten Lebensjahres lag, besser kennen zu lernen. Diese Zeit werteten sie als wichtige Selbsterfahrung, Horizonterweiterung und Ausdehnung ihrer sozialen, emotionalen und familiären Kompetenzen. Es ging ihnen beim Elternurlaub also mehr um das Ausprobieren als um eine dauerhafte Unterbrechung oder Verringerung ihrer Erwerbstätigkeit zugunsten der Kinderbetreuung. Ziel und Ergebnis dieses Verhaltens war keine „Freisetzung der Mütter für den Beruf", sondern „eine andere Dimension des gemeinsamen Familienlebens. Der Vater sollte in der Familie stärker vorhanden sein, aber nicht als Ersatz für die Mutter, sondern als zusätzliche Person im Leben der Kinder." So fasste eine Studie des *Deutschen Jugendinstituts* in München Anfang der achtziger Jahre das schwedische „Partnerschaftsmuster" zusammen und resümierte: „Mehr Vater heißt nicht weniger Mutter."[55] Das gilt im Wesentlichen bis heute.

Allerdings darf man die entlastende Funktion der Väter im Alltag nicht unterschätzen. Schwedische Männer beteiligten sich in erheblich höherem Maße an der Haus- und Familienarbeit als Männer in anderen europäischen Ländern. 85 Prozent aller Väter übernahmen Ende der neunziger Jahre einen Teil der täglichen Versorgung ihrer Kleinkinder (gegenüber nur einem Prozent in den sechziger Jahren), indem sie etwa Windeln wechselten, die Kinder fütterten und anzogen.[56] Väter bringen ihre Kinder zur Tagesstätte oder holen sie ab, gehen mit ihnen zum Arzt und begleiten sie bei der Einschulung. 40 bis 50 Prozent aller Väter nehmen zu solchen Anlässen „Gelegentlichen Elternurlaub" in Anspruch. Diese Form des Elternurlaubs teilten sich Mütter und Väter in den vergangenen drei Jahrzehnten unverändert im Verhältnis 2:1. Fast 90 Prozent aller Väter beanspruchen außerdem den zehntägigen Vaterschaftsurlaub bei der Geburt eines Kindes.[57] Schwedische Väter engagieren sich demnach nicht hauptsächlich alternativ zu ihrer Erwerbstätigkeit bei der Kleinkindbetreuung, sondern zusätzlich zur Erwerbstätigkeit im Alltag und in Krisen- und Ausnahmesituationen. Sie kommen als zusätzliche Betreuungs- und Bezugsperson für die Kinder und als Hilfe für die Mutter hinzu. Sie möchten gern mehr Zeit mit ihren Kindern verbringen und beurteilen die Möglichkeit, dass Väter Elternurlaub nehmen, in der Regel positiv. Die meisten sind der Ansicht, dass Kinderbetreuung und -erziehung eine Angelegenheit beider Eltern ist.[58]

Dieser Einstellungs- und partielle Verhaltenswandel ist offenbar darauf zurückzuführen, dass die Gleichstellung der Geschlechter in der schwedischen Gesellschaft seit den siebziger Jahren einen hohen Stellenwert besitzt und dass die Regierung und die Träger der Elternversicherung seit den achtziger Jahren verstärkt Werbe- und Informationskampagnen für Väter und Arbeitgeber durchgeführt haben, die die Akzeptanz von Vätern im Elternurlaub und die selbstverständliche Zuständigkeit von Männern für die Kindererziehung und -betreuung erhöhen sollten. Diese Kampagnen wurden von Forschungen begleitet, die detailliert die Beteiligung von Vätern an den verschiedenen Formen des Elternurlaubs dokumentierten und die Gründe von Männern, Elternurlaub (nicht) in Anspruch zu nehmen, untersuchten. Ein Ergebnis war, dass sich Väter umso häufiger und länger am Elternurlaub beteiligen, je älter sie selbst sind, je besser die Ausbildung und das Einkommen der Mutter ist und je mehr Frauen am Arbeitsplatz des Vaters beschäftigt sind.[59] Die neuere Geschlechterforschung hat allerdings gezeigt, dass Berufstätigkeit nach wie vor einen zentralen Stellenwert für die Identität von Männern besitzt.[60] Daher mag es eher erstaunlich anmuten, dass sich in Schweden überhaupt solch ein Einstellungs- und Verhaltenswandel vollzogen hat.

Die neueste schwedische Untersuchung über die Auswirkungen der beiden „Papamonate" auf Verhalten und Einstellung von Vätern zeigt, dass dieser Wandel in den letzten Jahren weiter ging, und zwar in quantitativer wie qualitativer Hinsicht. Parallel zum Anstieg der durchschnittlichen Länge des väterlichen Elternurlaubs auf zwei Monate änderten sich die elterlichen Ansichten. 86 Prozent der Eltern bejahten in einer 2005 durchgeführten Befragung grundsätzlich, dass Väter Elternurlaub nehmen sollten. Jeweils ein Drittel fand, drei bis fünf bzw. sechs bis acht der insgesamt 16 Monate seien dafür ein angemessener Zeitraum. 41 Prozent der Väter und 35 Prozent der Mütter befürworteten eine gleichmäßige Verteilung des Urlaubs zwischen den Eltern. 70 Prozent der Befragten war der Meinung, die quotierten „Mama- und Papamonate" sollten schrittweise erhöht werden.[61]

Da die Ansichten der Eltern über die ideale Länge des väterlichen Elternurlaubs und das eigene Verhalten so stark auseinander fallen, folgert die Untersuchung, dass ein Einstellungswandel nicht unbedingt zu verändertem Verhalten von Vätern führt. Vielmehr bringe umgekehrt die staatlich forcierte väterliche Verhaltensänderung eine neue Haltung gegenüber Vaterschaft hervor und trage schließlich zu einer „wirklich gleichgestellten Elternschaft" bei.[62] Die umfassende Analyse der derzeitigen Elternversicherung und ihrer Effekte wurde von einer Sachverständigenkommission in staatlichem Auftrag mit dem Ziel erstellt, einen Reformvorschlag zu unterbreiten. Die Kommission schlägt vor, einen Elternurlaub von insgesamt 15 Monaten einzuführen, von dem jeweils fünf Monate für die Mutter und den Vater reserviert sind und die restlichen fünf Monate frei unter den Eltern aufgeteilt werden können. Sie ist davon überzeugt, dass diese Verlängerung der quotierten „Papamonate" den gewünschten Effekt eines längeren väterlichen Elternurlaubs haben würde.[63] Es bleibt abzuwarten, ob die schwedische Regierung diesen Vorschlag vom September 2005 aufgreifen wird.

Schweden als Modell für Deutschland

Das schwedische Beispiel zeigt, wie langwierig Prozesse des Wandels von Geschlechterstereotypen und geschlechterspezifischen Verhaltensweisen sind. Doch ist Schweden mit seiner Politik auf einem Weg, der die ‚neuen Väter' erfolgreich fördert. Der Elternurlaub weist mit größtmöglicher Flexibilität, Lohnersatz und „Papaquotierung" alle Elemente auf, die neueren Untersuchungen zufolge zu einer stärkeren Motivation von Vätern vonnöten sind. Zudem herrscht in Schweden ein gesellschaftliches Klima, das sich deutlich vom westdeutschen, weniger jedoch vom ostdeutschen unterscheidet: Die Erwerbstätigkeit von Müttern auch kleiner Kinder, die außerfamiliale Betreuung von Kindern unter drei Jahren und die Überzeugung, dass Väter sich an der Erziehungsarbeit beteiligen sollten, sind allgemein akzeptiert. Eine solche öffentliche Meinung verringert das in der alten Bundesrepublik noch oft vorhandene schlechte Gewissen erwerbstätiger Mütter und erleichtert es Vätern, ohne Angst vor ‚Gesichtsverlust' Elternurlaub zu nehmen.

Doch alles ist relativ: In Schweden selbst ist man sich zwar bewusst, dass die eigene Vaterschaftspolitik und die Lebensbedingungen und Chancen von Müttern und Vätern sehr viel mehr von Geschlechterdemokratie und Gleichstellung geprägt sind als in den allermeisten anderen Ländern. Dennoch ist man mit dem bislang Erreichten, gemessen an den enormen politischen und gesellschaftlichen Anstrengungen, die dafür notwendig waren, unzufrieden und diskutiert unablässig Verbesserungsmöglichkeiten. Diese werden auch in der Politik der Nachbarländer gesucht. Der neueste Vorschlag eines dreiteiligen Elternurlaubs mit jeweils fünf Monaten für die Mutter, den Vater und für beide Eltern orientiert sich am Vorbild Islands, das in den letzten Jahren solch einen dreiteiligen Elternurlaub von insgesamt neun Monaten eingeführt hat.[64]

Während also Schweden nach Island schaut, dominiert auch hierzulande der Blick gen Norden, nämlich wiederum nach Schweden. Seit den achtziger Jahren wird in Deutschland die schwedische Familien- und Geschlechterpolitik und gerade auch der Elternurlaub als Vorbild und „Modell" diskutiert. In den Sozialwissenschaften und Medien fanden sich immer wieder Forderungen an die deutsche Politik, einen Elternurlaub nach schwedischem Vorbild einzuführen.[65] Diese langjährigen Forderungen werden nun endlich gehört: Die SPD-Bundesfamilienministerin Renate Schmidt kündigte 2004 an, einen Elternurlaub nach schwedischem Vorbild einführen zu wollen. Für die konkrete Umsetzung gab sie diverse wissenschaftliche Studien in Auftrag: eine Befragung junger Männer über ihre Einstellungen zu Elternzeit, Elterngeld und familienfreundlichen Betrieben durch das *Institut für Demoskopie Allensbach;* eine repräsentative Bevölkerungsumfrage zur Akzeptanz eines einkommensabhängigen Elterngeldes durch *Emnid;* eine Studie über väterfreundliche Maßnahmen in Unternehmen und schließlich einen Erfahrungsbericht aus Schweden mit Schlussfolgerungen für Deutschland.[66] Die Ergebnisse sprachen durchgängig für eine Verwirklichung des Vorhabens. Nachdem auch der im August 2005 vorgelegte 7. Familienbericht ein „Elterngeld nach skandinavischem Vorbild" nachdrücklich befürwortet hatte,[67] kündigte Schmidt die Einführung eines Elterngeldes, das ein Jahr lang in Höhe von zwei Dritteln des letzten Nettoeinkommens gezahlt werden solle, an, allerdings erst ab 2008, „da diese Leistung einen erheblichen Ausbau der Kinderbetreuungsangebote für unter Dreijährige voraussetzt."[68]

Im Hinblick auf die Väter prophezeite die damalige Familienministerin lediglich, diese hätten künftig „bessere Möglichkeiten, Elternzeit in Anspruch zu nehmen", da durch das einkommensabhängige Elterngeld „die materiellen Einbußen für die Familie geringer ausfallen".[69] Nur zwei Monate später fand sich das Elterngeld im Koalitionsvertrag von CDU/CSU und SPD wieder, deutlich konkretisiert, geplant bereits für 2007 und – mit zwei quotierten Monaten.[70] Die neue Familienministerin Ursula von der Leyen (CDU) begründete in ihrer Antrittsrede im Bundestag am 1. Dezember 2005 die „Reservierung" von je zwei Monaten für Vater und Mutter nicht ausdrücklich mit der Gleichstellung der Geschlechter, sondern folgendermaßen: „Kinder brauchen Mütter, aber Kinder brauchen auch Väter. Und Väter wie Mütter wollen ihre Fähigkeiten im Arbeitsmarkt entfalten können. Die Vatermonate werden ein wichtiger weiterer Schritt auf dem Weg zu einer veränderten Arbeitskultur sein, die hoch effizient und dennoch familienverträglich sein wird."[71] Die Ministerin vermied die Begriffe Quotierung und Gleichberechtigung und hob vor allem den wirtschaftlichen und gesellschaftlichen Nutzen hervor, der durch die „elementare Erfahrung, dass Kindererziehung und die Talente der Eltern in der Arbeitswelt einander nicht ausschließen, sondern bestärken können", entstehe. Diese Erfahrung sei die Grundvoraussetzung für eine Kindererziehung mit Zukunft „in einem modernen Land inmitten einer globalisierten Welt". Schweden und Norwegen, so von der Leyen weiter, hätten mit den „Vatermonaten" gute Erfahrungen gemacht: „Diesen Ländern, ihrer Prosperität, ihren Kindern hat es nicht geschadet, sondern genützt".[72]

Die Familienministerin argumentierte somit offensiv und zog eine ganze Reihe von Argumenten heran, um die Einführung von „Papamonaten" in Deutschland zu rechtfertigen. Offenbar war diese massive Rechtfertigung aber gar nicht notwendig, denn ihre Aussage „Die Muttermonate sieht wohl jeder als selbstverständlich an. Die Vatermonate sollten es eigentlich auch sein" löste Beifall bei allen Parteien aus.[73] Vielleicht wäre also die Einführung eines teilweise quotierten Elternurlaubs in Deutschland weniger umstritten, als man annehmen könnte.

Tatsächlich zeichnete sich unter der rot-grünen Bundesregierung ein deutlicher Richtungswechsel in der familienpolitischen Diskussion und Programmatik ab, der von beiden Partnern der großen Koalition weiter getragen wird. Die Abkehr auch der CDU von ihrer jahrzehntelang vertretenen familienpolitischen Ausrichtung ist bemerkenswert, aber nicht unerklärlich. Zu offensichtlich wurde, dass ein dreijähriger, nur minimal bezahlter Erziehungsurlaub und fehlende Betreuungseinrichtungen für Kinder unter drei Jahren weder die Gleichberechtigung zwischen Vätern und Müttern gefördert noch die Vereinbarkeit von Familie und Beruf erleichtert und schon gar nicht die Geburtenrate erhöht haben – alles erklärte Ziele der christdemokratischen Familienpolitik der achtziger und neunziger Jahre. Neuerdings werden unter dem Stichwort „Nachhaltige Familienpolitik" die niedrige Geburtenrate und familienpolitische Maßnahmen wieder verstärkt argumentativ verknüpft.[74] Hinzu kommt der ‚Pisa-Schock', der die tief verwurzelte deutsche Tradition, nach der der Bildungsbegriff erst auf Kinder ab dem Schulalter angewandt und folglich Institutionen für Kinder bis sechs Jahre – anders als etwa in Frankreich oder in den skandinavischen Ländern – nicht als Teil der Bildungspolitik aufgefasst wurden, erschütterte. Diese Faktoren führten zu einem Paradigmenwechsel in der deutschen Familienpolitik, der sich bislang – abgesehen vom Tagesbetreuungsausbaugesetz,[75] das am 1. Januar 2005 in Kraft trat – vor allem rhetorisch niederschlägt. Wenn die neue Bundesregierung tatsächlich ihre im Koalitionsvertrag fest geschriebenen familienpolitischen Vorhaben wie den wesentlichen Ausbau der Betreuungseinrichtungen für unter Dreijährige, das Elterngeld und die Schaffung familienfreundlicher und gleichberechtigter Arbeitsbedingungen umsetzt,[76] beschreitet sie damit denselben familienpolitischen Weg wie Schweden – mit dreißigjähriger Verspätung. Hier wie dort ist man sich bewusst, dass für eine Politik, die tatsächlich ‚neue Väter' fördert, ein quotierter Elternurlaub die „notwendige, aber nicht hinreichende Voraussetzung" ist, die durch eine entsprechende Arbeitsmarkt-, Gleichstellungs- und Kinderbetreuungspolitik ergänzt werden muss.[77]

Angesichts der Komplexität und des Umfangs der notwendigen Vaterschaftspolitik, mit dem Wissen um den langen und zähen Weg, den die schwedische Politik und Gesellschaft gegangen sind, bevor es eine größere Zahl von Vätern gab, die einen nennenswerten Teil des Elternurlaubs übernahmen und nicht nur Freizeitväter waren, und schließlich vor dem Hintergrund der unterschiedlichen politischen und gesellschaftlichen Traditionen beider Länder drängt sich die Frage auf, inwieweit und gegebenenfalls wie schnell sich das deutsche Vaterschaftsmodell tatsächlich dem schwedischen annähern wird: in der Politik, in gesellschaftlichen Normen, in kollektiven und individuellen Einstellungen und schließlich im Verhalten von Vätern. Würde eine ähnliche Politik wirklich zu einem ähnlichen Einstellungs- und Verhaltenswandel führen? Darüber lässt sich derzeit nur spekulieren. Angesichts der aktuellen politischen Bemühungen in beiden Ländern, die Beteiligung von Vätern an der Kindererziehung langfristig zu erhöhen, darf man besonders gespannt sein, wie sich die staatlich geförderten ‚neuen Väter' in Schweden und in Deutschland künftig entwickeln und ob sie sich einander annähern werden.

Anmerkungen

1 Vgl. Yvonne Schütze: „Mutterliebe – Vaterliebe. Elternrollen in der bürgerlichen Familie des 19. Jahrhunderts", in: Ute Frevert (Hrsg.): *Bürgerinnen und Bürger. Geschlechterverhältnisse im 19. Jahrhundert*, Göttingen 1988, S. 118-133.

2 René Spitz: „Hospitalism: an Inquiry into the Genesis of Psychiatric Conditions in Early Childhood", in: *The Psychoanalytic Study of the Child*, Bd. 1, New Haven 1945, S. 53-74; John Bowlby: *Maternal Care and Mental Health. A Report prepared on behalf of the World Health Organization as a contribution to the United Nations programme for the welfare of homeless children*, Genf 1951 (deutsche Erstausgabe: *Mütterliche Zuwendung und geistige Gesundheit*, München 1973); ders.: „The Nature of the Child's Tie to His Mother", in: *International Journal of Psycho-Analysis* 39, 1958, S. 350-372; Theodor Hellbrügge: „Zur Problematik der Säuglings- und Kleinkinderfürsorge in Anstalten – Hospitalismus und Deprivation", in: Hans Opitz/Franz Schmid (Hrsg.): *Handbuch der Kinderheilkunde*, Bd. III, Berlin u.a. 1966, S. 384-404.

3 Vgl. Yvonne Schütze: „Zur Veränderung im Eltern-Kind-Verhältnis seit der Nachkriegszeit", in: Rosemarie Nave-Herz (Hrsg.): *Wandel und Kontinuität der Familie in der Bundesrepublik Deutschland*, Stuttgart 1988, S. 95-114, hier S. 109f.

4 Z.B. Peter Landolf: *Kind ohne Vater. Ein psychologischer Beitrag zur Bestimmung der Vaterrolle*, Stuttgart 1968; Henry B. Biller: *Paternal Deprivation. Family, School, Sexuality and Society*, Lexington, Mass. 1978. Siehe auch Hildegard Macha: „Die Renaissance des Vaterbildes in der Pädagogik", in: *Pädagogische Rundschau* 45, 1991, S. 197-214.

5 Z.B. Michael E. Lamb (Hrsg.): *The Role of the Father in Child Development*, Madison, Wisc. 1976; Wassilios E. Fthenakis/Hannelore Merz: „Schon das Kleinkind braucht den Vater", in: *Bild der Wissenschaft* 15, 5/1978, S. 91-99. Siehe auch die umfassende Darstellung bei Wassilios E. Fthenakis: *Väter. Bd. 1: Zur Psychologie der Vater-Kind-Beziehung*, und *Väter. Bd. 2: Zur Vater-Kind-Beziehung in verschiedenen Familienstrukturen*, München 1985.

6 Henry B. Biller: *Paternal Deprivation. Family, School, Sexuality and Society*, Lexington, Mass. 1978.

7 Zu den beträchtlichen Unterschieden zwischen Schweden und der Bundesrepublik in den jeweiligen Fragestellungen und Ergebnissen der Sozialisationsforschung und bei der Rezeption internationaler Forschungsergebnisse sowie zu möglichen Ursachen dafür siehe auch Wiebke Kolbe: „Kindeswohl und Müttererwerbstätigkeit. Expertenwissen in der schwedischen und bundesdeutschen Kinderbetreuungspolitik der 1960er und 1970er Jahre", in: *Traverse* 8, 2/2001, S. 124-136.

8 Eva Moberg: *Kvinnor och människor*, Stockholm 1962, S. 28, 39f.; Dies: „Kvinnans villkorliga frigivning", in: Hans Hederberg (Hrsg.): *Unga liberala. Nio inlägg i idédebatten*, Stockholm 1961, S. 68-86, hier S. 82; *Kvinnors liv och arbete. Svenska och nordiska studier av ett aktuellt samhällsproblem*, Stockholm 1962 (engl. Ausgabe: Edmund Dahlström (Hrsg.): *The Changing Roles*

of Men and Women, London 1967). Eine ausführliche Darstellung der Debatte findet sich auch bei Wiebke Kolbe: *Elternschaft im Wohlfahrtsstaat. Schweden und die Bundesrepublik im Vergleich 1945-2000,* Frankfurt/M./New York 2002, S. 87ff.

9 Siehe ebd., S. 151ff., 169ff.

10 Für Details und die Ausbauschritte der Elternversicherung siehe die Tabelle und ebd., S. 223ff., 258ff.

11 Ebd., S. 212ff., 240ff.

12 Debatten und Sprachgebrauch werden ausführlich referiert und analysiert in ebd., S. 135ff., 232ff., 245ff., 253ff.

13 Vgl. dazu Teresa Kulawik: „Gleichstellungspolitik in Schweden – Kritische Betrachtungen eines ‚Modells'", in: *WSI Mitteilungen* 45, 4/1992, S. 226-234; Christina Florin/Bengt Nilsson: „‚Something in the nature of a bloodless revolution ...'. How new gender relations became gender equality policy in Sweden in the nineteen-sixties and seventies", in: Rolf Torstendahl (Hrsg.): *State Policy and Gender System in the Two German States and Sweden 1945-1989,* Uppsala, S. 11-77.

14 Zu näheren Einzelheiten und Entwicklungen der Erziehungsgeldgesetzgebung siehe Wiebke Kolbe, Frankfurt/M. 2002, S. 325ff., 446f.

15 Siehe die ausführlichen Beispiele in: Ebd., S. 352ff., 375ff., 392.

16 Zu diesem grundsätzlichen Unterschied zwischen der schwedischen und der westdeutschen Politik und ihrem Hintergrund siehe ebd., S. 426ff. Zur Steuer- und Sozialpolitik: Ebd., S. 32ff., 41ff.

17 So etwa Wolfgang Prenzel: „Väter in jungen Familien – Ist ein Ende der Feierabendvaterschaft in Sicht?", in: Volker Teichert (Hrsg.): *Junge Familien in der Bundesrepublik,* Opladen 1991, S. 99-117; Cheryl Bernard/Edit Schlaffer: *Sagt uns, wo die Väter sind. Von Arbeitssucht und Fahnenflucht des zweiten Elternteils,* Reinbek bei Hamburg 1991; Andreas Hoff: „Die ‚neuen Männer': wie sie vom Medienereignis zur Realität werden können", in: *Freibeuter,* Nr. 29, 1986, S. 73-79; Marlene Stein-Hilbers: „Die sogenannten ‚Neuen Väter': Veränderungen und Überhöhungen eines Eltern-Kind-Verhältnisses", in: *Widersprüche* 40, 1991, S. 43-52.

18 Z.B. Wolfgang Walter/Jan Künzler: „Parentales Engagement. Mütter und Väter im Vergleich", in: Norbert F. Schneider/Heike Matthias-Bleck (Hrsg.): *Elternschaft heute. Gesellschaftliche Rahmenbedingungen und individuelle Gestaltungsaufgaben,* Opladen 2002, S. 95-120, hier S. 99; Wassilios E. Fthenakis (Hrsg.): *Engagierte Vaterschaft. Die sanfte Revolution in der Familie,* Opladen 1999, bes. S. 70ff.; ders./Beate Minsel: *Die Rolle des Vaters in der Familie. Zusammenfassung des Forschungsberichts,* Berlin 2001 (Staatsinstitut für Frühpädagogik, München, hrsg. vom BMFSFJ), S. 10ff.; Norbert F. Schneider/Harald Rost: „Von Wandel keine Spur – warum ist Erziehungsurlaub weiblich?", in: Mechtild Oechsle/Birgit Geissler (Hrsg): *Die ungleiche Gleichheit. Junge Frauen und der Wandel im Geschlechterverhältnis,* Opladen 1998, S. 217-236, hier S. 225ff.

19 Z.B. Gisela Anna Erler/Monika Jaeckel/Jürgen Sass: *Mütter zwischen Beruf und Familie,* München 1983; Andrea Hellmich: *Frauen zwischen Familie und Beruf. Eine Untersuchung über Voraussetzungen und Nutzen einer Berufskontaktpflege von Frauen in*

der Familienphase, Stuttgart u.a. 1987 (Schriftenreihe des *BMJFFG*; 184); Bettina Paetzold: „Die Bedeutung der Mutter für die Entwicklung des Kindes", in: Dies./Lilian Fried (Hrsg.): *Einführung in die Familienpädagogik,* Weinheim 1989, S. 34-51; Wassilios E. Fthenakis: „Mütterliche Berufstätigkeit, außerfamiliale Betreuung und Entwicklung des (Klein-)Kindes aus kinderpsychologischer Sicht", in: *Zeitschrift für Familienforschung* 1, 2/1989, S. 5-27.

20 Bettina Paetzold: *Eines ist zu wenig, beides macht zufrieden. Die Vereinbarkeit von Mutterschaft und Berufstätigkeit,* Bielefeld 1996, S. 108; Sigrid Metz-Göckel/Ursula Müller: „Die Partnerschaft der Männer ist (noch) nicht die Partnerschaft der Frauen. Empirische Befunde zum Geschlechterverhältnis aus der Frauenperspektive", in: *WSI Mitteilungen* 8/1986, S. 549-558, hier S. 551.

21 Uwe Becker: „Frauenerwerbstätigkeit – Eine vergleichende Bestandsaufnahme", in: *Aus Politik und Zeitgeschichte* B 28-29/1989, S. 22-33, hier S. 31.

22 Jan Künzler: „Geschlechtsspezifische Arbeitsteilung: Die Beteiligung von Männern im Haushalt im internationalen Vergleich", in: *Zeitschrift für Frauenforschung* 13, 1-2/1995, S. 115-132, hier S. 115, 126ff.

23 Christof Arn/Wolfgang Walter: „Wer leistet die andere Hälfte der Arbeit? Die Beteiligung von Männern an der Hausarbeit als Bedingung eines ‚integralen' Modells der Zwei-Verdiener-Familie", in: Sigrid Leitner/Ilona Ostner/Margit Schratzenstaller (Hrsg.): *Wohlfahrtsstaat und Geschlechterverhältnis im Umbruch. Was kommt nach dem Ernährermodell?,* Wiesbaden 2004 (Jahrbuch für Europa- und Nordamerika-Studien, Bd. 7), S. 132-155, hier S. 145.

24 Zahlen nach Mechtild Veil: „Kinderbetreuungskulturen in Europa – Schweden, Frankreich, Deutschland", in: *Aus Politik und Zeitgeschichte* B44/2003, S. 12-22, hier S. 14.

25 BMFSFJ (Hrsg.): *Gleichberechtigung von Frauen und Männern – Wirklichkeit und Einstellungen in der Bevölkerung 1992. Studie des Instituts für praxisorientierte Sozialforschung (IPOS) in Mannheim,* Stuttgart u.a. 1996 (Schriftenreihe des BMFSFJ; 117.1), S. 49ff., 36ff.; BMFSFJ (Hrsg.): *Gleichberechtigung von Frauen und Männern. Wirklichkeit und Einstellung in der Bevölkerung 1996. Studie des Instituts für praxisorientierte Sozialforschung (IPOS) in Mannheim,* Stuttgart u.a. 1996 (Schriftenreihe des BMFSFJ; 117.3), S. 20ff., 48ff.

26 Zur Diskrepanz zwischen öffentlich geäußerter Einstellung und Verhalten siehe auch Sigrid Metz-Göckel/Ursula Müller 1986 sowie z.B. die Angaben über die Aufgabenverteilung im Haushalt in BMFSFJ: *Gleichberechtigung 1992,* S. 17ff.; BMFSFJ: *Gleichberechtigung 1996,* S. 11ff.

27 Angelika Koch: „Vereinbarkeit von Familie und Beruf für beide Geschlechter? Zum Gesetzentwurf der rot-grünen Bundesregierung", in: *Blätter für deutsche und internationale Politik* 45, 5/2000, S. 590-599, hier S. 592.

28 BMJFFG (Hrsg.): *Erziehungsgeld, Erziehungsurlaub und Anrechnung von Erziehungszeiten in der Rentenversicherung. Gutachten des Wissenschaftlichen Beirats für Familienfragen beim Bundesminister für Jugend, Familie, Frauen und Gesundheit,* Stuttgart u.a.

1989 (Schriftenreihe des *BMJFFG*; 243), S. 52f., und eigene Berechnungen.

29 Laszlo A. Vaskovics/Harald Rost: *Väter und Erziehungsurlaub*, Stuttgart 1999 (Schriftenreihe des BMFSFJ; 179), S. 26; eigene Berechnungen nach Diana Auth: *Wandel im Schneckentempo. Arbeitszeitpolitik und Geschlechtergleichheit im deutschen Wohlfahrtsstaat*, Opladen 2002, S. 198.

30 Für weitere Einzelheiten der Reform siehe Wiebke Kolbe, Frankfurt/M. 2002, S. 394ff. Eine akteurszentrierte politikwissenschaftliche Analyse der Hintergründe des Gesetzes liefert Silke Bothfeld: *Vom Erziehungsurlaub zur Elternzeit. Politisches Lernen im Reformprozess*, Frankfurt/M./New York 2005. Gesetzestext: BGBl. I, Nr. 53, S. 1645.

31 Vgl. Bundestags-Drucksache 14/3553, S. 2; Bundestagssitzung XIV/115, S. 10943 (Christine Bergmann, SPD), S. 10947 (Irmingard Schewe-Gerigk, Bündnis 90/Die Grünen), S. 10955 (Hildegard Wester, SPD).

32 Z. B. Elisabeth Beck-Gernsheim: *Das halbierte Leben. Männerwelt Beruf, Frauenwelt Familie*, Frankfurt/M. 1980, S. 82-101; Gabriele Busch/Doris Hess-Diebäcker/Marlene Stein-Hilbers: *Den Männern die Hälfte der Familie, den Frauen mehr Chancen im Beruf*, Weinheim 1988, S. 99ff.; Werner Schneider: *Die neuen Väter: Chancen und Risiken. Zum Wandel der Vaterrolle in Familie und Gesellschaft*, Augsburg 1989; Wassilios E. Fthenakis, München 1985, Bd. 2, S. 218f.; ders., Opladen 1999.

33 BMFSFJ (Hrsg.): *Mehr Spielraum für Väter. Informationsbroschüre zum Aktionsprogramm der Bundesregierung von Vereinbarkeit von Familie und Beruf*, Berlin 2001, Zitat S. 8.

34 BMFSFJ (Hrsg.): *Erziehungsgeld – Elternzeit. Das neue Bundeserziehungsgeldgesetz für Eltern mit Kindern ab dem Geburtsjahrgang 2001*, Berlin 2001.

35 Laszlo A. Vaskovics/Harald Rost: *Väter und Erziehungsurlaub*, Stuttgart 1999 (Schriftenreihe des BMFSFJ; 179), S. 155ff., 171f.

36 Wolfgang Walter/Jan Künzler, Opladen 2002, S. 115f.; Gwennaële Bruning/Janneke Plantenga: „Parental Leave and Equal Opportunities: Experiences in Eight European Countries", in: *Journal of European Social Policy* 9, 3/1999, S. 195-209, hier S. 205f.

37 Angaben nach „Bin ich ein guter Vater?", Titelthema des *FOCUS*, Nr. 25, 20. Juni 2005, S. 106-114, hier S. 107-113.

38 Wiebke Kolbe, Frankfurt/M. 2002, S. 418f., 449.

39 Statistiska Centralbyrån (Hrsg.): *Kvinno- och mansvär(l)den. Fakta om jämställdheten i Sverige*, Stockholm 1986, S. 92, 151ff.; Lena Nilsson Schönesson: *Föräldraskap – delad föräldraledighet – jämställdhet. En kunskapsinventering som utgångspunkt för forskningsinsatser*, JÄMFO, Delegationen för jämställdhetsforskning, Rapport Nr. 9, Stockholm 1987, S. 56.

40 Siehe z.B. Philip Hwang: „Varför är pappor så lite engagerade i hem och barn?", in: Ders. (Hrsg.): *Faderskap*, Stockholm 1985, S. 39-56; Linda Haas: *Equal Parenthood and Social Policy. A Study of Parental Leave in Sweden*, New York 1992, S. 69ff.; Prop. 1993/94: 147 *Jämställdhetspolitiken: Delad makt – delat ansvar*, S. 69f. (Prop. = Proposition, Gesetzentwurf der schwedischen Regierung).

41 Idégruppen för mansrollsfrågor: *Föräldralediga män*, Stockholm 1992; Ds S 1995:2 *Pappagruppens slutrapport* (Ds S = Departementserien Socialdepartementet, Schriftenreihe des schwedischen Sozialministeriums).

42 Göran Swedin: „Modern Swedish Fatherhood: The Challenges and the Opportunities", in: *Reproductive Health Matters* 7, 1996, S. 25-33, hier S. 29ff.; Gisela Pettersson: „Ist ‚mann' immer unabkömmlich? Motivationen für Schwedens Väter: ‚Pappa-Monat' und ‚Pappa-Paket'", in: *Frankfurter Rundschau* vom 14.3.1998.

43 Vgl. Statistiska Centralbyrån (Hrsg.): *Kvinno- och mansvär(l)den. Fakta om jämställdheten i Sverige,* Stockholm 1986, S. 151; Prop. 1993/94:174, S. 68.

44 Wiebke Kolbe, Frankfurt/M. 2002, S. 277f., 422; SOU 1997:139 *Hemmet, barnen och makten. Förhandlingar om arbete och pengar i familjen. Rapport till utredningen om fördelningen av ekonomisk makt och ekonomiska resurser mellan kvinnor och män,* S. 66f. (SOU = Statens Offentliga Utredningar, offizielle Sachverständigengutachten im Auftrag der schwedischen Regierung).

45 Zur Quotierung des Elternurlaubs und den Debatten seit den achtziger Jahren siehe ebd., S. 280ff.

46 Vgl. Christina Bergqvist: „Modeller för barnomsorg och föräldraledighet", in: Dies. u.a. (Hrsg.): *Likestilte demokratier? Kjønn og politikk i Norden,* Oslo 1999, S. 113-128, hier S. 118f. (Engl. Ausgabe: *Equal Democracies? Gender and Politics in the Nordic Countries,* Oslo 1999).

47 Vgl. Kim Benzon Knudsen: „Väter, Mütter, Kinder – Erwerbstätigkeit in Dänemark", in: Landesarbeitsgemeinschaft der hauptamtlichen kommunalen Gleichstellungsbeauftragten Schleswig-Holsteins (Hrsg.): *Wie machen es die anderen? Familienpolitik und Gleichstellung im internationalen Vergleich,* Kiel 2004, S. 12-19, hier S. 18.

48 Zahlen aus Christina Bergqvist, Oslo 1999, S. 120f.; Prop. 2000/01:44 *Föräldraförsäkring och föräldraledighet,* S. 22ff.

49 Prop. 2000/01:44, ebd.; SOU 2005: 73 *Reformerad föräldraförsäkring: kärlek, omvårdnad, trygghet. Betänkande av föräldraförsäkringsutredningen,* S. 114f.

50 SOU 2005:73, S. 154f.

51 Siehe z.B. Idégruppen för mansrollsfrågor, Stockholm 1992; Prop. 1993/94:147, S. 66f.; Gisela Pettersson 1998.

52 SOU 1997:139, S. 57ff., 64.

53 Ebd., S. 64ff.; Gisela Anna Erler/Monika Jaeckel/Jürgen Sass, München 1983, S. 102, 106.

54 SOU 1997:139, S. 70f.; ebd., S. 112f.

55 Ebd., 114f., 128ff. Siehe auch SOU 1997:139, S. 62ff.; Arne Nilsson: „Den nye mannen – finns han redan?", in: *Kvinnors och mäns liv och arbete,* Stockholm 1992, S. 219-243.

56 Christina Bergqvist, Oslo 1999, S. 121; Hildegard Theobald: *Geschlecht, Qualifikation und Wohlfahrtsstaat. Deutschland und Schweden im Vergleich,* Berlin 1999, S. 78f.

57 Wiebke Kolbe, Frankfurt/M. 2002, S. 277f., 282.

58 Ebd., S. 284f., 423f.

59 Riksförsäkringsverket (Hrsg.): *Vilka pappor kom hem?. En rapport om uttaget av föräldrapenningen 1989 och 1990 för barn födda 1989,* Riksförsäkringsverket informerar: Statistisk rapport Is – R 1993: 3, Stockholm 1993; Lisbeth Bekkengen:

Man får välja. Om föräldraskap och föräldraledighet i arbetsliv och familjeliv, Malmö, Lund 2002.
60 Siehe z.B. Dieter Schnack/Thomas Gersterkamp: *Hauptsache Arbeit. Männer zwischen Beruf und Familie*, Reinbek bei Hamburg 1996; SOU 2005:73, S. 161ff.
61 SOU 2005:73, S. 156f., 159.
62 Ebd., S. 164, 315 (Zitat).
63 Ebd., S. 15, 17f., 26f.
64 Ebd., S. 306f.
65 So etwa von Georg Brzoska/Gerhard Hafner/Eberhard Schäfer: *Aktive Vaterschaft und Elternurlaub. Gutachten für die Senatsverwaltung für Frauen, Jugend und Familie*, Berlin 1990, S. 35ff.; Gudrun Richter/Martina Stackelbeck: *Beruf und Familie. Arbeitszeitpolitik für Eltern kleiner Kinder*, Köln 1992, S. 132ff.; Marlene Stein-Hilbers: *Wem „gehört" das Kind? Neue Familienstrukturen und veränderte Eltern-Kind-Beziehungen*, Frankfurt/M., New York 1994, S. 57ff.; Susanne Mayer: „Im Land der weiblichen Männer", in: *DIE ZEIT*, Nr. 21, 19. Mai 2005, S. 8-9.
66 *Institut für Demoskopie Allensbach: Einstellungen junger Männer zu Elternzeit, Elterngeld und Familienfreundlichkeit im Betrieb. Ergebnisse einer repräsentativen Bevölkerungsumfrage*, Allensbach 2005; BMFSFJ/Emnid: *Hohe Zustimmung für Elterngeld*, Berlin 2005, veröffentlicht vom BMFSFJ unter: http://www.bmfsfj.de/RedaktionBMFSFJ/Abteilung2/Pdf-Anlagen/elterngeld-positiv-bewertet-2005,property=pdf,bereich=,rwb=true.pdf (Zugriff 10.12.2005); *Prognos AG: Väterfreundliche Maßnahmen im Unternehmen. Ansatzpunkte – Erfolgsfaktoren – Praxisbeispiele*, Basel u.a. 2005; dies./*Institut för framtidsstudier: Elterngeld und Elternzeit (Föräldra-*

försäkring och föräldraledighet). Ein Erfahrungsbericht aus Schweden, Basel, Stockholm 2005.
67 BMFSFJ (Hrsg.): *Zukunft: Familie. Ergebnisse aus dem 7. Familienbericht*, Berlin 2005, S. 15.
68 Renate Schmidt: *So wird Deutschland familienfreundlich. Erklärung anlässlich der Vorlage des 7. Familienberichts*, Berlin, August 2005, S. 2, veröffentlicht vom BMFSFJ unter: http://www.bmfsfj.de/RedaktionBMFSFJ/Pressestelle/Pdf-Anlagen/familienbericht-erkl_C3_A4rung,property=pdf,bereich=,rwb=true.pdf (Zugriff 10.12.2005).
69 Ebd.
70 CDU/CSU/SPD (Hrsg.): *Gemeinsam für Deutschland – mit Mut und Menschlichkeit. Koalitionsvertrag zwischen CDU, CSU und SPD vom 11.11.2005*, Berlin 2005, S. 100f.
71 Antrittsrede Ursula von der Leyens am 1. Dezember 2005 vor dem Deutschen Bundestag, 5. Sitzung, 16. Legislaturperiode.
72 Ebd.
73 Ebd.
74 Siehe z.B. ebd. sowie Renate Schmidt: *Statement zum Gutachten „Nachhaltige Familienpolitik im Interesse einer aktiven Bevölkerungsentwicklung von Prof. Bert Rürup"*, 13. November 2003, http://www.bmfsfj.de/Kategorien/Archiv/15-Legislaturperiode/reden,did=12336.html (Zugriff 10.12.2005); dies.: *Statement anlässlich des Pressegesprächs zur Vorstellung des Gutachtens „Nachhaltige Familienpolitik" von Prof. Hans Bertram*, 3. Mai 2005, http://www.bmfsfj.de/Kategorien/Archiv/15-Legislaturperiode/reden,did=28250.html (Zugriff 10.12.2005); BMFSFJ (Hrsg.):

Zukunft: Familie. Ergebnisse aus dem 7. Familienbericht, Berlin 2005, S. 21.
75 Vgl. BMFSFJ: *KINDER KRIEGEN ein familienfreundliches Deutschland,* Pressemitteilung vom 19. April 2005, http://www.bmfsfj.de/Kategorien/Archiv/15-Legislaturperiode/pressemitteilungen,did=27716.html (Zugriff 10.12.2005).
76 CDU/CSU/SPD, Berlin 2005, S. 95ff.
77 SOU 2005:73, S. 311. Für Deutschland: Renate Schmidt: *So wird Deutschland familienfreundlich. Erklärung anlässlich der Vorlage des 7. Familienberichts,* Berlin, August 2005, http://www.bmfsfj.de/RedaktionBMFSFJ/Pressestelle/Pdf-Anlagen/familienbericht-erkl_C3_A4rung,property=pdf,bereich=,rwb=true.pdf (Zugriff 10.12.2005), S. 1; Antrittsrede Ursula von der Leyens am 1. Dezember 2005 vor dem Deutschen Bundestag, 5. Sitzung, 16. Legislaturperiode; CDU/CSU/SPD, Berlin 2005, S. 95.

Literatur

Arn, Christof/Walter, Wolfgang: "Wer leistet die andere Hälfte der Arbeit? Die Beteiligung von Männern an der Hausarbeit als Bedingung eines ‚integralen' Modells der Zwei-Verdiener-Familie", in: Sigrid Leitner/Ilona Ostner/Margit Schratzenstaller (Hrsg.): *Wohlfahrtsstaat und Geschlechterverhältnis im Umbruch. Was kommt nach dem Ernährermodell?* Wiesbaden 2004 (Jahrbuch für Europa- und Nordamerika-Studien, Bd. 7), S. 132-155.

Beck-Gernsheim, Elisabeth: *Das halbierte Leben. Männerwelt Beruf, Frauenwelt Familie*, Frankfurt/M. 1980.

Becker, Uwe: "Frauenerwerbstätigkeit – Eine vergleichende Bestandsaufnahme", in: *Aus Politik und Zeitgeschichte* B 28-29/1989, S. 22-33.

Bekkengen, Lisbeth: *Man får välja. Om föräldraskap och föräldraledighet i arbetsliv och familjeliv*, Malmö, Lund 2002.

Bergqvist, Christina: "Modeller för barnomsorg och föräldraledighet", in: Dies. u.a. (Hrsg.): *Likestilte demokratier? Kjønn og politikk i Norden*, Oslo 1999, S. 113-128 (Engl. Ausgabe: *Equal Democracies? Gender and Politics in the Nordic Countries*, Oslo 1999).

Bernard, Cheryl/Schlaffer, Edit: *Sagt uns, wo die Väter sind. Von Arbeitssucht und Fahnenflucht des zweiten Elternteils*, Reinbek bei Hamburg 1991.

Biller, Henry B.: *Paternal Deprivation. Family, School, Sexuality and Society*, Lexington, Mass. 1978.

BMFSFJ (Hrsg.): *Gleichberechtigung von Frauen und Männern – Wirklichkeit und Einstellungen in der Bevölkerung 1992. Studie des Instituts für praxisorientierte Sozialforschung (IPOS) in Mannheim*, Stuttgart u.a. 1996 (Schriftenreihe des BMFSFJ; 117.1).

BMFSFJ (Hrsg.): *Gleichberechtigung von Frauen und Männern. Wirklichkeit und Einstellung in der Bevölkerung 1996. Studie des Instituts für praxisorientierte Sozialforschung (IPOS) in Mannheim*, Stuttgart u.a. 1996 (Schriftenreihe des BMFSFJ; 117.3).

BMFSFJ (Hrsg.): *Erziehungsgeld – Elternzeit. Das neue Bundeserziehungsgeldgesetz für Eltern mit Kindern ab dem Geburtsjahrgang 2001*, Berlin 2001.

BMFSFJ (Hrsg.): *Mehr Spielraum für Väter. Informationsbroschüre zum Aktionsprogramm der Bundesregierung von Vereinbarkeit von Familie und Beruf*, Berlin 2001.

BMFSFJ (Hrsg.): *Zukunft: Familie. Ergebnisse aus dem 7. Familienbericht*, Berlin 2005.

BMFSFJ/Emnid: *Hohe Zustimmung für Elterngeld*, Berlin 2005, veröffentlicht vom BMFSFJ unter: http://www.bmfsfj.de/RedaktionBMFSFJ/Abteilung2/Pdf-Anlagen/elterngeld-positiv-bewertet-2005,property=pdf,bereich=,rwb=true.pdf (Zugriff 10.12.2005).

BMJFFG (Hrsg.): *Erziehungsgeld, Erziehungsurlaub und Anrechnung von Erziehungszeiten in der Rentenversicherung. Gutachten des Wissen-*

schaftlichen Beirats für Familienfragen beim Bundesminister für Jugend, Familie, Frauen und Gesundheit, Stuttgart u.a. 1989 (Schriftenreihe des *BMJFFG*; 243).

Bothfeld, Silke: *Vom Erziehungsurlaub zur Elternzeit. Politisches Lernen im Reformprozess,* Frankfurt/M., New York 2005.

Bowlby, John: *Maternal Care and Mental Health. A Report prepared on behalf of the World Health Organization as a contribution to the United Nations programme for the welfare of homeless children,* Genf 1951 (Deutsche Erstausgabe: *Mütterliche Zuwendung und geistige Gesundheit,* München 1973).

Bowlby, John: „The Nature of the Child's Tie to His Mother", in: *International Journal of Psycho-Analysis* 39, 1958, S. 350-372.

Bruning, Gwennaële/Plantenga, Janneke: „Parental Leave and Equal Opportunities: Experiences in Eight European Countries", in: *Journal of European Social Policy* 9, 3/1999, S. 195-209.

Brzoska, Georg/ Hafner, Gerhard/ Schäfer, Eberhard: *Aktive Vaterschaft und Elternurlaub. Gutachten für die Senatsverwaltung für Frauen, Jugend und Familie,* Berlin 1990.

Busch, Gabriele/Hess-Diebäcker, Doris/ Stein-Hilbers, Marlene: *Den Männern die Hälfte der Familie, den Frauen mehr Chancen im Beruf,* Weinheim 1988.

CDU/CSU/SPD (Hrsg.): *Gemeinsam für Deutschland – mit Mut und Menschlichkeit. Koalitionsvertrag zwischen CDU, CSU und SPD vom 11.11.2005,* Berlin 2005.

Ds S 1995:2 *Pappagruppens slutrapport* (Ds S = Departementserien Socialdepartementet, Schriftenreihe des schwedischen Sozialministeriums).

Erler, Gisela Anna/Jaeckel, Monika/Sass, Jürgen: *Mütter zwischen Beruf und Familie,* München 1983.

Florin, Christina/Nilsson, Bengt: „,Something in the nature of a bloodless revolution ... '. How new gender relations became gender equality policy in Sweden in the nineteen-sixties and seventies", in: Rolf Torstendahl (Hrsg.): *State Policy and Gender System in the Two German States and Sweden 1945-1989,* Uppsala, S. 11-77.

Fthenakis, Wassilios E.: *Väter. Bd. 1: Zur Psychologie der Vater-Kind-Beziehung,* München 1985.

Fthenakis, Wassilios E.: *Väter. Bd. 2: Zur Vater-Kind-Beziehung in verschiedenen Familienstrukturen,* München 1985.

Fthenakis, Wassilios E.: „Mütterliche Berufstätigkeit, außerfamiliale Betreuung und Entwicklung des (Klein-)Kindes aus kinderpsychologischer Sicht", in: *Zeitschrift für Familienforschung* 1, 2/1989, S. 5-27.

Fthenakis, Wassilios E. (Hrsg.): *Engagierte Vaterschaft. Die sanfte Revolution in der Familie,* Opladen 1999.

Fthenakis, Wassilios E./Merz, Hannelore: „Schon das Kleinkind braucht den Vater", in: *Bild der Wissenschaft* 15, 5/1978, S. 91-99.

Fthenakis, Wassilios E./Minsel, Beate: *Die Rolle des Vaters in der Familie. Zusammenfassung des Forschungsberichts,* Berlin 2001 (Staatsinstitut für Frühpädagogik, München, hrsg. vom BMFSFJ).

Haas, Linda: *Equal Parenthood and Social Policy. A Study of Parental Leave in Sweden,* New York 1992.

Hellbrügge, Theodor: „Zur Problematik der Säuglings- und Kleinkinderfürsorge in Anstalten. – Hospitalismus und Deprivation", in: Hans Opitz/Franz Schmid (Hrsg.): *Handbuch der Kinderheilkunde,* Bd. III, Berlin u.a. 1966, S. 384-404.

Hellmich, Andrea: *Frauen zwischen Familie und Beruf. Eine Untersuchung über Voraussetzungen und Nutzen einer Berufskontaktpflege von Frauen in der Familienphase,* Stuttgart u.a. 1987 (Schriftenreihe des BMJFFG, Bd. 184).

Hoff, Andreas: „Die ‚neuen Männer': wie sie vom Medienereignis zur Realität werden können", in: *Freibeuter,* Nr. 29, 1986, S. 73-79.

Hwang, Philip: „Varför är pappor så lite engagerade i hem och barn?", in: Ders. (Hrsg.): *Faderskap,* Stockholm 1985, S. 39-56.

Idégruppen för mansrollsfrågor: *Föräldralediga män,* Stockholm 1992.

Institut für Demoskopie Allensbach: *Einstellungen junger Männer zu Elternzeit, Elterngeld und Familienfreundlichkeit im Betrieb. Ergebnisse einer repräsentativen Bevölkerungsumfrage,* Allensbach 2005.

Knudsen, Kim Benzon: „Väter, Mütter, Kinder – Erwerbstätigkeit in Dänemark", in: Landesarbeitsgemeinschaft der hauptamtlichen kommunalen Gleichstellungsbeauftragten Schleswig-Holsteins (Hrsg.): *Wie machen es die anderen? Familienpolitik und Gleichstellung im internationalen Vergleich,* Kiel 2004, S. 12-19.

Koch, Angelika: „Vereinbarkeit von Familie und Beruf für beide Geschlechter? Zum Gesetzentwurf der rot-grünen Bundesregierung", in: *Blätter für deutsche und internationale Politik* 45, 5/2000, S. 590-599.

Kolbe, Wiebke: „Kindeswohl und Müttererwerbstätigkeit. Expertenwissen in der schwedischen und bundesdeutschen Kinderbetreuungspolitik der 1960er und 1970er Jahre", in: *Traverse* 8, 2/2001, S. 124-136.

Kolbe, Wiebke: *Elternschaft im Wohlfahrtsstaat. Schweden und die Bundesrepublik im Vergleich 1945-2000,* Frankfurt/M./New York 2002.

Künzler, Jan: „Geschlechtsspezifische Arbeitsteilung: Die Beteiligung von Männern im Haushalt im internationalen Vergleich", in: *Zeitschrift für Frauenforschung* 13, 1-2/1995, S. 115-132.

Kulawik, Teresa: „Gleichstellungspolitik in Schweden – Kritische Betrachtungen eines ‚Modells'", in: *WSI Mitteilungen* 45, 4/1992, S. 226-234.

Kvinnors liv och arbete. Svenska och nordiska studier av ett aktuellt samhällsproblem, Stockholm 1962 (Engl. Ausgabe: Edmund Dahlström (Hrsg.): *The Changing Roles of Men and Women,* London 1967).

Lamb, Michael E. (Hrsg.): *The Role of the Father in Child Development,* Madison, Wisc. 1976.

Landolf, Peter: *Kind ohne Vater. Ein psychologischer Beitrag zur Bestimmung der Vaterrolle,* Stuttgart 1968.

Macha, Hildegard: „Die Renaissance des Vaterbildes in der Pädagogik", in: *Pädagogische Rundschau* 45, 1991, S. 197-214.

Mayer, Susanne: „Im Land der weiblichen Männer", in: *DIE ZEIT*, Nr. 21, 19. Mai 2005, S. 8-9.

Metz-Göckel, Sigrid/Müller, Ursula: „Die Partnerschaft der Männer ist (noch) nicht die Partnerschaft der Frauen. Empirische Befunde zum Geschlechterverhältnis aus der Frauenperspektive", in: *WSI Mitteilungen* 8/1986, S. 549-558.

Moberg, Eva: *Kvinnor och människor*, Stockholm 1962.

Moberg, Eva: „Kvinnans villkorliga frigivning", in: Hans Hederberg (Hrsg.): *Unga liberala. Nio inlägg i idédebatten*, Stockholm 1961, S. 68-86.

Nilsson, Arne: „Den nye mannen – finns han redan?", in: *Kvinnors och mäns liv och arbete*, Stockholm 1992, S. 219-243.

Paetzold, Bettina: „Die Bedeutung der Mutter für die Entwicklung des Kindes", in: Dies./Lilian Fried (Hrsg.): *Einführung in die Familienpädagogik*, Weinheim 1989, S. 34-51.

Paetzold, Bettina: *Eines ist zu wenig, beides macht zufrieden. Die Vereinbarkeit von Mutterschaft und Berufstätigkeit*, Bielefeld 1996.

Pettersson, Gisela: „Ist ‚mann' immer unabkömmlich? Motivationen für Schwedens Väter: ‚Pappa-Monat' und ‚Pappa-Paket'", in: *Frankfurter Rundschau* vom 14.3.1998.

Prenzel, Wolfgang: „Väter in jungen Familien – Ist ein Ende der Feierabendvaterschaft in Sicht?", in: Volker Teichert (Hrsg.): *Junge Familien in der Bundesrepublik*, Opladen 1991, S. 99-117.

Prognos AG: *Väterfreundliche Maßnahmen im Unternehmen. Ansatzpunkte – Erfolgsfaktoren – Praxisbeispiele*, Basel u.a. 2005.

Prognos AG/Institut för framtidsstudier: *Elterngeld und Elternzeit (Föräldraförsäkring och föräldraledighet). Ein Erfahrungsbericht aus Schweden*, Basel, Stockholm 2005.

Prop. 1993/94:147 *Jämställdhetspolitiken: Delad makt – delat ansvar* (Prop. = Proposition, Gesetzentwurf der schwedischen Regierung)..

Prop. 2000/01:44 *Föräldraförsäkring och föräldraledighet*.

Richter, Gudrun/Stackelbeck, Martina: *Beruf und Familie. Arbeitszeitpolitik für Eltern kleiner Kinder*, Köln 1992.

Riksförsäkringsverket (Hrsg.): *Vilka pappor kom hem?. En rapport om uttaget av föräldrapenningen 1989 och 1990 för barn födda 1989*, Riksförsäkringsverket informerar: Statistisk rapport Is – R 1993:3, Stockholm 1993.

Schnack, Dieter/Gersterkamp, Thomas: *Hauptsache Arbeit. Männer zwischen Beruf und Familie*, Reinbek bei Hamburg 1996.

Schneider, Norbert F./Rost, Harald: „Von Wandel keine Spur – warum ist Erziehungsurlaub weiblich?", in: Mechtild Oechsle/Birgit Geissler (Hrsg.), *Die ungleiche Gleichheit. Junge Frauen und der Wandel im Geschlechterverhältnis*, Opladen 1998, S. 217-236.

Schneider, Werner: *Die neuen Väter: Chancen und Risiken. Zum Wandel der Vaterrolle in Familie und Gesellschaft*, Augsburg 1989.

Schönesson, Lena Nilsson: *Föräldraskap – delad föräldraledighet – jämställdhet. En kunskapsinventering som utgångspunkt för forskningsinsatser*, JÄMFO, Delegationen för jämställdhetsforskning, Rapport Nr. 9, Stockholm 1987.

Schütze, Yvonne: „Mutterliebe – Vaterliebe. Elternrollen in der bürgerlichen Familie des 19. Jahrhunderts", in: Ute Frevert (Hrsg.): *Bürgerinnen und Bürger. Geschlechterverhältnisse im 19. Jahrhundert*, Göttingen 1988, S. 118-133.

Schütze, Yvonne: „Zur Veränderung im Eltern-Kind-Verhältnis seit der Nachkriegszeit", in: Rosemarie Nave-Herz (Hrsg.): *Wandel und Kontinuität der Familie in der Bundesrepublik Deutschland*, Stuttgart 1988, S. 95-114.

Schmidt, Renate: *So wird Deutschland familienfreundlich. Erklärung anlässlich der Vorlage des 7. Familienberichts*, Berlin, August 2005, veröffentlicht vom BMFSFJ unter: http://www.bmfsfj.de/RedaktionBMFSFJ/Pressestelle/Pdf-Anlagen/familienbericht-erkl_C3_A4rung,property=pdf,bereich=,rwb=true.pdf (Zugriff 10.12.2005).

SOU 1997:139 *Hemmet, barnen och makten. Förhandlingar om arbete och pengar i familjen. Rapport till utredningen om fördelningen av ekonomisk makt och ekonomiska resurser mellan kvinnor och män* (SOU = Statens Offentliga Utredningar, offizielle Sachverständigengutachten im Auftrag der schwedischen Regierung).

SOU 2005:73 *Reformerad föräldraförsäkring: kärlek, omvårdnad, trygghet. Betänkande av föräldraförsäkringsutredningen.*

Spitz, René: „Hospitalism: an Inquiry into the Genesis of Psychiatric Conditions in Early Childhood", in: *The Psychoanalytic Study of the Child*, Bd. 1, New Haven 1945, S. 53-74.

Statistiska Centralbyrån (Hrsg.): *Kvinno- och mansvär(l)den. Fakta om jämställdheten i Sverige*, Stockholm 1986.

Stein-Hilbers, Marlene: „Die sogenannten ‚Neuen Väter': Veränderungen und Überhöhungen eines Eltern-Kind-Verhältnisses", in: *Widersprüche* 40, 1991, S. 43-52.

Stein-Hilbers, Marlene: *Wem „gehört" das Kind? Neue Familienstrukturen und veränderte Eltern-Kind-Beziehungen*, Frankfurt/M./New York 1994.

Swedin, Göran: „Modern Swedish Fatherhood: The Challenges and the Opportunities", in: *Reproductive Health Matters* 7, 1996, S. 25-33.

Theobald, Hildegard: *Geschlecht, Qualifikation und Wohlfahrtsstaat. Deutschland und Schweden im Vergleich*, Berlin 1999.

Trepp, Anne-Charlott: *Sanfte Männlichkeit und selbständige Weiblichkeit: Frauen und Männer im Hamburger Bürgertum zwischen 1770 und 1840*, Göttingen 1996.

Vaskovics, Laszlo A./Rost, Harald: *Väter und Erziehungsurlaub*, Stuttgart 1999 (Schriftenreihe des BMFSFJ; 179).

Veil, Mechtild: „Kinderbetreuungskulturen in Europa – Schweden, Frankreich, Deutschland", in: *Aus Politik und Zeitgeschichte* B44/2003, S. 12-22.

Walter, Wolfgang/Künzler, Jan: „Parentales Engagement. Mütter und Väter im Vergleich", in: Norbert F. Schneider/Heike Matthias-Bleck (Hrsg.): *Elternschaft heute. Gesellschaftliche Rahmenbedingungen und individuelle Gestaltungsaufgaben*, Opladen 2002, S. 95-120.

Andrea-Leone Wolfrum

„Wo kommt der Embryo denn her ...?"

Herkunft und Elternschaft in Zeiten der Reprogenetik – Aspekte einer qualitativen Studie

„Das Leben", so las ich unlängst in einer Illustrierten[1],

> sollte mit dem Tod beginnen, nicht andersherum. Zuerst gehst du ins Altersheim, wirst rausgeschmissen, wenn du zu jung wirst, spielst danach ein paar Jahre Golf, kriegst eine goldene Uhr und beginnst zu arbeiten. Anschließend geht's auf die Uni. Du hast inzwischen genug Erfahrung, das Studentenleben richtig zu genießen, nimmst Drogen, säufst. Nach der Schule spielst du fünf, sechs Jahre, dümpelst neun Monate in einer Gebärmutter und beendest dein Leben als Orgasmus.

Eine schöne Vorstellung, dachte ich, doch was (für eine Enttäuschung), kam es mir dann in den Sinn, wenn meine Eltern mich in einer IVF-Klinik[2] „in Auftrag gegeben" (10:26)[3] hätten ...

Um Vorstellungen soll es auch im Weiteren gehen. Vorstellungen von Herkunft, von Mutter-, Vater-, und Elternschaft aus den 18 Gruppendiskussionen, die ich in Zusammenarbeit mit Mona Hanafi El Siofi, Maren Krähling und Anne Messer im Rahmen einer qualitativen Studie für das Verbundprojekt „Der Status des extrakorporalen Embryos in interdisziplinärer Perspektive" von November 2002 bis Oktober 2005 durchgeführt habe.

Das Ziel des multidisziplinären Verbundprojekts bestand in einer Statusbestimmung des außerkörperlichen, also des extrakorporalen Embryos. Diese sollte zum einen dazu dienen einen angemessenen Umgang mit extrakorporalen Embryonen ethisch wie rechtlich zu klären und die Schutzwürdigkeit neuer ‚embryoider Entitäten' zu bestimmen. Anliegen der soziologischen Studie war es zu erheben, was beim Sprechen und Argumentieren über extrakorporale Embryonen bzw. den Umgang mit extrakorporalen Embryonen von Bedeutung ist. Mit Hilfe der ergebnisoffenen Methode der Gruppendiskussion ließ sich zeigen, in welche Kontexte ‚der' extrakorporale Embryo eingebettet wird bzw. werden muss, um sinnvoll besprochen werden zu können. Dazu wurden den TeilnehmerInnen zwei Fragen in

Bezug auf Assoziationen zum Embryo und extrakorporalen Embryonen sowie zwei Fallbeispiele zur Diskussion angeboten, in denen es um Fragen der Freigabe so genannter ‚überzähliger' Embryonen zu Forschungszwecken bzw. das so genannte therapeutische Klonen geht.

Was heißt das für diesen Aufsatz? Nun, zu dem Zeitpunkt als ich darauf angesprochen wurde, im Rahmen der vom ZAG im WS 2004/5 an der Freiburger Universität organisierten Vortragsreihe zum Thema „Elternschaft" einen Vortrag zu halten, war noch gar nicht klar, ob und was ich Ihnen würde vorstellen können. Denn, wie gesagt, im Mittelpunkt dieser Erhebung stand vor allem ‚der' Embryo und Fragen des angemessenen Umgangs mit extrakorporalen Embryonen. Entsprechend neugierig habe ich mich an den Schreibtisch gesetzt und an die Gruppendiskussionen die Frage gestellt:

Wenn wir nach dem Status von Embryonen bzw. dem angemessenen Umgang mit Embryonen fragen, was erfahren wir dann über Themen wie Mutter-, Vater- oder Eltern(-schaft)?

Zuerst einmal ist anzumerken, dass sich in ausnahmslos allen Gruppendiskussionen Textstellen finden lassen, in denen Mutter-, Vater-, Eltern(schaft) und Herkunft thematisiert werden. Explizit danach gefragt hatten wir nicht. Dass jedoch trotzdem darüber gesprochen wird, scheint daran zu liegen, dass, wie die Gruppendiskussionen zeigen, zur Beurteilung des extrakorporalen Embryos der intrakorporale Embryo als Reverenz herangezogen wird. Dabei greifen die TeilnehmerInnen der Gruppendiskussionen auf Normalitätskonzepte und -erfahrungen zurück, denen entsprechend ein Embryo normalerweise durch einen heterosexuellen Zeugungsakt entsteht, sich normalerweise in einer Frau befindet, die normalerweise seine/ihre Mutter ist. Embryos in Reagenzgläsern irritieren diese Normalitätskonzepte und -erfahrungen und ‚offenbaren' sie gleichzeitig. Indem die TeilnehmerInnen im Zusammenhang mit dem Thema des Umgangs mit extrakorporalen Embryonen unaufgefordert über die ‚normale' Reproduktion sprechen, sagen sie etwas darüber aus, welche Vorstellungen und Werte sie mit Begriffen wie Mutter, Vater und Eltern angesichts der neuen Reproduktionstechnologien und den mit ihnen verbundenen biotechnologischen Entwicklungen verbinden.

Herkunft

Wie die Daten zeigen, geht in den Gruppendiskussionen der Auseinandersetzung mit Status und angemessenem Umgang auffällig häufig die Frage voraus, woher der Embryo ‚eigentlich' stammt, über den geredet werden soll.

So steht regelmäßig am Anfang der Diskussion zuerst einmal eine Klärung des ‚materiellen Aspekts' des ‚zukünftigen Kindes'. Dies ist nach Mense[4] u.a. nicht verwunderlich, denn die Betonung der biologisch-physiologischen Aspekte entspricht den modernen Zeugungsvorstellungen, die „in der Regel von den Naturwissenschaften, insbesondere Biologie und Genetik"[5] abgeleitet werden. Die TeilnehmerInnen sprechen von „Zelle", „Ei", „Sperma", von „DNA" und „menschlichen Genen" als der „Basis" des Embryos.[6] Es scheint wichtig, dass der eigene Embryo auch mit den eigenen „Anlagen"[7] ausgestattet ist. Die Betonung liegt dabei weniger auf den zur Entstehung eines Embryos beigetragenen Gameten, als auf den „genetischen Anlagen" (17:60) der ‚Eltern'. Anders als die Begriffe ‚Ei' und ‚Sperma', akzentuiert die Gen-Semantik eine Gleichwertigkeit des materiellen Beitrags von Frau und Mann am gemeinsamen Embryo.

Doch welche Rolle spielt die biologische Zuordenbarkeit in den Gruppendiskussionen?

In den Sozialwissenschaften, so schreibt Mense,[8] wird die „Bedeutung von Verwandtschaft und verwandtschaftlichen Beziehungen in westlichen Industriestaaten als eher marginal betrachtet"[9]. In den Gruppendiskussionen allerdings, wenden die TeilnehmerInnen einiges an Zeit auf, um zu ‚klären', wem der Embryo eindeutig zugeordnet werden kann, von wem die „Zellen" (6:26) sind, „die Basisausstattung" (6:32), „die Grundlage" (17:22) und wo „das Material herkommt aus dem der Embryo entsteht" (9:22). Vor dem Hintergrund der modernen Reproduktionstechnologien, deren wesentliches Merkmal es ist, dass die Verschmelzung der Keimzellen bzw. die Zusammenführung des „genetischen Materials" (1: 40) außerhalb eines Frauenkörpers stattfindet, gewinnt die alte Frage sozio-biologischer Herkunft neue Bedeutsamkeit. Die Frage nach dem Ursprung des verwendeten Materials, danach ob bei der Entstehung des Embryos „eigene"[10] oder „fremde Zellen"[11], „eigene" oder „fremde DNA" verwendet werden, wird um einer eindeutigen Zuordnung willen gestellt. Zum einen dient sie der Klärung einer eindeutigen Artzugehörigkeit. Die TeilnehmerInnen vergewissern sich, dass über den Status menschlicher und nicht tierischer Embryonen oder gar Mensch-/Tierembryonen verhandelt werden soll. Zum anderen, und dies in der Mehrzahl der Fälle, wird die Statusfrage mit der Klärung *des Eigenen* und *des Fremden* im Hinblick auf verwandtschaftliche Abstammung verbunden. Denn, da die „menschliche Reproduktion (...) nicht ausschließlich Fortpflanzung", sondern auch Kultur ist und Kinder „in komplexe soziale Arrangements geboren"[12] werden, ist zu berücksichtigen, dass ein Kind immer als ein Kind von jemandem betrachtet wird. In diesem Sinne ist auch ein Embryo immer Embryo von jemandem, weshalb die Frage nach dem Eigenen/Fremden ebenfalls bedeutsam ist für den Status eines Embryos (als einem zukünftigen Kind).

06:35 H: (...) Es ist ein fertiger Embryo, der im fremden Mutterleib heranwächst. Also es ist schon dein Kind. Das gehört dir.

12:13 B: Aber wenn man jetzt von sich selber, also wenn man jetzt, wenn man wüsste, dass es sein eigener Embryo ist, der aus seinem eigenen Erbmaterial und vielleicht sogar aus anderem, also aus Eizelle und noch von jemand anders, den man gerne mag, also so denk ich, also, dann denkt man doch auch, „Das is' 'n Mensch", irgendwo auf 'ne Art, also wenn man da schon 'ne Beziehung zu entwickelt hat.

17:16 A: Weiß nicht, ob ich das als mein Kind jetzt ansehen könnte, wenn ich das irgendwie fremde Eizelle oder fremder Samen und so ein Scheiß in mich eingepflanzt krieg oder –

E: Es ist ja schon eigene Eizelle eigentlich, und eigener Samen. Es ist schon eigener Vater. Es ist ja schon von Vater und Mutter, die sich finden möchten. Bloß halt außerhalb vom Körper (.) eingepflanzt. Also Samenzelle und Eizelle.

Die Betonung biologischer Verwandtschaft mit dem ‚eigenen Embryo' tritt in drei Argumentationszusammenhängen auf:

- Sie dient der Klärung von Zuständigkeiten. Genauer: Von (Entscheidungs)-Rechten am Embryo und zukünftigen Kind.
- Mit ihr wird ein sozio-emotionaler Bezug zum Embryo und späteren Kind begründet. Dabei wird häufig das Recht des Kindes auf elterliche Liebe betont und die elterliche Liebe als ein wesentlicher Schutzfaktor für den Embryo betrachtet.
- Das Wissen um die eigene Herkunft wird als wichtig für eine gesunde sozio-emotionale Identitätsentwicklung betrachtet. Es wird als ein Recht wie auch Bedürfnis hervorgehoben, dem sich ‚die Eltern' eines Tages zu stellen haben.

05:121 B: Ja, ich denke mir, jeder hat das Recht zu wissen, woher er stammt, wer seine Eltern sind.

17:30 A: Früher oder später fragt das Kind: Woher komme ich?

E: Woher komme ich? Irgendwann hast du das Bedürfnis.

Insgesamt bestätigen die Gruppendiskussionen, dass „die Biologie in den Vorstellungen über Verwandtschaft grundlegend ist."[13]

15:9 D: aber aber du könntest zumindest mit eine eigene Ei (.)

A: mh

D: und fremde Zelle. Zumindest so, also du müsstest nicht ein ganz fremdes Kind

Interessanter Weise bestätigen sie nicht in jedem Fall ein einfaches Überbau-Modell, demzufolge die „natürlichen Fakten des Lebens"[14] die Basis bilden und deren soziale Anerkennung den Überbau. Die verschiedenen Äußerungen zum

Verhältnis von ‚Biologischem' und ‚Sozialem' lassen darauf schließen, dass es ein durchaus uneindeutiges ist.

06:27   G: Weil hier ein eindeutiger Bezug da ist. Ob es jetzt 'ne Reagenzglasbefruchtung ist oder nicht, aber die Zellen sind eindeutig vorgegeben.

M: Und was meinst Du mit Bezug genau?

G: Ja gut, das sind die Zellen meiner Frau und von mir.

M: Also sozialer Bezug so.

G: Ja, der soziale Bezug.

Über die ‚biologischen' Aspekte wird hier also nicht lediglich ein ‚sozialer' Bezug hergestellt, vielmehr fallen ‚Biologie' und ‚Soziales' in ihrer Bedeutung zusammen.

Eltern(schaft)

Anders als beim Thema ‚Herkunft' werden Äußerungen im Hinblick auf Eltern(schaft) nicht in einen Zusammenhang mit ‚der Biologie' gebracht. Vielmehr geht es den TeilnehmerInnen hier zentral um Fragen der Entscheidung(smacht). Es werden Reichweite und Grenzen der Rechte von Eltern an ihrem Embryo bzw. die Rechte von Paaren auf ein (gesundes) Kind (mit bestimmten Merkmalen) diskutiert. Dabei werden die Rechte der Eltern grundsätzlich hoch eingeschätzt, jedoch auch kritisch betrachtet.

10:40   C: Und eigentlich nehmen wir ja dem Paar oder halt ner einzelnen Person einfach ein Entscheidungsrecht, indem wir halt sagen: Okay, nee, geht nicht.

10:44   B: Da läufts dann irgendwie auf, dass die Eltern entscheiden können was denn bei rauskommt, also da is genau die Grenze, ja. Also ich find da können die Eltern nicht mehr entscheiden irgendwie, was da im Endeffekt bei rauskommen soll, also da hörts wirklich auf.

Die Gruppendiskussionen spiegeln ein Meinungsbild, demzufolge Individualismus und (Entscheidungs-)Autonomie ernst genommen werden (sollen), sich jedoch dem Risiko nicht abschätzbarer oder intendierter Folgen für die Gesellschaft zu beugen haben. Es besteht eine deutliche Tendenz die Wünsche von Eltern gegen das Wohl der Allgemeinheit abzuwägen. So wird beispielsweise in Bezug auf die Präimplantationsdiagnostik der, als verständlich und nachvollziehbar empfundene Wunsch nach einem gesunden Kind, dem (historisch begründeten) Risiko von Eugenik und Euthanasie gegenübergestellt.

Ein viel diskutiertes Thema angesichts der reproduktionsmedizinischen Möglichkeiten ist der ‚Kinderwunsch'. Auch wenn die neuen Biotechnologien gerade Einzelpersonen und homosexuellen Paaren ‚eigenen Nachwuchs' ermöglichen könn(t)en, ist dies absolut kein Thema in den Gruppendiskussionen. Diskutiert wird ausschließlich der Fortpflanzungswunsch des heterosexuellen Paares. Im Hinblick auf die Möglichkeiten der ‚assistierten Befruchtung' lautet die diskutierte Frage vor allem: Was ist ein Paar, das sich ein Kind wünscht, das bereit ist, alles zu tun, um seinen Willen zu bekommen?

Durchgängig wird der Wunsch nach einem Kind als nachvollziehbar betrachtet. Den DiskussionsteilnehmerInnen erscheint es zudem als verständlich, dass die Eltern alles versuchen was möglich ist und die Angebote der Fortpflanzungsmedizin nutzen. Das sei menschlich. Im Blickpunkt der Kritik steht weniger das einzelne Elternpaar, als

- die Medizin. Ihr wird vorgeworfen, dass hinter Angeboten wie der Invitrofertilisation und Präimplantationsdiagnostik vor allem Eigeninteressen von Medizin und Forschung stünden.
- eine bestimmte Haltung, die hinter dem ‚Kinderwunschkonzept' bzw. dem Umgang mit einem (unerfüllten) Kinderwunsch steht. In der Inanspruchnahme von medizintechnischen Angeboten wird die problematische gesellschaftliche Tendenz zu einer Konsumhaltung gesehen, die sich in der (rücksichtslosen) Erfüllung eigener Wünsche und einer Unfähigkeit ausdrückt, Grenzen zu akzeptieren und sich in Unvermeidliches wie den Tod zu fügen.

Es scheint Unbehagen auszulösen, dass mit Hilfe der Reproduktionstechnologien aus dem Kinderwunsch ein ‚Wille zum Kind' wird. Das „in Auftrag geben" (10: 26), „[E]rzeugen", und „[H]erstellen" von Embryonen bzw. Kindern, das mit der ‚künstlichen Befruchtung' in Verbindung gebracht wird, lässt diese Kinder als Ausdruck und Folge sorgfältiger Planung, beharrlichen Willens und richtiger Entscheidungen erscheinen. Diese Vorstellung gerät in Konflikt mit der Auffassung, dass ein Kind das Recht darauf hat ein Wunsch-Kind zu sein. Denn diesem (Ideal)Bild zufolge steht im Mittelpunkt des Wunsches nach einem Kind das Kind und dessen Bedürfnisse und nicht der Wunsch und Wille der Eltern.

Insgesamt wird das Themenfeld der Rechte am Embryo/Kind im Gros der Textstellen als Entscheidungsrechte des (Eltern)Paares besprochen und kaum zwischen Frauen/Müttern und Männern/Vätern differenziert. Eine Ausnahme bilden schwerwiegende Entscheidungen über ‚Leben und Tod' eines Embryos/Kindes. Das wiederkehrende Argument lautet, dass die letztendliche Entscheidung den betroffenen Frauen überlassen werden sollte, da es sie stärker betreffe als die Männer. Nicht zuletzt deswegen, weil „(...) irgendwie das Leben [ist], also weniger bei mir als bei der Frau" ist. (10:31)

Die Gruppendiskussionen zeigen, dass Mutter-, Vater-, Elternschaft in Bezug auf unterschiedliche Themen- und Problembereiche angesprochen werden. Während die Themen Wille, Entscheidung(sautonomie) und Rechte am Embryo mit den Eltern verbunden werden, spielt, wie die weiteren Ausführungen zeigen werden, die Frau als Mutter eine Rolle in Äußerungen, die die Entwicklungsbedingungen des Embryos zum Inhalt haben.

Frau/Mutter/Mutterschaft

In den Gruppendiskussionen wird vor dem Gesprächshintergrund der Frage des adäquaten Umgangs mit extrakorporalen Embryonen ‚die' Frau bzw. Mutter mit dem Embryo/Kind dann in Zusammenhang gebracht, wenn es um die ‚Lebensbedingungen', die physische und eng damit verbundene psychische Entwicklung des Embryos geht. Die Frau erscheint als ‚Aufenthaltsraum' und Akteurin für den Embryo in ihrem Körper. Sie ist diejenige, die

- den Embryo beherbergt und austrägt.
- dem Embryo Nahrung spendet.
- den Embryo mit ihrem Körper schützt.
- dem Embryo Halt und Form gibt.
- die Verantwortung für das Wohlergehen des Embryos trägt.
- den Embryo annimmt oder ablehnt.

Anders als der intrakorporale Embryo, der über die Nabelschnur mit der Mutter verbunden (10:9) und von einem „Leben und Nahrung spendenden Organismus" (6:7) umgeben ist, erscheint die Entität, die in einem sterilen Reagenzglas „herumschwimmt" (9:18) als ein „Embryo im Nichts" (9:43). Der „Mutterkörper" (9:18) bietet dem Embryo „Wärme" (17:14) und ermöglicht dem „Kind in der Entstehungsphase" (10:9) die für eine gesunde Entwicklung notwendigen „Eindrücke von der Mutter" (17:14) zu sammeln. Die Frau, die den Embryo „beherbergt" (6:4), baut bereits während der Schwangerschaft mit dem Embryo „Kontakt auf" (13:18), ohne den wäre ‚er' „irgendwie abgeschnitten von allem" (10:15).

Der Frau/Mutter wird insgesamt ein großer Einfluss auf die psycho-physische Entwicklung des Embryos zugesprochen. Sie kann dem Kind optimale Bedingungen ermöglichen und damit die Entwicklung fördern oder aber das Kind (un)willentlich schädigen. So taucht das Bild von der rauchenden und Alkohol trinkenden Mutter (z.B. 11:1, 13:18) in fast allen Gruppendiskussionen auf und steht für den großen Anspruch an die Frau/Mutter, durch einen angemessenen Lebenswandel dem Recht des Kindes auf Schutz und Wohlergehen im Mutterleib Rechnung zu tragen. Dahinter steht unter anderem die Vorstellung der ‚natürlichen Mutterpflicht', die „jede Mutter, die sich wirklich von Herzen ein Kind wünscht, (…) auf ganz natürliche Art und Weise" (11:21) von sich aus erfüllt und Dinge für das Kind tut, die sie nicht einmal für ihr eigenes Wohlergehen machen würde, wie etwa das Rauchen aufzugeben. Die Argumentationsverläufe in den Gruppendiskussionen legen nahe, dass das Konzept von der ‚natürlichen Mutterpflicht' als eine Lösung für das Problem der Entscheidungsmacht der Frau/Mutter angeführt wird. Denn, wie die TeilnehmerInnen selbst anmerken, gibt ja auch nicht jede Mutter das Rauchen zum Wohle ihres Kinds auf. Die Vorstellung von der Macht der Mutter in Bezug auf das Wohlergehen des Kindes in ihrem Körper ist weit reichend. Nicht nur der Konsum bestimmter Genussmittel und Drogen wird als schädigend angeführt, auch der psychischen Disposition der Mutter messen die TeilnehmerInnen Bedeutung bei:

03:60   B: Wie die Mutter die ganze Schwangerschaft erleben wird (...) hat auch ein Einfluss auf die Entwicklung von deinem Embryo und deinem Fötus.

11:3   B: alles was, alles was du machst kann das Kind schädigen.

Die Betonung der großen Bedeutung der Mutter für das Kind in ihrem Körper ist, wie sich zeigt, ein doppelschneidiges Schwert: Denn es besteht immer die Möglichkeit, dass die Frau/Mutter ihrer „natürlichen Pflicht" (11:21) nicht nachkommt.

Da sie darüber hinaus auch grundsätzlich die Möglichkeit hat, sich für oder gegen den Embryo in ihrem Körper zu entscheiden, wird dem emotionalen Bezug eine große Bedeutung zugemessen. Ein Embryo/Kind gerät in Gefahr, wenn sie „keine Beziehung, keine emotionale Beziehung zu dem Kind" aufbauen und „das Kind nicht annehmen" (2:55) kann. Die Möglichkeit der Ablehnung durch die Mutter, lässt den Embryo als hilflos ausgeliefert erscheinen. Das Bild vom warmen, nährenden Mutterkörper passt nicht mehr. Mit einem Mal scheint es, muss der Embryo vor der ihn beherbergenden Frau/Mutter geschützt werden.

Mann/Vater/Vaterschaft

Welche Rolle wird nun dem Mann und Vater in den Gruppendiskussionen zugeschrieben?

Zuerst einmal fällt auf, dass Männer/Väter unverhältnismäßig selten erwähnt werden. Es gibt in den 18 Gruppendiskussionen keine einzige Textstelle, in der die TeilnehmerInnen von und über Männer/Väter unabhängig von Frauen/Müttern sprechen. Sie erscheinen ausschließlich als Teil des heterosexuellen Paares neben der Frau/Mutter oder implizit, wenn die Eltern als Akteur erscheinen. Das Sprechen über Reproduktion vor dem Hintergrund der neuen Biotechnologien lässt in Bezug auf den Mann/Vater vornehmlich

- den genetisch-biologischen Anteil des Mannes/Vaters am Embryo/Kind
- die Rechte des Mannes/Vaters am Embryo/Kind

in das Blickfeld rücken.

Während also der Beitrag der Frau häufig thematisiert wird, kommt der Mann und sein Beitrag zur Entwicklung und dem Wohlergehen des gemeinsamen Embryos/Kinds kaum zur Sprache. Der Anteil des Mannes/Vaters wird eigentlich nur dann thematisiert, wenn er gefährdet scheint. Dies geschieht einmal mit dem Hinweis auf die Zeugungsunfähigkeit: Der Mann kann seinen notwendigen biologisch-materiellen Beitrag nicht leisten (worauf die Reproduktionsmedizin mit einem technologischen Verfahren wie der ICSI[15] antwortet). Zum anderen geht es um den Anspruch des Mannes/Vaters am gemeinsamen Embryo/Kind. Dies ist insbesondere dort der Fall, wo dieser Anspruch gefährdet bzw. unsicher ist (worauf nun wiederum die Humangenetik mit einer technologischen ‚Lösung' reagiert und genetische Vaterschaftstests anbietet.)

Insgesamt lässt sich aus der Analyse der 18 durchgeführten Gruppendiskussionen ableiten, dass, wenn wir nach dem Status von Embryonen bzw. dem angemessenen Umgang mit extrakorporalen Embryonen fragen, viel über Normalitäts- und Idealvorstellungen in Bezug auf Herkunft, Mutter-, Vater- und Elternschaft erfahren. Die Gruppendiskussionen vermitteln ein Bild, demzufolge biologisches ‚Wissen' für Vorstellungen über Verwandtschaft eine durchaus große Rolle spielt und in erster Linie dazu dient, eine eindeutige soziale Zuordnung zu gewährleisten. Das Wissen um Verwandtschaft wiederum scheint angesichts der ‚Öffnung' der ‚geschlossenen' sexuellen Reproduktion, wie sie die ‚extrakorporale Befruchtung' darstellt, von Bedeutung. Denn die Befruchtung im Labor bedeutet ein neues Maß an Zugriffs- und Manipulationsmöglichkeiten am Embryo und verlangt außerdem ein neues Maß an Vertrauen in die Eindeutigkeit von Verwandtschaftsbeziehungen (d.h. in die Seriosität und Professionalität des Laborpersonals), die damit auch verstärkt in den Fokus der Aufmerksamkeit rückt.

In der akademischen Debatte um den Status extrakorporalen Embryonen und den adäquaten Umgang mit ihnen wird die ‚Herkunft' eines extrakorporaler Embryonen vornehmlich als Frage nach der Entstehungsart, dem Entstehungsverfahren und der Artspezifität diskutiert – eine Diskussion, die lebensweltlich relevante Fragen der Herkunft, Mutter-, Vater- und Elternschaft gänzlich ausklammert. Wie die Gruppendiskussionen zeigen, blendet eine solche Diskussion die Bedeutungen aus, die diese für die Statusbestimmung eines menschlichen Embryos/Kindes spielen.

Liste der Gruppen:

01	DoktorandInnen des Projekts „Der Status des extrakorporalen Embryos" [berufstätige AkademikerInnen]
02	Evangelischer Bibelkreis [berufstätige und pensionierte Nicht-/AkademikerInnen]
03	Osteopathen mit Spezialisierung im Bereich Gynäkologie und Embryologie [Alternativmediziner, berufstätige Nicht-/AkademikerInnen, reine Männergruppe]
04	‚Allgemeinbevölkerung' [Nichtakademische ‚Landbevölkerung', in den Dreißigern]
05	MuslimInnen/MigrantInnen [berufstätige AkademikerInnen]
06	Sportgruppe Körperbehinderter (angeboren und erworben) [berufstätige Nicht-/AkademikerInnen]
08	Aktionskreis Behinderte-Nichtbehinderte (mit angeboren Behinderungen) [berufstätige und pensionierte Nicht-AkademikerInnen]
09	Tierrechtsgruppe [studentische AkademikerInnen]
10	VWL'er [studentische Akademiker, reine Männergruppe]
11	‚Allgemeinbevölkerung' [Junge Auszubildende, Twens]
12	Mütter mit Kleinkindern [studentische und berufstätige AkademikerInnen]
13	Hebammenschülerinnen im letzen Ausbildungsjahr [Junge Auszubildende Twens, reine Frauengruppe]
14	FörsterInnen [studentische und berufstätige AkademikerInnen]
15	Katholische Hochschul-Gruppe [studentische und berufstätige AkademikerInnen]
16	KognitionswissenschaftlerInnen [studentische AkademikerInnen]
17	Kinderkrankenpflegeschülerinnen im letzten Ausbildungsjahr[16] [Junge Auszubildende Twens, reine Frauengruppe]
18	Kinderkrankenpflegeschülerinnen im letzten Ausbildungsjahr [Junge Auszubildende Twens, reine Frauengruppe]
19	Niedergelassene ReproduktionsmedizinerInnen [berufstätige Nicht-/AkademikerInnen]

Anmerkungen

1 Zitat von Donald Sutherland in der *TV Movie*, Januar 2005.
2 Die Chance, sein Leben (biologisch betrachtet) in einer Petrischale zu beginnen steigt seit 1978 von Jahr zu Jahr. In Ländern wie Schweden oder Holland sind inzwischen ein Prozent der Geburten Folge einer IVF (= Invitrofertilisation, auch als ‚künstliche Befruchtung' bezeichnet).
3 Bei den Zahlen in Klammern hinter den Zitaten handelt es sich um die Nummer der jeweiligen Gruppendiskussion und die Zeilenangabe. Eine Liste der Gruppen findet sich am Ende des Textes.
4 Lisa Mense: „Neue Formen der Mutterschaft. Verwandtschaft im Kontext der Neuen Reproduktionstechnologien", in: Ilse Lenz/Lisa Mense/Charlotte Ullrich (Hrsg.): *Reflexive Körper? Zur Modernisierung von Sexualität und Reproduktion*, Opladen 2004, S. 149-178.
5 Ebd., S. 153.
6 Die hier angeführten Wörter wurden in den 18 Gruppendiskussionen in folgender Häufigkeit verwendet: Zelle 70 mal, Ei 24 mal, Sperma 46 mal, DNA 5 mal, Gen(e) 33 mal, Basis 14 mal.
7 Das Wort Anlage(n) wird in den Gruppendiskussionen 14 mal verwendet.
8 Lisa Mense, Opladen 2004
9 Ebd., S. 151.
10 Das Wort „eigene/r/s" wird im Zusammenhang mit dem Thema der eigenen DNA, Gameten bzw. des eigenen Embryos oder Kindes in den 18 Gruppendiskussionen mindestens 56 Mal verwendet.
11 Das Wort „fremde/r/s" wird im Zusammenhang mit dem Thema fremder DNA, Gameten bzw. eines fremden Embryos oder Kindes in den 18 Gruppendiskussionen mindestens 24 Mal verwendet.
12 Lisa Mense, Opladen 2004, S.153.
13 Ebd., S. 151.
14 Ebd., S. 153.
15 ICSI = intrazytoplasmatische Spermieninjektion. Eine Samenzelle wird direkt in die Eizelle zu deren Befruchtung gespritzt, bevor der daraus entstehende Embryo in die Gebärmutter übertragen wird.
16 Aufgrund der Klassengröße von 19 Schülerinnen wurde diese Gruppe in zwei Gruppen aufgeteilt und mit beiden eine Diskussion durchgeführt.

Literatur

Mense, Lisa: „Neue Formen der Mutterschaft. Verwandtschaft im Kontext der Neuen Reproduktionstechnologien", in: Ilse Lenz/Lisa Mense/Charlotte Ullrich (Hrsg.): *Reflexive Körper? Zur Modernisierung von Sexualität und Reproduktion*, Opladen 2004, S.149-178.

Regula Giuliani

Adoptivelternschaft

Elternschaft handelt von Verbindlichkeit, Vertrautheit und Verantwortung.

Welche Bedeutung der genetischen Abstammung beizumessen ist, muss aber jede Gesellschaft für sich und immer wieder neu beantworten. Auch wenn menschliche Reproduktion sich überall gleich gestaltet, ist kein Elternschaftssystem universal. Elternschaft ist nicht natürlicher Fakt, sondern empirisches Phänomen und gesellschaftliche Konstruktion, sie gehört zu den ältesten kulturellen und damit auch rechtlichen Praktiken überhaupt. Elternschaft ist eine Konvention. Und wegen ihrer eminent großen persönlichen und gesellschaftlichen Bedeutung, ist sie heftig umkämpft. Elternschaft wird seit jeher erstritten, befürchtet, erhofft, verheimlicht, aufgelöst und verweigert.[1]

Diejenigen Naturen, die sich beim Zusammentreffen einander schnell ergreifen und wechselseitig bestimmen, nennen wir verwandt.[2]

Ziel meiner Ausführungen ist es, zunächst kurz den Wandel im Adoptionsgeschehen seit den 80er Jahren aufzuzeigen: den Weg von der Inkognitoadoption zur offenen Adoption. Vor diesem Hintergrund werden die Besonderheiten der Adoptivelternschaft hervorgehoben: Normalität wird in der Adoptivfamilie anders erreicht als im bestehenden Normalitätsmuster der blutsverwandten Kleinfamilie. Von daher weist ein Familienleben mit doppelter Elternschaft, das meist aus einer Notsituation heraus entsteht, eigene Gefährdungen und Diskreditierbarkeiten auf, die in der ‚Normalfamilie' nicht bestehen. Eingegangen wird auf Vorurteile gegenüber Adoptivfamilien und auf den Hintergrund dieser Vorurteile: auf den Tabubruch, der in der Fremdadoption stattfindet: die Trennung vom blutsverwandten Kind. Diese Trennung wird diskreditiert in einer Gesellschaft, welche die Festigkeit von Familienbanden in der gemeinsamen Abstammung begründet sieht. In der Diskreditierung dieser Trennung wird das eigene Normalitätsmuster bestätigt und gefestigt. Entgegen der einseitigen Fundierungsmöglichkeit durch Abstammungsbeziehungen heben meine Ausführungen hervor, dass Familiengemeinschaft nicht durch Biologie, sondern durch ein ‚*doing family*' konstituiert, zusammengehalten und immer wieder erneuert wird.

I. Von der Inkognitoadoption zur offenen Adoption

Immer haben Adoptionsgeschichten einen katastrophalen Anfang – und zwar für alle direkt Beteiligten: für die Herkunftseltern, für die Kinder und für die annehmenden Eltern. Die Vermittlungsstellen haben es in diesem Personenkreis mit verschiedenartigen Notsituationen zu tun. Eltern in Not trennen sich von ihrem Kind und willigen schweren Herzens in eine Fremdadoption ein. Für AdoptionsbewerberInnen ist die Adoption eines Kindes meistens ein Ausweg aus der Notsituation ungewollter Kinderlosigkeit. Die betroffenen Kinder, die in Adoptivfamilien aufwachsen, haben oft mehrere Beziehungsabbrüche hinter sich. Dass aus solchen Adoptionsgeschichten mit einem schwierigen Anfang alsdann glückliche Menschen erwachsen können, erfordert neben Vorbereitung und Nachdenklichkeit auch eine Portion Glück und Unbeschwertheit, die sich einstellen kann, wenn für das Glück, das kommt, „ein Stuhl bereitgestellt wird, auf dem es sich setzen kann".[3]

Adoptivelternschaft ist eine besondere Form von Elternschaft, sie bildet – wie Christa Hoffmann-Riem ausdrückt[4] – eine Normalität eigener Art. Diese Normalität eigener Art ist hier Thema. Im Zentrum der folgenden Überlegungen steht die Adoptivelternschaft, d.h. die Perspektive der annehmenden Eltern und nicht die des angenommenen Kindes[5] oder der Herkunftseltern.[6]

Adoptivfamilien sind durch ein öffentliches Amt hergestellte, also evident ‚künstlich' konstituierte, Familien. Sie sind dadurch ein Spiegel von gesellschaftlichen Normalitätsvorstellungen, denn MitarbeiterInnen von Adoptionsämtern realisieren durch die Adoptionsvermittlungen meistens gängige Familienvorstellungen. Früher, in den 20er-80er Jahren des letzten Jahrhunderts, waren die Adoptionsvermittlungsstellen noch sehr stark an folgender Normvorstellung orientiert: am Wunschbild einer bürgerlichen Biedermeierfamilie, gezeichnet von Spannungslosigkeit, Geborgenheit, Ruhe und Harmonie: Mann berufstätig, Frau zuhause, Mittelstand, nicht zu alt, religiös verankert, nicht zu extravagant. Die Familiengründungen durch staatliche Adoptionsvermittlung glichen früher oftmals dem Versuch einer nostalgischen Realisierung dieses Familienideals. Dadurch erwies sich die Adoptivfamilie manchmal (und auch heute noch) als ein letztes Reservat einer bürgerlichen Normalfamilie. Die staatliche Behörde entschied und entscheidet noch immer, welche Personengruppen ein Kind annehmen dürfen, ob PädagogInnen, PolizistInnen oder SwimmingpoolbesitzerInnen bei der Vermittlung bevorzugt werden, ob Alleinstehende oder nur Paare adoptieren dürfen, ob die BewerberInnen heterosexuell sein müssen. Sie entscheiden, zu welcher Familie ein Kind passt, bis zu welchem Alter BewerberInnen ein Baby aufnehmen dürfen, ob BewerberInnen überhaupt geeignet sind, ob sie risikofreudig, belastbar, kurz gesagt ‚ideale Eltern' für besondere Kinder sind.[7]

Seit einigen Jahrzehnten jedoch wandelt sich in einer veränderten Familienlandschaft auch die Adoptionslandschaft. Dieser Wandel zeigt sich in mehreren Hinsichten: In den letzten 20 Jahren ist eine Tendenz von der Inkognitoadoption zu offeneren Formen der Adoption zu verzeichnen. Diese Veränderungen der Vermittlungspraxis zeigen auch einen Wandel von Familienformen an. Das Normalitätsgefüge hat neue Züge bekommen. Eine andere grundlegende Veränderung liegt darin, dass die Auslandsadoptionen in dem Maße radikal zunehmen wie die Anzahl der ungewollt kinderlosen Paare und Einzelpersonen zunimmt. Da es in den westlichen Industriestaaten weit mehr adoptionswillige Paare als elternbedürftige Kinder gibt, werden sehr viel häufiger als noch vor zwei Jahrzehnten Auslandsadoptionen in Betracht gezogen und durchgeführt. Die erwähnte Vervielfältigung und Entnormung der Familienlandschaft bedeutet, dass die bürgerliche Normalfamilie in den Statistiken längst nicht mehr die führende Rolle spielt, selbst wenn diese Normalfamilie als prägende Vorstellung noch Biografieentwürfe bestimmt und als normierende Vorstellung herumgeistert.[8] Entsprechend haben es Adoptivfamilien heute leichter, sie fallen weniger aus dem Rahmen als noch vor 20 Jahren. Demzufolge wird Adoption heute auch weniger tabuisiert. Kinder, die bei Adoptiveltern aufwachsen, kennen meistens ihre Herkunftsgeschichte von Anfang an. Dieses Erzählen der Herkunftsgeschichte ist außerdem keine einmalige Enthüllung mehr sondern begleitet die Familienmitglieder als selbstverständliche Geschichte.

Bei der früher praktizierten Inkognitoadoption kennen Herkunftseltern und Adoptiveltern sich nicht, sie haben meist keinerlei Informationen übereinander. In offenen Adoptionsformen dagegen wissen die Beteiligten mehr voneinander. Es werden beispielsweise Adoptionen durchgeführt, bei denen die Mutter ihr Kind den annehmenden Eltern selbst in die Arme legt. Wird das Inkognito der Adoptiveltern gegenüber den leiblichen Eltern des Kindes ganz oder teilweise aufgehoben, so spricht man von einer ‚offenen Adoption', wobei dieser Sammelbegriff eine große Bandbreite von Adoptionsformen umfasst, die von dem Einbezug der leiblichen Eltern in das Auswahlverfahren der AdoptionsbewerberInnen über ein einmaliges Zusammentreffen der biologischen mit den Adoptiveltern, den regelmäßigen Austausch von Briefen und eine größere Zahl formeller Kontakte (unter Anwesenheit des/r AdoptionsvermittlerInnen) bis hin zu fortlaufenden informellen oder freundschaftlichen Treffen reicht. Viele AdoptionsvermittlerInnen haben bereits Erfahrungen mit offenen Adoptionsformen gesammelt, aber diese Erfahrungen sind noch kaum beschrieben und wissenschaftlich ausgewertet worden.[9]

Die Inkognitoadoption als einzige und als ideale Vorstellung von Adoption erweist sich inzwischen als Auslaufmodell. Die Inlandsadoption ist im Verschwinden begriffen. Die Vermittlungsstellen weichen angesichts der Überzahl an Bewerberpaaren und Einzelbewerbern gegenüber den zur Adoption freigegebenen Kindern nunmehr häufig auf die Vermittlung von Pflegekindern an Pflegefamilien aus. In Pflegefamilien werden Kinder groß, ohne von ihren Herkunftseltern ‚abgeschnitten' zu werden. Pflegefamilien und Familien mit ausländischen Adoptivkindern haben heute eine größere Akzeptanz auch deshalb, weil Blutsverwandtschaft als

Vorstellung für das Fundament von Familienbindung insgesamt an Bedeutung verliert.

Betrachten wir nun skizzenhaft die strukturellen Veränderungen in der Adoptionspraxis durch die neue Form der offenen Adoption. Für alle Beteiligten im Adoptionskreis hat die Tendenz zur offenen Adoption bemerkenswerte Folgen:

a) Vermittlung: Das Vermittlungsgeschehen ist durch die Tendenz zur offenen Adoption komplexer, anspruchsvoller und schwieriger geworden. Die Notgeschichte der Herkunftsmutter und die Notsituation der annehmenden Eltern spielten sich früher wegen des Inkognitos auf zwei vollkommen verschiedenen Bühnen ab: Beide wurden strikt voneinander ferngehalten. Erst mit dem Aufkommen der offenen Adoption hat die Vermittlung auch die Bereitschaft der zwei Elternpaare zu einer Begegnung mit einzubeziehen. Die soziale Begegnung zwischen Herkunftsmutter und annehmenden Eltern ist nicht einfach und erfordert im Vergleich zu früheren Vermittlungsformen eine intensivere Betreuung der Beteiligten. Vorbei sind die Zeiten einer schnellen Übergabe des Kindes an die neuen Eltern in einem Hintereingang oder bei einer Parkbank. Die Vermittlungsstelle gestaltet sorgfältig das Ritual der Übergabe und ist sich ihrer Rolle als ‚soziale Geburtshelferin' bewusster geworden.

Auch die Vorprüfungen und die Vorarbeiten für die Adoptionen sind aufwändiger geworden. Früher wurden aus der großen Schar elternbedürftiger Kinder die so genannt vermittlungsfähigen Kinder ausgesucht. Früher mussten die Kinder Intelligenztests ablegen, um Eltern zu bekommen[10], heute hat sich die Situation geradezu umgekehrt! Heute sind die adoptionswilligen BewerberInnen in der Überzahl.[11]

b) Herkunftsmütter: Auch für die Herkunftsmütter hat sich einiges verändert durch die Tendenz zur offenen Adoption. Die Trennung vom Kind ist nicht mehr so abrupt und radikal. Zwar gelten noch die alten Gesetze der Inkognitoadoption, aber es setzen sich neue Formen durch, die sich hoffentlich auch in neuen Gesetzen niederschlagen werden. Die Herkunftsmütter hatten es bei den Ämtern früher noch schwerer als heute. Viele Berichte von früheren Vermittlungen sind bekannt, in denen die Herkunftsmütter sich schlecht behandelt und überfordert fühlten. Persönliche Wünsche wurden nicht berücksichtigt, sondern eher das Gefühl vermittelt, die Mütter sollten doch froh sein, dass ihre Kinder in ‚gute Hände' kämen. Von der tendenziellen Stigmatisierung[12] der Herkunftsmütter gibt es nunmehr eine Entwicklung hin zur Mitsprache der Herkunftsmutter bei der Auswahl der Eltern für ihr Kind, wenn sie ihr Kind nicht selbst aufziehen kann.

Früher war es z.B. nicht selbstverständlich, dass die als ‚ledig' bezeichnete Mutter ihrem Kind einen Namen geben, dass sie sich von ihm verabschieden oder dass sie – falls sie dies wollte – die annehmenden Eltern kennen lernen durfte. Ein Kontakt zwischen der Herkunftsmutter und dem Kind nach der Adoption wurde überhaupt nicht in Betracht gezogen.[13]

In jüngster Zeit ist durch bessere Informationen und stärkere Präsenz des Themas Adoption in den Medien ein rapider Rückgang an Müttern zu verzeichnen, die in die Fremdadoption ihres Kindes einwilligen. Dieser Weg wird von Müttern in Not offenbar immer weniger in Betracht gezogen. Der Grund hierfür liegt unter anderem auch im Gesetzestext, der besagt, dass durch die Adoptionseinwilligung der Herkunftseltern die Verwandtschaft mit ihrem Kind „erlischt".[14] Diese Bedingung hat an Akzeptabilität verloren.

c) AdoptionsbewerberInnen und annehmende Eltern: Durch die allgemein zunehmende ungewollte Kinderlosigkeit hat sich der Umgang mit diesem Thema gelockert, die Tabuisierungstendenzen sind rückläufig. Was früher ein Schamthema war, wird heute offener diskutiert. In den 50er Jahren war ungewollte Kinderlosigkeit noch ein Tabuthema. Entsprechend wurde in Adoptivfamilien früher öfter eine biologische Elternschaft vorgetäuscht, die Adoption blieb für die Beteiligten ein verschwiegener Komplex von Scham und Minderwertigkeitsgefühl. Durch die vervielfältigten Familienformen ist außerdem die Hemmschwelle, ein fremdes Kind anzunehmen, gesunken, die Adoption als Möglichkeit der Elternschaft hat größere gesellschaftliche Akzeptanz gefunden.

d) Auch für die Kinder und erwachsenen Söhne und Töchter der Adoptivfamilie hat sich durch die Tendenz zur offenen Adoption einiges geändert. Allerdings gibt es hierzu noch kaum Forschungsergebnisse. Wesentlich aber ist, dass den Kindern weitgehend keine Verlassenheitsvisionen mehr vermittelt werden, wenn es um ihre Herkunft geht. Die Erzählungen über die Herkunft haben sich geändert. Früher wurde den Kindern mitgeteilt: „Deine Mutter wollte Dich nicht", die Herkunftsmutter wurde schlecht gemacht oder verurteilt. Durch die Öffnung der Adoption wird heute die Notsituation der Herkunftseltern dargestellt und es werden die Gründe erklärt, die zur doppelten Elternschaft geführt haben.

Das bedeutet für die Kinder in der Adoptivfamilie: weniger Trauma, weniger Identitätsfindungsprobleme, Abnahme von Ängsten und Phantasien – insgesamt bessere Voraussetzungen für die Entwicklung eines positiven Selbstbildes. Zudem ist die Mithilfe bei der Suche nach den Herkunftseltern selbstverständlicher geworden und muss nicht mehr heimlich unternommen werden. Die Suche wird unterstützt von Ämtern und Eltern.

II. Besonderheiten der Adoptivelternschaft

a) Unterschiede zur biologisch fundierten Familie

Adoptivelternschaft ist von Anfang an anders als andere Formen von Elternschaft. Die Wartezeit und die Vorbereitung auf das Kind bedeutet nicht Schwangerschaft, sondern meist Auseinandersetzung mit ungewollter Kinderlosigkeit und Gängen zu den Adoptionsämtern und zu anderen Behörden. Die erste Begegnung mit dem Kind findet nicht im Kreißsaal oder im Geburtshaus statt, sondern oft in Amtsstuben. Meistens ist das Kind kein Neugeborenes, sondern älter. Das Kind hat häufig eine Vorgeschichte, die von menschlicher Not gekennzeichnet ist. In der Regel können die annehmenden Eltern nicht sofort äußerliche oder charakterliche Ähnlichkeiten zwischen sich und dem angenommenen Kind feststellen, zudem können sie diese Ähnlichkeiten nicht untermauern mit einem Hinweis auf die gemeinsamen Gene. Das angenommene Kind fällt nicht immer in ein etabliertes Verwandtschaftsnetz, in dem es selbstverständlich angenommen ist. Adoptivelternschaft bedeutet auch: Es muss sondiert werden, wer aus dem bestehenden Verwandtschaftsnetz und Freundesnetz bereit ist, die Adoption mit zu vollziehen und zu tragen.

Adoptivelternschaft ist also in sehr wesentlichen Punkten anders als eine herkömmliche Elternschaft.[15] Aber trotz dieser Unterschiede, trotz dieser unterschiedlichen Art der Familienbegründung sind Adoptivfamilien wie jede Familie an Normalität orientiert und bilden eine Normalität eigener Art.

b) Familienleben mit doppelter Elternschaft

Wie wird in der Adoptivelternschaft Normalität erreicht? Dieser Normalisierungsprozess bzw. dieses ‚*doing family*' findet bei jeder Elternschaft statt, liegt aber in der Adoptivfamilie offener zutage als in der biologisch unterfütterten Familie, weil die Adoptivfamilie eine durch einen offensichtlichen Akt von Ämtern ‚hergestellte', eine amtlich konstruierte Familie ist.

Adoptivelternschaft bedeutet immer ein Familienleben mit doppelter Elternschaft. Adoptiveltern sind nicht die einzigen Eltern ihrer Kinder, aber sie sind die betreuenden Eltern. Meist bleibt ihnen vieles über die Herkunftseltern und aus der Vorgeschichte ihres Kindes unbekannt, meist kennen sie die Herkunftseltern ihrer Kinder nicht. Dennoch sind die Herkunftseltern und Herkunftsgeschichte der Kinder wichtig und präsent im Selbstbild der Adoptivfamilie, sie gehören zur Familiengeschichte und sind im Selbstbild der Adoptivfamilie integriert.

Adoptivelternschaft und Adoptivfamilie bedeutet, sich Gedanken zu machen über diese Situation einer doppelten Elternschaft. Aufgrund des Fehlens von biologischer Verwandtschaft zwischen den annehmenden Eltern und ihrem Kind ist in Adoptivfamilien die Gemeinschaftsbildung somit auf andere Weise thematisch als in der gängigen Familienform, die immer implizit und selbstverständlich davon ausgeht, dass es ‚die Biologie', das biologische Band ist, das zwischen Vater, Mutter und Kind eine Gemeinschaft stiftet.

Was an der Adoptivelternschaft ist ähnlich oder vergleichbar mit dem, was in einer biologisch fundierten Elternschaft geschieht?[16] Immer schon gab es jedoch verschiedenste Formen sozialer Elternschaft, d.h. Menschen, die nicht Mutter und Vater im biologischen Sinne sind, übernehmen für ein Kind die Elternrolle, indem sie die Bedürfnisse des Kindes nach Nahrung, Kontakt, Ansprache, Pflege und Zuwendung Tag für Tag erfüllen. Das Kind weiß, wer zuständig ist, wenn es Hunger hat; zu wem es läuft, wenn es sich wehgetan hat und wo es jammert, wenn es müde ist. Neugeborene und auch ältere Kinder haben grundsätzlich die Bereitschaft, eine elementare Eltern-Kind-Bindung zu denjenigen Menschen herzustellen, die eine Elternrolle für das Kind zu übernehmen bereit sind. Diese Beziehung wächst Monat für Monat, sodass sich in den ersten Lebensjahren bestimmte Formen des Umgangs miteinander und des Verständnisses füreinander herausbilden können, die je nach Persönlichkeit und Lebensumständen der Eltern für jede Familiengemeinschaft einzigartig sind. Die Mitglieder der Familie wachsen zusammen, sie sind verbunden durch ihre gemeinsame Geschichte. Im Fall von Adoptivfamilien ist das nicht anders.

Wenn das Kind endlich kommt, entsteht die Bindung zum angenommenen Kind genauso unvermittelt, plötzlich, stockend oder langsam wie jede Bindung zu einem ersehnten und erwünschten Kind. Diese Bindung entsteht zögernd, heftig, sanft, herzvoll, allmählich oder vielleicht wenig. Sie ist verbunden mit Glück, Angst, Freude, Bedenken, je nachdem. Sie entsteht durch eine erlebte Zusammengehörigkeit, durch erlebten Alltag, durch Rollenzugehörigkeit, durch die beziehungsstiftenden Benennungen ‚Mama' und ‚Papa', durch das Feiern von Geburtstag, Elternschaft und Verwandtschaft und so fort. Kurz gesagt: Adoptivelternschaft ist eine Form von Elternschaft, die sich im Hinblick auf die Deutungsmuster eines gelebten Alltags nicht augenscheinlich von anderen Formen von Elternschaft unterscheidet.

Genau so wie die Adoptionsvermittlung sich bemüht, eine ‚normale Familie' zu konstituieren, verhalten sich auch die zukünftigen Adoptiveltern. Sie orientieren sich an einer Normalvorstellung von Familie und Elternschaft – wie übrigens alle Menschen, die mehr oder weniger vorbereitet in die Elternrolle schlüpfen oder geraten. Sie orientieren sich an dem, was sie kennen. Ihr *doing family* ist meistens „*good enough*", wie Winnicott es für die Mutterschaft sagt.

Die Normalisierungsbestrebungen der Adoptivfamilie sind von Christa Hoffmann-Riem (vgl. Endnote 4) in vielfältiger Hinsicht untersucht worden, ich weise hier auf ihre preisgekrönte Veröffentlichung von 1985 hin.

Doch was bedeutet Normalisierung? Der Begriff Normalität bezieht sich einerseits auf das Durchschnittliche bzw. statistisch Häufige, andererseits bezieht er sich auf das allgemein Akzeptierte. Das ideologisch verfestigte Normalverhalten umfasst einen Regel- und Verhaltenskodex, den alle internalisiert haben und nach dem sich alle verhalten. Die Breite oder der Spielraum des Normalverhaltens setzt sich ab von einem ‚nicht-normalen', unordentlichen (nicht gebilligten) und von einem außerordentlichen, ‚über'-durchschnittlichen Verhalten. Das Normalverhalten verspricht allgemeine Akzeptiertheit und kulturelle Dazugehörigkeit. Wer diesen Spielraum verlässt, dessen Verhalten wird sanktioniert. Normalisierung bedeutet nunmehr das Praktizieren oder Ausführen bekannter, verständlicher, akzeptierter und allgemeiner Verhaltensmuster in einem bestimmten kulturellen Umfeld. Normalisierung bedeutet in diesem Sinne: Normalwerdung oder: Sich-verhalten nach gängigen Vorstellungen: ein ‚doing' in Abwandlung von ‚doing gender' könnte von einem ‚doing parents' oder ‚doing family' gesprochen werden. Dieses ‚doing' läuft vorbewusst ab, es ist meist nicht explizit und auch nicht unbedingt explizierbar. Solche Regelkomplexe werden durch das Sozialverhalten eingeübt. Normalität ist immer eine kulturell hergestellte Normalität, auch wenn man ihr das nicht ansieht.

Bei Erving Goffman heißt es:

> Eine notwendige Bedingung sozialen Lebens ist, dass alle Teilnehmer einen einzigen Satz normativer Erwartungen teilen, wobei die Normen teilweise durch Institutionalisierung aufrechterhalten werden. Wenn eine Regel gebrochen ist, wird es zu Wiederherstellungsmaßnahmen kommen; dem Schädigenden wird ein Ende gesetzt und der Schaden repariert, entweder durch Kontrollorgane oder durch den Schuldigen selbst.[17]

Hoffmann-Riems Ausführungen über die Normalisierungsbestrebungen in Adoptivfamilien können anhand eines Zitates aus einem aufklärerischen Kinderbuch illustriert werden. In *Salamibrot mit Senf* von Sabine Posniak heißt es:

> Bei Moritz ist alles genau wie bei anderen Kindern. Er isst am liebsten Spaghetti mit Tomatensoße, Hähnchen oder Salamibrot mit Senf und guckt zuviel Fernsehen und wünscht sich einen Hund. ... Eine Mama und einen Papa hat Moritz natürlich auch. Und die sind auch genauso wie die anderen Mamas und Papas. Seine Mama schimpft genauso oft wie Annas Mama, wenn er zu spät nach Hause kommt oder sein Zimmer nicht aufräumt oder seine Hausaufgaben nicht macht. ... – Ein bisschen anders ist es bei Moritz aber doch. Das weiß zwar jeder, aber so richtig merken tut's doch keiner. Und eigentlich denkt Moritz auch nie daran.[18]

Nur manchmal stellt er solche Fragen: Wie es damals war, als Frau Holbein vom Jugendamt angerufen hat und zu Mama und Papa gesagt hat „Ich habe ein Kind für Sie!" Und sie das Kind – also ihn, Moritz – dann im Krankenhaus geholt haben. Und welche Mama nun eigentlich ‚richtiger' ist, jene, die ihn geboren hat oder jene, bei der er jetzt lebt? Das Kinderbuch von Sabine Posniak ist an der Normalität orientiert. Die Geschichte bringt gleichzeitig die Besonderheit der Adoptivfamilie zur Sprache und macht sie für Moritz und seine jungen Leserinnen und Leser fassbar. Es stellt dabei heraus, dass Adoptivfamilien normale Familien sind, und Moritz ja einfach nur normal sein möchte. Trotz der andersartigen Form der Familiengründung ist auch die Adoptivfamilie (wie jede andere Familienform) an einer Zugehörigkeit zur Normalität orientiert.

c) Drei Typen der Normalisierung der Adoptivelternschaft

In der Adoptivfamilie gibt es drei Typen von Normalisierung, drei Möglichkeiten, wie die Zugehörigkeit zur Normalität erstrebt und erreicht werden soll: 1. die Normalisierung ‚als ob', 2. die Normalisierung ‚fast wie' und 3. die Normalität eigener Art. Diese drei Verhaltensmuster oder Typen bestehen im Adoptivfamilienalltag nebeneinander und können nur in der Modellbildung so klar unterschieden werden. Die drei Formen werden im Folgenden nur grob skizziert, sie sind in der alltäglichen Lebenspraxis vielfältig ineinander verflochten. Dies schon nur deshalb, weil der besondere Status einer Familie kein Dauerthema ist. Normalisierung bedeutet – wie gesagt – ein ‚*doing family*', wobei die Betrachtung der Adoptivelternschaft ein neues Licht auch auf die Konstitution anderer, gängigerer Familienformen wirft.

1.) Normalisierung ‚als ob': Das erste Muster hat die Grundform: „Wir tun so, als ob wir eine normale Familie wären". Dies besagt, dass die Adoptivfamilie nicht über ihren besonderen Status spricht, ihn ignoriert, verheimlicht, verdrängt, versteckt. Die besondere Art der eigenen Familiengründung wird weder im eigenen Selbstverständnis noch im Umgang mit Anderen thematisiert. Wenn dieses Nichtthematisieren der einzige Umgang mit der Adoption bleibt, so wirkt sich das allerdings auf lange Sicht verheerend aus. Dieser erste Typus der Normalisierung war in früheren Zeiten dominant. Er wird eindrücklich beschrieben von der amerikanischen Psychoanalytikerin und Adoptionsforscherin Betty Joan Lifton, die selbst in einer Adoptivfamilie aufgewachsen ist. Sie beschreibt Adoptivfamilien im Amerika der 60er Jahre, in denen Adoption noch weitgehend ein Tabuthema war. Sie spricht vom ‚Als ob'-Spiel in Adoptivfamilien:

> Jeder tut so, als ob der Adoptierte zur Familie gehöre, die ihn oder sie aufzieht, und zwar zu ihr gehöre auf allen Ebenen (…). Jeder muss vorgeben, der Adoptierte habe nie andere Eltern gehabt. Die Adoptiveltern schließen das Kind in die Arme, als ob es Blut von ihrem eigenen Blut wäre, und verlangen von ihm, so zu leben, als ob dies wahr wäre. Es soll an der Illusion teilnehmen.[19]

Die Herkunftseltern und die besondere Art der Familiengründung sind tabu. Erving Goffman spricht im Zusammenhang eines Verschweigens des eigenen Andersseins von einer „Scheinnormalität", wenn das eigene Anderssein versteckt bleibt. Bei der Normalisierung ‚als ob' ist allerdings zu unterscheiden, in welchen sozialen Zusammenhängen diese Lebensmöglichkeit oder -unmöglichkeit virulent und relevant ist. Es ist ein Unterschied, ob innerhalb der Adoptivfamilie selbst der Adoptivstatus tabuisiert (verschwiegen) wird oder ob er Außenstehenden gegenüber, in einer engen und weiteren Öffentlichkeit, nicht thematisch wird. Denn Mitglieder von Adoptivfamilien offenbaren ihren Familienstatus meist nur in Situationen, in denen es kommunikationsrelevant ist, d.h. nicht jederzeit und überall.

Es gibt jedoch einen Unterschied zwischen ‚nicht Thema sein' und ‚Verschweigen eines Sonderstatus'. Goffman spricht in diesem Zusammenhang von einem ‚Informationsmanagement' im Hinblick auf die eigene Geschichte. Das bedeutet: in bestimmten Situationen ist es eben wichtig, wie und ob Adoptivfamilien über ihre eigene Art der Familiengründung sprechen. Hier liegen die Grenzen der Vergleichbarkeit der Adoptivfamilie mit der Abstammungsfamilie.

Das Thema Adoption spielt in der Familienkommunikation keine Rolle. Das Faktum wurde spätestens bei Schuleintritt mitgeteilt. Da das Adoptivkind nicht nachfragt, scheint es sich auch nicht für die Adoption zu interessieren. Ergebnis: „wir funktionieren wie eine auf biologischer Abstammung beruhende Familie."

2.) Die zweite Form der Normalisierung drückt sich in folgendem Selbstverständnis aus: „Wir sind wie eine normale Familie" oder „Wir sind fast wie eine normale Familie". Diese zweite Form der Normalisierung wird durch einen expliziten Vergleich mit der bestehenden Normalitätsvorstellung vollzogen. Hoffmann-Riem spricht auch von ‚emotionaler Normalisierung'. Das eigene Selbstverständnis wird hier mit einer als Normalität supponierten Idealvorstellung verglichen. Diese Form der Normalisierung nimmt eine biologisch begründete Normalfamilie zum Maßstab und kennzeichnet sodann ihren eigenen Status im Vergleich mit dieser Vorstellung von Normalfamilie. Im Vergleich soll die Gleichheit oder die Ähnlichkeit mit der Normalfamilie herausgestellt werden. Die Wartezeit wird mit der Schwangerschaft verglichen (dauert nur etwas länger), die Ankunft mit der Geburt, die Ähnlichkeit des Kindes auch mit den Adoptiveltern wird hervorgehoben etc., Normalität wird hergestellt durch Annäherung an die Normvorstellung.

Diese Betonung, dass Adoptivelternschaft so ist wie jede andere auch, entspringt dem Selbstverständnis und dem Selbstempfinden der Adoptivfamilie. Adoptivfamilien reden nicht andauernd über ihren Sonderstatus, sie fühlen sich nicht anders. Die Herkunftsgeschichte ist genauso wenig ein Dauerthema wie Einzelheiten einer schwierigen Geburt. Adoptivfamilien sind oft nicht auf Anhieb erkennbar und oftmals merken oder sehen Außenstehende es nicht einmal, ob es sich um eine Adoptivfamilie bzw. Pflegefamilie handelt oder nicht, deshalb geraten solche Adoptivfamilien seltener in die Lage, Außenstehenden mit dieser Normalisierungsform zu begegnen. Es findet sich dieser Normalisierungstypus vor allem in Familien, deren Familienzusammengehörigkeit offensichtlich nicht durch genealogische Blutsverwandtschaft konstituiert ist; z.B. wenn Eltern und Kinder nicht die gleiche Haut- oder Haarfarbe, Gesichtsform etc. haben. Dem Staunen durch Außenstehende, dass eine Familiengemeinschaft auch ohne biologische Verwandtschaft möglich ist, begegnen solche Adoptivfamilien selbstverständlich damit, dass sie ihre eigene Gleichartigkeit mit anderen ‚normalen' Familien hervorheben.

Betrachten wir nun näher das dominante Normalitätsmuster, an dem die Adoptivfamilie sich bemisst, wenn sie sagt „es ist bei uns wie in jeder Familie". Wie sieht ‚jede Familie' aus? Das dominante Normalitätsmuster impliziert die Kernfamilie: den Vater, die Mutter und das mit beiden blutsverwandte Kind. Die Blutsverwandtschaft ist dabei das Wesentliche; der gemeinsame Alltag und Haushalt sind sekundär. Diesem Normalitätsmuster wird dabei Natürlichkeit und Naturgegebenheit zugesprochen. Und da die Natur selbst ihre Vorgaben bietet, bleibt der Prozess gesellschaftlicher Institutionalisierung weitgehend verdeckt. „Das von der Natur Geschaffene wird interpretativ ausgeweitet in Richtung auf die Natürlichkeit der Institution."[20] Das normative Potential der bürgerlichen Kleinfamilienform ergibt sich aus einer Überhöhung dieses Familientypus zur natürlichen Familie schlechthin als der von der Natur vorgegebenen Lebensform. Die Normalfamilie gehört gemäß dieser gängigen Überzeugung und Normenvorstellung zusammen, weil man biologisch voneinander abstammt. Die innerliche und äußerliche Ähnlichkeit der Familienmitglieder miteinander, die Verbundenheit der Familienmitglieder und der Zusammenhalt wird dabei stillschweigend auf die genetische Verwandtschaft zurückgeführt. Das gesellschaftlich Gegebene wird retrospektiv biologisch fundiert oder, wie Judith Butler das formuliert, „retrospektiv naturalisiert". Diese Naturalisierung hat den Sinn, dass die biologisch verwandte Familie als schicksalhaft, nichthinterfragbar, unauflöslich und selbstverständlich, d.h. als naturgegeben empfunden und damit legitimiert wird. In der bürgerlichen Kleinfamilie wird die Blutsverwandtschaft auf diese Weise zum Tabu. Daran darf nicht gerüttelt werden: Blut ist dicker als Wasser, heißt es dann. Ausdrücke wie Blutsbrüderschaft, Blutsverwandtschaft oder „mein Fleisch und Blut" bezeugen diese starke Option und die Wucht des Geschehens von Zeugung und Geburt eines Kindes. Fehlt diese Wucht des Erlebens von Zeugung und Geburt, so fehlt gemäß der gängigen Normalitätsvorstellung das, was im gängigen Normalitätsmuster als Grund für Bindung und Zusammengehörigkeit der Familienmitglieder betrachtet wird. Es fehlt das biologische (‚natürliche') Fundament.

Wie die Praxis der Adoptionsvermittlung und des gelebten Adoptivfamilienalltags zeigt, entfaltet das normative Potential des dominanten Familientyps seine Wirksamkeit auch in der Adoptionsvermittlung und in der Adoptivfamilie. Doch in der Adoptivfamilie entstehen Schicksalhaftigkeit, Selbstverständlichkeit und Unauflöslichkeit von Bindungen zwischen Eltern und Kindern auf andere Weise: nicht mit dem Rekurs auf eine biologische Basis. In der Adoptivfamilie wird offenkundig, dass Familien kulturell konstituiert sind, dass sie durch gemeinsame Lebensformen Bestand und Kontinuität haben. Familiengemeinschaften werden gestiftet, erneuert, belebt und bestätigt. Solche Gemeinschaften erwachsen nicht (oder wohl gar nicht unbedingt und ausschließlich) auf der Basis von Blut oder Genen. Das Fundament erweist sich als Verbindung, die sich durch die Lebensgemeinschaft herstellt.

Es tritt in der Adoptivfamilie deutlicher als in biologisch fundierten Familie zutage, dass die Zusammengehörigkeit von Gemeinschaften und damit von Familien durch wechselseitiges Bezogensein aufeinander, durch Rituale und Gemeinschaftsstiftungen erzeugt und immer wieder gefestigt wird. Deutlicher gesagt: dass sie sozial konstituiert sind. Anders gesagt: Blut und Gene reichen nicht aus, um Verwandtschaft, Angehörigkeit und Zugehörigkeit zu stiften.[21]

Doch Adoptivelternschaft ist nicht selbstverständlich in einer Gesellschaft, in der die Vorstellung dominiert, dass es vorwiegend wenn nicht ausschließlich ‚die Biologie' ist, die das Band zwischen Menschen stiftet. Vor diesem Hintergrund wird Adoptivelternschaft hinterfragbar und bezweifelbar nach dem Motto: „Dann könnte ja jeder mit jedem verwandt sein" oder nach dem Motto: „Gehört eine solche amtlich hergestellte Familie wirklich zusammen? Sie ist ja bloß künstlich hergestellt."

Im Adoptivfamilienalltag zeigt sich tatsächlich eine Hinterfragbarkeit und Verletzbarkeit, die in Abstammungsfamilien nicht vorkommt. Goffman nennt das „Diskreditierbarkeit". Durch sie wird der Adoptivfamilie gerade die postulierte Normalität abgesprochen. Hierzu einige Beispiele.

Wird Außenstehenden der Familienstatus offenbart, indem Mitglieder der Adoptivfamilie erklären: „Wir sind eine Adoptivfamilie", so kann die Reaktion durchaus sein: „Ach, dann bist du ja gar nicht die Mutter" oder „Dann ist er/sie ja gar nicht dein Kind". Selbstverständlich intendiert eine solche Äußerung meistens nicht unbedingt das Absprechen einer Mutterbeziehung, sondern zeigt nur, wie selbstverständlich Elternschaft auf den ersten Blick ausschließlich mit biologischer Verwandtschaft identifiziert wird.

Adoptivelternschaft gerät spätestens hier in ein Dilemma. Denn wie kann diese Form der Elternschaft legitimiert, ‚bewiesen' bzw. gerechtfertigt werden ohne die Abwesenheit biologischer Abstammung zu leugnen oder zu verwischen?

III. Die Diskreditierbarkeit der Adoptivfamilie: Zum Umgang mit Vorurteilen

Eine besondere Eigenschaft der Adoptivelternschaft ist es, dass sie zuweilen offen oder heimlich angefochten wird. Sie wird infrage gestellt, argwöhnisch beäugt, bestaunt, halbherzig bewundert („so was könnte ich nicht!" Was bedeutet: so was würde ich nicht tun) oder auf einen wackligen Sockel gestellt („ihr seid im Grunde gar keine richtige Familie"). Gemäß der Theorie von Erving Goffman sind Menschen mit einem nicht-sichtbaren Stigma diskreditierbar: Sie sind zwar nicht äußerlich sichtbar anders als Andere, sie haben aber ein Problem, weil sie wissen, dass ihre Mitmenschen nicht vorurteilslos sind gegenüber ihren nicht sichtbaren Eigenschaften. Diskreditiert werden bedeutet, dass Betroffene etwa folgende soziale Reaktionen erleben können: Willkürliche Annäherung, Anstarren und offene Aggression bzw. verbale Diskriminierung. Daneben gibt es andere Merkmale sozialer Geringschätzung wie Kommunikationsverweigerung, übertriebene Hilfsbereitschaft, unnötige Hilfsbereitschaft, direkte Diskriminierung durch Abwertung und Selbsterhöhung. Oftmals tragen Stigmatisierte selbst bei zur negativen Interaktion mit ‚Normalen', wenn sie ihr Stigma verinnerlicht haben und sich nicht zu wehren wissen.

Verschiedenste Eigenschaften können je nach Umfeld der Betroffenen zu einem Stigma werden bzw. von den Betroffenen als Stigma empfunden werden und entsprechend von einer Normalitätsgruppe behandelt werden: taub sein, adoptiert sein, unehelich sein, jüdisch sein, muslimisch sein, im Gefängnis gewesen sein, homosexuell sein, epileptisch sein, ungewollt kinderlos sein, unverheiratet sein, Analphabet sein. Solche Eigenschaften sind allerdings nicht per se und in jedem gesellschaftlichen Kontext ein Stigma, denn ob es zu einer Stigmatisierung kommt, hängt von der Art der Umgebung und nicht von Eigenschaften der Person oder Personengruppe ab. Infolgedessen sind auch Adoptivfamilien nur dort von einer Stigmatisierung bedroht, wo ein biologisch fundiertes Familienschema dogmatisch überhöht wird und familiale Bindung ausschließlich an genetische bzw. biologische Fundierung gebunden bleibt. Sogar das Selbstbild von Mitgliedern der im Adoptionskreis Handelnden ist zuweilen geprägt von diesem beschriebenen Vorurteil eines ausschließlich biologisch fundierten Familienideals. Und entsprechend gibt es Vorurteile und Unsicherheiten auch in Adoptivfamilien.

Im Folgenden gebe ich einige Beispiele für solche Infragestellungen oder Diskreditierungen durch Äußerungen von mehr oder weniger Außenstehenden. Denn Adoptivelternschaft wird in rückständigen Gebieten manchmal noch immer nicht als vollwertige Form von Elternschaft und Familienform gesehen. Die Vorurteile richten sich gegen Herkunftseltern, Adoptiveltern und angenommene Kinder gleichermaßen. Gegen die Vermittlungsstellen sind weniger Vorurteile bekannt, sie sind anderer Art, bestehen aber sicher auch.

Eine achtunddreißigjährige Mutter (mit der Miene der Eingeweihten) sagt zu einer frischgebackenen Adoptivmutter:

> Sie hätten sich mal besser auf ein eigenes Kind geduldet, ich sag Ihnen, das ist viel schöner. Sind sie denn sicher, dass Sie dieses Kind so lieben können wie ein eigenes?

Hier wird offen ausschließlich eine biologisch fundierte Elternschaft als Maßstab für Elternschaft und Elternliebe dargestellt. Auch in der Bemerkung eines Vaters von fünf Kindern zu einer Adoptivmutter „Dir fehlt einfach der richtige Mutterinstinkt", wird vorausgesetzt, dass Elternschaft und die Ausbildung von ‚Elterninstinkt' an Schwangerschaft gebunden ist. Am deutlichsten ist die Bemerkung: „Wer nie Wehen hatte, hat keine Ahnung von Mutterschaft".

Doch die Vorurteile gegenüber Adoptivelternschaft betreffen nicht nur die Qualität der Mutter- oder Elternschaft, sondern beziehen sich auch auf die Herkunftseltern des Kindes, auf die Kinder selbst oder auf das Adoptionsgeschehen. Der Vollständigkeit halber seien hier kommentarlos noch einige weitere Reaktionen angeführt. Diese Äußerungen lassen relativ unzensiert Vorurteile, Auffassungen und Meinungen zum Problemkreis Adoption aufblitzen. Es geht hier um Vorurteile, die oft gar nicht bewusst sind, manchmal auch gar nicht böse gemeint sind und unbedacht geäußert werden. Sie entstammen aus einer Sammlung von Vorurteilen aus den letzten 20 Jahren. Aufgrund solcher Zeugnisse können gängige Normalitätsvorstellungen eruiert werden.

Wenn ein dreißigjähriger Akademiker beim Anblick eines drei Monate alten Kindes versonnen äußert „So etwas möchte ich auch einmal auf dem Müll finden", so verrät diese Äußerung ein Vorurteil gegenüber dem Adoptionsgeschehen insgesamt. Die Äußerung geht davon aus, dass Kinder, die zu Adoptiveltern kommen, vorher ‚weggeworfen' wurden. Dies entspricht Selbstaussagen von Adoptierten aus den 50er Jahren, die sich selbst manchmal als ‚Müll' empfinden.[22]

Wenn ein fünfzigjähriger Akademiker, der gerade erfahren hat, dass seine Freunde ein Kind adoptieren, nachdenklich nachfragt: „Bekommt man denn beim Adoptieren auch etwas anderes als Prostituierten- und Syphilitikerkinder?", so wird aus dieser Frage schon klar, dass die Sicht auf Adoptionsvermittlung sehr eingeschränkt ist und die Kinder als sozusagen ausschließlich als Krankheitsträger wahrgenommen werden.

Ähnliches verrät die Äußerung eines Erwachsenen, dem beim Anblick eines fünfjährigen Jungen folgende Bemerkung entrutscht: „Ich wusste gar nicht, dass man auch so hübsche Kinder adoptieren kann." Hier wird vermutet, ein angenommenes Kind müsse hässlich sein, sonst wäre es wohl nicht ‚weggegeben' worden. Die Notsituation der Herkunftsmutter wird dadurch bagatellisiert. Ein ähnliches Vorurteil, das Adoption und Schönheit in einen Zusammenhang bringt, verrät auch der Ausruf beim Anblick eines Babys: „Wie kann man so etwas Süßes auch nur zur Adoption freigeben?" Hier wird unterstellt, dass die in die Adoption einwilligende Mutter das Kind weggibt, wenn und weil es hässlich ist. Auch hier wird die Notsituation der Herkunftsmutter nicht zur Kenntnis genommen.

Kinder, die bei Adoptivfamilien aufwachsen, werden von anderen Kindern manchmal gefragt „Wie viel haben deine Eltern für dich bezahlt?" oder „Das ist ja gar nicht deine Mutter". Eltern von zwei russischen Kindern wurden gefragt: „Holen Sie jetzt ganz Russland?" Und die Mutter eines dunkelhäutigen Kindes wurde (in Anwesenheit ihres Kindes) gefragt: „Wie viel hat der Neger denn gekostet?"

Zum Schluss noch eine Äußerungen, die speziell die Qualität der Adoptivelternschaft in Frage stellt. Die Äußerung „Dann sind Deine Eltern ja gar nicht deine richtigen Eltern" kann nur sinnvoll beantwortet werden mit dem Hinweis auf eine doppelte Elternschaft. Solche Diskreditierungen ermöglichen es nicht mehr, die eigene Normalität nach dem Schema „auch wir sind eine normale Familie" herauszustellen, hier empfiehlt sich ein Stigmamanagement, das mehr darauf baut, eine als gegeben gesetzte Normalität in Frage zu stellen durch Erwiderungen, die zumindest deutlich machen, von welchen Vorannahmen gängige Normalitätsvorstellungen ausgehen. Hier sind längere Entgegnungen, Klärungen und Widerspruch angesagt.

IV. Adoption als Tabubruch

Menschen aus Adoptivfamilien sind in verschiedener Weise ‚diskreditierbar' in einer Umgebung, die nur ein biologisch fundiertes Familienmodell akzeptiert.

Diese Diskreditierbarkeit der Adoptivfamilie hat etwas mit dem Tabubruch und der Tabuisierung zu tun, die mit dem Adoptionsgeschehen verbunden sind. Ein Tabu bezieht sich auf einen Grundsatz oder auf eine Lebensmaxime, die nicht verletzt werden dürfen. Gemeinsame Tabus stabilisieren die Bezugssysteme von Menschen auch durch ihre emotionale Aufladung. Tabubrüche werden mit schweren Sanktionen belegt bis hin zum Ausschluss aus Gemeinschaften.

Die meisten Vorurteile gegen Adoptivelternschaft beziehen ihre primäre Stoßrichtung gegen den Tabubruch: Biologische Elternschaft darf und kann nicht willkürlich aufgelöst werden. Adoptionen kann es eigentlich nicht geben, Adoption kann nicht gelingen, weil nur die biologischen Eltern wirkliche Eltern sein können bzw. sollten. Adoptivelternschaft ist bloß künstliche Elternschaft und deshalb ohne wirkliches Fundament.

Der erste Tabubruch im Adoptionsgeschehen ist die Trennung der Herkunftsmutter vom Kind. Der Herkunftsmutter wird unterstellt, sie wolle das Kind nicht. Die Notsituation der Herkunftsmutter wird nicht beachtet, nicht zur Kenntnis genommen, und so kommt es zu Äußerungen:

1.) Eine richtige Mutter gibt ihr Kind nicht weg. Eine Mutter, die das tut, ist eine Rabenmutter. Eine Mutter verlässt ihr Kind nicht, man „gibt ein Kind nicht zur Adoption frei". Eltern haben immer und in jeder Lage für ihre Kinder zu sorgen.

Die Adoptionseinwilligung wird in unserer Gesellschaft als ein solcher Tabubruch gewertet.

Das zweite Tabu bezieht sich auf die unfreiwillig kinderlosen Adoptiveltern.

2.) Adoptiveltern sind unfruchtbar und können aufgrund von Instinktmangel ihre Kinder nicht ‚richtig' erziehen. Zu einem stummen Normalitätskatalog im Zusammenhang mit Elternschaft gehört: Wer ein Kind möchte, bekommt auch eins. Und sei es mithilfe der Kinderwunschmedizin. Kaum ein Paar rechnet mit ungewollter Kinderlosigkeit, obwohl viele davon betroffen sind. In vergangenen Jahrhunderten wurde ungewollte Kinderlosigkeit weitgehend tabuisiert und als Strafe Gottes betrachtet.

3.) Die Sanktionierung greift auch über auf das angenommene Kind. Tief verankert ist die Überzeugung: Bei einem angenommenen Kind wisse man nicht, was in ihm steckte, die Herkunftsgene könnten ‚durchbrechen' und den labilen Einfluss der sozialen Umgebung zunichte machen. Man denke hier z.B. an Heinrich von Kleists Novelle ‚Der Findling', in der deutlich gemacht werden soll, dass ‚fremdes Blut' zum Verbrechen führt.

Das Adoptionsgeschehen impliziert somit zunächst ein Außerkraftsein von selbstverständlichen und tief verwurzelten Normalitätsvorstellungen. Die Herkunftseltern, die in die Adoption ihres Kindes einwilligen, halten die Adoptionseinwilligung entsprechend auch danach oft ein Leben lang geheim. Die AdoptionsbewerberInnen wünschen sich ein Kind und eine Familie, für sie ist der Adoptionsweg oft zunächst ein Ausweg oder eine zweite Wahl.

Trotz alledem gelingen Adoptionen. Doch können wir erst dort wirklich von gelungenen Adoptionen sprechen, wo sich eine Notsituation für alle Beteiligten in eine neue Lebensmöglichkeit verwandelt. Der Scham über eine Notsituation wird ein Glück abgerungen, das vorausweist auf ein neuartiges Normalitätsgefüge. Erst wo das Außerkraftsein tief verwurzelter Normen zu neuen Formen der Normalität führt, zum Beispiel zur akzeptierten Situation, dass es möglich ist, Eltern zu sein von Kindern, mit denen keine genetische Verwandtschaft besteht. Und dass es möglich ist, in einer Notsituation einzuwilligen in die Adoption seines Kindes, ohne diskreditiert zu werden.

V. Familienleben mit doppelter Elternschaft als Prototyp für modernes Familienleben

Familienleben mit doppelter oder mehrfacher Elternschaft findet nicht nur in der Adoptivfamilie statt. Ähnliche Konstellationen und Kombinationen, d.h. Umformulierungen der bürgerlichen Kern-, Klein- und Abstammungsfamilie finden wir auch in den Patchworkfamilien (früher Scheidungsfamilien)[23], in Regenbogenfamilien[24], in Familiengründungen durch heterologe Insemination oder ähnliche Verfahrensweisen. Auch dort taucht oftmals die Frage nach den wahren Eltern auf – und meist wird die Elternschaft aufgegliedert in einen biologischen und in einen sozialen Part. Doch dieses reduktive Verfahren, das immer nur zu exklusiven Alternativen führt, kann nicht das letzte Wort sein. Wenn Herkunftselternschaft und Familienelternschaft sich vervielfältigen, ist die Reduktion auf ein ‚entweder biologisch' oder ‚sozial' keine Lösung, sondern führt gerade zur Unlösbarkeit und Unbeantwortbarkeit dringlicher Fragen wie „Wer ist jetzt der Vater?" Denn es gibt eben beispielsweise zwei Väter. Erst die Verdoppelung, erst das sich Einlassen auf ein Familienleben mit doppelter oder vielfältiger Elternschaft bietet lebbare Lösungswege.

Adoptivelternschaft als realisierte doppelte Elternschaft kann somit als Prototyp moderner Elternschaft und Familienbildung betrachtet werden. In der gesetzlich verankerten Inkognitoadoption ist eine radikale bzw. gesetzliche Trennung der verschiedenen Dimensionen biologischer und sozialer Verbindung gewissermaßen beabsichtigt und gesetzlich realisiert. Durch die Kritik an dieser radikalen Trennung, durch die Adoptiertenbewegung, durch Zusammenschlüsse von Herkunftseltern, durch Adoptivelternkreise und durch fortschrittliche Vermittlungsstellen wurde die Sicht auf ein mögliches Familienleben mit doppelter Elternschaft frei. Adoptivelternschaft ist prototypisch für moderne Formen von Elternschaft, da in der modernen Gesellschaft neue Formen der Gemeinschaft bereits gefunden und längst praktiziert werden, selbst wenn die Deutungsmuster und Normalitätsvorstellungen noch die alten sind.

Die Umformulierung vom biologischen Fundamentalismus zu vielfältigen Formen von Elternschaft bedeutet, dass die Gemeinschaft und Gemeinsamkeit einer Familie nicht mehr nur ausschließlich als naturgegeben betrachtet wird, sondern eine neue Phantasie im Umgang mit Gemeinschaftsbildungen sich entfalten kann. Wenn Familie als Gemeinschaftsstiftung sozial konstituiert wird und nicht ausschließlich durch ein biologisches Fundament zustande kommt, so müssen sich auch so genannte Abstammungsfamilien oder biologische Familien mehr überlegen und dürfen nicht mehr nur auf die Natur vertrauen. Neue Rituale von Zusammengehörigkeit, eine neue Bewertung von Wohngemeinschaften, Hausgemeinschaften, Nachbarschaften, Lebensgemeinschaften sind angesagt. Es zeigen sich Formen von neuartigen Großfamilien an. Die Möglichkeit einer familialen Zusammengehörigkeit jenseits der biologischen Verwandtschaft eröffnet sensationelle neue Wege. Jeder neue Weg impliziert auch Leiden, Verarbeitung von Leiden, Leidenschaft und die Fähigkeit, aus Nöten und Notsituationen erfinderisch zu werden. Jedes Kind (auch das leibliche) muss mindestens von einer Mutter, von einem Vater, von einer Gemeinschaft oder von einer Institution angenommen werden, damit es überleben kann und jedes Kind (auch das adoptierte) ist ein leibliches Kind.

Anmerkungen

1 Andrea Büchler: „Sag mir, wer die Eltern sind... Konzeptionen rechtlicher Elternschaft im Spannungsfeld genetischer Gewissheit und sozialer Geborgenheit", *AJP* 2004, S. 1184.
2 Johann Wolfgang Goethe: *Wahlverwandtschaften*, Tübingen 1809.
3 Mirjam Pressler: *Wenn das Glück kommt, muss man ihm einen Stuhl hinstellen*, Weinheim 2004.
4 Christa Hoffmann-Riem: *Das adoptierte Kind. Familienleben mit doppelter Elternschaft*, München 1985.
5 Vgl. Regula Giuliani: „Der verlorene Anfang. Gedanken zur Inkognitoadoption", in: *GZA-Rundbrief* 1/1999, S. 20-35.
6 Vgl. Regula Giuliani: „Mutter ohne Kind. Zum Verfahren der Inkognitoadoption", in: Meike Penkwitt (Hrsg.): *Freiburger FrauenStudien. Zeitschrift für interdisziplinäre Frauenforschung. Beziehungen*, Freiburg 2000, S. 125-144.
7 Vgl. hierzu auch Bundesarbeitsgemeinschaft der Landesjugendämter: *Empfehlungen zur Adoptionsvermittlung*, 4. neu bearbeitete Auflage 2003. (www.bagljae.de)
8 Vgl. Elisabeth Beck-Gernsheim: „Auf dem Weg in die postfamiliale Familie – Von der Notgemeinschaft zur Wahlverwandtschaft", in Elisabeth Beck-Gernsheim/Ulrich Beck (Hrsg.): *Riskante Freiheiten. Individualisierung in modernen Gesellschaften*, Frankfurt/M. 1994.
9 Vgl. Martin R. Textor: „Offene Adoption von Säuglingen", in: *Unsere Jugend*, herausgegeben von Vera Birtsch/Dieter Kreft/Roland Merten/C. Wolfgang Müller, München/Basel 1988, 40, S. 530-536.
10 In einem amerikanischen Kriegsroman *Journal for Margaret* (dt. *Ich adoptiere Margaret*, Ullstein-Verlag 1947) erzählt W. L. White, wie im Institut von Anna Freud in London deutsche Kriegswaisenkinder, die zu englischen und amerikanischen Adoptivfamilien kommen, auf Intelligenz getestet werden. Die klugen Kinder, die in den Tests gut abschneiden, finden zuerst ein Elternhaus. Die Tests bestehen z.B. darin, ein Dreieck mehrmals abzuzeichnen.
11 Die Auskünfte über die Auswahlkriterien der Ämter sind noch immer sehr spärlich. Zwar werden in Broschüren immer wieder die Richtlinien für die Adoptionen herausgegeben, aber es gibt wenige Berichte über die Vermittlungspraxis: wie, wann und warum welches Kind an wen vermittelt wird oder worden ist.
12 Gemäß der Theorie von Erving Goffman hat ein Individuum ein Stigma, wenn es in unerwünschter Weise anders ist, als wir es antizipiert hatten. Normal sind demgemäß diejenigen, die von den jeweils in Frage stehenden Erwartungen nicht negativ abweichen, d.h. Normale sind jeweils diejenigen, die in einer Gemeinschaft nicht auffallen.
13 Was die Namensgebung angeht, so erzählt eine Mutter nach der Entbindung ihres Kindes: „Das Schockierendste in der Kinderklinik war, dass mein Baby nach 10 Tagen noch keinen Namen am Bettchen stehen hatte. 10 Tage hat sie niemand mit ihrem Namen angesprochen. Ich musste darum bitten, ihn aufzuschreiben. Dabei fand ich heraus, dass

niemals jemand von der Frauenklinik den Namen durchgestellt hatte." – Die Namensgebung wurde jenen Müttern, die sich von ihren Kindern trennen, oft schwer gemacht. Dieser Mutter war zugesichert worden, dass sie ihrem Kind einen Namen geben darf, bevor es zu neuen Eltern kommt. Sie hatte aber durch ihre prekäre Lage keine Möglichkeit, diesen Namen auch „durchzusetzen", in: Evelyn Lindner: „Ja zur offenen Adoption – ein Erfahrungsbericht", in: *GZA-Rundbrief Nr. 3/96*, S. 6.

14 „Nach der Konzeption des Gesetzgebers soll mit der Adoption eines Kindes dessen Verwandtschaft und damit dessen private Rechtsbeziehung (einschließlich die seiner Abkömmlinge) zu seiner leiblichen Familie abgebrochen werden, soweit dies für die Gesellschaft tragbar ist. § 1755 I BGB spricht davon, dass das Verwandtschaftsverhältnis und die sich aus ihm ergebenden Rechte und Pflichten erlöschen." Vgl. Helga Oberloskamp: *Wie adoptiere ich ein Kind? Rechtliche Erfordernisse und Folgen, Kindesvermittlung, behördliches und gerichtliches Verfahren*, München 1980, S. 138. Vgl. auch: Wendels Claudia: *Mütter ohne Kinder. Wie Frauen die Adoptionsfreigabe erleben*, Freiburg 1998.

15 Vgl. hierzu: René A. C. Hoksbergen: „Adoptiveltern: Akzeptanz ihrer spezifischen Elternrolle", in: Harald Paulitz (Hrsg.): *Adoptionen. Positionen. Impulse. Perspektiven*, München 2000, S. 276f.

16 Zum Folgenden vgl. die Internetseite „Adoptivelternschaft" unter der Adresse: www.adoptivelternschaft.at.

17 Erving Goffman: *Stigma. Über Techniken der Bewältigung beschädigter Identität*, Frankfurt/M. 2003, S. 157.

Aus Sicht einer lebensweltphänomenologischen Soziologie ist Normalität ein Produkt der Intersubjektivität und stellt eine fundamentale Erfahrungs-, Wissens- und Organisationsform des alltäglichen Milieus dar, die wechselseitige Akzeptiertheit sichert. Normalität stellt so die Anschlussfähigkeit sozialer Handlungen her und ermöglicht die uneingeschränkte Reproduktionsfähigkeit gesellschaftlicher Systeme.

18 Sabine Posniak: *Salamibrot mit Senf*, Freiburg/Basel/Wien 1995, S. 5f.

19 Betty Joan Lifton: *Adoption*, München 1987, S. 25 f.

20 Christa Hoffmann-Riem: *Das adoptierte Kind. Familienleben mit doppelter Elternschaft*, München 1985, S. 11.

21 Auf das Bindungsverhalten speziell in Adoptivfamilien wird hier nicht genauer eingegangen. Vgl. hierzu z.B.: Edda Harms und Barbara Strelow (Hrsg.): *Das Traumkind in der Realität. Psychoanalytische Einblicke in die Probleme von adoptierten Kindern und ihren Familien*, Göttingen 1990.

22 Vgl. Roland Schärer (Hrsg.): *Adoptiert. Lebensgeschichten auf der Suche nach dem Anfang*, München 1991.

23 Eine Patchworkfamilie (von engl. *patchwork* = Flickenteppich) ist im Sinne des Wortes ein ‚Flickenteppich' aus mehreren verschiedenen Familien. Dieser relativ neue Begriff bezeichnet Familien, bei denen die Eltern ihre jeweiligen Kinder aus vorhergehenden Ehen oder Lebenspartnerschaften in die neue Beziehung eingebracht haben. Die Kinder einer Patchworkfamilie sind also nicht zwangsläufig biologische Verwandte. Dabei kann es sogar vorkommen, dass Kinder eines solchen Haushaltes mit keinem der beiden Elternteile biologisch

verwandt sind. Patchworkfamilien gab es zwar schon immer (wenn sich eine Witwe oder ein Witwer mit Kindern wieder verheiratete), das Phänomen hat jedoch in den letzten Jahren aufgrund der hohen Scheidungsraten in den westlichen Ländern an Bedeutung gewonnen.

24 Regenbogenfamilien werden Familien genannt, bei denen mindestens ein Elternteil in einer gleichgeschlechtlichen Partnerschaft lebt.

Literatur

Beck-Gernsheim, Elisabeth: „Auf dem Weg in die postfamiliale Familie – Von der Notgemeinschaft zur Wahlverwandtschaft", in: Beck-Gernsheim, Elisabeth/Ulrich Beck (Hrsg.): *Riskante Freiheiten. Individualisierung in modernen Gesellschaften*, Frankfurt/M. 1994.

Büchler, Andrea: „Sag mir, wer die Eltern sind... Konzeptionen rechtlicher Elternschaft im Spannungsfeld genetischer Gewissheit und sozialer Geborgenheit", *AJP* 2004, S. 1184.

Geller, Mechthild: *Biographien Erwachsener Adoptierter – Lebenserfahrungen, Lebensstrategien*, Westarp 1992.

Giuliani, Regula: „Der verlorene Anfang. Gedanken zur Inkognitoadoption", in: *GZA-Rundbrief* 1/1999, S. 20-35.

Giuliani, Regula: „Mutter ohne Kind. Zum Verfahren der Inkognitoadoption", in: Meike Penkwitt (Hrsg.): *Freiburger FrauenStudien. Zeitschrift für interdisziplinäre Frauenforschung. Beziehungen*, Freiburg 2000, S. 125-144.

Goethe, Johann Wolfgang: *Wahlverwandtschaften,* Tübingen 1809.

Goffman, Erving: *Stigma. Über Techniken der Bewältigung beschädigter Identität*, Frankfurt/M. 2003.

Harms, Edda und Barbara Strelow (Hrsg.): *Das Traumkind in der Realität. Psychoanalytische Einblicke in die Probleme von adoptierten Kindern und ihren Familien*, Göttingen 1990.

Hoffmann-Riem, Christa: *Das adoptierte Kind. Familienleben mit doppelter Elternschaft*, München 1985.

Hoksbergen, René A.C.: „Adoptiveltern: Akzeptanz ihrer spezifischen Elternrolle", in: Harald Paulitz (Hrsg.): *Adoptionen. Positionen. Impulse. Perspektiven*, München 2000, S. 249-307.

Lifton, Betty Joan: *Adoption*, München 1987.

Lindner, Evelyn: „Ja zur offenen Adoption – ein Erfahrungsbericht", in: *GZA. Rundbrief Nr. 3/96*, S. 6.

Lorenz, Konrad: „Das Gänsekind Martina", in: Renate Böhme/Katrin Meschkowski (Hrsg.): *Lust an der Natur*, München 1986, S. 24-32.

Oberloskamp, Helga: *Wie adoptiere ich ein Kind? Rechtliche Erfordernisse und Folgen, Kindesvermittlung, behördliches und gerichtliches Verfahren*, München 1980.

Posniak, Sabine: *Salamibrot mit Senf,* Freiburg/Basel/Wien 1995.

Pressler, Mirjam: *Wenn das Glück kommt, muss man ihm einen Stuhl hinstellen*, Weinheim 2004.

Schärer, Roland (Hrsg.): *Adoptiert. Lebensgeschichten auf der Suche nach dem Anfang*, München 1991.

Waldenfels, Bernhard: *Der Stachel des Fremden*, Frankfurt 1990.

Wendels, Claudia: *Mütter ohne Kinder. Wie Frauen die Adoptionsfreigabe erleben*, Freiburg 1998.

Textor, Martin R.: „Offene Adoption von Säuglingen", in: *Unsere Jugend*, herausgegeben von Vera Birtsch/Dieter Kreft/Roland Merten/C. Wolfgang Müller, München/Basel 1988, 40, S. 530-536

White, W.L.: *Ich adoptiere Margaret*, Berlin 1947.

Franziska Schößler

Gewalt in der bürgerlichen Kleinfamilie

Zum bürgerlichen Trauerspiel und zur Dramatik der Gegenwart

Zum Gegenstand werden im Folgenden die in der Literatur verhandelten Aggressionen und Übergriffe, die das familiale System strukturell produziert und Eltern zu Mördern ihrer Kinder, aber auch Kinder zu Mördern ihrer Eltern werden lassen. Vor allem das bürgerliche Trauerspiel, das im ersten Abschnitt dieser Ausführungen untersucht wird, arbeitet die tödlichen Gefahren und unerträglichen Paradoxien aus, die das Programm der bürgerlichen Kernfamilie seit dem 18. Jahrhundert produziert. Freilich ist diese drastische Zuspitzung der Familiendynamik auch dem Genre geschuldet, also dem Versuch, eine bürgerliche Tragödie zu schaffen, die Bürgerlichen jenseits der traditionellen Ständeregel Tragik- und Pathosfähigkeit ermöglicht.[1] Umgekehrt jedoch legt die neue Gattung die strukturelle Gewalt der sich zunächst im Symbolischen konstituierenden Familienordnung frei.[2] In den bürgerlichen Trauerspielen werden die Kinder von Beginn an als potenzielle Elternmörder beschworen – eine repressive Strategie, die die Heranwachsenden auf das bürgerliche Tugend- und Ehrsystem festlegt. Jedoch ist es dann der Vater, der sein Kind tatsächlich exekutiert – wohl in Erinnerung an den vormodernen Vater, der in einem nahezu rechtsfreien Raum über Leben und Tod seiner Kinder verfügen konnte. Die Tötung der Tochter, mit der die Stücke meist enden, erscheint dabei nicht als kausale Reaktion auf die unterstellten Aggressionen des Kindes, sondern wird durch äußere Geschehnisse motiviert.

Im 20. Jahrhundert – darauf wird der Fokus meines zweiten Abschnitts liegen – verschieben sich in dem familialen Gewaltszenario unter anderem die Geschlechterkoordinaten; auch das Mutter-Kind-Verhältnis wird nun als letales in Szene gesetzt, die Mutter wie die Tochter als Mörderinnen, als Täterinnen, imaginiert – auch deshalb, weil sich Autorinnen um die Jahrhundertwende im kulturellen Sektor platzieren und ihre Fantasien artikulieren. Diese Figuration, die Mütter und Töchter ins Zentrum der Mordgeschichten stellt, soll am Beispiel der Gegenwartsdramatik vorgeführt werden, genauer: am Beispiel von Elfriede Jelinek, die in ihren Dramen ein umfassendes historisiertes Spektrum intimer Gewalt entfaltet und den Elektra-Mythos als Erzählung eines zumindest fantasierten Muttermords ins Spiel bringt.

Behandelt werden also die gewaltvollen Visionen vom Anfang und Ende der bürgerlichen Familie, vom ausgehenden 18. und ausgehenden 20. Jahrhundert. Dass die Familie seit jeher als ein tendenziell rechtsloser Raum gilt, in dem sich Despotie nahezu unbelangt vom Rechtssystem, vom staatlichen Gewaltmonopol, behaupten kann, soll in einer Vorüberlegung verdeutlicht werden, der es nicht so sehr auf historische Kontinuität als vielmehr auf die Entfaltung einer Problemlage ankommt. Zahlreiche Studien halten fest,[3] dass Gewalt in Familien, wie sie seit den siebziger Jahren des 20. Jahrhunderts zunehmend – aufgrund der Frauenbewegung und der Kinderschutzbewegung – zum Gegenstand pädagogischer, soziologischer und psychologischer Untersuchungen, aber auch der Medien wird, dass also Gewalt in Familien aufgrund der notorischen Intimisierung des Binnenraums, die die internen Prozesse tabuisiert, nur schwer zu ahnden ist.

> Konflikte, Streit, körperliche Gewalt werden nach außen abgeschirmt, und es wird selbst dann noch ein intaktes Familienleben für die Umwelt vorgespielt, wenn die Familie bereits völlig zerstört ist.[4]

Der tabuisierte Intimraum ist auch gegenwärtig strafrechtlich kaum erreichbar. Aus juristischer Sicht kann davon gesprochen werden,

> daß die Gewalt zwischen Familienmitgliedern nicht nur die am weitesten verbreitete, sondern auch die sozial am wenigsten kontrollierte und in ihrer Häufigkeit und Schwere am stärksten unterschätzte Form von Gewalt [ist].[5]

Was die intime Gewalt unzugänglich macht, ist vornehmlich die Emotionalisierung der Familie, die seit dem 18. Jahrhundert vorangetrieben wird und die Isolation des Binnenraums, seine Abgrenzung von gesellschaftlich-öffentlichen Kontexten, intensiviert.

I. Familie und Recht – ein prekäres Verhältnis

Hannah Arendt führt in ihrer Studie *Vita activa* aus, dass die griechische Polis einen fundamentalen Unterschied zwischen öffentlich-politischer und privater präpolitischer Sphäre kannte, weil es in Letzterer allein um die Notwendigkeiten des Daseins ging, um Reproduktion und Nahrungssicherung.

Andere durch Gewalt zu zwingen, zu befehlen statt zu überzeugen, galt den Griechen als eine gleichsam präpolitische Art des Menschenumgangs, wie er üblich war in dem Leben außerhalb der Polis, also im Umgang mit den Angehörigen des Hauses und der Familie, über welche das Familienoberhaupt despotische Macht ausübte, aber auch in den barbarischen Reichen Asiens, deren despotische Regierungsform häufig mit der Haushalts- und Familienorganisation verglichen wurden.[6]

Wurde die Macht des Tyrannen im Politischen begrenzt, so war die Herrschaft des *pater familias*, „der wirklich dominus war",[7] uneingeschränkt. Zwang und Gewalt galten im *Oikos* als selbstverständlich, „weil sie die einzigen Mittel bereitstellen, um der Notwendigkeit Herr zu werden – z.B. durch die Herrschaft über Sklaven – und frei zu sein. Die Notwendigkeit, deren Zwang alle Sterblichen unterworfen sind, rechtfertigt die Gewalt".[8] Recht und Gesetz gab es mithin zwischen Sklaven und Herren sowie Familienmitgliedern nicht. Familiale Gewalt wurde erstmals 374 nach Chr. zu einem juristischen Gegenstand, als im Römischen Reich die bis dahin übliche und nicht geahndete Kindstötung als Mord bewertet wurde.[9] Anlass für die juristische Sanktionierung war der Bevölkerungsrückgang in Rom, also ein demografisches Argument. Die Rechtlosigkeit der Kinder entsprach dabei prinzipiell derjenigen von Frauen. In einem römischen Gesetzestext heißt es: „Der Ehemann hat das Recht, seine Frau zu züchtigen, zu verstoßen, zu töten und zu vergewaltigen"[10] – die Familienmitglieder galten als Sachwerte, als Eigentum. Noch im Mittelalter wurden illegitime Kinder (insbesondere Mädchen) üblicherweise umgebracht und der Kindsmord vor dem 16. Jahrhundert eher selten bestraft.[11]

Der lediglich skizzierte historische Kontext kann hier nicht weiter verfolgt werden. Wichtig ist jedoch für das bürgerliche Trauerspiel die strukturelle Änderung im 18. Jahrhundert, als sich der Intimraum – zunächst als kulturelle Symbolordnung – zu etablieren beginnt. Die Elternschaft wird stark aufgewertet, die Kindheit entdeckt und als eigenständige Lebensphase postuliert – dieser Prozess beginnt, so weist Philippe Ariès in seiner *Geschichte der Kindheit* nach, bereits im 17. Jahrhundert.[12] Zugleich werden wesentliche Funktionen der bürgerlichen Familie – Bildung und Arbeit – in den öffentlichen Raum ausgelagert,[13] Letztere jedoch nur in geringem Maße staatlich reglementiert, wie Jürgen Habermas in seiner Untersuchung zum *Strukturwandel der Öffentlichkeit* ausführt. Gearbeitet wird in den diversen Feldern des Wissens, insbesondere in den Humanwissenschaften, an der Konstitution eines innengeleiteten Menschen, der das Tugendsystem internalisiert und selbstverantwortlich agiert, wie Michel Foucault entwickelt hat. Das Rechtssystem – so dokumentiert insbesondere die rege Kindsmorddebatte – stellt entsprechend Psychen her, die auf Ehre und Tugend festgelegt sind.[14] Diese Diskussionen, die auch in die Literatur, vor allem in die Kindsmorddramen des 18. Jahrhunderts, Eingang gefunden haben, lassen zudem kenntlich werden, in welchem Maße sich der bürgerlich-intime Raum abschottet und der unmittelbaren juristischen Kontrolle auch weiterhin entzieht. Der Rechtsstaat versucht, Informanten und Kontrolleure wie Hebammen und Polizisten zu gewinnen, Agenten, die sich in der Nähe der Familie bewegen und unter anderem die Geheimhaltung von Schwangerschaften zu unterbinden vermögen. Auch die Eltern selbst werden zu Kontrollorganen. In einem Kurpfälzischen Edikt von 1767 heißt es zum Beispiel:

> Diesem [dem Kindsmord; F.S.] nun so viel immer möglich zu begegnen, wird (...) samt und sonders anbefohlen, daß wo dergleichen Weibspersonen sich bei ihnen [den Eltern; F.S.] aufhalten, und sie nur den mindesten Verdacht einer Schwängerung wahrnehmen, sie zu erst das Weibsbild darum befragen, durch

> gute Wort und Ermahnungen die Wahrheit zu erkundigen sich befleissen, wo diese aber entweder aus Schaam oder Vermessenheit ihren Fehler nicht eingestehen, sondern verdecken wollte; alsdann der Haus- oder Dienstherr, oder auch ein jeder, wer davon einige wahrscheinliche Kundschaft besitzet, einen Zweifelsanstand in geheim den Ortsvorstehern anzeigen, dieser hiernächst sich der Beschaffenheit unter der Hand verläßiger erkundigen, die geschwängerte Person zu sich kommen lassen, über alle und jede Umstände scharf examiniren, auch befindenden Dingen nach, selbige durch die beschwohrene Hebamme besichtigen lassen, und wann die Anzeig gegründet, den Bericht zum Amt erstatten, und der Person ihre Ehre und guten Nahmen nicht verunglimpfen solle.[15]

Bis das Rechtssystem eingreifen kann, bis es zur Anzeige kommt, müssen Privatpersonen agieren, bedarf es eines Spitzelsystems, weil sich die Familie der unmittelbaren Kontrolle durch das Recht entzieht. Heinrich Leopold Wagners Trauerspiel über die Kindermörderin Evchen wird deutlich machen, dass aufgrund dieser relativen Rechtsferne bei gleichzeitigem Kontrollversuch verhörähnliche Strukturen in der Familie entstehen, dass inquisitorisch Bekenntnisse und Beichten verlangt werden. Einen unmittelbaren Zugriff auf den Familienbereich hat das Rechtssystem nur in extremen Fällen wie bei Tötungsdelikten.

Auch in der Phase der Intimisierung der Familie bleiben die Kinder, obwohl sie als affektiver Gegenstand der Elternliebe entdeckt werden und die Familie insgesamt von einer Wirtschaftsgemeinschaft auf Emotionalität umgestellt wird, rechtloser Besitz der Eltern. Der körperlichen Züchtigung wird trotz der Bildungseuphorie im 18. Jahrhundert weiterhin ein zentraler Stellenwert eingeräumt.[16] Als um 1900 mit dem In-Kraft-Treten des Bürgerlichen Gesetzbuches das Züchtigungsrecht des Ehemannes gegenüber der Ehefrau fällt, bleiben Kinder von diesem gesellschaftlichen Schutz vor physischer Gewalt weiterhin ausgenommen.[17] Das Züchtigungsrecht wird bis weit in das 20. Jahrhundert hinein aufrechterhalten – allerdings in tabuisierter Form.

> Tabuisierung des familiären Innenlebens bei gleichzeitiger völliger Überforderung der emotionalen Möglichkeiten der Familie war somit der beste Nährboden für Gewalt.[18]

Auch heute noch erweist sich die strafrechtliche Verfolgung von familiären Gewaltdelikten als überaus schwierig. Vielfach werden Strafanzeigen nicht erstattet, und die Polizei kann lediglich die Funktion der Krisenintervention übernehmen. Zudem gelten Taten wie einfache und gefährliche Körperverletzung, Bedrohung oder auch Beleidigung als Privatklagedelikte,[19] wenn „der Rechtsfrieden über den Lebenskreis des Verletzten hinaus" nicht gestört wird.[20] Bei Privatklagen muss der Kläger selbst bei Gericht auftreten, muss auf polizeiliche und staatsanwaltliche Ermittlungen verzichten und mit der Übernahme der Verfahrenskosten oder mit der Niederschlagung des Verfahrens rechnen. Aus juristischer Perspektive wird entsprechend moniert:

Dieser Rückzug des Staates aus dem Strafverfolgungsmonopol im Bereich der Privatklagedelikte läßt natürlich auch die Erklärung zu, daß hier dem Verletzten eine – den Strafverfolgungsbehörden lästige – staatliche Aufgabe übertragen wird.[21]

Zudem wird ein Sühneversuch vor einem Schiedsgericht vorausgesetzt, das heißt das Opfer muss dem Peiniger erneut begegnen und sich mit ihm zu arrangieren versuchen. Der Jurist Gerd Theerkorn folgert:

> Mehr noch als bei dem Antragserfordernis zeigt sich somit bei den Privatklagedelikten, daß die ursprüngliche Intention des Gesetzgebers, auf bestimmte Straftaten im privaten Bereich nicht automatisch mit staatlicher Strafverfolgung reagieren zu wollen, für die Opfer von Gewalt im sozialen Nahraum geradezu zu einer Verweigerung der justiziellen Hilfe werden kann, weil diese Opfer die ‚Angebote' des Gesetzgebers (Antrag, Privatklage) nicht annehmen wollen oder können.[22]

Hinzu kommt, dass dem Strafrecht an der Verurteilung des Täters gelegen ist, nicht jedoch an einer Verbesserung derjenigen Konditionen, die die Aggressionen auslösen, zumal das juristische System das Phänomen der strukturellen Gewalt eher ausblendet. „Der Konflikt zwischen Täter und Opfer wird verwandelt in einen Konflikt des Täters mit der Rechtsordnung"[23] und auf diese Weise eine fragwürdige Komplexitätsreduktion vollzogen. Die Ineffektivität strafrechtlicher Interventionsmöglichkeiten, die vor allem auf die Befriedung der Rechtsordnung abzielen, wird im Zusammenhang von gewalttätigen Angriffen auf Kinder besonders problematisch. Das Strafrecht scheint also auch heute noch die komplexe Problemstruktur von Gewalttaten im sozialen Nahraum nicht parieren zu können. Um diesem Dilemma zu begegnen, wird die Zusammenarbeit zwischen Strafverfolgungsbehörden und Beratungs-, Hilfs- und Therapieeinrichtungen verstärkt. Gefordert werden zudem die Enttabuisierung familiärer Gewalt, eine Stärkung der Opfer und die Sensibilisierung der juristischen Instanzen.

Das Recht reicht also nur in geringem Maße in den familialen Raum hinein. Es ist nicht selbstverständlich, dass Gewalt im sozialen Nahraum geahndet wird, dass sich Opfer körperlicher oder struktureller Gewalt mithilfe des Rechtssystems zu schützen vermögen, zumal der Staat erst dann eingreift – so die juristische Formel –, wenn der „Rechtsfrieden über den Lebenskreis der Verletzten hinaus" gestört ist.

II. „Eltern"- und Kindermord in den bürgerlichen Trauerspielen

Entzieht sich der familiale Raum, der sich in der bürgerlichen Moderne zunehmend als intime Sphäre konstituiert, tendenziell dem strafrechtlichen Zugriff, so fungieren unter anderem die literarischen Produktionen als Medien, die das Unsichtbare, das gesellschaftlich Verborgene, die Intimität der Familie, sichtbar werden lassen und in umfassende regulierende Narrationen einbinden. Zusammen mit den Humanwissenschaften und dem Bildungssystem partizipiert die Literatur an demjenigen Diskurs, der seelische Innenräume, bürgerliche Psychen, produziert, indem die neue Familienordnung in ihren Gefährdungen und Problemen ausgelotet wird. Insbesondere die Fantasien der Übertretung, die den Innenraum nur scheinbar paradoxerweise regulieren und normalisieren, differenzieren die seelischen Strukturen aus, wie nicht zuletzt in den bürgerlichen Trauerspielen deutlich wird.

Dieses Genre[24] entwirft eine recht stereotype Konstellation mit klaren Determinanten, die die repressiven Abhängigkeitsverhältnisse in der bürgerlichen Familie freilegen.

1. Die Kinder gehören meist zum Selbst der Eltern, sind Teil ihrer Identität, sodass die Gleichsetzung von Kind und Besitz nahe liegt, wie sie beispielsweise in Schillers *Kabale und Liebe* ausgearbeitet wird. Der Besitzanspruch der Eltern führt aufgrund des vorherrschenden emotionalen Diskurses vielfach zu inzestuösen Begehrensstrukturen, wobei das Tugendethos die Integration des Kindes in das eigene Selbst verstärkt. Dieses Ethos, das die Physiognomie des Bürgertums konturiert, ist zugleich der neuralgische Ort, an dem sich die bürgerliche Lebenssphäre selbst zerstört.
2. Der kindliche Spielraum bzw. der Aktionsraum der Heranwachsenden wird durch Schuld und Gewissen massiv eingegrenzt. Die zentrale Strategie, die die Adoleszenten auf ein genehmes Verhalten festlegt, ist die Vision, andernfalls zum Elternmörder zu werden. Diese Drohung durchzieht die Dramen nahezu systematisch.
3. Meist sind es jedoch die Eltern bzw. der Vater, der zum Kindermörder wird. Angedeutet wird zudem das Gesetz der „sozialen Vererbung", wie es in der familiären Gewaltforschung propagiert wird, also das Gesetz, dass Kinder die erfahrene Gewalt weitergeben.

Väterlicher Besitzanspruch und das Phantasma des Elternmordes als Regulative des familialen Diskurses herrschen bereits in dem ‚ersten' bürgerlichen Trauerspiel Lessings, in *Miß Sara Sampson*. Sara trägt von Beginn an die seelische Last, eine Muttermörderin zu sein, weil die Mutter ihre Geburt nicht überlebt hat. Diese Bürde intensiviert die Vaterbeziehung, sanktioniert mögliche Übertritte und potenziert die Schuldgefühle. Dass es Schuld ist, die die familialen Bindungen produziert und intensiviert – diese psychoanalytische Erkenntnis formulieren die Trauerspiele avant la lettre. Sir William hingegen ist an seiner Tochter gelegen, weil er zu vereinsamen droht, weil er sie als Stütze seines Alters imaginiert. Gleich bei seinem ersten Auftritt verkündet er: „Ich kann sie länger nicht entbehren; sie ist die Stütze meines Alters, und wenn sie nicht den traurigen Rest meines Lebens versüßen hilft, wer soll es denn thun?"[25] Die Kinder erscheinen als ökonomische wie emotionale Altersvorsorge der Eltern, und sie sind psychischer Bestandteil der Elternidentität, wie auch in Lessings *Emilia Galotti* deutlich wird. Die Tochter Emilia ist hier, ähnlich wie in *Miß Sara Sampson*, ‚Abgott' des Vaters und Teil seines Selbst. Galotti erklärt, als ihm seine Frau Claudia von der Annäherung des Prinzen in der Kirche erzählt: „Das gerade wäre der Ort, wo ich am tödlichsten zu verwunden bin!"[26]

Das sich auf diese Weise andeutende Besitzverhältnis wird in Schillers *Kabale und Liebe* ganz offenkundig, denn hier kommt die Ökonomie als verborgene Kehrseite des Emotionalen und kommentierende Metapher ausdrücklich ins Spiel. Wie auch in *Der Hofmeister* von Jacob Michael Reinhold Lenz ist in Schillers Drama davon die Rede, dass die Tochter der „Abgott" des Vaters sei,[27] das heißt er beansprucht sie ausschließlich für sich, macht, als Luise ihren Selbstmord ankündigt, väterliche Besitzrechte geltend, und zwar in ökonomischer Metaphorik. Er erklärt, ähnlich wie der Vater Sampson: „Die Zeit meldet sich allgemach bei mir, wo uns Vätern *die Kapitale* zu statten kommen, die wir im Herzen unsrer Kinder *anlegten* – Wirst du mich darum *betrügen*, Luise? Wirst du dich mit dem *Hab und Gut* deines Vaters auf und davon machen? [Herv. v. F.S.]"[28] „Millers Sprache verrät die augenfällige Affinität seiner Moralvorstellungen zur Erwerbssphäre"[29]; seine Diktion, die den gesamten fünften Akt durchzieht, zumal es hier wirklich um Geld geht – Ferdinand überreicht dem Musikus eine Börse, mit der er „den dreimonatlangen glücklichen Traum von seiner Tochter" bezahlt[30] –, lässt kenntlich werden, dass die Tochter einem Besitz gleicht, der angeeignet oder getauscht werden kann, dass also das Possessivpronomen „meine Luise" ein besitzanzeigendes Fürwort in ganz buchstäblichem Sinne ist. Um diesen Besitz ringen Vater und Liebhaber mit ganz ähnlichen Ansprüchen. Der Vater, der seine Tochter vom Selbstmord abbringen will, stellt sie vor die Wahl: „Wenn die Küsse deines Majors heißer brennen als die Tränen deines Vaters – stirb!"[31] Und als Luise sich für ihn entscheidet (nur indirekt für das Leben), kommt es zu einem Bündnis zwischen Vater und Tochter, das einer Ehe in nichts nachsteht. „Luise (*nach einem qualvollen Kampf mit einiger Festigkeit*): Vater! Hier ist meine Hand! Ich will – Gott!"[32] Miller gebärdet sich entsprechend: „(*stürzt ihr freudetrunken an den Hals*): Das ist meine Tochter! – Blick auf! Um einen Liebhaber bist du leichter, dafür hast du einen glücklichen Vater gemacht. (*unter Lachen und Weinen sie umarmend*)".[33] Dass der Anspruch des Vaters dem des Liebhabers durchaus entspricht, belegt die identische Metaphorik ihrer Liebeselogen. Wie für Ferdinand ist Luise auch für den Vater der Inbegriff des Himmels: „Meine Luise, mein Himmelreich!"[34]

Dass der Besitzanspruch bzw. die ‚Affenliebe' zwischen Tochter und Vater konsequent auf den Inzest zuläuft, zumindest in einer psychoanalytischen Relektüre, zeigt sich in aller Deutlichkeit in Lenzens Drama *Der Hofmeister*, das die bürgerliche Familienkonstellation zur Groteske zuspitzt und die inzestuöse Struktur – Tochter und Vater bilden eine psychische Einheit – in einem drastischen Szenario freilegt. Gustchen ist aus dem Elternhaus geflohen und kommt bei einer alten Frau in völliger Armut nieder. Doch ein Traum vom Vater treibt sie aus dem Wochenbett, schickt sie auf die Suche nach ihm, bis sie vor Erschöpfung zusammensinkt.

> Gustchen (*liegend, an einem Teich mit Gesträuch umgeben*) Soll ich denn hier sterben? – Mein Vater! Mein Vater! gieb mir die Schuld nicht, daß Du nicht Nachricht von mir bekömmst. Ich hab meine letzten Kräfte angewandt – sie sind erschöpft – Sein Bild, o sein Bild steht mir immer vor den Augen! Er ist todt, ja todt – und für Gram um mich – (...) Ich komme, ja ich komme (*rafft sich auf und wirft sich in den Teich*).[35]

Ähnlich wie in *Miß Sara Sampson* wird die Bindung der Tochter an den Vater durch die Fantasie intensiviert, eine Vatermörderin zu sein – eine Vision, die hier bis zum Selbstmordversuch führt. Doch als sich Gustchen in den Teich stürzen will, erscheint der rettende (oder mit ihr untergehende) Vater. Der Major ruft: „Nach, Berg! Das ist der Weg zu Gustchen oder zur Hölle! (*springt ihr nach*)."[36] Die Vater-Tochter-Bindung wird mithin als Abhängigkeitsverhältnis kenntlich, das sich zwischen den extremen Polen Mord und Inzest bewegt. Der Besitzanspruch des Vaters legt die Beziehung inzestuös an, und etabliert wird zur Kontrolle der Tochter die regulative Fantasie, bei Übertretung der väterlichen Gesetze zur Vatermörderin zu werden.

Diese Drohung durchzieht die bürgerlichen Trauerspiele mit großer Rekurrenz. Auch in Wagners Drama *Die Kindermörderin* werden die potenziellen Übertretungen der Kinder mit drakonischen Gewissensqualen geahndet. Ähnlich wie Sara glaubt auch Evchen eine Muttermörderin zu sein, wobei diese Angst noch dazu durch kriminelle Vergehen gespiegelt und verstärkt wird. Frau Marthan, bei der die Schwangere untergeschlüpft ist, erzählt die Geschichte eines Muttermörders, der sich durch Selbstmord dem strafrechtlichen Urteil entzogen hat. Dieses wird jedoch nachträglich an seinem leblosen Körper vollzogen – der Tote wird durch die Stadt geschleift: „Der Kopf plozte hinten auf den Steinen auf, daß mans nit mit ansehn konnte",[37] so erzählt Frau Marthan in aller Drastik. Dieser Bericht wird deshalb integriert, weil er das Schicksal Evchens (scheinbar) spiegelt – auch Evchen fürchtet, eine Elternmörderin zu sein. Stirbt ihre Mutter dann tatsächlich vor Gram, so wird das Geschehen über den Vergleich zu einem aktiven physischen Mord stilisiert, wo es doch um innerliche Prozesse geht, und das Vergehen der Tochter wird kriminalisiert, der Heranwachsenden als Tat überantwortet, wo die Mutter an ihren eigenen Ehrvorstellungen stirbt.

Die bürgerliche Ideologie – so legen zumindest die Trauerspiele nahe – richtet, um den familialen Binnenraum zu pazifizieren und zu kontrollieren, um vor Übertretungen zu schützen, die abschreckende Vision des Elternmords auf, die die Kinder durch potenzielle Schuld diszipliniert. Die Familie als mehr oder minder rechtsfreier

Raum wird vornehmlich über internalisierte Handlungsmaximen, über Gewissen und Schuld organisiert und entwickelt quasi-juristische Verfahren. Bezeichnend für Wagners Drama ist nämlich, dass *eine* kommunikative Form die intime wie öffentliche Sphäre durchzieht, und zwar das Verhör, das Geständnisse abverlangt. In der juristischen Sphäre hat der Delinquent zu gestehen, notfalls unter Folter, die die Fausthämmer der Magd der Familie androhen, und auch im familialen Bereich werden Geständnisse abgerungen. Im vierten Akt, der Evchens Flucht vorausgeht, fordert der cholerische Vater die vorbehaltlose Offenheit seines Kindes ein, wie die Mutter der verzweifelten Tochter überbringt:

> Noch an der Trepp aber hat er sich heilig vermessen, wenn er zurück käm, und du den Kopf noch so hiengst, und ihm die Ursache nicht gestehn würdest, so wollt er dich nicht mehr für sein Kind erkennen.[38]

Auch im privaten Raum herrscht der Zwang zum Geständnis, weil allein auf diese Weise die Innenräume der Subjekte kommunikativ zugänglich und damit kontrollierbar werden, weil sich die Familie allein auf diese Weise zu regulieren vermag. Die bürgerliche Geständniskultur, die Rousseaus *Bekenntnisse* initiieren, gleicht einem inquisitorischen Verfahren, einem strafrechtlichen Verhör; im nahezu rechtsfreien Raum der Familie entstehen quasi-juristische Kontrollstrategien.

Die Rekurrenz des (imaginierten) Elternmordes im bürgerlichen Trauerspiel lässt also deutlich werden, dass die Beziehung zwischen patriarchaler Macht und Kindern in hohem Maße prekär ist, und dass die bürgerliche Familie extremer Formen der (innerlichen) Regulierung bedarf, die brisanterweise auf den Gewaltexzess, auf den Mord, bezogen sind. Gewalt und Mord gehören als hoch sanktionierte, gleichwohl evozierte Fantasien zu den zentralen Domestikationsstrategien der Familie; der Verstoß gegen das väterliche Gesetz wird als Vater- oder Muttermord codiert,[39] der als permanente Drohung die kindlichen Psychen im Bann hält.[40]

III. Die tötende Mutter und der Krieg im Großen

Im 20. Jahrhundert rücken neue Gewaltformen der Familie in den Blick, allen voran im Kontext der Mutter-Tochter-Konstellation – im bürgerlichen Trauerspiel wird die Mutter nahezu vollständig marginalisiert und meist als degoutante Kupplerin diffamiert. Ließe sich für das 20. Jahrhundert eine Vielzahl an Texten heranziehen, die die Rache der Töchter und die tödliche Liebe der Mütter ausarbeiten, so eignet sich Elfriede Jelineks *Sportstück* in besonderem Maße, weil das Drama, einem Archiv ähnlich, diverse historische Gewaltformen des Familialen überlagert. Zudem attackiert Jelinek den sakrosankten Muttermythos, indem die Mutter als *tötende mater potestas* agiert – ein offensives Gegenbild zum Gewaltmonopol des Vaters. Und die Autorin vernetzt die Erziehung zur emotionalen Regression, wie sie in der bürgerlichen Familie gemeinhin stattfindet, mit großen obszönen Gewaltformen.

Für Jelinek hat jede Form intimer Gewalt unübersehbare Konsequenzen für den „Rechtsfrieden" des öffentlichen Systems. Im *Sportstück* geht es zum einen um das Delikt kollektiver Gewaltverbrechen, um Makrokriminalität, also um Morde, die gemeinschaftlich begangen werden. Zum anderen entfaltet Jelinek private Gewaltszenarien und verknüpft diese mit den öffentlichen Eskalationen, ähnlich wie es Sarah Kane in ihren Stücken unternimmt. Von Beginn an wird im *Sportstück* die Mutter-Sohn-Konstellation, die affektiv besetzte Mutter-Sohn-Achse, als letale Strangulationsmaschinerie in Szene gesetzt. Die Rede der Mutter, die sich über die Abtrünnigkeit ihres Sohnes, über Seilschaften und Männerbünde, beklagt, weil diese die regressive Mutterbindung zerstören, ist bezeichnenderweise von Misshandlungen begleitet. Gleich auf den ersten Seiten heißt es:

> *Eine Frau, etwa Mitte Vierzig, und ein junger Sportler kommen herein und treten mit ihren Füßen ein Bündel auf dem Boden herum, sie werfen es einander zu, schlagen es auch mit Schlägern. – Das Bündel wird blutig.*[41]

Während dieser Aktion spricht die weibliche Figur:

> Ich fühle mich, als würde mir etwas aus der Hand gerissen, doch ich will ja alles tun, damit du glücklich wirst. Bitte lebe weiter bei mir und iß dein Essen! Lege dich ins Bett in deinem ehemaligen Kinderzimmer und schlafe nah der Wand, damit ich deine Atemzüge zählen und im Takt dazu kriegerische Konflikte überallsonst auf der Welt vermessen oder ablehnen kann, ohne vorher ihre Maße gekannt zu haben.[42]

Zwischen Mutter und Sohn besteht dasjenige Abhängigkeitsverhältnis, das die bürgerliche Kernfamilie *ab ovo*, ab etwa 1800, auszeichnet und das hier als Misshandlung kenntlich wird. Darüber hinaus verklammert Jelinek die Mutter-Sohn-Achse, die auf der Bindung sexueller Energien basiert, in Anlehnung an Wilhelm Reich – ein für die Autorin zentraler Denker – mit Nationalismus, Uniformismus und Autoritätsgläubigkeit, also mit einer öffentlichen Form von Gewalt. In Reichs *Massenpsychologie des Faschismus* heißt es:

> Wichtig ist (...), daß die sexuelle Hemmung das Mittel der Bindung an die autoritäre Familie ist, daß die Versperrung des Weges in die sexuelle Wirklichkeit die ursprüngliche biologische Bindung des Kindes an die Mutter und auch der Mutter an die Kinder zur unlösbaren sexuellen Fixierung und zur Unfähigkeit, andere Bindungen einzugehen, gestaltet. Im Kern der Familienbindung wirkt die Mutterbindung. Die Vorstellungen von *Heimat und Nation* sind in ihrem *subjektiv-gefühlsmäßigen* Kern Vorstellungen von *Mutter und Familie*. Die Mutter ist die Heimat des Kindes im Bürgertum, wie die Familie seine ‚Nation im kleinen' ist."[43]

Diesem Zusammenhang entspricht es, wenn die Rede der Mutter, die das Entkommen ihres Sohnes beklagt, mit Begriffen wie „Nation" und „Krieg" durchsetzt ist.[44] In Jelineks Montage werden der kriegerische National- und der emotionale Familiendiskurs eng miteinander verklammert, weil beide Bereiche imaginativ aufeinander zugeschnitten sind und Gewaltformen generieren bzw. prozessieren.

Die Tödlichkeit der Mutter-Sohn-Beziehung, die der emotionale Diskurs ebenso verschleiert wie produziert, wird über das traditionsreiche Pietà-Motiv veranschaulicht, das noch dazu die Idolisierung der Mutter zur (unbefleckten) Maria aufruft. Es heißt im Nebentext des ersten „Zwischenberichtes":

> *Ein erleuchteter Heiligenschein tut sich auf. Darin eine Art Pietà: Die alte Frau sitzt in altmodischer Unterwäsche, Combinaige, Gesundheitsschuhe, etc. auf einem Stuhl und hat den Leichnam ihres Sohnes Jesus, hier immer Andi genannt, der im Bodybuilderhöschen ist, auf ihren Schoß gebreitet. Er kann aber auch als Säugling verkleidet sein.*[45]

Die topische Marienfigur, der das Bild der ‚weißen Schwester', der Frau als Krankenschwester, einmontiert ist, erscheint als Herrin über Leben und Tod, ist eine *mater potestas* im Zeitalter der Intimität und der Psychoanalyse. Sie stranguliert mit anderen Mitteln als der *pater potestas* der bürgerlichen Trauerspiele, mit Fürsorge und Regression. Die Abhängigkeit von Mutter und Sohn als Grundfigur des bürgerlichen Familienmodells, das in den bürgerlichen Trauerspielen allerdings noch nicht verhandelt wird, nimmt dem Kind das Leben, nicht zuletzt dadurch, dass auf die Gewalt des öffentlichen Lebens vorbereitet und Autoritätshörigkeit eingeimpft wird.

Darüber hinaus implantiert Jelinek in ihr Familienszenario, das von der Antike bis zu nachbürgerlichen Formen reicht, einen Mythos, der die Tochter als Muttermörderin imaginiert – den Mythos von Elektra, die sich noch dazu der Mutterschaft verweigert. Sie will nicht den Gang ‚des Gewöhnlichen' gehen; in einem Streitgespräch zwischen Chrysothemis und Elektra aus Hofmannsthals Bearbeitung wird Mutterschaft mit Vergessen gleichgesetzt, mit dem Vergessen des Meuchelmords am Vater. Chrysothemis wünscht sich:

> Ich will empfangen und gebären Kinder, / die nichts von diesem wissen, meinen Leib / wasch ich in jedem Wasser, tauch mich tief / hinab in jedes Wasser, alles wasch ich / mir ab, das Hohle meiner beiden Augen / wasch ich mir rein – sie sollen sich nicht schrecken, / wenn sie der Mutter in die Augen schaun![46]

Elektra hingegen distanziert sich ausdrücklich von diesem „Weiberschicksal" und von dem Wunsch nach Unwissenheit: „Vergessen? Was! bin ich ein Tier? vergessen?"[47] Führt Jelineks Stück ikonisierte Mutterschaft und die Mutter-Sohn-Achse als ideologische Fundamente bürgerlicher Kriegs- und letaler Regressionsformen vor, so wird die Demontage des Mutter-Mythos über die Elektra-Figur fortgesetzt. Diese Gegenerzählung zum Ödipus-Mythos imaginiert die Tochter als Mörderin der Mutter, überträgt die familialen aggressiven Energien auf diese Achse und kündigt den sakrosankten Muttermythos auf.

Allerdings schleicht sich mit dieser Konfiguration in Jelineks Kosmos wieder ein, was bereits die bürgerlichen Trauerspiele fantasiert hatten, nämlich die affektivinzestuöse Bindung von Vater und Tochter. Will Elektra ihren Vater rächen, so ist auch Elfi Elektra im *Sportstück* auf der Suche nach ihrem verschwundenen Vater – ein idiosynkratischer, biografisch gestützter Mythos in Jelineks späterem Werk, der sich zunehmend durchsetzt. In der Schlusssequenz des *Sportstücks* verschmilzt der getötete König Agamemnon mit dem internierten Vater, von dem nichts als eine Spur bleibt. „Die Spur von dir als ein Mensch fehlt, und nur die Spur deiner Vernichtung ist dageblieben".[48] Die Beziehung zwischen Tochter und Vater wird phantasmagorisch aufgeladen und gegen die letale Mutter-Kind-Konstellation gesetzt.

IV. Schluss

Die bürgerlichen Trauerspiele entfalten also ein weites Spektrum familialer Gewalt, in dem sich auch die Literatur des 19. und 20. Jahrhunderts bewegen wird. Die Dramen von Lessing, Schiller, Wagner und Lenz arbeiten dabei der Isolation des bürgerlichen Binnenraums zu, doch profilieren zugleich die fatalen Effekte dieser Schließung der Familie zum hermetischen Kosmos, die die aufbrechende Gewalt potenziert. In der Dramatik der Gegenwart hingegen, in der sich auch die Geschlechterkoordinaten des ‚Aggressionsspiels' ändern, werden intime und öffentliche Gewaltformen verknüpft sowie ihr Bedingungsgefüge vorgeführt – das gilt für die Dramen von Elfriede Jelinek ebenso wie die von Marlene Streeruwitz und Sarah Kane. Scheint die Gewalt im intimen Nahraum den öffentlichen Rechtsfrieden nur selten zu gefährden, entzieht sich die familiale Aggression tendenziell dem juristischen System, so verklammern die Dramen der genannten Autorinnen konsequent den Intimraum mit den großen Systemen Nation und Staat. Kane bezeichnet die Gewalttaten im Privaten als den Keim, als den Samen, der im Krieg zum Baum wird. In einem Interview erklärt sie: „‚[O]ne is the seed and the other is the tree'. I do think that the seeds of full-scale war can always be found in peace time civilisation."[49] Die scheinbare Grenze zwischen alltäglicher Gewalt in der Familie und ihrer gesteigerten, obszönen Form im öffentlichen Raum wird also gesprengt,[50] der Mythos vom abgekoppelten Familienraum destruiert, dem nicht zuletzt die bürgerlichen Trauerspiele zugearbeitet hatten. Die Gewalt zwischen Kindern und Eltern bildet mitnichten – so führen die hier behandelten Gegenwartsdramen vor – ein geschlossenes System, sondern ist von öffentlichem Interesse, geht in jedem Fall über den „Lebenskreis des Verletzten hinaus".

Anmerkungen

1 Vgl. dazu Franziska Schößler: *Einführung in das bürgerliche Trauerspiel und das soziale Drama*, Darmstadt 2003.
2 Vgl. zu einer ersten Orientierung in der weitläufigen Familienforschung Werner Conze (Hrsg.): *Sozialgeschichte der Familie in der Neuzeit Europas*, Stuttgart 1978; Heidi Rosenbaum: *Formen der Familie. Untersuchungen zum Zusammenhang von Familienverhältnissen, Sozialstruktur und sozialem Wandel in der deutschen Gesellschaft des 19. Jahrhunderts*, Frankfurt/M. 1982; Günter Saße: *Die aufgeklärte Familie. Untersuchungen zur Genese, Funktion und Realitätsbezogenheit des familialen Wertsystems im Drama der Aufklärung*, Tübingen 1988.
3 Vgl. dazu Bundesministerium für soziale Sicherheit und Generationen (Hrsg.): *Gewalt in der Familie. Gewaltbericht 2001. Von der Enttabuisierung zur Professionalisierung*, Wien 2001; Dies.: *Gewalt in der Familie. Gedanken und Erfahrungen von Vertretern aus Wissenschaft und Praxis*. Beiträge zum 5. Potsdamer Kolloquium am 6. und 7. Mai 1999, Potsdam 1999.
4 Christian Büttner/Hans Nicklas u.a.: *Wenn Liebe zuschlägt. Gewalt in der Familie*, München 1984, S. 19.
5 Gerd Theerkorn: *Gewalt im sozialen Nahraum. Bericht über ein Forschungsprojekt zur Einführung einer „Beratungsauflage" als Leistung zur Wiedergutmachung im Sinne von § 153a Abs. 1 Nr. 1 StPO*, Frankfurt/M. 1995, S. 15.
6 Hannah Arendt: *Vita activa oder Vom tätigen Leben*, München 8. Aufl. 1996, S. 37.
7 Ebd., S. 38.
8 Ebd., S. 41.
9 Bundesministerium für soziale Sicherheit und Generationen (Hrsg.): *Gewalt in der Familie. Gedanken und Erfahrungen von Vertretern aus Wissenschaft und Praxis. Beiträge zum 5. Potsdamer Kolloquium am 6. und 7. Mai 1999*, Potsdam 1999, S. 20.
10 Zitiert nach ebd.
11 Christian Büttner/Hans Nicklas u.a, München 1984, S. 34.
12 Philippe Ariès: *Geschichte der Kindheit*, München 1975.
13 Vgl. Hannah Arendt: *Vita activa oder Vom tätigen Leben*, München 8. Aufl. 1996, S. 73f.
14 Vgl. dazu Harald Neumeyer: „Psychenproduktion. Zur Kindsmorddebatte in Gesetzgebung, Wissenschaft und Literatur um 1800", in: Roland Borgards/Johannes Friedrich Lehmann (Hrsg.): *Diskrete Gebote. Geschichten der Macht um 1800. Festschrift für Heinrich Bosse*, Würzburg 2002, S. 47-76.
15 Zitiert nach ebd., S. 66f.
16 Bundesministerium für soziale Sicherheit und Generationen (Hrsg.), Potsdam 1999, S. 93f.
17 Vgl. ebd., S. 22.
18 Zitiert nach ebd., S. 94.
19 Gerd Theerkorn, Frankfurt/M. 1995, S. 17f.
20 Zitiert nach ebd., S. 17.
21 Ebd., S. 18.
22 Ebd., S. 19f.
23 Ebd., S. 23.
24 Vgl. zur weitläufigen Forschung über das bürgerliche Trauerspiel die kommentierte Bibliographie bei Franziska Schößler: *Einführung in das bürgerli-*

che Trauerspiel und das soziale Drama, Darmstadt 2003, S. 139f.
25 Gotthold Ephraim Lessing: *Miß Sara Sampson. Ein Trauerspiel in fünf Aufzügen*, in: Ders.: *Werke*, hrsg. v. Herbert G. Göpfert, München 1971, S. 9-100, S. 14.
26 Gotthold Ephraim Lessing: *Emilia Galotti*, in: Ders.: *Werke und Briefe in 12 Bänden*, Bd.: *Werke 1770-1773*, hrsg. v. Klaus Bohnen, Frankfurt/M. 2000, S. 291-371, S. 313.
27 Friedrich Schiller: *Kabale und Liebe. Ein bürgerliches Trauerspiel* (Erstausgabe 1784), in: Ders.: *Werke und Briefe in zwölf Bänden (BDK)*, Bd. 2: *Dramen I*, hrsg. v. Gerhard Kluge, Frankfurt/M. 1988, S. 561-677, S. 655.
28 Ebd.
29 Andreas Huyssen: *Drama des Sturm und Drang. Kommentar zu einer Epoche*, München 1980, S. 216.
30 Friedrich Schiller, Frankfurt/M. 1988, S. 665.
31 Ebd., S. 657.
32 Ebd.
33 Ebd.
34 Ebd.
35 Jacob Michael Reinhold Lenz: *Der Hofmeister oder Vortheile der Privaterziehung. Eine Komödie*, in: Ders.: *Werke in 12 Bänden. Faksimiles der Erstausgaben seiner zu Lebzeiten selbstständig erschienenen Texte*, Bd. 3, hrsg. v. Christoph Weiß, St. Ingbert 2001, S. 106f.
36 Ebd., S. 107.
37 Heinrich Leopold Wagner: *Die Kindermörderin. Ein Trauerspiel*, hrsg. v. Jörg-Ulrich Fechner, Stuttgart 1969, S. 76.
38 Ebd., S. 47.
39 Das ebenso nachdrücklich gefürchtete wie beschworene Phantasma des Elternmordes wird im 20. Jahrhundert in literarischen Texten mit Nachdruck umgesetzt. Zum einen entdeckt die Psychoanalyse das Kind als Täter, als ‚Ödipus' – eine Zuschreibung, die Alice Miller mit Nachdruck kritisiert und die Begehren und Mord eng miteinander verschaltet. Zum anderen artikulieren sich die Revolutionsfantasien des Expressionismus über das beliebte Motiv des Vatermordes, das beispielsweise Arnolt Bronnen, Walter Hasenklever und Reinhard Johannes Sorge zum Thema machen. Die Söhne vollziehen das, was die bürgerlichen Trauerspiele als größten Angriff auf die Ordnung beschworen und zugleich zur Sicherung dieser Ordnung eingesetzt hatten.
40 Die letale Familienkonstellation, die in einer Vielzahl der Trauerspiele herrscht, ruft umgekehrt die Sehnsucht nach Vergebung und Versöhnung auf den Plan, die zum Beispiel bei Lessing angeboten wird: In *Miß Sara Samson* will der Vater der Tochter verzeihen. In Lenz' *Soldaten* hingegen wird die Versöhnung übererfüllt und irrealisiert, bei Wagner dementiert.
41 Elfriede Jelinek: *Ein Sportstück*, Reinbek bei Hamburg 1998, S. 16.
42 Ebd., S. 21.
43 Wilhelm Reich: *Die Massenpsychologie des Faschismus*, 5. Aufl., Köln 1997, S. 70f.
44 Sie erklärt: „Deine Freunde, sie treiben ein loses Spiel mit sich, ohne Nachdenklichkeit, die ja auch nötig wäre. Also schweigst du jetzt, vergiltst Reife mit Unreife, sowie es auch die Nationen gewohnt waren, bevor sie sich vereinten, nur umso freudiger wieder übereinander herzufallen"; Elfriede Jelinek, Reinbek bei Hamburg 1998, S. 18f.
45 Ebd., S. 75.

46 Hugo von Hofmannsthal: *Elektra*, in: Ders.: *Gesammelte Werke. Dramen II: 1892-1905*, Frankfurt/M. 1979, S. 185-234, S. 196.
47 Ebd., S. 195.
48 Elfriede Jelinek, Reinbek bei Hamburg 1998, S. 185.
49 Zitiert nach Graham Saunders: „The Apocalyptic Theatre of Sarah Kane", in: Bernhard Reitz/Mark Berninger (Hrsg.): *British Drama of the 1990s*, Heidelberg 2002, S. 123-135, S. 125.
50 Vgl. dazu Anna Opel: *Sprachkörper. Zur Relation von Sprache und Körper in der zeitgenössischen Dramatik: Werner Fritsch, Rainald Goetz, Sarah Kane*, Bielefeld 2002, S. 136.

Literatur

Arendt, Hannah: *Vita activa oder Vom tätigen Leben*, München 8. Aufl. 1996.

Ariès, Philippe: *Geschichte der Kindheit*, München 1975.

Büttner, Christian/Nicklas, Hans u.a.: *Wenn Liebe zuschlägt. Gewalt in der Familie*, München 1984.

Bundesministerium für soziale Sicherheit und Generationen (Hrsg.): *Gewalt in der Familie. Gedanken und Erfahrungen von Vertretern aus Wissenschaft und Praxis*, Beiträge zum 5. Potsdamer Kolloquium am 6. und 7. Mai 1999, Potsdam 1999.

Bundesministerium für soziale Sicherheit und Generationen (Hrsg.): *Gewalt in der Familie. Gewaltbericht 2001. Von der Enttabuisierung zur Professionalisierung*, Wien 2001.

Conze, Werner (Hrsg.): *Sozialgeschichte der Familie in der Neuzeit Europas*, Stuttgart 1978.

Hofmannsthal, Hugo: *Elektra*, in: Ders.: *Gesammelte Werke. Dramen II: 1892-1905*, Frankfurt/M. 1979.

Huyssen, Andreas: *Drama des Sturm und Drang. Kommentar zu einer Epoche*, München 1980.

Jelinek, Elfriede: *Ein Sportstück*, Reinbek bei Hamburg 1998.

Lenz, Jacob Michael Reinhold: *Der Hofmeister oder Vortheile der Privaterziehung. Eine Komödie*, in: Ders.: *Werke in 12 Bänden. Faksimiles der Erstausgaben seiner zu Lebzeiten selbstständig erschienenen Texte*, Bd. 3, hrsg. v. Christoph Weiß, St. Ingbert 2001.

Lessing, Gotthold Ephraim: *Miß Sara Sampson. Ein Trauerspiel in fünf Aufzügen*, in: Ders.: *Werke*, hrsg. v. Herbert G. Göpfert, München 1971.

Lessing, Gotthold Ephraim: *Emilia Galotti*, in: Ders.: *Werke und Briefe in 12 Bänden*, Bd.: *Werke 1770-1773*, hrsg. v. Klaus Bohnen, Frankfurt/M. 2000.

Neumeyer, Harald: „Psychenproduktion. Zur Kindsmorddebatte in Gesetzgebung, Wissenschaft und Literatur um 1800", in: Roland Borgards/Johannes Friedrich Lehmann (Hrsg.): *Diskrete Gebote. Geschichten der Macht um 1800. Festschrift für Heinrich Bosse*, Würzburg 2002, S. 47-76.

Opel, Anna: *Sprachkörper. Zur Relation von Sprache und Körper in der zeitgenössischen Dramatik: Werner Fritsch, Rainald Goetz, Sarah Kane*, Bielefeld 2002.

Reich, Wilhelm: *Die Massenpsychologie des Faschismus*, 5. Aufl., Köln 1997.

Rosenbaum, Heidi: *Formen der Familie. Untersuchungen zum Zusammenhang von Familienverhältnissen, Sozialstruktur und sozialem Wandel in der deutschen Gesellschaft des 19. Jahrhunderts*, Frankfurt/M. 1982.

Saße, Günter: *Die aufgeklärte Familie. Untersuchungen zur Genese, Funktion und Realitätsbezogenheit des familialen Wertsystems im Drama der Aufklärung*, Tübingen 1988.

Saunders, Graham: „The Apocalyptic Theatre of Sarah Kane", in: Bernhard Reitz/Mark Berninger (Hrsg.): *British Drama of the 1990s*, Heidelberg 2002.

Schiller, Friedrich: *Kabale und Liebe. Ein bürgerliches Trauerspiel* (Erstausgabe 1784), in: Ders.: *Werke und Briefe in zwölf Bänden (BDK)*, Bd. 2: *Dramen 1*, hrsg. v. Gerhard Kluge, Frankfurt/M. 1988.

Schößler, Franziska: *Einführung in das bürgerliche Trauerspiel und das soziale Drama*, Darmstadt 2003.

Theerkorn, Gerd: *Gewalt im sozialen Nahraum. Bericht über ein Forschungsprojekt zur Einführung einer „Beratungsauflage" als Leistung zur Wiedergutmachung im Sinne von § 153a Abs. 1 Nr. 1 StPO*, Frankfurt/M. 1995.

Wagner, Heinrich Leopold: *Die Kindermörderin. Ein Trauerspiel*, hrsg. v. Jörg Ulrich Fechner, Stuttgart 1969.

Greta Olson

Reading and Writing Academically as a Mother[1]

I normally do not do this kind of writing. Eschewing the 'confessional' mode in any text that will extend beyond the reading circle of my friends and family, I am reluctant to believe that the relation of my subjective experience will be significant to an audience that goes beyond those who know me personally.

Particularly in my native America, where memoirs top the bestseller lists, the revelation of the personal is considered a mark of authenticity in popular literature as well as in criticism.[2] Critical writing often adopts the confessional mode, with authors using the personal voice to demonstrate greater investment in their subject matter.[3] In part this has resulted from identity politics or what has been more negatively called the 'Balkanization' of American society. More situated readings result from the decline of 'grand narratives' and the realization that all critical discourse is limited by individual perception. Awareness has grown that literary fiction and criticism are shaped by hegemonic cultural practices. Situated readings and personal criticism may then be more honest as well as cutting-edge. As an African American one knows more about the issues of color prejudice and racial profiling first hand and the multiple forms of gender and race prejudice with which black women contend. As a lesbian academic, one may be able to write in a more informed fashion about the issues of sexuality and gender in Jeanette Winterson's literature and the stylistics thereof.

While I appreciate these arguments, I feel uncomfortable with the assumption underlying them that personal comment invests critical writing with greater value. I generally avoid it. Yet the subject at hand is parenting in academe: specifically, how being a mother affects how I read certain texts and why combining primary parenting and academic work is so difficult, yet needs to be encouraged; the subject *is* personal. Thus you will find a surfeit of I's in the following. Nonetheless, I am wary of assuming a continuity of perception between myself and you, the reader.

I want to say something about what it is to read and write as a mother. I wish to address two types of activity: reading as a retributive or protective parent and the challenges of writing (academically) as a mother, and, more elusively, finding one's place in academe. In the first case, I write "parent" rather than mother, for I am reluctant to make my comments on reading too gender-specific or essentialist.[4] Both fathers who *do* act as primary parents as well as men who live out more traditional bread-winning roles have spoken to me of experiencing some of the breakdown of critical distance that I reflect on here. I write "mother" in the second case with reference to the socioeconomic reality of women being caretakers in most families and their suffering for this in academe; being the primary parent has large, detrimental effects on an academic's ability to gain a tenured position and win academic status. Yet it also brings, as I will argue, some tangible benefits, which the academe needs to cultivate.

I Reading as a Parent/Mother

For many, many years I have been in training to read critically. This process has occurred in many stages. During the course of my secondary education, I began to consult secondary literature in order not necessarily to better understand Melville's *Moby Dick* and Edith Wharton's *Ethan Frome*, typical challenging texts in an American high school curriculum, but to speak and write about literary fiction more in the manner my teachers did. This process was intensified during college, during which time theoretical readings on literature were used to explicate primary texts. Later, in preparation for writing a dissertation on reading fiction and memoirs as a way to better comprehend current American culture, I first tried to summarize in my own words the twentieth-century trends in critical theory that had determined how people read academically. I then tried on a variety of variously-shaped and colored theoretical glasses before deciding on the one pair whose lenses that would determine the way I viewed the subject matter. Before writing an essay about literature now, I first consider the theoretical standpoint to be taken. What will take this piece of writing beyond being an informed close reading and make it, hopefully, new and of interest to a larger audience? What will make it sell? All of this is a move, and an institutionally-condoned one, away from the way I, at least, used to read as a book-addicted child. Then when I read something I liked, whether of baby Babar's horrible loss of his elephant mother to a hunter, or a gender-bending fairy tale in which the heroine takes on the role usually preserved for the youngest son, I took on a version of the narrative voice that gave shape and substance to the storyworld; I began to tell my own experience to myself by using the words or tone of voice of whatever it was I was reading and found compelling.

Yet the more one reads and is taught how to read, the more one makes value judgments. No longer does one wish to or is one *able* to adapt the voice of all of the narrators one encounters. The more tools one has in one's reading armory, the more one becomes aware of what the text is doing and where it is 'weak': critical judgment begins to hold sway. The younger reader's identification with the figures in and behind the text disappears, and one begins to read as a critic, with a view to identifying what is most important about the work and why. Accordingly, one moves from relating reading experiences in the overtly subjective I voice to generalizing them in the impersonal third person.

However, my critically trained faculties as a reader are regularly overridden in response to one type of subject matter. This is in my reading narratives about the abuse and neglect of children. Here I find my affective response to be so powerful that I overlook formal or aesthetic considerations concerning the text. I read with dual vision, as a trained reader and as a mom.

Let me give some illustrative examples. After the birth of my second child, I initiated a reading group with two close friends. For me, the motivation was my sense of isolation and intellectual torpor during the year of my life in which I was most at home (with a newborn and a three-year-old), most domestic, and least able to take an active part in the public domain. This is a well-documented passage for many women; despite the real and myriad pleasures of mothering young children, one may feel – or I did – that one's personality as an adult has been stolen.

The reading group was there to help me overcome my sense of intellectual isolation, and my two friends, both doctoral students and passionate readers, to talk about the literature they were thinking about in more immediate, emotional ways than those encouraged at the university. As a first task, we composed a list of works we wished to discuss, featuring novels that had most affected us personally. For one of the women, this was Keri Hulme's *The Bone People* (1983). I will dwell on my reactions to this novel for some time in the following paragraphs, because they demonstrate a tension between the stance of critical distance and skepticism which I have learnt to maintain as a 'trained' reader and the sense of moral condemnation and fury I felt as, what I will call here, a retributive mother reader.

Featuring tensions between Maori and Pakehas in contemporary New Zealand (Pakeha is a term for New Zealanders of European descent), *The Bone People* concerns the figures of a reclusive artist named Kerewin, who identifies with her partially Maori ancestry, a Maori factory worker named Joe, and his adopted, seven-year old, white son Simon, who calls himself Clare. Joe loves his son. Nonetheless, he beats him repeatedly with excruciating, realistically portrayed brutality. Kerewin intervenes in this violence only after she has been unwillingly drawn into the boy's and his father's lives.

Having witnessed Joe 'discipline' his child with slaps and having seen Simon in a beaten state, Kerewin has not wanted to identify Joe as the source of the violence. However, their passionate and strained relationship has remained a mystery to her, as she thinks after the first time she has seen them together: "Why the wariness and drawn-eyed look of the child? Why the bitterness corrupting the man's face? And why, about all, the peculiar frisson of wrongness I keep getting from some of the conversation?"[5] For her, the revelation of the extent of the suspected brutality is sickening:

> From the nape of his neck to his thighs, and all over the calves of his legs, he is cut and wealed. There are places on his shoulder blades where the... whatever you used, you shit... has bitten through to the underlying bone. There are sort of blood blisters that reach round his ribs on to his chest.
> And an area nearly the size of my hand, that's as large part of the child's back damn it, that's infected. It's raw and swollen and leaking infected lymph.
> That was the first sign I had that something was wrong. Despite his soaked clothes, his T-shirt stuck to his skin.
> He didn't make a sound. All his crying was over.
> And he wouldn't meet my eyes.
> Somehow Joe, e hoa, dear friend, you've managed to make him ashamed of what you've done.
> Neat job.[6]

Kerewin, whose interior monologue takes place in Maori and English, interrupts her train of thoughts to address Joe directly as "you shit." She correctly surmises that Simon feels responsible for his being beaten. The reader, in turn, identifies with her shocked horror, her fury at Joe, and her pity for the child who has been hiding the source of his hurt since he has known her. Exhaustion, drunkenness and pain have caused him to let his body give testimony of the regular beating he must endure.

She decides against calling the welfare services and for ending the cycle of abuse by physically interrupting it. Through a fragile truce, it appears that Simon will then remain unscathed; Joe promises to never hit the boy again without Kerewin's explicit approval. Yet when the boy breaks her guitar because – the parent in me screams – he is traumatized by having seen a dead man and being expelled from school, Kerewin angrily tells Joe to beat him.[7] Told from Simon's perspective as he fights to remain upright and retain consciousness, this beating leads nearly to the boy's death, the cracking of his skull, his subsequent hospitalization in a coma, his loss of hearing, and permanent disfigurement.

Kerewin later acknowledges her guilt, saying that she began the assault by striking Simon, when he was pleading to be understood, and then berating him with words before telling his father to do the rest. As she tells Joe:

> You finished it, but I started it... if I had shown more understanding, he wouldn't have tried to start a fight with me. He wouldn't have gone away and vented his anger on the windows. He wouldn't have been picked up by the cops. He would have been home with you... point two, I started the next state too. I flayed him with words, and I've got a vicious tongue...[8]

I quite agree with the fictional Kerewin that she as the guardian against a perpetration of violence becomes its willing agent.

By contrast, what is difficult for me to believe is that the physical and psychological transformations that she and Joe subsequently go through are adequate "atonement" for the crime they have done to the child in their trust:[9] after their bloody separation, Joe attempts to commit suicide by jumping off a cliff in an isolated area, where his broken bones are healed by a Maori wise man; Simon/Clare awakens to the hospital world as a deaf mute, who hates the antiseptic care he receives and attempts to run away; Kerewin, in turn, suffers from stomach cancer in isolation, is visited by an androgynous healer, and survives to rebuild the Maori hall on her family's land.

At the end of the novel the three figures are reunited. Kerewin adopts Simon and marries Joe, so as to lend them the new anonymous identity that her name conveys. The reader is now able to comprehending the image of the protagonists' joyously walking down the street together, offered in the prolepsis at the beginning of the novel:

> They were nothing more than people, by themselves. Even paired, any pairing, they would have been nothing more than people by themselves. But all together, they have become the heart and muscles and mind of something perilous and new, something strange and growing and great.
> Together, all together, they are the instruments of change.[10]

The novel ends then in a great party around the rebuilt Maori hall: son Simon and father Joe are reunited in a loving embrace, Kerewin is taken into the bosom of her estranged family; Joe, too, is accepted by his family, despite the damage he has done his adopted son.

I could not accept this ending. I could not forgive Kerewin or Joe for the damage they had done to 'their' child, could not believe in the spiritual and physical renewal that they had undergone to allow them to transcend their roles as abusers. I was furious, furious at the obvious symbolism of the torturer's having his bones broken and healed, of the emotionally wounded woman's going through a pseudo-pregnancy and painful birth before she can nurture an abused child. I was angry at the book for suggesting that these broken adults might be trusted with the guardianship of a boy whom they had very nearly destroyed and have at any rate permanently maimed.

My education leads me to be guarded against so affective a response. Thus I consulted secondary literature about the novel's violence to discover that the founder of the Maori political party has reported that domestic abuse is an unfortunate characteristic of contemporary Maori life, a result of profound disenfranchisement and a wide-spread social problem that results from post-colonial stress. According to Tariana Turia, portrayals of this vicious violence as in *The Bone People* and *Once Were Warriors* demonstrate "[t]he externalisation of the self-hatred [among] the number of Maori who are convicted of crimes of violence and the very high number of Maori women and children who are the victims of violence."[11] Violence to the mute Simon, a Pakeha of noble Scottish ancestry, is then a reflection and an outgrowth of the violence done to the Maori and the difficulty of rendering this violence in words (cf., for instance, Holland). Accordingly, the book's violence may be viewed as a condemnation of current conditions as well as a vision of a healing process that must occur amongst the Maori before rampant domestic violence can be remedied. Hulme herself has complained that jail terms for child abusers are too short as compared to those who perpetrate property crimes.[12]

Thus seen, the novel's happy end is a reflection of Maori-inspired myth about destruction and renewal.[13] Violence here must be understood as a form of annihilation that must occur before the characters can take on new roles and a form of redemption may occur, like the image of the phoenix out of the flames. Simon/Clare may be seen as a sacrificial figure whose suffering brings about the redemption of those who have wronged him. Understanding the end of the novel to be mythic, one cannot then judge the events related there with realist moral standards. One needs then to accept that the genre changes in the course of the narrative.[14] As a non-Maori, a non-New Zealander, and a non-specialist on post-colonial fiction, I am, moreover, aware that my background may render me ill-equipped to pass judgment over the narrative's events.

But more preeminently, when I read the novel again in order to prepare for writing this essay, I see the boy's horrible visceral suffering. The novel is most successful in its portrayal of Simon/Clare's internal life and his mixture of perpetual emotional and physical pain, showing for instance, how he reflexively protects his face and body when he awakens, because he lives in constant anticipation of blows. After Joe has beaten him once (again), he asks the boy why he has not told Kerewin about their secret, and Simon replies in his wordless manner: "Because she'll know I'm bad, the boy mouths, and starts crying. Because she'll know I'm bad, he says it again and again, gulping miserably through the silent words. She'll know I'm bad."[15] Why should the boy not internalize the violence done to him, when Joe explicitly blames him for the so-called hurts he receives? The knowledge that Simon has been being abused all his life – we are told of the mysterious scars on his body that predated his being rescued by Joe – is likewise horrific. That his natural father, an addict, probably tortured him with needles and scissors – objects of which he is terrified – only adds to our image of Simon's abjection. He has learnt nothing else than that the person who cares for him will also inflict pain.

I believe that the boy would be in better hands were he to be adopted by another family. Simon/Clare is the powerless and literally voiceless individual here. The abuse of his guardians is an abuse of power. For me, Joe's broken arm is not enough, nor are Kerewin's broken guts. These individuals are not responsible enough to parent. I read as a retributive mother. I cannot escape my sense of condemnation of the guardians or anger at them for causing such damage. I scream, *j'accuse*.

My ambivalence concerning *The Bone People* vividly portrays conflicts between different reading roles. What of other reading experiences? I will name just one, more briefly. Recently, I read A. S. Byatt's *Babel Tower* (1996) with an interest in its substantial depictions of trials. Again, two kinds of critical facilities went to work. The practiced reader saw this third novel in a quartet concerning Frederica Potter, her family, and friends as an attempt by the author to offer an epic view of changes in British intellectual and social life. Taking place in the sixties, *Babel Tower* speaks to many of the contrary impulses of the times and manages to place issues concerning contemporary cultural and scientific debate squarely within the lives of its many characters. Preeminently, the novel features Frederica, a Cambridge-educated woman who has made an ill-advised marriage to a man with whom she had hoped to achieve Forsterian connection through sex. Problems arise when it becomes increasingly clear that Nigel can accept her only in quite narrow, traditional terms, as his devoted wife and the mother of their small son Leo: he refuses her requests to work or study, or even to occasionally leave their country home for London. Cutting off contact between her and her mostly male, mostly urban, intellectual friends of whom he is jealous, Nigel increasingly spends time away from home 'on business' and leaves the job of policing Frederica to his two tweedy, spinster sisters and capable housekeeper, who keep her covered with what has been aptly described as a "panoptical gaze."[16] This triad of women provides such a surplus of mothering to Leo that Frederica often feels redundant. Nigel becomes violent and his violence escalates as do Leo's fears for his mother, to culminate in Nigel's throwing an ax at Frederica. Subsequently, she runs away; and, discovering her flight, Leo insists on accompanying her. She goes into hiding in London and sues for divorce on the grounds of cruelty and adultery.

No small part of the ensuing novel then contains a record of the divorce and custody hearings, with Frederica's reflections on them interspersed throughout. These stand in parallel to another trial about the possible banning of a fictional novel within the novel named *Babeltower*. Objectively, I see that the novel describes changing sexual mores in the period it portrays by, for instance, depicting the disconnect between the judge's perception of how wives should behave and the reality of experience for Frederica and women like her. On this note, Frederica reflects after receiving a legal letter in which she is charged with frequent adultery: "It is the Swinging Sixties, but the courts are run by old men in eighteenth-century wigs, with nineteenth-century outward morals, and she will be pulped, mashed, humiliated, *destroyed*."[17] The novel then also comments on social constructions and expectations of motherhood. The court as well as Nigel and his family condemn Frederica's copious reading as a sign of her being an indifferent mother. Moreover, the courtroom is shown to be a place where masculinized justice may be abused to uphold the social status quo and punish non-conformists: Frederica loses the divorce case and very nearly custody of her son. And, as Mara Cambiaghi has pointed out, the trial scenes demonstrate how individual lives can be misrepresented in legal language.[18] The injustice of the law towards women and the less powerful is shown here in the judge's collusion with the husband, who is more like him in terms of class-origin, education, gender, and wealth.

Read with an eye to the debate on education reform that occurs in the novel, *Babel Tower* can also be understood as a meditation on changing ideas about how best to raise children. Nigel represents the voice of elitist male power rituals: he wants his son to go to an all-boy public school and to follow in his footsteps as patriarch in his manorial, rural home. Frederica, by contrast, wishes her son to remain with her in the unconventional, urban, matriarchal arrangement she has constructed with another highly educated, working single mother, who also sends her child to the local school.

What got me up in arms in my non-distant reading experience was Frederica's blindness to the stupidity of her actions given the adversarial nature of divorce law. She does not go to a doctor about her ax wound, when her face is also still bruised, and thus loses evidence for her divorce suit, as Nigel and his family testify that the event never occurred. The judge even suggests that the, in his eyes, overly-educated and overly-imaginative Frederica has invented this gothic scenario for the court's benefit. Although Nigel has infected her with a venereal disease and she cites this as grounds for suing him for adultery, Frederica, after a period of celibacy and healing, has sex with two men before the divorce trial. The somewhat Machiavellian Nigel has had Frederica's actions recorded by a private detective, and this too greatly weakens her case.

Let there be no mistake about it: I make no judgments about Frederica's sex life. No, what gets me is that as mother to a child who desperately wishes to live with her, she fails to protect him from patriarchal law by not watching her back. (Yes, I am critically aware of my in part culturally-constructed assumptions about how mothers SHOULD be).[19] Look, Frederica, the protective mother as reader in me says, keep your libido and loneliness under wraps until your boy is safely and legally yours, for this is what you must do when the well-being of a powerless individual is in your hands.

The figure of the reader as retributive and protective mother can be viewed in alternative ways. On one hand, it can be argued that the readings I have described are naively emotional, particularly when one recalls that the individuals described are textual constructions rather than actual people. On the other hand, one may say that the need to protect the less powerful becomes immediately pressing through the act of nurturing children and that this experience potentially alters the way we perceive and read. If part of literature's strength lies in its ability to confront readers with ethical dilemmas outside of the realm of their own experience, than reading can be a field for testing moral evaluations. For me, and I wish to restate that this is a personal response, reading *The Bone People* and *Babel Tower* has primarily been a confrontation with the enormous disservice, or – to use a more emotionally-charged word – crime parents and guardians do when they take more interest in their own needs than those of the children with whom they are entrusted. While comprehending critical arguments about the mythic quality of *The Bone People*, I persist in believing that the text is unethical, because it suggests that child abuse can not only heal disturbed adults but perhaps a whole community. In this line, one critical essay about the novel takes the to my mind obscene phrase "beneficial child abuse" as its title.[20]

How do I explain the force of my response to these works, the temporary overwriting of the well-rehearsed role as an objective, critical reader? I suspect that for many humans the love felt for the child one nurtures may be the first experience of caring for someone more than one's self; this love has nothing to do with having one's own attractiveness be mirrored in the desiring eyes of the beloved.[21] That moment of extreme vulnerability that is entailed in watching an initially defenseless baby make her way into the world is a lesson in the connectedness and fragility of human life. Witnessing the susceptibility of other individuals to pain, one recognizes that the sufferer is also someone's cherished, once defenseless child. A sense of responsibility for others expands beyond the family circle to those one does not know. Illustrating this process is what a befriended father told me about his visceral reaction to seeing images of tortured prisoners at Abu Ghraib. Superimposed upon the images of the Iraqi inmates being terrified by dogs, threatened with execution, or sexually humiliated by US soldiers, he saw the faces of his own two baby girls. His intensity of response to the pain of these men, his visualizing his daughters experiencing similar horrors, is, I believe, a frequent consequence of primary parenting. Thus I believe that my reading experience as a retributive and protective mother has less to do with my being a woman than with the humanizing experience of giving nurturance.

Let me be explicit: I am not making the simplistic argument that parenting is a necessary prerequisite to intense, empathetic responsiveness to the vulnerability of others. No. Rather, I wish to suggest that for many of us, human-all-too-human individuals, taking care of children brings with it a new sense of profound connection to others, particularly those less powerful, and a sense of responsibility concerning their wellbeing. Parenting can then instigate the development of a set of values in which protecting weaker individuals' needs takes on primacy.[22]

II Writing and Researching as a Mother

The arguments I rehearse here will be familiar to readers who conduct research on gender in academia and no surprise to those readers who face the daily hurdles of being primary parents and academics themselves. A significant body of research shows that mothers do not thrive in academia, but quite the opposite. Whether they work in the United States or in Germany, the two countries where I have lived longest and with which I am most familiar, women academics achieve less success than their male counterparts, and mothers do worst of all.

In the US this phenomenon has been well-researched and named. The "baby gap" and the "maternal wall" contribute to the under-representation of mothers in tenured positions. Having a baby derails a woman's academic career unless she has it when she has already won a permanent position, in which case it may well be too late for her to conceive. If she has a child when she is young, during her studies, or shortly after receiving her PhD, it is unlikely that she will gain a tenured position, because getting back onto the tenure track after a few years of doing part-time work may be impossible. Academia functions with an up or out principle: given the competition for permanent jobs, one has to succeed in a rapid vertical trajectory or one will be forced out of the system. Yet by putting off having a child until she has achieved a permanent position in her late thirties, a woman may well be unwittingly forced to have fewer children than she might have wished to or none at all. Women's fertility does not clock with the chronology of academic achievement. Thus, whereas seventy percent of tenured US male professors are married and have children, this is true for only forty-four percent of women. Moreover, tenured women professors are more than twice as likely as their male counterparts to report that they would have liked to have had more children.[23]

It appears that having a child does not do detrimental damage to a man's academic career, in fact it appears to enhance it, assuming, as is usually the case, that his wife performs primary caretaking. Mothers, by contrast to academic fathers, display what are called resume gaps in their curricula vitae. By taking time off from teaching or a tenure track position, they are regarded as less committed than male colleagues who have worked continuously.

Working in the US is modeled on a traditional man's career: one should start in one's twenties, work 60 hour weeks, and demonstrate dedication by never taking time off. This life disallows the daily work of mothering. Because the majority of women with doctorates 'drop out' to have children they end up being relegated to lower-level, non-tenured positions, as adjuncts and lecturers or part-time faculty. Hence Mary Ann Mason and Marc Goulden, who have conducted a survey of the careers of 160,000 doctorate recipients from the seventies into the nineties, have argued that gender equity has to be redefined to take in the factor of having children. While successful men in academe appear to enjoy family life and not be penalized for being dads, another reality prevails for women. Hence the 'baby gap.'[24] Mason and Goulden's research highlights a form of inequality that is true for all women in academia, whether mothers or not. Tenured women academics may be childless because they felt that they could not combine the requirements of their work with parenting or they delayed trying to have children until they were no longer biologically able to do so. Consequently, women academics with children are largely missing from the front lines of university life. This represents a loss for all. As one mother and post-doctorate has argued: "Academe deprives itself of that kind of robust understanding that parenting provides to people by limiting the number of mothers in the community."[25]

In Germany, where the expectation of a *Habilitation* or equivalent publishing work prevails, the baby-gap is larger than in the US. Ageism is legal in Germany, with the criterion that a professorship must be taken before a candidate reaches 45 in many *Bundesländer*. Patently, this contributes to the difficulties women have in trying to attain a professorship and have children. Most individuals finish their *Habilitation* in the middle or end of their thirties. The average age to receive a first *Berufung* is 40, in the humanities 42, a prohibitive age for most women to first attempt to conceive. The necessity of taking short-term research positions wherever one is lucky enough to get them as well as the twelve-year limit on temporary university jobs further impede combining academic work and childrearing.[26] For those extraordinary women professors who do have children – and they are to be admired and cheered on – the path is rocky. Whereas nearly 70% of the men professors' partners provide child care for their children, this is the case for less than 10% of the women professors.[27] The dearth of organized childcare for children between one and three in Germany as well as the traditional structuring of schools to end before lunch only add to the obstacles. Silvia Mergenthal succinctly describes the odds against a woman's combining motherhood and a professorship: she will need to write a *Habilitation* while publishing competitively, remaining geographically flexible, and convincing a male-dominated *Berufungskommission* that their putting her on the *Berufungsliste* will not automatically mean having to give her the first slot there due to her being a woman.[28]

Women academics with children also face a number of perceptual handicaps. If they have taken time off in order to nurture children, they are more likely to be associated with housewives, whose competence at least in American society is considered suspect.[29] The need to appear competent often leads mothers to be silent about the strains they are under as they attempt to fulfill a male model of academic achievement. Women seeking permanent positions report that they feel that they cannot mention the needs of their children for not being able to attend meetings, as men might do and even be applauded for, for fear of appearing unprofessional.[30] If women chose not to take time off when they have babies, they may be penalized for not fulfilling expectations about how mothers 'should' behave. Overwhelmingly, having babies functions as a career obstacle for women academics. And those men who do take time off to act as the primary parent in their families face similar prejudices and obstacles as do women.

What about writing as an academic mother? Anyone who writes professionally – mother or not – may feel that writing simply takes too much time. Either one does it poorly, or one has to be endlessly diligent about dotting one's i(s), getting one's footnotes in good order, being on top of the newest research, and mastering one's texts stylistically. To create room for this work within the structure of a family as the primary parent is enormously challenging. When I had my first child, was working three part-time jobs and trying to complete a master's degree thesis, I described the process of making work time happen as an exercise in aggressive self-preservation. Such aggression is anathema to being the primary parent, where qualities of generosity in terms of time, tolerance, patience, and commitment to doing the dirty work are paramount. A book project, like a baby, requires devotion, thrives poorly if neglected for even a short time, and has a tendency to be voracious about other parts of one's life.

One point of comparison between writing academically and primary parenting is the necessity of concentration and the ability to multitask. When writing a dissertation or *Habilitation* as a non-primary parent, one is usually teaching, working on other manuscripts, applying for jobs or fellowships, etc. Yet one must keep the centrality of completing the large project foremost amongst one's priorities, or one simply will not finish. Similarly, one practices a kind of continuous triage as a mother: one chooses whether to first change the excrement-filled diaper or get the warm food on the table for waiting, hungry older children, who need to go to practices. One decides whether it is more important to remove the imminent danger from the crawling baby's exploratory path or to attend more closely to the teacher who has called to speak about one's adolescent's problems at school. And one has to forcefully defend time for reading and writing. My ability to produce text has been due in no small part to a lifestyle that I would not ever have chosen. I was a single parent for several years and now live in a long-distance marriage. Being alone during the week has meant that I usually write at night while my children sleep.

By taking time off to have and nurture children, one risks missing out on other important career-enhancing activities. One fails to attend conferences and present research results. One loses benefits of networking with colleagues. One recognizes that what limited work time there is has to be divided between competing interests: selling one's ideas and publications, working on university commissions, researching and writing. Conflicts of time are real, insurmountable, and constant. While some efforts are being made in the United States and, more gradually, here in Germany to redress the disadvantages primary parents have in pursuing academic careers, the picture is at present bleak.

Women students often ask me whether it is possible to perform university work and be a mother. My unequivocal answer is, "Yes, certainly!" Yet it would be false to say that combining these endeavors is easy or that a mothering academic is as likely to succeed as her typical male colleague. I cite pertinent advice given to young women scientists: they will need to work hard, be highly resilient, publish their research, find good mentors, and achieve professional visibility; but they will also have to orchestrate having babies and making career moves carefully and they should choose discrimination battles wisely.[31] In other words, the going is tough: "On virtually any measure of outward achievement – pay, power, prestige, even job satisfaction – investing time and energy in motherhood is a recipe for marginalization."[32] This may be particularly true for mothers in academia.

It is not my intention to sound dire. Indeed, an essay about the difficulties of combining parenting with a university career may appear discordant in a volume that features a project which espouses the advantages of starting families during one's student years. Let me then say something more optimistic. Some of the palpable obstacles facing mothering academics may perversely be experienced as emancipating. For those primary parents who are invested in trying to 'make it' as academics, the sense of competition and pressure may be lessened, because one knows that one is playing the game by a different set of rules. The chances of success are so preposterously small that one cannot possibly count on a good outcome. Potentially, one may then feel freer to not take negative characteristics of academic life overly seriously. One sees a book proposal's being rejected by a publisher, an essay or an abstract's being turned down, or being overlooked by a more powerful colleague as par for the course. One cannot afford to be monomaniacal about one's career or overly sensitive about other people's perceived failures to recognize the worth of one's work, because one has a demanding life outside of the ivory tower. As a woman taking place in a workshop on mothers in academia reports:

> There is something about starting ten yards behind everyone else at the starting line, and you're the only one pushing a double buggy. It's almost that you've put yourself in a different race, and so, consequently, to some extent, new rules can be made up: the cards are so stacked against you that you might as well be in control of your own life and live it in the best way that you can.[33]

III Concluding Thoughts

In the first part of this essay I wrote about powerful affective responses I have had as a mother, responses that bespeak a process of changing ethical values that many parents may undergo; the second part of this essay has concerned tangible handicaps involved in writing and achieving permanent academic employment as a mother. Yet what about the benefits of being a mother as one reads and writes academically? Recently, Daphne de Marneffe has argued that in the service of capitalism and "a certain strain of antidomesticity feminism," women's satisfaction and sense of self-actualization has been too one-sidedly equated with their ability to perform paid work.[34] Such a view ignores the palpable desire many women (and men) have to nurture infants and children and spend significant amounts of time doing so. When motherhood is connoted with passivity, a lack of agency, and a wish to avoid 'adult' work, then the ambivalence many women feel about wanting to be mothers will be silenced or denigrated as a cultural construction or a product of sentimentality. But parenting can be a joyous endeavor, and I deeply believe that it adds to one's profounder engagement in other types of work. In de Marneffe's own words:

> Children can, if we let them, expand our fellow feeling. As a friend said when I revealed years ago feeling wistful at the end of childbearing, "The point isn't whether you keep having children. It's being able to find a way for the experience of love that you have toward your own children, a love that feels like it can't be matched, to widen and deepen your love for others."[35]

This is the moment of an enhanced sense of one's responsibility to others that I referred to earlier in this essay. It is a transferring of the love one feels for the children one nurtures to the daughters and sons of others, even to the children of those individuals one dislikes or is indifferent to. This transference is, I believe, a quality often found lacking in the bitterly competitive atmosphere of academe and one that it behooves us to foster.

Measuring this quality is difficult. Even naming it has aroused some readers' sense that I am making a general statement about the higher moral development of parents. Similarly, quantifying robustness, well-roundedness and the ability to multitask or negotiate for writing time while taking care of people – all qualities mentioned here as characteristics of primary parents – appears daunting. Yet cultivating well-rounded faculty members seems eminently worthwhile. It cannot be the prerogative of men to combine the pleasures of and the accrued experience involved in having children with the status of holding full professorships. It should not be the fate of women to have to choose between motherhood and the chance to hold a tenured academic position. Addressing the measurable obstacles that face mothers and male primary parents who try to achieve academic success and the potential benefits of opening the academe to these individuals' experience seems to me a goal well-worth working towards. And on this note, this essay moves from the realm of personal reflection into the claim for the need for political action.

Anmerkungen

1 My deep thanks go to Thomas Lederer, Benjamin Kohlmann and the editors of this volume for their critical and insightful readings of an earlier draft of this essay.
2 Note the current controversy about whether James Frey's having fictionalized the particularly dramatic details of his history as a drug addict and criminal in *A Million Little Pieces* (2003) renders his book no longer worth reading.
3 For an example of confessional criticism in which, to my mind, personal experience unduly suppresses critical reflection, see Leslie Heywood: *Dedication to Hunger: The Anorexic Aesthetic in Modern Culture*, Berkeley, CA 1996. Heywood cites her own experiences as an anorectic as the basis for her critique of what she views as the anorexia implicit in Modernist poetry as well as current academic practices. For a theoretical look at such critical practices, see H. Aram Veeser (ed.): *Confessions of the Critics*, New York/London 1996.
4 For the record, I do not believe in gender's being simply an acculturated, perfomative process, but espouse instead the notion of positive, embodied sexual difference as described, for instance, by Rosi Bradiotti: *Metamorphoses: Towards a Materialist Theory of Becoming*, Cambridge 2002.
5 Keri Hulme: *The Bone People* [1983], London 1986, p. 56.
6 Ibid., p. 148.
7 As Otto Heim explicates the passage, her abuse of Simon, her disowning him with words, functions as painfully as do Joe's blows: *Writing Along Broken Lines: Violence and Ethnicity in Contemporary Maori Fiction*, Auckland, NZ 1998, p. 61.
8 Keri Hulme, London 1986, p. 326.
9 Pamela Dunbar: "Conflict and Continuity: The Family as Emblem of the Postcolonial Society," in: Wolfgang Zach/ Ken L. Goodwin (ed.): *Nationalism vs. Internationalism: (Inter)national Dimensions of Literatures in English*, Tübingen 1996, p. 105. For other readings of the novel's mythic-religious imagery, see Henke, Fox (2004), and Heim (2001).
10 Keri Hulme, London 1986, p. 4.
11 Tariana Turia: speech at a conference of the New Zealand Psychological Society in 2000, available at http://www.beehive.govt.nz/ViewDocument.aspx?DocumentID=8466.
12 In an interview with Sandi Hall, Hulme reports: "I did four terms at Canterbury as a law student and about the same time as I started there was a notorious case in Christchurch where a bloke picked up his four-year-old and swung him by his heels and swung his head against the wall. The kid wound up a total vegetable and the bloke was sentenced to something really grotesque, like six months in jail, it was something that really caught people on the hop. Now at the same time as that, one of my schoolmates was sent to jail for embezzlement—for three years" (Sandi Hall, p. 18; as quoted in Otto Heim, Auckland,/NZ 1998, p. 72).
13 Pamela Dunbar notes insightfully that the juxtaposition of the realist narrating of Simon's being nearly beaten to death with the mythic story of death and cultural renewal is "an uncomfortable one," Tübingen 1996, p. 106.

14 As Stephen Fox argues, through Keri's reconnecting to the earth and her Maori family and providing a home for Joe and Simon, a new form of cultural hybridization and family-making takes place: "Barbara Kingsolver and Keri Hulme: Disability, Family, and Culture," in: *Critique* 45, No. 4. (Summer 2004): 417.

15 Keri Hulme, London 1986, p. 139.

16 "Fredericas Ausbruch aus ihrer *gender*-konformen Rolle wird lange Zeit durch das panoptische Starren aller Familienmitglieder verhindert": Stella Butter: "'Babbling Voices': Einheit und Differenz, fremde und eigene Stimme(n) in A. S. Byatts *Babel Tower*," in: Stefan Glomb/Stefan Horlacher (ed.): *Beyond Extremes: Repräsentation und Reflexion von Modernisierungsprozessen im zeitgenössischen britischen Roman.* Tübingen 2004, p. 354.

17 A. S. Byatt: *Babel Tower* [1996], London 2003, p. 468.

18 Mara Cambiaghi: "The Power of Fiction in A.S. Byatt's *Babel Tower*," in: *Symbolism* 3 (2003): 298.

19 On this subject see, for instance, Sharon Hays: *The Cultural Contradictions of Motherhood*, New Haven, 1996.

20 Cf. Steven D. Fox: "Keri Hulme's *The Bone People*: The Problem of Beneficial Child Abuse," in: *Journal of Evolutionary Psychology* 24, 1-3 (2003): 40-54.

21 Note that some practitioners of evolutionary psychology would argue that love of one's children is the most selfish of human responses, a consequence of the drive to see one's genes be propagated. Cf., for instance, John Cartwright: *Evolution and Human Behavior*, Suffolk 2000, p. 262.

22 These paragraphs are written in cognizance of debates within feminism about the ethics of care. To briefly recapitulate: Carol Gilligan challenged her teacher's Lawrence Kohlberg's hierarchy of ethical development in 1982 for judging women to be less morally developed than men due to their inability to make independent and autonomous moral judgments. Gilligan argued that women take a more 'relational' or contextual approach to moral problems by focusing on other people's needs rather than on abstract moral principles. Subsequently, criticism has been voiced at Gilligan's developmental model for its essentializing sexual difference and perpetuating the ideological separation of private (feminized relational) and public (masculinized and justice-oriented) spheres. For an overview of the arguments and central texts, see Moira Gatens (ed.): *Feminist Ethics,* Aldershot 1998.

23 See the figures published in the article about Mason and Goulden's study in Robin Wilson: "How Babies Alter Careers for Academics: Having children often bumps women off the tenure track, a new study shows," in: *The Chronicle of Higher Education* (5 December 2003): Section: The Faculty, Volume 50, Issue 15, Page A1; also available at http://chronicle.com/free/v50/i15/15a00101.htm.

24 I am summarizing research work done by Mary Ann Mason and Marc Goulden in a project called "Do Babies Matter," which is based on data concerning 160,000 men and women who earned their doctorates between 1978 and 1984 and went on to work at the university. This work is described in "Marriage and Baby Blues: Re-defining Gender Equity"

and "Do Babies Matter (Part Two): Closing the Baby Gap."
25 Robin Wilson, (5 December 2003): n. pag.
26 Martin Spiewak: "Dr. habil. Kinderlos," *Die Zeit* 6 April 2006, Wissen, p. 43.
27 The figures I quote here are from Holger Krimmer/Freia Stallmann/Markus Behr/Annette Zimmer: "Karrierewege von ProfessorInnen an Hochschulen in Deutschland," Münster 2003; available at: http://www.mentoring.unizh.ch/literatur/wika_broschuere.pdf; cf. also Silvia Merganthal: "Frauen an deutschen Universitäten: Ein Fall von Nicht-Diversifikation?," in: Helmbrecht Breinig/Jürgen Gebhardt/Berndt Ostendorf (ed.): *Das deutsche und das amerikanische Hochschulsystem*, Münster 2001
28 Silvia Mergenthal, Münster 2001, pp.172-173.
29 On the collapsing of the categories of housework and mothering, see Daphne de Marneffe: *Maternal Desire*, New York 2004, pp. 38-42.
30 Pauline Leonard and Danusia Malina: "Caught Between Two Worlds: Mothers as Academics," in: Sue Davies/Cathy Lubelska/Jocey Quinn (ed.): *Changing the Subject: Women in Higher Education*, London 1994, p. 30.
31 Gerhard Sonnert: *Who Succeeds in Science? The Gender Dimension*, New Brunswick/NJ 1995, p.187.
32 Daphne de Marneffe, New York 2004, p. 125.
33 Pauline Leonard/Danusia Malina, London 1994, p. 36.
34 Daphne de Marneffe, New York 2004, p. 52.
35 Ibid., p. 332.

Literatur

Bradiotti, Rosi: *Metamorphoses: Towards a Materialist Theory of Becoming*, Cambridge 2002.

Butter, Stella: "'Babbling Voices': Einheit und Differenz, fremde und eigene Stimme(n) in A.S. Byatts ‚Babel Tower,'" in: Stefan Glomb and Stefan Horlacher (ed.): *Beyond Extremes: Repräsentation und Reflexion von Modernisierungsprozessen im zeitgenössischen britischen Roman*, Tübingen 2004, 351-375.

Byatt, A. S: *Babel Tower* [1996], London 2003.

Cambiaghi, Mara: "The Power of Fiction in A.S. Byatt's ‚Babel Tower,'" in: *Symbolism* 3 (2003), 279-304.

Cartwright, John: *Evolution and Human Behavior*, Mendham/Suffolk 2000.

Dunbar, Pamela: "Conflict and Continuity: The Family as Emblem of the Postcolonial Society," in: Wolfgang Zach/ Ken L. Goodwin (ed.): *Nationalism vs. Internationalism: (Inter)national Dimensions of Literatures in English*. Tübingen 1996, 103-108.

Fox, Stephen D.: "Barbara Kingsolver and Keri Hulme: Disability, Family, and Culture," in: *Critique* 45, Nr. 4. (Summer 2004), 405-420.

—: "Keri Hulme's *The Bone People*: The Problem of Beneficial Child Abuse," in: *Journal of Evolutionary Psychology* 24, 1-3 (2003), 40-54.

Gatens, Moira (ed): *Feminist Ethics*. Aldershot 1998.

Hall, Sandi: "Conversation at Okarito," Interview with Keri Hulme, in: *Broadsheet* (July – August 1984), 16-21.

Hays, Sharon: *The Cultural Contradictions of Motherhood*, New Haven, 1996.

Heim, Otto: *Writing Along Broken Lines: Violence and Ethnicity in Contemporary Maori Fiction*, Auckland/NZ 1998.

—: "Traditions of Guardianship in Maori Literature," in: Gerhard Stilz (ed.): *Colonies, Missions, Cultures in the English Speaking World: General and Comparative Studies*, Tübingen, 2001, 299-306.

Henke, Suzette: "Constructing the Female Hero: Keri Hulme's ‚The Bone People,'" in: Bruce Bennett /Dennis Haskell (ed.): *Myths, Heroes and Anti-Heroes: Essays on the Literature and Culture of the Asia-Pacific Region*, Nedlands, Australia 1992. 89-97.

Heywood, Leslie: *Dedication to Hunger: The Anorexic Aesthetic in Modern Culture*, Berkeley/CA 1996.

Holland, Patrick: "'Maybe there aren't words for us yet': (Re)Constructing Religion, Culture and Family in Keri Hulme's ‚The Bone People,'" in: Jamie S. Scott (ed.): *"And the Birds Began to Sing": Religion and Literature in Post-Colonial Cultures*, Amsterdam, Atlanta/GA 1996, 115-124.

Hulme, Keri: *The Bone People* [1983], London 1986.

Krimmer, Holger/Freya Stalmann/ Markus Behr/Anette Zimmer: "Karrierewege von ProfessorInnen an Hochschulen in Deutschland. Projekt Wissenschaftskarriere," Institut für Politikwissenschaft, Münster 2003; available at: http://www.mentoring.unizh.ch/literatur/

wika_broschuere.pdf (accessed on 12 April 2006).

Leonard, Paulie/ Danusia Malina: "Caught Between Two Worlds: Mothers as Academics," in: Sue Davies/ Cathy Lubelska/Jocey Quinn (ed.): *Changing the Subject: Women in Higher Education*, London 1994, 29-41.

Marneffe, Daphne de: *Maternal Desire: On Children, Love, and the Inner Life*, New York 2004.

Mason, Mary Ann/ Marc Goulden: "Marriage and Baby Blues: Re-defining Gender Equity," paper delivered for the conference "'Mommies' and 'Daddies' on the 'Fast Track': Success of Parents in Demanding Professions," 30 October, 2003; available at: http://gradresearch.berkeley.edu/marriagebabyblues.pdf (accessed on 10 April 2006).

Mason, Mary Ann/Marc Goulden: "Do Babies Matter (Part Two): Closing the Baby Gap," in: *Academe* (November-December 2004); also available at: http://www.aaup.org/publications/Academe/2004/04nd/04ndmaso.htm.

Mergenthal, Silvia: "Frauen an deutschen Universitäten: Ein Fall von Nicht-Diversifikation?" in: Helmbrecht Breinig/Jürgen Gebhardt/Berndt Ostendorf (ed.): *Das deutsche und das amerikanische Hochschulsystem*, Münster 2001, 169-181.

Sonnert, Gerhard: *Who Succeeds in Science? The Gender Dimension*, New Brunswick/NJ 1995.

Spiewak, Martin: "Dr. habil. Kinderlos," in: *Die Zeit* (6 April 2006), "Wissen", 43.

Turia, Tariana: Speech to NZ Psychological Society Conference 2000, Waikato University, Hamilton, 29 August 2000; available at http://www.converge.org.nz/pma/tspeech.htm (accessed on 12 April 2006).

Veeser, H. Aram (ed.): *Confessions of the Critics*, New York/London 1996.

Wilson, Robin: "How Babies Alter Careers for Academics: Having children often bumps women off the tenure track, a new study shows," in: *The Chronicle of Higher Education* (5 December 2003): Section: The Faculty, Volume 50, Issue 15, Page A1; also available at http://chronicle.com/free/v50/i15/15a00101.htm (accessed on 12 April 2006).

Forum

Gerhard Tschöpe

Partnerschaftlich handeln

Die Balance von Beruf und Privatleben als Thema junger Arbeitnehmer und Arbeitnehmerinnen: Ein Projekt von *pro familia Freiburg*

Die Beratungsstelle der *pro familia* in Freiburg feierte im Jahr 2004 bereits ihr 30jähriges Bestehen, dennoch ist nur wenigen das gesamte Leistungsspektrum der Einrichtung bekannt. Soziale Beziehungen und sexuelle Lebensweisen von Frauen und Männern sind bestimmende Faktoren der Familienplanung, ein besonderer Schwerpunkt ist zudem die Sexualpädagogik. Hier spielen neben dem präventiven Ansatz die geschlechtsspezifischen und genderorientierten Aspekte eine zentrale Rolle.

Bereits seit 1994 führt die Freiburger Beratungsstelle im Auftrag der *Bundeszentrale für gesundheitliche Aufklärung (BZgA)* Seminare zum Thema Vereinbarkeit von Familie und Beruf in Betrieben durch. Im ersten Projekt („Geschlechtsspezifische Sexualpädagogik in Betrieben", 1994-1997) wurden die Schulungsmaßnahmen direkt mit Auszubildenden in Betrieben und öffentlichen Ausbildungseinrichtungen durchgeführt. Das Modellprojekt sollte evaluieren, ob Familienplanung und Geschlechterkompetenz Themen junger Azubis in Betrieben und öffentlichen Verwaltungen sind. Zusätzlich sollten diese informiert und gestärkt werden, um sich gegen sexuelle Belästigung am Arbeitsplatz zur Wehr setzen zu können. Dieses im ersten Projekt erworbene Grundlagenwissen wurde dann im zweiten Projekt („Partnerschaftlich handeln", 1998-2002) an betriebliche MultiplikatorInnen in Seminaren weitergegeben. „Partnerschaftlich handeln" behandelte die Themen

- Vereinbarkeit Familie, Privatleben und Beruf,
- Frauen und Männer im Betrieb (Genderkompetenztraining) und
- Gewalt am Arbeitsplatz (Sexuelle Belästigung, Mobbing, Diskriminierung).

Im Mittelpunkt standen dabei die unterschiedlichen Betrachtungsweisen und Erfahrungen von Frauen und Männern. Das Programm unterstützte damit den Prozess der Integration der Frauen auf dem Arbeitsmarkt, Verhinderung von Gewalt

am Arbeitsplatz und forcierte einen partnerschaftlichen Umgang mit Familienarbeit und Erwerbsarbeit.
Es zeigte sich ein entsprechender Bedarf. Deutlich wurde:

1. Die bearbeiteten Themen werden in den Ausbildungsstätten der Betriebe diskutiert.
2. Junge Frauen und Männer beschäftigen sich bereits in der Ausbildung mit ihrer Familien- und Lebensplanung.
3. In der Ausbildung findet sexuelle Belästigung statt. Opfer sind meistens die weiblichen Auszubildenden.

Beide Projekte wurden vom Sozialwissenschaftlichen Forschungsinstitut *SoF-FiK* wissenschaftlich begleitet.[1]

Ergebnisse der Begleitforschung

Im ersten Projekt (1994-1997) wurde direkt mit Auszubildenden in Freiburg und dem Landkreis Breisgau Hochschwarzwald gearbeitet. „Partnerschaftlich handeln", das zweite Modellprojekt, richtete sich an betriebliche MultiplikatorInnen, die dann in ihren Betrieben die Auszubildenden schulen sollten. Die Schulungen fanden in der gesamten Bundesrepublik von Freiburg bis Emden und von Wuppertal bis Neustrelitz statt.[2] Zu den Kunden zählten namhafte Unternehmen wie die Deutsche Telekom, Deutsche Bahn AG, Volkswagen, BMW, Fraport, Stuttgarter Straßenbahnen AG, Münchener Stadtwerke und öffentliche Einrichtungen wie das Bundesamt für Zivildienst und das Bundesgesundheitsamt.

In den 31 Veranstaltungen wurden

- 18 Seminare zum Thema sexuelle Belästigung,
- 9 zusätzlich mit dem Thema „Familien- und Berufsplanung" und
- 4 zusätzlich mit dem Thema „Frauen und Männer im Betrieb" durchgeführt.

Die Befragung der SeminarteilnehmerInnen ergab, dass 70% der Meinung waren, dass sich die Azubis mit dem Thema Vereinbarkeit und mit sexueller Belästigung beschäftigen. Über 70% waren sogar der Meinung, dass Azubis in der Ausbildung sexuell belästigt werden, lediglich eine Minderheit von unter 7% fand eine Fortbildung zu diesen Themen nicht sinnvoll. Fast ein Drittel der Teilnehmenden fühlte sich im Umgang mit den Themen nicht sicher, allerdings wurden über 60% schon mindestens einmal angesprochen. Bei allen Seminaren stieg die Handlungssicherheit der TeilnehmerInnen messbar an. Die Seminare wurden durchweg mit gut bis sehr gut bewertet.

In der zweiten Projektphase führten die MultiplikatorInnen Seminare, die vom Projektteam der *pro familia* ausgebildet wurden, durch. Somit konnte die Arbeit der *pro familia*-MitarbeiterInnen mit der der ausgebildeten, betrieblichen MultiplikatorInnen verglichen werden.[3] Hierbei wurde die Kompetenz der betrieblichen TrainerInnen nur gering schlechter eingeschätzt, in bestimmten Bereichen schnitten die betrieblichen MultiplikatorInnen gegenüber den *pro familia* - MitarbeiterInnen sogar besser ab. Dies könnte erklärt werden durch die Tatsache, dass die betrieblichen MultiplikatorInnen vermutlich über firmenspezifisches Wissen verfügen. Bei der Frage, ob die Azubis wieder teilnehmen würden bzw. gerne alleine mit jemandem (Wem?) sprechen würden, wurden wiederum die MitarbeiterInnen der *pro familia* besser bewertet. Ihnen wurde ein fundiertes Wissen sowie ein höheres Vertrauen im Punkt Schweigepflicht zugetraut.

Zum Thema „Frauen und Männer" gaben 46% der Azubis an, wichtige Anregungen und 65% neue Informationen erhalten zu haben. Fast die Hälfte, nämlich 47%, fühlte sich nach dem Seminar sicherer. Noch eindrucksvoller ist die Bewertung beim Thema sexuelle Belästigung: 72% gaben an, wichtige Anregungen, und 76% neue Informationen bekommen zu haben. Demzufolge war auch die Bewertung sehr positiv: Die Gesamtnote lag bei 2,25, wobei die Stimmung mit 2,0 am besten bewertet wurde.

Erfahrungen der Trainerinnen und Trainer während der Seminare

Auch wenn die Betriebsleitungen die in den Seminaren behandelten Themen offensiv in der Ausbildung ansprechen, muss mit einem Traditionalisierungseffekt bei den Azubis gerechnet werden. Den Erfahrungen der TrainerInnen nach waren die Rollenvorstellungen der Azubis überwiegend eher traditionell. Die familiäre Aufgabenteilung war zwar noch nicht festgelegt, doch tendierten die weiblichen Azubis dazu, nach der Ausbildung Berufserfahrung sammeln zu wollen, um dann eine Familie zu gründen. Die männlichen Azubis wiederum sahen sich mit der Aufgabe konfrontiert, möglichst bald das Einkommen zu verbessern, um eine Familie ernähren zu können.

Diese Einstellungen entsprechen auch wissenschaftlichen Untersuchungen. 95% aller Jugendlichen zwischen 15 und 24 Jahren wollen später heiraten und Kinder haben.[4] Nach einer Studie der *BZgA* aus dem Jahr 2000[5] sind 93% der befragten Frauen bereit, ihr Arbeitsleben den familiären Umständen anzupassen und den „Beruf aufgeben", die „Tätigkeit zu unterbrechen" bzw. „in Teilzeit zu arbeiten" wenn die Kinder klein sind. Eine knappe Mehrheit von 39% der 17-jährigen Frauen findet allerdings „Arbeit ist das Wichtigste" im Vergleich zu 32%, die „beides realisieren" möchten. Allerdings halten wiederum, wie eine Studie von Fthenakis ergab, 55% der Frauen Männer für nicht geeignet, Kinder zu erziehen.[6] Sollten die jungen Auszubildenden eine betriebliche Karriere anstreben, so werden sie mit der Kinderlosigkeit der Führungsschichten konfrontiert und müssen sich zwischen Familie oder beruflichen Aufstieg entscheiden. 75% aller Frauen, aber auch 45% aller Männer in Führungspositionen sind kinderlos.[7]

Widerstand

Bevor es zur Durchführung der Seminare kam, mussten die Betriebe und Verwaltungen akquiriert werden. Diese Akquise dauerte bei manchen Kunden bis zu einem Jahr. Neben den Kosten, die auf die Ausbildungsverantwortlichen zukam, mussten die Ausbilder und Ausbilderinnen 3-5 Tage freigestellt werden. Um diesen Aufwand zu genehmigen, bedurfte es einer hohen Bereitschaft der Vorgesetzten. Die Themen waren für viele Verantwortliche aber noch immer nicht selbstverständlich in der beruflichen Praxis verankert. Fast immer wurden sie als frauenspezifische Themen behandelt, obwohl auf die Notwendigkeit für beide Geschlechter hingewiesen wurde.

In der Praxis der Modellprojekte und auch in der jetzigen Arbeit, wurden die TrainerInnen zu Beginn der Seminare häufig ablehnend empfangen.

Ein Grund hierfür könnte sein, dass ein großer Anteil der betrieblichen Multiplikatorinnen zum Seminar verpflichtet wurde, was im Vorfeld bereits Widerstand produzierte.

Im Verlauf des/der Projekte/s konnten zwei mögliche Widerstandsmodelle identifiziert werden.

- Tokenismus[8]
- Abwehrroutine[9]

Der *Tokenismus* beschreibt subtile Widerstandformen gegenüber Minderheiten in sozialen Gemeinschaften, also auch in Betrieben. Solange der Anteil einer spezifischen Gruppe unter 15% liegt, kann von einer Minderheit gesprochen werden, gegen die sich Tokenismus richten kann. Tokenismus beschreibt eine symbolische Geste, die dazu dient, die Kritik an diskriminierenden oder ausgrenzenden Verhältnissen abzuwehren. Es kann sich um öffentlich wirksame Maßnahmen handeln, die die bestehenden Verhältnisse aber nicht weiter erschüttern. In vielen Betrieben war das Frauen gegenüber der Fall, da in vielen Abteilungen Frauen nach wie vor eine Minderheit darstellen. Da die geschulten Inhalte fast immer als „Frauenthemen" behandelt wurden, kann davon ausgegangen werden, dass sich der Widerstand gegen Frauen im beruflichen Alltag richtete. Sollten MitarbeiterInnen ihrer stereotypen Rolle als Mann bzw. Frau nicht entsprechen, so wurden diese Leistungen individualisiert. Das bedeutet, dass die erlebte Erfahrung mit dieser Person die Einstellung gegenüber Männern und Frauen im Allgemeinen nicht verändert. Individualisierungen finden v.a. immer dann statt, wenn bereits eine lange geschlechterrollenkonforme Tradition bestand, und die ‚neuen' Frauen bzw. Männer vereinzelt auftreten. Geschlechterrollenkonforme Traditionen von Männlichkeit befinden sich z.B. in der Automobilindustrie und der Bundeswehr, während z.B. im Kindergarten und in der Grundschule eine weibliche Tradition besteht.

Als *Abwehrroutine oder defensive Routine* beschreibt Chris Argyris gewohnheitsgemäße Interaktionsweisen, die vor Peinlichkeiten oder Bedrohungen schützen, aber auch Lernen verhindern. Es ist der Mangel einer Organisation, sich neuen Entwicklungen anzupassen. Dieser aus der Organisationsentwicklung stammende Begriff beschreibt Widerstandsformen, die schwer zu erfassen, deren Wirkungen jedoch deutlich spürbar sind. Dies kann sich äußern durch schwierige administrative Wege in der Akquise bei den Entscheidungsträgern, in der Terminfindung, der Ausstattung der Räume oder im Seminarpreis, terminliche Doppelbelegung der TeilnehmerInnen oder zeitweises Ausscheiden aus dem Seminar etc.

Abschließende Bewertung

Die Ergebnisse der Modellprojekte von 1994 bis 2002 sind noch heute aktuell. Obwohl seit Beginn der Projekte inzwischen mehr als 10 Jahre vergangen sind, hat sich in diesem Zeitraum in der genderspezifischen Einstellung in Betrieben und öffentlichen Einrichtungen wenig verändert. Lediglich in der Offenheit gegenüber der Thematik Familien- und Berufsplanung sind einige Schritte getan worden. Die aktuelle Diskussion unterstreicht einmal mehr die Notwendigkeit der Schulungen. Ein Erfolg dieser Projekte ist nicht nur die Nachhaltigkeit durch die feste Implementierung der Themen in die Ausbildung einiger teilnehmender Betriebe, sondern auch die Gründung des Institutes *Pro Phila*. 2002 bis 2005 führte *Pro Phila* bei der Bundeswehr „Partnerschaftlich handeln" in der Offizier- und Unteroffizierausbildung ein.

Anmerkungen

1 Sämtliche Projektzahlen stammen aus: Jörg Fichtner: „Geschlechterkompetenz als Entwicklungsaufgabe", in: *BZgA: Dokumentation der Fachtagung „Partnerschaftlich handeln"*, Mannheim 2002.
2 Die Gruppengrößen schwankten von 5 bis 45 TeilnehmerInnen (durchschnittlich 11,7 Personen). Insgesamt nahmen 407 TeilnehmerInnen, 273 Männer und 234 Frauen, teil. Das Alter schwankte zwischen 19 und 60 Jahren (durchschnittlich 39 Jahre). Ihre Funktionen als AusbilderInnen (205), TrainerInnen (143), MitarbeiterInnen im betrieblichen Gesundheitsdienst (37) und Betriebsratsmitglied (22) hatten sie im Schnitt 8 Jahre inne.
3 Die Dauer der Seminare schwankte zwischen 1,5 Stunden und 2 Tagen, im Durchschnitt betrug sie 3,5 Stunden. 6 Mal wurden sie von einem gemischten Team geleitet, 17 Mal von einer Frau und 16 Mal von einem Mann. Das Alter der TeilnehmerInnen betrug im Durchschnitt 18,3 Jahre (15 bis 25 Jahre).
4 *Bundesministerium für Familie, Senioren, Frauen und Jugend: Die Familie im Spiegel der amtlichen Statistik*, Berlin 2003.
5 Bundeszentrale für gesundheitliche Aufklärung: *Frauenleben: Studie zu Lebensläufen und Familienplanung*, Köln 2000.
6 Wassilios Ftheniakis, zitiert in: Renate Schmidt: *SOS Familie*, Berlin 2002.
7 *Bundesministerium für Familie, Senioren, Frauen und Jugend: Familienleben und Arbeitswelt*, Berlin 2002.
8 Judith Long Laws: „The Psychology of Tokenism: An Analysis", in: *Sex Roles* 1, March 1975, und Rosabeth Moss-Kanter: „Some Effects of Proportions of Group Life: Responses to Token Women", in: *American Journal of Sociology* 82-5/1977, jeweils zitiert in: Christine Gnossen: „Frauen in Kampftruppen: Ein Beispiel von Tokenisierung", in: Christine Eifler/Ruth Seifert: *Soziale Konstruktionen – Militär und Geschlechterverhältnis*, Münster 1999.
9 Siehe Peter M. Senge: *Die fünfte Disziplin*, Freiburg 2001, S. 289.

Literatur

BMFSFJ: *Familienleben und Arbeitswelt,* Berlin 2002.

BMFSFJ: *Die Familie im Spiegel der amtlichen Statistik,* Berlin 2003.

Bundeszentrale für gesundheitliche Aufklärung: *Frauenleben: Studie zu Lebensläufen und Familienplanung,* Köln 2000.

Fichtner, Jörg: „Geschlechterkompetenz als Entwicklungsaufgabe", in: *BZgA: Dokumentation der Fachtagung „Partnerschaftlich handeln",* Köln 2002.

Ftheniakis, Wassilios: zitiert in: Renate Schmidt: *SOS Familie,* Berlin 2002.

Long Laws: „The Psychology of Tokenism: An Analysis", in: *Sex Roles* 1, March 1975, zitiert in: Christine Gnossen: „Frauen in Kampftruppen: Ein Beispiel von Tokenisierung", in: Christine Eifler/Ruth Seifert: *Soziale Konstruktionen – Militär und Geschlechterverhältnis,* Münster 1999.

Moss-Kanter, Rosabeth: „Some Effects of Proportions of Group Life: Responses to Token Women", in: *American Journal of Sociology 82-5/1977,* zitiert in: Christine Gnossen: „Frauen in Kampftruppen: Ein Beispiel von Tokenisierung", in: Christine Eifler/ Ruth Seifert: *Soziale Konstruktionen – Militär und Geschlechterverhältnis,* Münster 1999.

Senge, Peter M.: *Die fünfte Disziplin,* Freiburg 2001, S. 289.

Interview

Jennifer Moos

Transgender, Elternschaft und Regenbogen-Politik

Ein Interview mit Karen-Susan Fessel zu ihrem Roman *Jenny mit O*

Karen-Susan Fessel, geboren 1964 in Lübeck, lebt und arbeitet als freie Schriftstellerin und Journalistin in Berlin. Ihr jüngster Roman *Jenny mit O* erschien im Herbst 2005 im Querverlag. Zu ihren bekanntesten Erwachsenenromanen gehören *Bilder von ihr* (1996), *Bis ich sie finde* (2002) und *Unter meinen Händen* (2004). Außerdem schreibt sie Kinder- und Jugendbücher und gibt Schreib-Workshops.

Jennifer Moos: Hallo Karen-Susan, kannst du für diejenigen, die *Jenny mit O* noch nicht gelesen haben, kurz ein bisschen erzählen, worum es geht?

Karen-Susan Fessel: Ja, ich bin nicht so gut im Zusammenfassen, aber es geht grob gesagt um Jenny, die mit 16 aus Rostock Groß-Klein abhaut, endlich, nachdem sie es lange schon nicht mehr ausgehalten hat und sich dann in Berlin auf die Suche macht nach sich selbst, nach ihrem eigenen neuen Leben. Und dabei entdeckt sie das, was sie immer schon geahnt hat, dass sie sich eigentlich gar nicht als Mädchen fühlt, sondern als Junge, und guckt wie sie damit umgehen kann.

J. M.: Es geht also um eine *transgender*-Thematik?

K.-S. F.: Genau.

J. M.: Wie bist du an das Thema *transgender*, Transsexualität herangegangen?

K.-S. F.: Das Thema hat mich schon immer interessiert. Ich habe es in verschiedenen Büchern schon bearbeitet, zum ersten Mal sogar in meinem zweiten Buch überhaupt. In *Heuchelmund*, einem Erzählband, da gibt es eine Geschichte dazu. Und dann kommt es zum Beispiel bei *Bis ich sie finde* vor – ziemlich ausgeweitet, allerdings in Form von Mann-zu-Frau Transsexualität. Ich wollte das Thema nun ganz gerne aus einem anderen Blickwinkel neu betrachten, aus der Perspektive einer Jugendlichen, also eines Menschen, der am Anfang seines Weges steht und nicht erst nach vielen, vielen Jahren entdeckt, dass sich da doch was anderes anbahnt als er dachte. Das interessiert mich, weil das Thema *transgender*, Transsexualität eigentlich im Grunde genommen eine Zuspitzung des Themas Identität ist. Wie findet man zu seiner eigenen Identität? Wie stellt man sich in der Welt? Das sind ganz spannende Themen, vielleicht die spannendsten überhaupt.

J. M.: Hast du dich auch mit *transgendern* unterhalten, dich mit ihnen getroffen, dir ihre eigenen Geschichten erzählen lassen?

K.-S. F.: Speziell für *Jenny* musste ich das nicht. Was das Wissenschaftliche angeht, lese ich sowieso immer mit. Ich bin da recht gut informiert. Und ich habe und hatte einfach viele Transsexuelle in meinem Bekanntenkreis. Von daher hab' ich sowieso im Laufe meines Lebens viel darüber gehört. Also musste ich mich jetzt nicht extra hinstellen und sagen „So, das ist mir völlig fremd. Jetzt muss ich also losgehen und gucken, dass ich mich mal unterhalte mit Leuten, die das betrifft". Aber ich hab' mich schon noch mal gezielt auch mit jüngeren Leuten dazu unterhalten.

J. M.: Ich persönlich finde *Jenny mit O* ein thematisch sehr vielschichtiges Buch. Da geht es nicht nur um die eigene Identität und den eigenen Körper, sondern du sprichst, wie eigentlich immer in deinen Büchern, auch die Vielfalt der lesbisch-schwulen Szene an, setzt dich mit Jugend- und Asylpolitik auseinander und weist damit auch auf verschiedene soziale Missstände hin. In einer der letzten *l.mag*-Ausgaben hast du die Entpolitisierung der lesbisch-schwulen Szene bemängelt. Ist *Jenny mit O* für dich ein politisches Buch?

K.-S. F.: Ja, also für mich ist es das auf jeden Fall. Das ist immer eine Sache, die die Leserinnen und Leser selbst beurteilen müssen, aber ich finde auf jeden Fall, dass es ein politisches Buch ist. Aber dazu habe ich grundsätzlich oft Diskussionen, weil manche Leute sagen zu mir: „Naja, du schreibst ja keine politischen Bücher. Du schreibst ja eher so was über Liebe oder zwischenmenschliche Dinge". Aber ich stehe auf dem Standpunkt, dass es oft eine politische Aussage ist, wenn man gesellschaftliche Verhältnisse beschreibt, wenn auch im Kleinen, also in zwischenmenschlichen Beziehungen. Bei *Jenny* empfinde ich schon sehr stark, dass es ein politisches Buch ist – mehr vielleicht als zum Beispiel *Bis ich sie finde*, was eher ein Liebesroman ist oder ein Roman über Moral und die Überwindung von Widerständen. Bei *Jenny* ist der gesellschaftspolitische Aspekt für mich ganz wichtig gewesen, und es gibt im Buch ja auch explizit politische Diskussionen.
Was mir noch sehr wichtig war und was ich selbst an dem Buch sehr gern mag, ist, dass Jenny eben keinerlei intellektuellen Hintergrund hat und dass sie trotzdem ihre Sichtweise auf die politischen Verhältnisse entwickelt und auch darzulegen versucht. Das war mir wichtig, es mal so rum aufzuzäumen, weil man sonst oft Bücher liest, in denen die Leute immer alle mehr oder minder gebildet und schlau sind oder Ausbildungen genossen haben, die sie dann in die Lage versetzen eben über diese

Dinge zu reflektieren und das hat Jenny eben nicht. Und trotzdem tut sie es. Wie es auch im normalen Leben Leute tun, die eben nicht studiert haben.

J. M.: Im Roman geht es ganz zentral auch um Freundschaft, Füreinander-Dasein und gegenseitige Hilfe. Übst du mit *Jenny mit O* auch Kritik an einer lesbisch-schwulen Szene oder der Gesellschaft insgesamt, in der Werte wie diese zunehmend verloren zu gehen scheinen?

K.-S. F.: Ob Freundschaft wirklich verloren geht, weiß ich gar nicht genau. Ich hab' den Eindruck, dass die Leute alle ein bisschen eigenbrödlerischer werden. Aber ich glaube, das gilt eher für die Älteren, nicht unbedingt für die Jüngeren. In den letzten Jahren ist es weniger geworden, dass Leute politische Diskussionen führen oder sich zusammenschließen und irgendwas *machen*, abseits von Fun und Vergnügen. Wobei gerade das Sich-Zusammenschließen auch eine Form von Solidarität, Füreinander-Dasein und sich gegenseitig Hilfestellung leisten ist. Das fehlt schon, find' ich. Im privaten Bereich kann ich das für die jüngeren Leute nicht beurteilen. Für mich war das – als ich in Jennys Alter war – unglaublich wichtig, mich mit vielen Freunden zu arrangieren und zu treffen.

J. M.: Leibliche Elternschaft wird in *Jenny mit O* sehr negativ gezeichnet. Jennys leibliche Mutter und ihr Stiefvater interessieren sich überhaupt nicht für Jenny, sondern nur für das Kindergeld, das ihnen für sie zusteht. Der Name eines Kumpels von Jenny – Dresche – ist auch sehr symptomatisch. Wie siehst du leibliche Elternschaft?

K.-S. F.: Das kann ich nicht über einen Kamm scheren. Was mir bei dem Buch wichtig war zu zeigen, ist, dass es viele Facetten gibt. Zum Beispiel bei den Straßenkindern, wo Jenny sich zu Anfang in Berlin aufhält, gibt es auch ein Mädchen, das eigentlich aus gutem, behütetem Hause kommt. Wo die Eltern sicherlich viel darauf verwendet haben, dieses Kind mit allem auszustatten, was man so gängigerweise gerne hätte – Bildung, Nahrung, Kleidung, Zuneigung sicherlich auch, alles Mögliche. Aber das reicht oft nicht oder ist vielleicht nicht das, was man braucht. Es ist ganz bestimmt nicht so, dass ich generell sage „Leibliche Eltern sind scheiße" – überhaupt gar nicht. Aber es hat Gründe, wenn Leute von zuhause weggehen und sich nicht angenommen fühlen. Das liegt dann oftmals tatsächlich in der Herkunftsfamilie begründet, die dann diesem Kind nicht entspricht und es sozusagen fort treibt.
Wobei Dresche und Jenny tatsächlich nicht aus besonders gebildeten Schichten stammen und es schwieriger haben. Das könnte man dahingehend interpretieren, dass ich glaube, nicht gebildete Schichten seien schlecht zu ihren Kindern. Der Meinung bin ich ganz und gar nicht. Auch in gebildeten Familien tun sich Abgründe auf. Aber Gewalt und Drogenmissbrauch nimmt dort oft subtilere Formen an als in Familien wie z.B. Jennys, oder auch Dresches.

J. M.: Im Gegensatz zu einer eher negativ gezeichneten leiblichen Elternschaft betonst du die Wichtigkeit ‚alternativer Elternschaftsmodelle'. ‚Ältere' Lesben wie Mascha, Inga und Moni übernehmen ganz klar Verantwortung für Jenny/Jonny. War es dir wichtig eine Generationen übergreifende Verantwortung in der *queeren community* darzustellen oder vielleicht auch zu fordern?

K.-S. F.: Ja, das fand ich total wichtig. Es hat mir auch Spaß gemacht das zu schreiben, weil ich finde, dass das auch eine Chance ist. Schließlich ist es faktisch so, dass wenn man sich in der *queeren* Szene aufhält – sich also hauptsächlich unter lesbischen, schwulen, *transgender* Leuten bewegt – dann ist es oft so, dass die Herkunftsfamilie bei vielen Leuten eine schlechte Rolle gespielt hat. Weil diese Form der Ablehnung oder Ausgrenzung, die man eben als Schwuler, Lesbe oder *transgender* erfährt, dort oft massiv gegeben ist.

Und letztendlich sind damit ganz viele Möglichkeiten gegeben, wenn wir uns dann neue Familien, neue Heimaten suchen können. Und das find' ich ganz schön. Ich find's für mich auch immer spannend, Leute verschiedener Altersgruppe zu kennen und mit ihnen zu tun zu haben. Heutzutage leben Alt und Jung ohnehin oft sehr getrennt voneinander. Und wenn man sich jetzt als Lesbe oder Schwuler in die *community* begibt, dann kann das ein wunderbarer Zusammenhalt sein, eben eine neue, offene Wahlfamilie. Ich hab' das so empfunden als ich nach Berlin kam. Das war so richtig eine neue Welt und das war auch eine neue Heimat. Man sucht sich natürlich seine eigene Familie wieder neu zusammen. Und das, finde ich, ist eine große Chance, die man auch nutzen sollte. Auch ältere Lesben z.B. sollten sich um jüngere Leute kümmern und alle zusammen gucken, dass sie sich ein bisschen stützen – so wie Mascha, die ältere Lesbe, sich um Jonny kümmert.

J. M.: *Jenny mit O* ist also kein Buch nur für Jugendliche.

K.-S. F.: Ich hoffe, dass andere das auch so sehen. Ich hab' schon Lesungen gehabt, wo ältere Lesben – so ab dreißig – saßen, die das zwar sehr interessiert gehört haben, aber gesagt haben „Naja, ich bin jetzt über dreißig, das interessiert mich trotzdem nicht so, was da mit den ‚Jungen' so ist". Ich persönlich fände es total langweilig, wenn ich immer nur über mich selbst und meine Altersgruppe lesen würde. Aber das bleibt natürlich jedem selbst überlassen.

Ich finde jedenfalls, dass *Jenny mit O* kein Jugendbuch im klassischen Sinne ist, sondern ein Roman mit einer jugendlichen Hauptfigur, der für alle ab 16 Jahren aufwärts geeignet ist.

J. M.: Würdest du vielleicht sagen, dass sich ältere Lesben und auch Schwule eventuell nicht angesprochen fühlen könnten, weil *transgender* eher ein junges, hippes Thema ist?

K.-S. F.: Ja, bestimmt. Bei Schwulen weiß ich eigentlich gar nicht, ob das so ein Diskurs ist. Ich glaube, Schwule nehmen das Thema gar nicht so ernst. Da ist es nicht so verbreitet, wie es in der Lesbenszene diskutiert wird. Aber ich weiß, dass viele ältere Lesben – ab dreißig, sage ich mal – das Thema überhaupt nicht als relevant für sich empfinden. Die denken, *transgender* ist ein Modethema, das sind die ‚Jungschen', die sich da irgendwie mit beschäftigen und sie selber haben gar nichts damit zu tun.

J. M.: *Jenny mit O* als eine Hommage an Berlin? Ich lese den Roman sehr als einen Berlinroman oder vielleicht noch besser als eine Kreuzbergroman. Diejenigen, die sich ein bisschen auskennen in der Szene in Berlin, werden einige Stellen wieder erkennen.

K.-S. F.: Hm, ja bestimmt. Das *SO* ist drin als Veranstaltungsort und das *Roses* als ‚die Bar daneben' und auch Straßen in Kreuzberg und Friedrichshain – es spielt ja auch in Friedrichshain zu Anfang und später in Kreuzberg. Der Roman ist schon stark berlingeprägt.
Allerdings bin ich auch tatsächlich der Überzeugung, dass Berlin schon genau die richtige Stadt ist, wenn man weggeht als junger Mensch aus egal woher in Deutschland und für sich entdeckt, dass man sich *transgender* fühlt. Weil es hier einfach viel mehr Leute gibt, die das Gleiche durchgemacht haben. So wie früher zum Beispiel die Leute nach Berlin gegangen sind, die nicht zur Bundeswehr wollten oder die Schwulen und Lesben sich nach Berlin orientiert haben. So ist das mit den *transgender* Leuten auch. Hier kann man wirklich auf größere Möglichkeiten hoffen. Das ist tatsächlich so, weil die Stadt einfach größer ist.

J. M.: Ja, klar. Es geht also auch um ein ‚Ankommen'. Jenny/Jonny ist ständig am Weglaufen und auf der Suche nach einem ‚Platz für sich selbst'. Nach dem, was du gerade gesagt hast, glaubst du, dass ein ‚Ankommen am eigenen Platz' eher nur in Metropolen wie Berlin, London, San Francisco oder New York möglich ist?

K.-S. F.: Nee, das glaube ich eigentlich nicht. ‚Ankommen' kann man auch woanders. Aber ich glaube, dass die Großstadt das fördert. Wenn man sich zumindest zeitweilig mal in einer Metropole aufhält, ist das schon ganz gut, um seine Möglichkeiten auszuloten. Da hat man natürlich mehr Entfaltungsspielraum als in einer kleineren Stadt. Aber ich denke, es ist genauso gut möglich in Freiburg ‚anzukommen' oder in einem kleinen Ort im Thüringischen. Aber um einfach im Gespräch zu sein mit Leuten, denen es vielleicht ähnlich geht, da ist natürlich jede größere Stadt besser geeignet als eine kleinere, weil sich da automatisch mehr Leute versammeln, die vielleicht damit zu tun haben. Und es ist schon wichtig, Austausch zu finden.

J. M.: Es gibt in *Jenny mit O* auch sehr drastische Szenen. Ich denke da zum Beispiel an den Raubüberfall in Kreuzberg und Jennys Fast-Vergewaltigung. Glaubst du, dass der Roman durch diese Szenen realistischer wird?

K.-S. F.: Ich weiß gar nicht, ob er es nötig hat realistischer zu werden. Aber es ist einfach Realität, dass einem das durchaus passieren kann und dass es auch andauernd passiert. Und gerade Straßenkinder wie Jenny, die sich ihren Platz erst suchen müssen, sind natürlich besonders gefährdet, weil sie keinen Schutz haben – niemanden als Schutz und keine Möglichkeiten sich irgendwo aufzuhalten. Das ist einfach gefährlich. Das Leben ist eben nicht ohne Tücken.

J. M.: Denke ich auch. Abschließend noch eine Frage: Ich weiß gar nicht, ob du schon was verraten darfst, aber du bist doch bestimmt schon wieder an einem neuen Projekt, oder?

K.-S. F.: Ja, ich arbeite gerade im Moment an einem Jugendbuch, das von eineiigen Zwillingen handelt, ein eher leichter, lockerer Stoff. Danach plane ich ein Jugendbuch, das sich mit Schizophrenie bei Jugendlichen befassen wird. Vorher aber, und zwar schon am 6. März 2006, wird beim Querverlag ein neuer Erzählband mit dem Titel *Abenteuer und Frauengeschichten* erscheinen. Dass da ein paar erotische Texte drunter sind, kann man sich sicherlich denken ... Und für 2008 ist ein neuer großer, dicker Roman geplant.

J. M.: Da werden sich einige schon drauf freuen, denke ich mir.

K.-S. F.: Denk' ich mir auch. Neulich bei einer Lesung hat jemand gesagt „Ich wünsche mir unbedingt mal wieder so 'n richtig dicken, fetten Liebesschmachtfetzen". So in die Richtung wird das gehen!

J. M.: Karen-Susan, ich bedanke mich für das spannende Gespräch.

K.-S. F.: Gern geschehen. Ich bedanke mich auch.

Das Interview entstand am 14.11.2005. Eine gekürzte Fassung ist bereits erschienen in *Frida Flib* (Ausgabe Dezember 2005/Januar 2006).

**Rezensionen zum Thema
‚Elternschaft'**

Antonia Ingelfinger

‚Mothering'

Frauen Kunst Wissenschaft. Halbjahreszeitschrift, Heft 38: Mothering, Marburg 2004 (Jonas Verlag, 96 S., 13,00 €).

Mit dem Schwerpunktthema ‚*Mothering*' schaltet sich die halbjährlich erscheinende Zeitschrift *Frauen Kunst Wissenschaft* für feministische Kunst, Kunstwissenschaft und Kulturarbeit in die hochaktuelle Debatte um den Geburtenrückgang in Deutschland und dessen gesellschaftliche Hintergründe ein. Sie tut dies nicht nur aus dem klassischen kunsthistorischen Blickwinkel der Bildinterpretation heraus, sondern auch aus der Sicht der bzw. mit Blick auf die in der Kunstwelt tätigen Frauen, die die gesellschaftliche Entwicklung ja am eigenen Leib erfahren.

Den Begriff *Mothering* haben die Redakteurinnen des Bandes von der amerikanischen Philosophin Sara Ruddick übernommen, weil er im Gegensatz zum entsprechenden deutschen Ausdruck Mütterlichkeit oder Mutterschaft ideologisch nicht so belastet ist. Im Übrigen versteht Ruddick darunter die von einem bestimmten Geschlecht losgelöste Fürsorge für heranwachsende Kinder bzw. Elternschaft. Mit der Wahl dieses Begriffes mahnen die Autorinnen gleichzeitig den Ausbau und die Förderung eines väterlichen *Motherings* an.

In dem ersten Beitrag von Elisabeth von Dücker „‚Vereinzelt sind Mütter auch Männer ...' Inspektion einer Schattenarbeit: der Arbeitsplatz Kind" geht es um Elternarbeit, harte Arbeit, die immer noch meist von Frauen geleistet wird und die vielfältigen Kompetenzen, vor allem aber auch viel Zeit und Energie erfordert. Während es in anderen Ländern – beste Beispiele sind Frankreich und Schweden mit ihrer Kinderförderung und guten Betreuungslage – als gesellschaftliche Aufgabe angesehen wird, den Nachwuchs zu fördern und zu erziehen, sind hierzulande die Eltern, vor allem aber die Mütter, gefragt. Kurz, Kinder sind letztlich Privatsache. Obwohl *Mothering*, Be-Muttern, eigentlich von beiden Geschlechtern geleistet werden kann, weil es sich hierbei um keine ‚natürliche' Fähigkeit der Frau handelt, ist in Deutschland wie in anderen post-faschistischen Ländern wie Italien, Spanien oder Japan der Muttermythos immer noch so stark, dass er die ganze Kinderdebatte dominiert. Ironischerweise führt diese Einstellung jedoch zu zunehmender Kinderlosigkeit gerade in den betroffenen Staaten.

Die viel gepriesene Vereinbarkeit von Beruf und Familie erweist sich für Frauen immer wieder als nicht oder nur schwer erreichbar. Das Dreiphasenmodell Beruf-Kinderpause-Wiedereinstieg lässt sich nur als Karrierekiller beschreiben. Die staatlich geförderte Versorgerehe ist immer noch das herrschende Geschlechtermodell, wenn Kinder da sind, was mit schlechterer finanzieller Alterssicherung für den daheim bleibenden Elternteil verbunden ist, um nur einen problematischen Aspekt zu erwähnen. Elisabeth von Dücker legt all diese Fakten, von denen die Medien ja voll sind seit der Geburtenrückgang hierzulande als Problem erkannt wurde, noch einmal in ihrer Gesamtheit dar und erörtert deren Bedeutung für die Lebensplanung von Frauen. Anhand von Exponaten aus der Abteilung „*Arbeitsplatz Kind*" der von ihr für das Hamburger Museum für Arbeit kuratierten Dauerausstellung „Frauen und Männer – Arbeitswelten, Bilderwelten" erhellt sie die Bandbreite anfallender Arbeiten rund ums Kind samt ihrer Tücken und Schwierigkeiten auf eindrückliche Weise. Dass *Mothering* nicht genderspezifisch angelegt ist, leuchtet dabei vielleicht intellektuell ein, doch es wird mehr als deutlich, dass, zumindest in Deutschland, immer noch Frauen die damit verbundenen Aufgaben übernehmen und dies auf absehbare Zeit wohl auch so bleibt. Allerdings ist zu betonen, dass Elisabeth von Dücker den Ist-Zustand schildert – die Zukunft könnte, mit etwas Einsatz, also anders aussehen.

Monika Kaiser zeigt in ihrem Beitrag „Madonna und die Zukunft? Zur Langlebigkeit des mütterlichen Idealbildes in den visuellen Medien", dass das Bild der Madonna mit dem Kind als Allegorie der Mütterlichkeit auch in heutiger Zeit noch immer Konjunktur hat. Seine ungebrochene Nutzung vor allem auch in der Werbung, sei es für Produkte oder Parteien, zeugt von der Wirkmächtigkeit des Bildthemas und davon, dass die eigentlichen schwerwiegenden gesellschaftlichen Probleme rund um die heutige Mutterrolle lieber unter den Teppich gekehrt werden. Das viel beschworene Idealbild zeigt nämlich nicht den Alltag mit Kindern, sondern dient vor allem als Projektionsfläche verschiedenster Wünsche. Die Autorin zeigt in einem knappen historischen Überblick wie sich Frauen mit dem schon immer als Ideal konzipierten Marienbild auseinander setzen, indem sie ihre eigene Rolle als Künstlerin und (potentielle) Mutter reflektieren. Die anhaltende Verwendung des Idealbildes in den Medien zeugt dagegen eher von Ignoranz gegenüber der Doppelbelastung von Frauen und fehlender Verantwortungsbereitschaft von Männern bzw. der Gesellschaft insgesamt. Anstatt der werbewirksamen Fortschreibung des Madonnenbildes in immer neuen Facetten das Wort zu reden, macht sich die Autorin für eine neue Kultur der Fürsorglichkeit stark.

In ihrem kritischen Literaturbericht „Mutterschaft in der Kunst des Mittelalters" bietet Silke Tannen der LeserIn eine kommentierte Übersicht über die aktuelle Forschungslage und über -desiderate in diesem Bereich. So zeigt sie beispielsweise Grenzen der Überlieferung und Aporien der ikonografisch geprägten Forschung auf. Problematisch findet die Autorin, dass sich ein Teil der Literatur zu sehr an theologischen Quellen orientiert oder auch geschlechtergeschichtliche Fragestellungen zu ikonografisch zu beantworten sucht und dabei häufig zu sehr an der Vorstellung von Bildern als Erziehungs- und Bewältigungsinstrumente hängt, anstatt deren Medialität und Materialität näher zu betrachten. Darüber hinaus würden Strategien der Repräsentation zu wenig untersucht und zeitgenössische Wahrnehmungsvorstellungen nicht genügend berücksichtigt. Tannen legt dar, dass Formen mittelalterlicher Mutterschaft nicht nur zur Definition von Weiblichkeit dienten, sondern auch in Männlichkeitskonstruktionen eingingen. Mitunter komme es jedoch zu einseitigen Interpretationen, die den Blickwinkel heutiger Zeit verraten, wie es sich z.B. in dem Versuch zeige, Christi Seitenwunde als vaginale Öffnung zu lesen und dem ‚Weiblichen' damit eine wichtigere Bedeutung zuzuschreiben, als ihm historisch zukam.

Die Schriftstellerin Ingrid Noll legt in ihrem Text „Mütter mit Macken. Riberas ‚La Barbuda'", der auf einem Gemälde von Jusepe de Ribera 1631 dargestellten bärtigen Mutter mit Kind im Arm, dem diese die entblößte Brust reicht, eine Geschichte in den Mund, die von deren Schicksal handelt und die Entstehung des Bildes erläutert. Sie lässt die bärtige, barbusige Frau, die wie ein älterer Mann wirkt, ihre konkreten Lebensumstände erzählen, so dass die ‚monströse' Figur etwas von ihrer schockierenden Anonymität verliert. Die nackte Brust ist im Kontext des Stillens eines Säuglings kein Frevel und ermöglicht es dem Maler gleichzeitig, das eigentliche Geschlecht der dargestellten Person zu enthüllen. So verhilft die Ikonografie der *Maria lactans*, der stillenden Mutter Gottes, dem ‚Naturwunder' zum Ausdruck, ohne obszön zu werden, und Ingrid Noll der als Kuriosum Portraitierten zu einer Stimme und damit zu einer Existenz jenseits des offen Sichtbaren.

Mit „Kinderlose Mütter. Mothering the Self in den Selbstporträts Maria Lassnigs" liefert Monika Schwärzler eine interessante, an psychoanalytischen Theorien geschulte Lektüre von Lassnigs Arbeiten. Zugunsten ihrer Berufung, der Malerei, verzichtete Maria Lassnig, eigenen Bildtiteln und Aussagen zufolge, auf Heirat und Kinder. Stattdessen horcht und fühlt sie in sich hinein, holt ihre ‚Kinder', ihr Selbst, aus sich heraus und stellt sie als Bilderzeugnisse in die Welt hinein. Laut Schwärzler ‚bemuttert' Lassnig hierbei ihr eigenes Selbst und nähert sich ihm in verschiedenen Selbstportraits, die nicht den gängigen Identifikationsmustern und Darstellungskonventionen unserer Kultur entsprechen. Die Autorin beschreibt Lassnigs Arbeitsverfahren, bei dem diese ganz in sich hinein fühlt und das Gefühlte von außen beschreibt, als *Mothering*, das der Gesellschaft alternative Bildangebote jenseits bestehender kultureller Werte und Bilder verschafft, denn Lassnig zeige keine Idealbilder zur umstandslosen Identifikation, sondern Deformiertes, Fragmentiertes, Beschädigtes, das ja ebenfalls des Ausdrucks bedürfe. Dass Lassnig in ihren Selbstdarstellungen keine die BetrachterIn versichernden Idealbilder wie die der kindlichen Reflexion in Lacans Spiegelstadium liefert, sondern eher verunsicherte, defizitäre Gestalten, zeugt von ihrem Willen, mit Hilfe ihres Einfühlungsvermögens in die eigene Befindlichkeit das kulturelle Bildrepertoire zu erweitern.

Reinhild Feldhaus widmet sich mit ihrem Beitrag „Ohne Scham, mißbraucht und kinderlos. Das Obszöne einer weiblichen Künstlerschaft" der Frage, ob die alte Diskussion um die Unvereinbarkeit von Frausein und Kunst bzw. die Vorstellung, dass Künstlerinnen als Geschlechtswesen irgendwie versehrt sein müssten, in abgewandelter Form auch heute noch gilt. Dazu stellt sie die Doppelbödigkeit des Spiels mit eben dieser Vorstellung von obszöner weiblicher Künstlerschaft am Beispiel der beiden so genannten post-feministischen Künstlerinnen Elke Krystufek und Tracy Emin und deren Selbstinszenierungen dar. Was einerseits als Befreiung des weiblichen Blickverbots und selbstbewusste Aneignung männlicher Avantgarde-Strategien verstanden werden kann, könnte andererseits, laut Feldhaus, auch der Festigung der ‚natürlichen' Ordnung in der Kunst, nämlich der männlichen Vorherrschaft und der Ausgrenzung von Künstlerinnen als defizitären Wesen Vorschub leisten. Dass die genannten Künstlerinnen selbst im Vergleich zu ihren

Kolleginnen aus den 70er Jahren keine feministisch-kritischen Aussagen mehr zur Geschlechterordnung machen, scheint diese Problematik noch zu unterstreichen. Trotz der insgesamt klugen und stichhaltigen Argumentation bleibt die Frage, ob die von den Künstlerinnen gewählte Strategie der Selbstdarstellung nicht auch als ironische Zuspitzungen der zugrunde liegenden avantgardistischen Konzepte gelesen werden könnten und damit wieder als kritisch zu verstehen wären.

Die durchweg spannenden und erhellenden Beiträge rund um das Thema (verhinderte) Mutterschaft, *Mothering* und Familienarbeit werden durch die Edition „Motherhood" der Künstlerin Susanne von Bülow ergänzt. Diese Edition besteht aus einer Serie von vier Postkarten, die sich humorvoll und hintersinnig mit den Tücken des Mutterwerdens und -seins beschäftigen und die man bei der Künstlerin direkt bestellen kann.

Auf Themenbeiträge und Edition folgen schließlich Buchrezensionen und ein Infoteil zu aktuellen Publikationen, Veranstaltungen, Personalia, Hochschulpolitik und fachspezifischen wie interdisziplinären Projekten.

Insgesamt halte ich den Band für sehr gelungen und lesenswert, was es besonders bedauerlich macht, dass er bereits vergriffen ist. Bleibt zu hoffen, dass er in Bibliotheken oder universitären Instituten zur Einsicht bereitsteht.

Maria-Barbara Watson-Franke

Macht und Ohnmacht der Mütter

Irene Mariam Tazi-Preve: Mutterschaft im Patriarchat. Mutter(feind)schaft in politischer Ordnung und feministischer Theorie – Kritik und Ausweg. Beiträge zur Dissidenz Band 14, herausgegeben von Claudia von Werlhof, Frankfurt/M. 2004 (Verlag Peter Lang, 349 S., 56,50 €).

Es ist das Anliegen der Politologin Tazi-Preve, die Mutter in den Mittelpunkt gesellschaftlicher Überlegungen zu stellen, anstatt sie als Randfigur *und* Problem zu sehen. Die Autorin geht von einer im matriarchalischen Raum zentralen und signifikanten Mutterfigur aus, die im Laufe der Geschichte durch patriarchalische Abwertung und Beherrschung praktisch ihren Platz in der Gesellschaft verliert und letztlich durch die Gen- und Reproduktionstechnologie als „technischem Instrumentarium" des Patriarchats geradezu weggezaubert werden soll. Dabei geht es aber nicht, wie Tazi-Preve betont, um den „Verzicht auf die Mutterschaft, sondern Verzicht auf die *weibliche* Mutterschaft" (S. 243, Hervorhebung M.B. W.-F.), denn „Veränderungen des Reproduktionsgeschehens", „die Ausbeutung des weiblichen Leibes", sowie die fortschreitende Beherrschung der Natur öffnen nun den Männern die Welt der Lebensschöpfung. Diese Thematik wird in neun Kapiteln abgehandelt, die folgende Themen vorstellen: Die patriarchalische Mutterschaft, Die Mutter in der feministischen politischen Theorie und Philosophie, Matriarchat als Mütterliche Ordnung, Historische Transformationen von Geburt und Mutterschaft, Die historische Entwicklung der Begriffe von Natur, Körper, Zeit und Individuum, Die Mutter in der Psychoanalyse, Die Entwicklung in der Reproduktionstechnologie und die feministische Kritik, Neue Wege in der Frauenbewegung, und Die mütterliche Ordnung.

Tazi-Preve beschreibt das patriarchalische Bild der Mutterschaft, welches sowohl von der Tabuisierung des mütterlichen Leibes bestimmt werde als auch dem Unsichtbarmachen aller Arbeit, die mit Entstehung und Erhaltung menschlichen Lebens zu tun hat (S. 18). Sie schreibt von der Isolation und den Schwierigkeiten der Mutter in der modernen Kernfamilie und fragt, warum Frauen das alles mitmachen und ihre Kinder nicht einfach verlassen. Tazi-Preve sieht die Antwort letztlich in der „Gynergie" der Frauen, nämlich der Kraft, welche auf der „unerschütterliche[n] Verbundenheit mit dem Kind" basiert und somit das „matriarchalische Element im ‚realen Patriarchat'" repräsentiere (S. 31). Spricht Tazi-Preve hier von *maternal instinct*, der häufig beschworen worden ist, mütterliche Verantwortung und Hingabe zu erklären oder zu erzwingen?

Die patriarchalische Tabuisierung des weiblichen Körpers findet sich aber auch, wie Tazi-Preve demonstriert, in der feministischen Debatte. Sie führt Shulamith Firestone und Simone de Beauvoir an, welche Mutterschaft als die Wurzel weiblicher Unterdrückung verstanden. Theorie und Praxis der Frauenbewegung haben diese Gedanken in ihrem Kampf für Verhütung und straffreien Schwangerschaftsabbruch eingesetzt. Tazi-Preve sieht diese Strategie jedoch nicht als positiv, sondern als Schritt, der „genau den Intentionen der männlichen Reproduktionstechnologie" entspricht (S. 44), indem er auf die „Enteignung der Gebärfähigkeit" der Frau abzielt (S. 43). Eine solche Argumentation mag manche Leserin erstaunen, wenn nicht erschrecken, aber Tazi-Preve berührt hier einen wichtigen Punkt, nämlich die Macht der Frau; sie ist kritisch gegenüber der häufigen Betonung der Ohnmacht der Frau in der feministischen Diskussion. Worin diese Macht besteht, ist freilich ein komplexes Thema. Für Tazi-Preve entsteht und funktioniert diese Macht im Rahmen der matriarchalischen Ordnung, wobei Matriarchat „die Anerkennung der Mütterlichkeit samt den gesellschaftlichen Folgen, die das hat", bedeutet (S. 11). Das ist eine wichtige Aussage, die wir besser verstehen, wenn wir uns die heuchlerische Glorifizierung von Mutter und Mutterschaft in der ahistorischen Denkweise in Patriarchaten vor Augen halten.

Tazi-Preve betont die hohe Entwicklung der Matriarchate und konzentriert sich auf neolithische, antike und prä-industrielle Kulturen, wobei ihr einige pauschale Bemerkungen über *die Indianer* Nord- und Südamerikas unterlaufen. Verwunderlich ist jedoch, dass sie die paläolithische Phase mehr oder weniger ignoriert und gar nichts zur bedeutenden Rolle der Frau als Sammlerin sagt, die eine überaus wichtige Rolle in der Nahrungsbeschaffung dieser Periode spielt.

Den Angaben zur Literatur über Matriarchate – ich würde hier den Begriff Matrilinearität vorziehen – möchte ich einige Ergänzungen zufügen. Für die Irokesen und die Trobriander wählt Tazi-Preve effektiv die Klassiker von Morgan und

Malinowski. Benedict hingegen hat nicht bei den Hopi gearbeitet, und es wäre angebrachter, den LeserInnen die Arbeiten von Fred Eggan und Alice Schlegel vorzuschlagen. Katos Buch befasst sich mit der Migration bei den Minangkabau. Es ist ein wichtiger Text, der allerdings die Thematik aus männlicher Sicht behandelt und sich besonders mit männlichen Migranten befasst. Hier wäre vor allem auf die Arbeiten von Peggy R. Sanday hinzuweisen.

Das ganze Buch durchziehen Ideen, die in Kapitel vier behandelt werden, das sich mit Transformationen von Geburt und Mutterschaft befasst. Die Thematik des weiblichen Leibes als Ressource und Maschine, die Spaltung der Frau in Mutter und Hure, die Kontrolle und selbst die Leugnung der Geburt aus dem Leib. Tazi-Preve äussert sich kritisch über die Arbeiten von Psychologen, Pädagogen und Ethnologen zur Mutter-Kind-Beziehung. Allerdings ist in diesem Zusammenhang gerade die Arbeit einer Ethnologin erwähnenswert. In ihrem Buch *Birth in Four Cultures* (Montreal 1978) zeigt Brigitte Jordan, wie unterschiedlich die gesellschaftliche und die weibliche Kontrolle während der Geburt gehandhabt werden.

Tazi-Preves Buch macht nachdenklich. Wir hören von der „Sprachlosigkeit" (S. 220) gegenüber Schwangerschaft und Geburt. Wir hören vom Fehlen von Worten für die Erfahrungen der Frau. Es entsteht eine Kultur, in der letztendlich viele Frauen ihr ureigenstes Potential, nämlich das der Gebärfähigkeit, selbst ablehnen. Für Tazi-Preve ist die Befreiung der Frau aber gerade die Rückbesinnung auf ihre Schöpfungskraft. Sie sieht feministische Bestrebungen nach Freiheit von Schwangerschaft und Gebären als ein Hindernis zur Selbstverwirklichung. In diesem Zusammenhang ist sie auch kritisch gegenüber Ansätzen, die Geburt und Mutterschaft trennen wollen. Solche Versuche widerspiegeln nach ihrer Auffassung die Grundlagen der Reproduktionstechnologie, welche die Mutter in die soziale und die genetische Mutter spaltet (S. 305). „Für Frauen [ist] die Verantwortung für die Lebenserhaltung und -sicherung zentraler Bestandteil ihrer Erfahrungen" (S. 277). Das ist zweifelsohne richtig, könnte aber auch als typisch patriarchalisch definierte Pflicht verstanden werden. Kulturvergleichende Daten wären von Nutzen, denn wie wir in matrilinearen Gesellschaften beobachten, werden die Frauen in ihrer Arbeit für die Erschaffung und Erhaltung des Lebens von den Männern unterstützt. Ein treffendes Beispiel hierfür ist die Lebensgeschichte des Hopi Don Talayesva (Leo W. Simmons, New Haven 1942). Das Patriarchat ist zwar dominierend in der heutigen Welt, aber es ist nicht universal.

Die Geschichte der Mütter müsse neu geschrieben werden, fordert Tazi-Preve (S. 295ff.) Die Kreativität, die Sprache der Mütter muss anerkannt und gehört werden. Sie sieht „[d]ie Mutterschaft ... als Mikrokosmos, als Modell für die Welt im Grossen". Das Ziel ist eine „leib- und lebensgerechte Gesellschaft", die dem „Grundsatz der Verantwortlichkeit verpflichtet ist ... und nicht dem der Herrschaft" (S. 309). Für Tazi-Preve bedeutet Mutterschaft Verantwortung übernehmen, worin sie zweifelsohne Recht hat. Doch möchte ich anmerken, dass eine Entscheidung gegen die Mutterschaft auch ein Zeichen für Verantwortung sein kann. Das Patriarchat macht das Ja zum Kind ebenso schwierig wie das Nein.

In den wenigen Bemerkungen, die sich mit einer sich wandelnden männlichen Rolle befassen, schreibt Tazi-Preve: „Überlebensnotwendig ist ein Verhalten, in dem der Mann zum Wohl der Gemeinschaft soziale Anpassung lernt" (S. 314). Dafür bieten wie oben erwähnt, matrilineare Gesellschaften zahlreiche Beispiele. Tazi-Preve fordert uns auf, solche Gesellschaften zu betrachten (S. 319). Die Realität ist, dass zahlreiche Studien matrilinearer Gesellschaften existieren. Ihre Dokumentation ist leider häufig von einem androzentrischen Blickwinkel aus erfolgt, und das Patriarchat interessiert sich nicht dafür, und es ist auch kein großes Thema in feministischen Kreisen.

Mutterschaft im Patriarchat fasziniert und provoziert. Die Autorin zwingt uns, unsere Haltung zu Lebensentstehung und -erhaltung zu überdenken. Zweifelsohne werden nicht alle LeserInnen die gleichen Schlüsse ziehen, aber die Debatte ist tatsächlich lebenswichtig.

Annegret Erbes

Kinderlosigkeit als bewusste Entscheidung von Frauen

Shirley Seul: Goodbye, Baby. Glücklich ohne Kinder, München 2003 (Verlag Frauenoffensive, 200 S., 16,40 €).

Susie Reinhardt: Frauenleben ohne Kinder. Die bewusste Entscheidung gegen die Mutterrolle, Kreuzlingen/München 2003 (Ariston, 222 S., 19,95€).

Die gewollte Kinderlosigkeit von Frauen ist noch immer ein tabuisiertes Thema und vielfach Anlass für Vorurteile und Spekulationen. Im Folgenden werden zwei aktuelle Texte besprochen, die sich auf unterschiedliche Art mit den entsprechenden Positionen beschäftigen.

Shirley Seul gibt in ihrem Buch *Goodbye, Baby. Glücklich ohne Kinder* intimen Einblick in die gedankliche und emotionale Welt einer bewusst kinderlosen Frau und zeigt, dass es noch immer schwierig ist, das ‚Nein' zu Kindern offen zu vertreten und in dieser Entscheidung ernst genommen zu werden. Sie bettet ihre Gedanken zum Thema Elternschaft in – teilweise leicht esoterisch angehauchte – Schilderungen ihrer persönlichen Entwicklung, Äußerungen und Gedanken von anderen Frauen sowie Überlegungen zu Mutter-, Kind- und Männerbeziehungen ein. Auf diese Weise entsteht ein nachvollziehbares Gesamtbild einer inneren Landschaft.

Seul stellt ihre Positionen vor allem sehr authentisch dar. So authentisch, dass sie auch widersprüchliche und solidarische Gefühle beschreiben kann:

> Als Frau ohne Kind wünsche ich mir, eine Frau mit Kind vertraute mir an: *Ich bin völlig überlastet*. Ich wünsche mir, sie würde nicht glauben, sie müsste das ramagolden glänzende Glück vor mir aufrecht erhalten. Und ich wünsche mir, daß ich dann sagen würde: *Gib das Kind eine Weile rüber, ich kümmere mich darum, bis du wieder du selbst bist* – so hätten wir alle etwas davon. Als Frau ohne Kind wünsche ich mir, einer Frau mit Kind anvertrauen zu können:

> *Manchmal hätte ich gern ein Kind.* Ich wünsche mir, ich würde die Breitleinwand von Freiheit und Abenteuer einrollen, und sie würde verstehen und dann vielleicht sagen: *Das vergeht wieder.* Oder: *Das gehört dazu.* (S. 25)

„Alles auf einmal geht nicht. Als Frau ohne Kind verzichte ich so, wie ich als Frau mit Kind verzichte. Sich einzureden, auf nichts zu verzichten, darauf können wir verzichten." (S. 25) Die Stärke dieses Buches ist, dass es nichts an Gedanken und Gefühlen unterschlägt, und so ein bewusstes ‚Nein' zu Kindern in eine gleichwertige Position zum Kinderwunsch zu setzen vermag. „Trotzdem ist die Frau mit Kind ‚richtig', und auch die Frau ohne Kind ist es." (S. 22)

Neben der Darstellung innerer, z. B. biografischer Gründe für die Kinderlosigkeit wie „Ich möchte kein Kind, weil ich nur traurige Erinnerungen an meine eigene Kindheit habe." (S. 21) beantwortet Seul auch – bewusst polemisch – bestimmte politische Argumentationen:

> Oder jedem Säugling wird gleich per Zufallsgenerator ein älterer Mensch namentlich zugeteilt, der bei seiner Geburt zwischen Vierzig und Fünfzig ist und für den der Säugling dann zu sorgen hat. (S. 170)

Oder bringt Patriarchatskritik auf den Punkt: „Es gibt also Männer, die sich ihren Orgasmus nachträglich von der Gesellschaft finanzieren lassen" (S. 173).

Obwohl Sätze wie „Männer haben keine Probleme – auch das ist hinlänglich bekannt." (S. 147) oder Passagen wie

> Ja, mit mir stimmt was nicht. Ich kann das heute sagen, ich kann es sogar hinschreiben. Stimmt was nicht mit mir. Gerne sogar. Was für eine Auszeichnung! Mit mir stimmt was nicht! Wenn ich mir die Gesellschaft so ansehe, bei der alles stimmt (...) (S. 50)

doch sehr an die Betroffenheits- und Selbstbestätigungsrhetorik früher feministischer Literatur erinnern, bietet das Buch viele interessante Perspektiven und Anregungen, sich mit der Entscheidung für oder gegen Kinder zu beschäftigen.

Susie Reinhardt nähert sich in ihrem Buch „Frauenleben ohne Kinder. Die bewusste Entscheidung gegen die Mutterrolle" (Kreuzlingen/München 2003) dem Thema auf andere Weise.

Reinhardt führte Interviews mit 13 Frauen zwischen 30 und 58 Jahren, deren Gründe für die Entscheidung gegen Kinder dargestellt werden. „Sie alle verbinden Selbstverwirklichung, die Suche nach der eigenen Identität und nach Glück nicht mit Mutterschaft." (S. 13) Was vielversprechend beginnt, nämlich wissenschaftliche Ergebnisse neben die persönlichen Motive kinderloser Frauen zu stellen mit dem Ziel, die Mythen der Mutterschaft zu enttarnen und Vorurteile gegen kinderlose Frauen zu entkräften, liest sich leider über weite Teile wie eine unanalytische Schrift gegen Kinder und Eltern, jedoch nicht wie eine ernsthafte Auseinandersetzung mit der Entscheidung gegen die Elternschaft. Obwohl Reinhardt ausdrücklich Frauen, die sich gegen Kinder entschieden haben, Mut machen und sie in ihrer

Entscheidung stärken will, besteht die Gefahr, dass dieses Buch insgesamt mehr die Vorurteile gegen kinderlose Frauen verstärkt, als es sie beseitigt. Weiterhin könnte der eher Unterhaltsamkeit suggerierende Stil bewirken, dass Frauen, die eine Anregung für die ernsthafte Auseinandersetzung mit dem Thema suchen, sich in diesem Buch nicht wieder finden.

In Kapitel III. „Elf gute Gründe, sich gegen Kinder zu entscheiden", werden mehr oder weniger gute bis ärgerliche ‚Argumente' gegen Kinder aufgezählt: Da ist das Zurückstellen der eigenen Bedürfnisse ein Handeln gegen das eigene gute seelische Befinden und steht gleichwertig neben der Unlust, die Ernährung wegen eines Kindes umzustellen:

> Mal ehrlich, wer hat schon Lust, sich die nächsten 15 Jahre hauptsächlich von schwach gewürzten, makrobiotischen oder biodynamischen Speisen zu ernähren und dafür auf Rote Bete in Meerrettichsoße, Reis mit Hot Mango Chutney und Steinbeißer im Mangomantel zu verzichten? (S. 95)

Und Eltern sind selbst schuld an finanziellen Schieflagen:

> Statt Gold-Inlays lassen sie Löcher im Zahn mit Amalgamfüllungen stopfen, die Haare färben sie sich diesmal selbst, Restaurantbesuche sind bis auf weiteres gestrichen, Theaterabende ebenso. Kinderlose haben es wieder einmal besser. Sie müssen im Gegensatz zu Eltern nicht auf diese kleinen feinen Dinge verzichten, die zur Lebensqualität beitragen. (S. 95).

Die „guten Gründe" gegen Kinder geraten ins Gegenteil. Entgegen dem Anspruch, die Entscheidung gegen Kinder als „auch völlig normal" (S. 27) darzustellen, werden die Kinderlosen zu den klügeren Menschen. Zahlreichen Zitaten aus den Interviews, die ihrerseits allerdings vielfach eine andere Ernsthaftigkeit in der Auseinandersetzung erkennen lassen, wird Reinhardts Zusammenfassung nicht gerecht.

Leider gerät Kapitel IV. „Die sieben Mythen der Mutterschaft" wenig besser: Auch hier werden in lockerem Ton Banalitäten wie

> Die so genannten Powerfrauen, die Beruf und Familie so bravourös unter einen Hut kriegen und von den Medien gerne ins Rampenlicht gerückt werden, gehören zur Schicht der Privilegierten. Keine Durchschnittsfrau kann sich wie die Promimütter eine Ganztagsbetreuung für ihr Kind leisten. (S. 107)

und ‚Analysen' wie

> Das heißt allerdings nicht, dass jeder, der als Kind körperlich misshandelt wurde, sich zwangsläufig an den eigenen Kindern vergreift. Ebenso muss die Tochter einer Alkoholikerin nicht selbst zur Flasche greifen und Scheidungskinder werden nicht garantiert ihre eigene Ehe ebenfalls scheitern sehen. (S. 122)

miteinander vermengt zu lockerer Alltagstheorie.

Kapitel V. „Acht Vorurteile gegen kinderlose Frauen und warum sie nicht stimmen" kann dann aber in einigen Punkten endlich inhaltlich Vorurteile entkräften, z.B. dass kinderlos nicht kinderfeindlich heißen muss: „Unter meinen Interviewpartnerinnen fanden sich einige Frauen, die richtige Kinderfans waren – ohne deshalb selbst ein Kind zu wollen" (S. 172). Reinhardt thematisiert hier auch mit dem Rentenproblem erstmals etwas wie eine politische Perspektive: „Anstatt für leere Kassen die Kinderlosen zu bestrafen, wäre es sinnvoller, die Fehlersuche im System zu beginnen" (S. 184), und konfrontiert das Vorurteil des Egoismus Kinderloser mit der Frage nach der Motivation für Kinderwünsche: „Frauen werden meist aus eigennützigen Motiven Mutter – und Kinderlose kümmern sich nicht nur um sich selbst, sondern auch um die Belange anderer" (S. 188 f.).

Kapitel VI. „Warum Frauen kein Kind brauchen, um komplett zu sein" bringt einige zentrale und gute Kernaussagen – leider viel zu spät und sehr kurz gefasst – auf den Punkt:

> Der Glaube, dass eine Frau nur durch das Ereignis Mutterschaft ihr Lebensglück findet, ist weit verbreitet, aber falsch. Es gibt andere Wege zu einem erfüllten Leben. Mutterschaft ist keine Pflichterfahrung, sondern eine Möglichkeit unter vielen, das Frauenleben zu gestalten. Immer mehr Frauen wählen bewusst die Kinderlosigkeit, ohne das Gefühl zu haben, im Leben etwas Entscheidendes zu verpassen. Frauen brauchen die Erfahrung der Mutterschaft nicht – sie sind auch ohne Kind komplett. (S. 203)

und:

> Was die Verantwortung gegenüber der Gesellschaft angeht, so handeln Kinderlose nicht gewissenlos, denn in unserem Land herrscht nicht nur Mangel an Nachwuchs. Ebenso fehlt es an Frauen in Führungspositionen, in der Politik und auf renommierten Wissenschaftsposten. (S. 213)

Leider fehlt es dem Buch insgesamt an Ernsthaftigkeit, Sensibilität und auch politischer Perspektive. Ein Text, der die Positionen bewusst kinderloser Frauen transparent machen will, braucht sich nicht in weiten Teilen über Eltern lustig zu machen. Fazit: Dieses Buch löst nicht ein, was es verspricht.

Während Seul also ihren Schwerpunkt auf die Darstellung sehr persönlicher und emotionaler Sachverhalte legt, wählt Reinhardt einen dem Thema letztlich unangemessen unernsten Stil. Wünschenswert wäre eine auf breiterer Ebene wissenschaftliche Behandlung der Thematik, um Perspektiven bewusst kinderloser Frauen besser aufarbeiten zu können und sie von Rechtfertigungsdruck und der Zuschreibung von Defiziten zu entlasten.

Rezensionen

Irmtraud Hnilica

Neu aufgelegt: Historische Literatur von Frauen

Helene Böhlau (1899): Halbtier! herausgegeben, kommentiert und mit einem Nachwort versehen von Henriette Herwig und Jürgen Herwig, Mellrichstadt 2004 (Turmhut-Verlag, edition GENDER, Bd. 1, 296 S., 16,50 €).

Elsa Asenijeff (1896/1901): Ist das die Liebe/Unschuld, herausgegeben von Henriette Herwig, Jürgen Herwig und Stefanie Schatz, Mellrichstadt 2005 (Turmhut-Verlag, edition GENDER, Bd. 2, 290 S., 16,20 €).

Helene Böhlau (1896): Der Rangierbahnhof, herausgegeben von Henriette Herwig und Jürgen Herwig, Mellrichstadt 2004 (Turmhut-Verlag, edition GENDER, Bd. 3, 262 S., 14,80 €).

Helene Böhlau und Elsa Asenijeff – in vielen Literaturlexika wird man diese Namen vergebens suchen. Auch in der literarischen Moderne noch hatten es Schriftstellerinnen wesentlich schwerer als ihre männlichen Kollegen, Eingang in die Literaturgeschichtsschreibung zu finden. Wenn der Turmhut-Verlag nun in der Reihe edition GENDER historische Texte von Frauen auflegt, so wird damit auch ein Beitrag zur Korrektur des nach wie vor androzentrischen Kanons geleistet.

Literaturhistorisch lassen sich die Werke der 1856 in Weimar geborenen Helene Böhlau im Kontext des Naturalismus verorten. Die Engagiertheit ihrer Romane ist damit weniger ein Spezifikum weiblichen Schreibens – Böhlau selbst wollte ihre Texte nie als ‚Tendenzliteratur' verstanden wissen – sie ist vielmehr naturalistische Programmatik, der es im Sinne Zolas um eine Verbesserung des sozialen Zustandes der Gesellschaft ging. Immer wieder mischen sich in Böhlaus naturalistischen Duktus – charakterisiert durch Dialekt und Soziolekt sowie detaillierte Schilderungen von bis dahin Tabuisiertem – auch expressionistisches Pathos und vitalistische Elemente. *Halbtier!* und *Der Rangierbahnhof* sind damit stilistische Hybride, die über ihre Zeit hinaus auf den sich erst um 1910 formierenden Expressionismus weisen. Doch während es sich bei der expressionistischen Hauptströmung um ein Aufbegehren der Söhne gegen die Väter handelt, in der der Vater zur zu bekämpfenden universalen Metapher sozialer Machtverhältnisse wird, beleuchtet Böhlau die Perspektive von Töchtern und Müttern auf Väter und Ehemänner.

Um 1900 trat mit der ‚Frauenfrage' eine Verunsicherung traditioneller Geschlechter- und Familienkonzepte auf, die sich auch literarisch niederschlug. Böhlaus Figuren Isolde und Olly, die sich aus dem im Bürgerlichen Trauerspiel des 18. Jahrhunderts noch unauflöslich festen Griff der bürgerlichen Kleinfamilie lösen, sind die unbekannten Schwestern Noras, der dramatischen Heldin Ibsens, die zur Ikone einer ganzen Generation von Feministinnen wurde. Nicht alleine Böhlau thematisierte zu ihrer Zeit immer wieder den Konflikt der Frau zwischen Beruf und Familie. Doch während Schriftstellerinnen wie Lou Andreas-Salomé einen Mütterlichkeitskult betrieben und ihre literarischen Heldinnen die Entscheidung zugunsten der Mutterschaft und gegen die berufliche Karriere fällen ließen, legt Böhlau ihren Werken ein radikaleres Emanzipationsprogramm zugrunde. „Ein Kind und Arbeit!" lautet Isoldes programmatische Forderung – beides soll der Frau möglich sein. Das Kind jedoch bleibt der arbeitenden Isolde in dem Roman *Halbtier!*, den ich als ersten bespreche, versagt, obschon ihr Wunsch danach ein starker ist:

> Mit dem jungen Laubatem, der zur offnen Thür hereinquoll, kam die heiße, seelenüberquellende Sehnsucht nach einem Kinde über sie mit Frühlingsgewalt. (S. 192)

Das Bild, das Böhlau von gelebter Mutterschaft zeichnet, ist allerdings ein desillusionierendes. Böhlau schildert Familienszenen mit einer Intensität des Grauens, wie sie heute Elfriede Jelinek in ihren Werken erreicht. Schon die Entbindungen sind bei Böhlau schwer und traumatisch. Das missfiel dem Verleger, der – unter anderem – von Böhlau forderte: „Wiederholte Schilderungen der Entbindungsqualen müssen sehr gemildert werden" (S. 259). Die kleinen Kinder, das zeigt Böhlau mit psychologischem Scharfsinn, werden von den verzweifelten Müttern instrumentalisiert und zum einzigen Lebensinhalt stilisiert:

> In diesem Augenblick klammerte sich ihre verachtete Seele an die Liebe zu ihren Kindern, und diese Liebe wurde zu einer Extase, die jede Marter des Herzens überwuchs. (S. 185)

Diese Kinder sind es, zu denen allein die Mütter offen sprechen können: „Den ganz kleinen Kindern vertraute Marie sich an, nahm sie auf den Schoß und klagte es ihnen leise in die Öhrchen, was ihr gethan worden war" (S. 185). Die halbwüchsigen Söhne dann gebärden sich ihren Müttern gegenüber nicht anders als andere Männer gegenüber Frauen, so dass die Engländerin Mrs. Wendland etwa bekennt: „Leider mein einzigen Tyrannen hab ich mir selbst ausgebrutet" (S. 67).

Die Auflehnung der Frauen verläuft in einer Radikalität und mit einem Potential an Aggression und Gewalttätigkeit, wie sie selten formuliert wurde. In letzter Konsequenz erscheint gar Männermord als einzig mögliche Lösung.

> „Ich würde eine Bombe nehmen und auf die Schlafrock von meinem Mann werfen und auf die Schlafrock von alle Männer, die schreiben und philosophieren und sprechen von die Frau" (S. 47),

sagt Mrs. Wendland, die gar nicht erst versucht, zu verleugnen, wie froh sie über den Tod ihres Mannes ist: „Mir geht es so wohl, Henry, wenn ich wieder zur Erde komme, werde ich wieder als unabhäng[.]ige Witwe geboren. Ich bin ein freier Mensch" (S. 67). Die Handlung kulminiert darin, dass Isolde ihren früher von ihr verehrten Schwager Mengersen tötet, der sich ihr in der Absicht einer Vergewaltigung nähert und dabei selbst zum Tier wird, für das er Frauen immer gehalten hat: „Waren das Henry Mengersens kühle Augen? Diese gierigen Raubtierblicke?" (S. 193). Als sie ihn erschießt, schreit sie: „Wie einen Hund!", ein Ausruf, der verschiedene Interpretationen zulässt. Wie einen Hund hat Mengersen Isolde behandelt, aber sie erschießt ihn wie einen wilden Hund. Der Text macht deutlich, dass mit dieser Exekution paradigmatisch alle sich gegen Frauen versündigenden Männer gemeint sind:

> Sie hat Gericht gehalten. Tief ernst ist sie. Sie empfindet sich nicht als kleines Lebewesen, als ein Tropfen im Nichts. Sie steht hier vor dem Toten als der Begriff Weib. Sie hat einen großen Künstler, einen Geistesmenschen, einen schöpferischen Menschen brutal getötet. Das beunruhigt sie nicht. (S. 195)

Am Ende steht Isoldes Freitod, und über den Stellenwert dieser Tatsache kann mit Recht gestritten werden. Einerseits kann Selbstmord als feministische Utopie kaum taugen. Andererseits wird Isoldes Leiche, anders als die ihres Vaters oder die Mengersens, nicht inszeniert – es gelingt ihr also im Tod, ihre Körperlichkeit abzustreifen, was in der Ekstase kurz vor ihrem Tod bereits antizipiert wird: „Das Herz schlug ihr, die Pulse klopften und ihre Seele lief auch durch ungemessne Räume – körperlos" (S. 200). Isoldes einzige Chance auf Selbstbestimmung liegt darin, ihren Tod zu wählen: „So stand sie unerschütterlich, Herrin über Leben und Tod – in der Wonne ihrer großen Kräfte schon entrückt – und wartete auf die Sonne" (S. 201). Gisela Brinker-Gabler hat *Halbtier!* zu Recht als den „provozierendste[n] Frauenroman der Jahrhundertwende" bezeichnet. Als 1915 die erste Werkausgabe in 6 Bänden erscheint, verfasst Helene Böhlau ein distanzierendes Vorwort zu *Halbtier!*, in der zweiten Werkausgabe 1927/29 fehlt der Roman gar – ihre eigene Radikalität scheint ihr, deren feministische Phase auf die 1890er Jahre beschränkt blieb, selbst nicht mehr geheuer gewesen zu sein.

Kaum weniger faszinierend als *Halbtier!* liest sich Helene Böhlaus *Rangierbahnhof*. Der Roman thematisiert die Ehe der jungen Malerin Olly mit dem ebenfalls malenden Gastelmeier. Der erste Teil fokussiert Friedel Gastelmeier, einen jungen Mann von 28 Jahren, der als Karikatur seiner selbst vorgestellt wird. Er ist – obwohl er sich als starker Mann empfindet – vom gesellschaftlichen Diskurs ausgeschlossen. „Der junge Mann saß schweigend und ruhig um sich schauend in den Schlitten zurückgelehnt" (S. 15). So wird Gastelmeier eingeführt, und es braucht etliche Seiten, bis er im Sinne wörtlicher Rede überhaupt in Aktion tritt. Situationen, in denen er sich nicht äußern kann, kehren immer wieder. Nicht nur durch seine Sprachlosigkeit, auch durch die Leibesfülle erweist sich der Mann als effeminierte Figur. Immer wieder wird Gastelmeier von Frauen ausgelacht, etwa, als er nach der ersten Nacht in der viel zu lauten neuen Wohnung ausziehen möchte, „aber da lachte meine Hauswirtin und ihre Tochter" (S. 17). Gastelmeier antizipert seine eigene Lächerlichkeit sogar schon. So erzählt er Anna einmal davon, dass er wütend war und fügt hinzu: „Wie Du gelacht haben würdest, wenn Du mich hättest sehen können!" (S. 17). Auch die Erzählerstimme amüsiert sich über die Figur, nennt ihn den „kleinen Gastelmeier" oder „Speckmeier" oder bezeichnet ironisch eine banale Äußerung Gastelmeiers als „tiefsinnige Bemerkung".

Während Böhlau die Männerfiguren in einer entlarvenden Art und Weise gestaltet und mit Tante Zänglein und ihrem jugendlichen Liebhaber („Mein Gott, so ein alt's Weiberl muß halt nehmen, was sich bietet. Und was Junges muß es sein. Wissen Sie, Altes hab' ich selbst genug" (S. 57), erläutert sie) eine erfrischend unkonventionelle Liebe gezeigt wird, bleibt ihre Heldin ambivalent. Olly verkörpert den um 1900 populären Typus der schwindsüchtigen Frau oder *femme fragile*:

> Blütenjung – zierlich – fast schmächtig – ein feines blasses Gesicht, dunkles lockiges Haar, das nachlässig in einen Knoten geschlungen war, und dunkle, heiße lebhafte Augen, sie erinnerten ihn ein wenig an die Mutter. (S. 34)

Das Feiern femininer Zerbrechlichkeit wirkt merkwürdig deplatziert im Kontext von Böhlaus feministischem Anliegen. Olly geht dann auch den für die *femme fragile* obligaten Weg in den Tod, während ihr Mann am Leben bleibt und in seine Heimat zurückkehrt. Die Radikalität des Textes liegt damit etwas weniger offen zu Tage als in *Halbtier!*.

Auch hier werden allerdings die Familienbeziehungen von Böhlau fern jeglicher Idealisierung gestaltet. Olly selbst wird nicht zur Mutter, sie erleidet eine Fehlgeburt – und ist erleichtert darüber. Hatte Isolde „Ein Kind und Arbeit!" gefordert, so ist Olly bewusst, dass sie beides nicht bewältigen kann. Auf ihre Arbeit verzichten möchte sie jedoch nicht. Damit bildet sie, wie Cornelia Mechler im Nachwort konstatiert, „einen Gegenpol zur Mütterlichkeitsideologie der Zeit" (S. 220).

Wie in *Halbtier!* mit Lu und Helwig Geber, so wird auch in *Rangierbahnhof* durch die Beziehung zwischen Olly und Köppert eine mögliche Harmonie zwischen Mann und Frau suggeriert. Wie jedoch der Maler auf seine junge Schülerin im Grunde genommen herabsieht, sich letztlich auch weniger für Ollys Kunst denn für ihre Schönheit interessiert, ist kaum zu übersehen. Und Olly? Die stilisiert ihren Freund gar zum „Messias", eine Rolle, die dieser gerne annimmt. Böhlau verarbeitet hier, wie auch in *Halbtier!*, eine Erfahrung aus ihrer eigenen Ehe mit dem Philosophen Friedrich Arnd, der sich nach seinem Übertritt zum Islam Omar al Raschid Bey nannte. Er war ihr Mentor, zu ihm sah sie auf – und blieb, hier liegt die Tragik im Leben dieser emanzipatorisch gesinnten Frau, zeitlebens im Bezug auf den idealisierten Mann gefangen.

Ist das die Liebe? und *Unschuld*, zwei Erzählsammlungen von Elsa Asenijeff (1867-1941), bilden den dritten Band der Reihe. Asenijeff war lange Zeit nur als Modell und Lebensgefährtin des berühmten Malers und Bildhauers Max Klinger bekannt. Ihr faszinierendes literarisches Oeuvre wird erst in jüngster Zeit neu entdeckt und gewürdigt. Die beiden nun in einem Band greifbaren Sammlungen von Erzählungen, Dialogen, Prosaskizzen rahmen das Frühwerk Asenijeffs gleichsam ein. *Ist das die Liebe?* aus dem Jahre 1896 ist ihre erste Veröffentlichung, *Unschuld* erscheint fünf Jahre später. Darin wendet Asenijeff sich mit einem „Einleitewort" explizit an ihre Leserinnenschaft, „an die jungen Mädchen". Um deren Bildung, Erziehung, ja Aufklärung ist es ihr zu tun. An sie richten sich die in beiden Werken eindringlichen Schilderungen von Prostitution, Männergewalt und Vergewaltigung in der Ehe, vom Sterben im Kindbett. Asenijeff wendet sich damit gegen eine Mädchenerziehung, die diese in Naivität und Unschuld belässt und sie damit den Ehemännern schutzlos ausliefert. Ihre feministische Vision freilich war eine differenztheoretische, sie bestand auf der radikalen Andersartigkeit der Frau. Dabei definierte sie die postulierte Differenz in *Das Rätsel* ausgesprochen unkonventionell:

> Das Weib ist nüchtern; der Mann eine poetische Natur. Die Gottdichtung des Unsichtbaren und die Gottdichtung Geliebte sind Mannespoesie. Die erhabenen Wahnvorstellungen Glauben (ob religiöser oder wissenschaftlicher) und Wahrheit sind dem Manneshirne entsprungen, die Dichtung, vielleicht im letzten Grunde ein pathologischer Vorgang – als gestörte Wiedergabe eingelagerter Vorstellungen – alles Manneseigentümlichkeit! Im Gebiete der Dichtung, der Kunst hat das Weib niemals etwas Bedeutendes geleistet und wird es auch nur ausnahmsweise können, da es wider ihre nüchterne Natur ist. Wo wüßte die Litteratur ein Weib aufzuweisen, welches soviel geleistet hätte als Sonja Kowalefsky in Mathematik? (S. 72f.)

Am stärksten ist Elsa Asenijeffs Literatur aber, wo sie die kommentierende Ebene aufgibt und sich, wie etwa in *Daseinselend. Episoden aus dem Weibesleben*, ganz auf die Psychologie ihrer Figuren konzentriert. Dann erreichen die Erzählungen eine Dichte und Intensität, die sich selbst mit Texten von Arthur Schnitzler messen lassen kann. Auf das Erscheinen des vierten und letzten Bandes, Elsa Asenijeffs *Tagebuchblätter einer Emanzipierten*, darf man sich also freuen.

Die Edition GENDER ist ein längst überfälliges Projekt. Dem Turmhut-Verlag ist es zu verdanken, dass diese Texte nun greifbar sind, und das in einer Ausgabe, die durch hilfreiche Anmerkungen zum Text, wunderbar informierte Nachworte und Bibliografien im Anhang besticht. Doch auch dies muss gesagt werden: Man merkt es den Texten zum Teil an, dass die Autorinnen keine Möglichkeiten hatten, ihre Begabung systematisch zu schulen. So machen sich Holprigkeiten und Stilbrüche immer wieder bemerkbar. Doch literarästhetische Mängel können nicht darüber hinweg täuschen, dass hier kulturhistorisch faszinierende Zeugnisse vorliegen, denen eine große LeserInnenschaft zu wünschen ist.

**Rezensionen zum Thema
‚Dimensionen von *Gender Studies*'**

Helga Kotthoff

Neues zu Sprache, Gespräch und Geschlecht

Gisela Klann-Delius: Sprache und Geschlecht, Stuttgart 2005 (J.B. Metzler, 230 S., 14, 95 €).

Gisela Klann-Delius (FU Berlin) hat einen Band vorgelegt, der den internationalen Forschungsstand im Bezug auf Sprache und Geschlecht (darunter *gender* als Faktor in Spracherwerb und Sprachwandel und Geschlechterdifferenzen in der Kommunikation) repräsentiert. Sie führt die LeserInnen zu Beginn durch die soziolinguistischen Diskussionen der 1970er-Jahre zu der Frage, ob die von Robin Lakoff beobachteten anderen Sprechstile der Frauen (gekennzeichnet durch viele ‚leere' Adjektive wie *charming, cute* etc., viele Frageformen und Modalisierungsstrategien) im Vergleich zu denen der Männer defizitär seien oder eher gleichwertig different. Die Annahme kontextübergreifender Differenzen wurde aus ethnomethodologischer und dekonstruktivistischer Sicht als zu essentialistisch abgelehnt. Die Autorin kritisiert auch Judith Butlers Position, nach der das sexuierte Individuum sich voraussetzungslos diskursiv hervorbringt (S. 15). Klann-Delius fasst die zentralen Aussagen einer Position und Fragestellung jeweils am Ende eines Unterkapitels in einem farblich markierten Passus zusammen. Nicht zuletzt dieses Vorgehen verleiht dem Buch eine sehr klare Struktur.

Frauen und Männer sprechen nie eine völlig verschiedene Sprache, was die unglückliche Terminologie von ‚Frauensprache' vs. ‚Männersprache' obsolet erscheinen lässt. Nur in wenigen Bereichen wurden geschlechtsbezogene Unterschiede im Gebrauch syntaktischer Formen untersucht und die Ergebnisse schildert Klann-Delius zu Recht als wenig überzeugend (S. 47). Selbst der Versuch, Frauen mehr Höflichkeit und thematische Zurückhaltung zuzuschreiben, hält der neueren Forschung nicht stand.

Analog zu bekannten Grammatiken zeigt Klann-Delius das grammatische Geschlecht in der deutschen Sprache als formalgrammatische Kategorie. Es gibt morfologische (und ein paar semantische) Regelmäßigkeiten, die Genus voraussagbar machen (z.B. Wörter auf *-heit, -keit, -ung* sind immer feminin). Die enge Bindung von Sexus an Genus betrifft nur ein kleines Segment von Sprache, z.B. die Anrede (*Frau, Herr, Fräulein*) und die Movierung (*Schneider/in*).

Meist relativieren die dargelegten Studien Thesen, die in den späten 1970er- und frühen 1980er-Jahren noch forsch vorgetragen wurden, wie diejenige von Zimmerman und West, Männer würden Frauen systematisch unterbrechen und die Unterbrechung sei immer ein Dominanzsignal, oder die These, Frauen würden kontextübergreifend einen kooperativeren Gesprächsstil zeigen als Männer. Metaanalysen, von denen es inzwischen viele gibt, verdeutlichen aber, dass die Geschlechterunterschiede z.B. bei kommunikativen Verhandlungen sehr gering sind

(Walters et al. 1998). Neuere Arbeiten betonen (was wir eigentlich schon wussten), dass die Kommunikation zwischen Frauen und Männern auch am Arbeitsplatz erfolgreich sein kann (S. 77). Eine der Differenz-Thesen, die Bestand haben, ist diejenige, dass Frauen untereinander mehr über persönliche Themen sprechen als Männer untereinander. Selbstverständlich werden nicht erst heute solche Befunde nicht essentialistisch dem ‚Wesen' von Frauen und Männern angelastet, sondern den Relevanzstrukturen der Lebenswelt. Auch zeigt die Erzählforschung nach wie vor die Beliebtheit kollaborativer Erzählentwicklungen unter Frauen und auch die bestimmter Dramatisierungsstrategien. Vieles relativiert sich im Kulturvergleich, was niemanden überraschen dürfte. In der Forschung zu Gespräch und Geschlecht ist von Beginn an von kultureller Beeinflussung ausgegangen worden. Heute wird aber stärker betont, dass Frauen und Männer Prägungen auch unterlaufen und verändern können und dass diese nicht unbedingt in eine Richtung laufen. Das Individuum muss sich selbst positionieren, wobei es sich aber an vorherrschenden Mustern orientiert.

Im Bezug auf Sprachsozialisation finden wir verschiedene Untersuchungen, die *gender* als relevanten Faktor zeigen. Gleasons (1987) Analysen zum Gesprächsverhalten von Müttern und Vätern zeigen zum Beispiel, dass Väter sehr viel mehr Befehle geben (doppelt so viele), vor allem an ihre Söhne, als Mütter dies tun. 38% aller väterlichen Äußerungen am Familientisch an die Kinder fanden in Befehlsform statt. Die Mütter verstanden ihre Kinder generell besser, da sie auch mehr Kontakt mit ihnen hatten. Sie verwendeten ihnen gegenüber ein reichhaltigeres Vokabular. Väter adressieren ihre Söhne häufiger als ihre Töchter mit groben Anredeformen. Klann-Delius fasst zusammen, dass Kinder von ihren Müttern mehr sprachlichen Input erhalten, was auch ein Effekt unterschiedlichen Engagements in der Kinderbetreuung ist (S. 123).

Marjorie Goodwin (1990, 2002) hat in ihrer Studie über das Sprachverhalten von schwarzen Kindern in Philadelphia, die sie monatelang bei ihren Spielen auf der Straße beobachtet hat, festgestellt, dass Jungen und Mädchen sehr häufig unter sich spielen und sich ihre alltäglichen Interaktionen unterscheiden. Jungen verwenden mehr unabgeschwächte Imperative. Die Mädchen hingegen bevorzugen zwar inklusive oder fragende Aufforderungen vom Typ „Wir könnten jetzt die Ringe aufsammeln" oder „Sollen wir nicht mal die Ringe aufsammeln?", konkurrieren aber auch miteinander. In der Sozialstruktur der Jungen gab es kleine Bosse, die über längere Zeiträume hinweg das Sagen hatten, in den Gruppen der Mädchen war diese Rolle nicht von Bedeutung. Ihre Sozialstruktur organisierte sich eher horizontal über Nähegrade (beste Freundin), was eine andere Art von Hierarchie ergab. Goodwin betont, dass alle Kinder alle Sprachverhaltensweisen beherrschen. Im Umgang mit sehr viel jüngeren Kindern sprachen die sieben- bis zwölfjährigen Mädchen auch in direkter Befehlsform. Die Kleinen sollten ihnen gehorchen, und die Mädchen beherrschen auch die Art der Rede, welche Gehorsam nach sich zieht. Konflikte bewältigten die Mädchen eher indirekt über Dritte, Jungen trugen sie eher direkt aus. Beide Geschlechter beherrschen eine ganze Bandbreite an Stilen, jedoch verwenden sie diese nicht gleich stark.

Die Autorin diskutiert in diesem Kapitel Studien über Studien, fasst sie zusammen, vergleicht, konfrontiert Thesen mit Gegenthesen. Insofern bietet das Buch einen guten Orientierungsrahmen für alle erwähnten Themenfelder.

Im dritten Kapitel werden Erklärungsansätze dazu diskutiert, wie es überhaupt zu Geschlechterunterschieden im kommunikativen Verhalten kommt (lerntheoretische, kognitionspsychologische, sozialpsychologische, *gender*-schema-Ansatz evolutionsbiologische, ethnomethodologische, „community of practice"-Erklärungen u.a.). Klann-Delius bringt sie alle nachvollziehbar auf den Punkt. Kein Ansatz bleibt von der fast gleich gewichteten Kritik verschont. Die eigenen Thesen der Autorin kann man vorsichtig daran ablesen, dass sie evolutionsbiologischen Erklärungsansätzen keine völlige Absage erteilen will. Man bekommt aber kaum einen Hinweis darauf, wie diese mit sozial- und kulturwissenschaftlichen eine sinnvolle Verbindung eingehen könnten. Auch integrative Modelle kritisiert Klann-Delius wegen zu großer Allgemeinheit und mangelnder Spezifik der relevanten Komponenten. Sie verzichtet leider darauf, bestimmte Kombinationen als einleuchtender auszuweisen als andere. Integrative Modelle haben potentiell die größte Überzeugungskraft. Die Frage bleibt unbeantwortet: Was kombiniert sich am erfolgreichsten?

Das letzte Kapitel ist der Sprachpolitik und dem Sprachwandel gewidmet. Empfehlungen zur Vermeidung sexistischen Sprachgebrauchs, die z.B. auf Nennung von Frauen und Männern beharren (*Lehrerinnen und Lehrer, Schülerinnen und Schüler...*), kritisiert Klann-Delius unter Rückgriff auf Stickel als zu schwerfällig (S. 186). Verschiedene, im Buch vorgestellte Arbeiten belegen aber, dass Personenbezeichnungen im generischen Maskulinum tatsächlich weniger an weibliche Wesen denken lassen. Abschließend kommt sie zu dem Urteil, die wirksamsten Kommunikationsstrategien für Frauen seien diejenigen, die in Mentoring-Programmen vermittelt würden.

Klann-Delius macht klar, dass wir im Bezug auf Sprache, Gespräch und Geschlecht heute vor sehr uneinheitlichen Befunden stehen. Sowohl theoretische Hintergründe als auch empirisch-methodische Vorgehensweisen erlauben oftmals kaum einen Vergleich. Vor allem in den 1970er-Jahren, aber durchaus auch später noch, wurde der Themenbereich mehr von politischem Bestreben geleitet als von wissenschaftlichem. Das war zwar inspirierend, führte aber auch zu manchem Schnellschuss.

Das Buch bereichert alle Hochschulveranstaltungen zu diesem Thema. Für die gemütliche Privatlektüre, selbst der Wissenschaftlerin, ist es wenig geeignet, da die Aneinanderreihung sehr vieler Studien ermüdet.

Mara Cambiaghi

Trans**E**uropean **P**aths

Marina Camboni (ed.): *Networking Women: Subjects, Places, Links Europe-America. Towards a Re-Writing of Cultural History, 1890-1939*, Rome 2004 (Edizioni di Storia e Letteratura, 519 pp., 64,00 €).

The idea of establishing an interactive, polyvocal and transnational project mapping the intellectual contribution of women who were active in the early decades of the twentieth century is a fascinating one which deserves ongoing support on all fronts. One of the results of this endeavour is a bulky volume containing the proceedings of the International Conference *Networking Women: Subjects, Places, Links Europe-America. Towards a Re-Writing of Cultural History, 1890-1939* held at the University of Macerata, Italy, in March 2002. This publication, which is entirely in English, is combined with a bilingual online hypertextual database and website (http://reti.unimc.it) translating the *relational model of the cultural sphere* underpinning the project into a usable and practical tool, creating links among documents and highlighting unsuspected or previously ignored intellectual affinities among a variety of committed writers, artists and art patrons. Indeed, one of the fundamental aims of this enterprise is to reveal the „personal, emotional and cultural affiliations" at the heart of their activities while recouping previously silenced or forgotten voices. The editor makes this goal very explicit on the opening page of her preface when stressing the need to highlight interlinking „fields of theory and practice in the universes of aesthetic creation as well as in political engagement, economics and social activism". The main focus overarching these concerns remains, however, the ongoing debate on the culture that generated modernist and avant-garde forms of expression. This culture emanated from a realm of experience explored as a complex and dynamic system of relations along the lines set by Raymond Williams, Juri M. Lotman and Pierre Bourdieu, yet moving beyond the binary opposition of art and social praxis or culture and nature. It is within these theoretical premises that the *relational model of the cultural sphere* has to be understood.

The resulting volume bulges with energy and a wealth of material mapping the work of a number of highly diverse intellectuals – from Dora Marsden and H.D. to Bryher and Catherine Carswell, from Una Marson, Margaret Anderson and Jane Heap to Elsa Asenjeff, Irma von Troll-Borostyáni, Leonor Fini and Anita Pittoni, to mention only a few among them. Despite their richly diversified experiences, all of these figures were united in their strive for an autonomous female subjectivity in the open space of modernity which only started to become available to them through journals, salons and other public localities. Challenging deeply rooted social roles and political barriers, they worked for the emergence of a fertile supranational culture encompassing the redefinition of sexual relationships. Among them were combative teachers and intellectuals animated by political passion and ethical commitment, creators of salons and cultural groups as well as publishers challenging the male cultural market.

Often their work was obscured by prevailing cultural practices of the male protagonists of Modernism. An interesting case exemplifying conflicting aims and significant transformations in the cultural history of the early twentieth century is that of Dora Marsden, presented in three subsequent but separate contributions to the volume (by Marina Camboni, Valerio Massimo De Angelis and Silvana Colella respectively). Dora Marsden, who had dared to interrupt Winston Churchill's election speech at an open forum in the Northwestern English town of Southport in 1909, protesting against women's lack of representation in Parliament, was the founder of a short-lived journal with a troubled history, documented by the paradigmatic changes of its title – *The Freewoman, The New Freewoman, The Egoist*. These are significant changes not only because they signal Dora Marsden's transition from her distinct brand of feminism and subsequent attacks on the politics of the Women Social and Political Union, to a more implosive egotism whose ultimate beneficiaries were the men who inherited the journal and its editorship (notably Ezra Pound and his friends), but also because the rise and fall of Dora Marsden's enterprise interlinking with the individualist concerns of the Modernists mark a divide between extreme liberalism and „the collectivist discourse of suffragists, socialists and communists" (p. 185), as Camboni well observes.

Other contributions to the volume focussing on different women intellectuals across the Atlantic, draw a similar trajectory albeit in the opposite direction. Laura Coltelli, for example, examines the case of Meridel LeSueur, a former student of the American Academy of Dramatic Art who had lived in the anarchist community of Emma Goldman and subsequently became a writer and a member of the Communist Party. Coltelli teases out in her analysis the complexities of an existence verging between the needs of communal participation and the sensibility of a writer who eschewed the exhortative and militant rhetorics of party politics. We learn that LeSueur was capable of blending both the female and gendered concerns of her existence with a subtle search for connections in the outer world – „from fragmentation to union between people and places" (p. 445), that motherhood, nature and land all intertwined in her distinctly circular and experimental mode of writing underpinned by the fertility myth of Demetra and Persephone. Coltelli illustrates in detail how LeSueur's quest for a personal mode of writing that may describe the growing awareness of her characters, places her at the intersection between modernist experimental forms and the existing school of proletarian realism stressing alienating working conditions. The new emphasis placed by her on solidarity among women involves, however, a revision of this tradition in the American literary context.

Such a revision is further illustrated by Cinzia Biagiotti who discusses the case of Tillie Olsen. Like LeSueur, Olsen was also receptive to ideas and ideologies deriving from Europe while combining the observation of historical occurrences with a keen concern for women's problems and their inner condition.

Further studies highlight the historical affinity between the campaign for the abolition of slavery prior to the American Civil War and the Suffrage movement, whose imaginative strategies to increase representation in the social sphere included effective masquerades interlocking with new forms of communication and the diffusion of advertisements.

On the Continent, significant exchanges took place among the members of the *Verein der Schriftstellerinnen und Künstlerinnen* in Vienna or among the women of the culturally and ethnically turbulent city of Trieste, as Rita Svandrlik and Ernesta Pellegrini explain in their papers, while Daniela Rossini examines the impact of the American ‚New Woman' – a concept emerging in the U.S. at the turn of the century for someone who sought independence and rejected convention, promptly translated by illustrators and photografers into a popular image – and the ensuing iconography advertised during World War I on Italian society.

It is virtually impossible to offer an adequate description of the work presented in this volume which is also equipped with a wealth of fine illustrations documenting the crosscultural and fertile dynamism of this new cultural history. Its contributors have opted for a „sheaf of intertwined historical possibilities" (p. 6) that may highlight the emergence of a new subjectivity, both prismatic and relational, across a richly diversified cultural field. What can be said, however, is that such a project is worthwhile and deserves to be translated into further interlinking exchanges so as to widen the scope and effectiveness of its aims in a truly transnational context.

Stefanie Duttweiler

Wissen über Männlichkeit und Weiblichkeit – Eine historische Rekonstruktion

Catherine Bosshart-Pfluger/Dominique Grisard/Christina Späti (Hrsg.): Geschlecht und Wissen – Genre et Savoir – Gender and Knowledge. Beiträge der 10. Schweizerischen Historikerinnentagung, Zürich 2005 (Chronos, 432 S.,32,00 €).

Dieser von Catherine Bosshart-Pfluger, Dominique Grisard und Christina Späti herausgegebene Sammelband dokumentiert in 31 Beiträgen die 10. Schweizerische Historikerinnentagung 2002 in Freiburg/Schweiz. Diese Tagung hatte es sich zur Aufgabe gemacht, die komplexen historischen Prozesse, in denen Wissen über Männlichkeit und Weiblichkeit hergestellt werden, zu rekonstruieren.

Um es gleich vorweg zu nehmen: Ein großer Verdienst dieses Buches ist es, aktuelle Forschungskonzepte materialreich unterfüttert und dabei die politischen Implikationen der (Geschlechter-)Forschung nicht aus den Augen gelassen zu haben. Aus soziologischer Sicht wäre allerdings eine pointiertere theoretische Klärung wünschenswert gewesen.

Das Buch ist in drei Abschnitte unterteilt, die alle den Zusammenhang von Geschlecht, Wissen und Wissenschaft ausloten und dabei jeweils ein aktuelles Paradigma der Forschung adressieren. Diese Paradigmen werden nach einem Gang durch die feministische Wissenschaftskritik in der Einleitung kurz vorgestellt. Doch gerade hier offenbart sich die Schwäche des Buches: Die Einführung in die theoretischen Konzepte bleibt zu kursorisch und wird nur sehr oberflächlich mit den jeweiligen Beiträgen ins Verhältnis gesetzt.

Der erste Abschnitt „Vergeschlechtlichte Räume und herrschaftsrelevantes Wissen" greift die Grundannahmen des *spacial turn* auf: Räume seien keine statischen und passiven Gefäße, sondern erst in Handlungsprozessen als solche konstruiert und stünden in besonderer Beziehung zur Konstruktion von Geschlecht. Am deutlichsten gelingt es Tanja Wirz in ihren Ausführungen zu „Alpinismus und Geschlechterordnung", dies darzustellen: „[Männlich kodiertes] Bergsteigen ist nicht dasselbe wie [als Frau] auf die Berge steigen" (S. 69). Die anderen Beiträge untersuchen die ambivalenten Erweiterungen traditionell von Männern besetzter Räume. Wie beispielsweise an der Rolle der Frauen im Zweiten Weltkrieg oder in der Organisation des Völkerbunds aufgezeigt wird, ist in Prozessen der Professionalisierung eine solche ‚Expansion' nur unter Rückgriff auf spezifisch weibliches Wissen möglich. Als spezifisch weiblich kodiertes Wissen, so zeigen die Studien zur Entwicklung des Lehrerberufs und der Krankenpflege, ist jedoch zugleich ein wesentliches Hindernis für den Prozess der Professionalisierung.

Auch der zweite Abschnitt „Vermittlung von explizitem und Alltagswelt-Wissen" bezieht sich auf aktuelle Forschungsfragen. Vor der theoretischen Prämisse, einverleibtes (Alltags-)Wissen präge unsere Vorstellungen von Geschlecht, steht hierbei die Aneignung, Verarbeitung und Vermittlung von Wissen zur Diskussion. Die (hauptsächlich französischsprachigen) Studien zur Mädchenbildung widmen sich der expliziten Vermittlung von Wissen. Eher indirekte Formen der Vermittlung von Alltagswelt-Wissen über Geschlecht werden in den darauffolgenden Beiträgen verhandelt: Wie sich die Leitbilder von Männlichkeit etablieren, wird am Beispiel der Schweizer Militärausbildung untersucht (Wie gestaltet sich der „Lehrplan" der „Schule der Nation"?), die Konstruktion von Frauenleitbildern am Beispiel der Zwangsarbeitsanstalt Thorberg für Frauen Mitte bis Ende des 19. Jahrhunderts. Dort wurde durch die akribische Dokumentation des Verhaltens der Insassinnen sowie bei der (erfolglosen) Kontrolle junger Mädchen in Erziehungsanstalten sowohl das Bild der ‚delinquenten' als auch der ‚anständigen' Frau verfestigt. Alle aufgeführten Fälle erweisen sich als „Produktionsstätten für geschlechtsspezifisches Wissen" (S. 197) – auch wenn in allen Beispielen eine deutliche Diskrepanz zwischen den Diskursen und der gelebten Realität sichtbar wird.

Im dritten Abschnitt „Geschlecht als Sozial- und Wissenskategorie" wird – entgegen des umfassenderen Titels – das Verhältnis von Geschlecht und Wissenschaft (nicht Wissen allgemein) beleuchtet. Alle Beiträge sehen im Geschlecht ein Strukturelement sowohl sozialer Verhältnisse als auch des Wissens und untersuchen das Verhältnis zwischen Wissenskategorie und Geschlechterkonstruktion. In ihrer programmatischen Vorstellung eines Forschungsprojektes zu Züricher Historikerinnen stellt Beatrice Ziegler dazu unter anderem die Frage, wie die symbolische Ordnung der Disziplin durch die Kategorie Geschlecht beeinflusst wird. Ausgehend von der These, dass Wissenschaft ihren Gegenstand selbst herstellt, darf Wissenschaft nicht losgelöst von ihrem gesellschaftlichen (sprich: geschlechtsspezifisch strukturierten) Entstehungskontext gesehen werden. Die weiteren Beiträge dieses Abschnittes zeigen: Aus- und Einschluss von Akademikerinnen sind maßgeblich von diesem Kontext geprägt, ebenso wie vermeintlich objektive wissenschaftliche Wahrheiten dort sozial situiert sind und so von diesem entscheidend mitkonstruiert werden.

Rezensionen

Die Studien dieses lesenswerten Sammelbandes werden durch zwei Beiträge abgerundet, die für ein (Wieder-)Aufleben der feministischen Position in der Geschichtswissenschaft plädieren. Unter der Programmatik „Geschichte be-lesen" zeigt Ilona Scheidle am Beispiel eines historischen Stadtrundganges in Heidelberg, wie aktiv feministisches Wissen produziert werden kann, um gängige Sichtweisen zu revidieren. Kornelia Hauser knüpft an die Tradition der Frauenbewegung an, in der Wissen über die gesellschaftlichen Verhältnisse und Befreiung, sprich: politische Praxis, zusammengedacht wurden. Poststrukturalistische Ansätze in der Theorie, neoliberale Umbauten der Bildungsinstitutionen sowie das Verblassen des Zusammenhangs von erlittenem Leid und antizipiertem besseren Leben haben aktuell den Zusammenhang von Praxis und theoretischer Reflexion in der Frauenforschung zerrissen. Dem von ihr vorgetragenen Plädoyer, Sozialwissenschaft (wieder) zu einer Reflexionswissenschaft zu machen, sind viele der hier versammelten Beiträge gefolgt: In der Analyse des Zusammenhangs von Geschlecht und (wissenschaftlichem) Wissen reflektiert wissenschaftliches Wissen auf sich selbst, seine Produktionsbedingungen und Machteffekte und kann so auch einen wesentlichen Beitrag zur Aufklärung über die aktuellen gesellschaftlichen Verhältnisse liefern.

Anelis Kaiser

Neue Versuche zur Konfiguration und Konstitution von Materialitäten und Verkörperungen

Corinna Bath/Yvonne Bauer/Bettina Bock von Wülfingen/Angelika Saupe/Jutta Weber (Hrsg.): Materialität denken. Studien zur technologischen Verkörperung – Hybride Artefakte, posthumane Körper, Bielefeld 2005 (transcript Verlag, 222 Seiten, 23,80 €).

Beim Betrachten des Deckblattes von *Materialität denken. Studien zur technologischen Verkörperung – Hybride Artefakte, posthumane Körper* bleibt der Blick an der Kopfbedeckung der darauf abgebildeten Babuschka hängen. Wie bei einem *trompe l'oeil* oszilliert das Auge zwischen zwei möglichen Interpretationen, wir fragen uns, ob dieses schwarze ‚Etwas' als ein zusätzliches Schmuckstück und somit als ein Bestandteil der Babuschka oder als eine auf dem Hintergrund aufgetragene Bemalung zu betrachten ist. Der Grund dieser Verwirrung ist, dass wir auf den ersten Blick nicht identifizieren können, woraus dieses ‚Etwas' besteht. Auf diese Weise bringt diese Abbildung das zentrale Thema des Bandes recht gut auf den Punkt: Das Thema der Materialität – und wie wir darüber zu denken im Stande sind.
Materialität denken umfasst die zu einem Band ‚materialisierten' Gedanken von sechs Autorinnen über das Verhältnis von Materialität und Technologien in der *Technoscience*. Dieser Sammelband entstand in einer inter- bzw. transdiziplinären Zusammenarbeit zwischen Vertreterinnen der feministischen Naturwissenschafts- und Technikkritik und der *Cultural Studies of Science* und untersucht, wie in un-

serer Technowissenschaftskultur neue, historisch spezifische Formen der Verkörperung konfiguriert werden. Er verfolgt das Ziel, technologische Verkörperungen ins Zentrum des Blickfeldes zu rücken und Neukonstitutionen von Materialität anzuregen, um dadurch weiterführende Debatten innerhalb dieses Forschungsfeldes anzustoßen.

Die Einleitung der Herausgeberinnen beginnt mit einem kurzen Überblick bisheriger feministischer, naturwissenschafts- und technikkritischer Positionen, in denen die Themen Geschlecht bzw. Geschlechterverhältnisse explizit zum Tragen kommen. Es wird darauf verwiesen, dass selbst die feministische Naturwissenschafts- und Technikkritik jüngerer Zeit die Vorstellung eines vorgängigen Körpers nicht zu überwinden vermochte. Aktuelle Technologien schreiben sich also nach wie vor in einen ‚passiven' Körper ein und der Körper ist den technologischen Entwicklungen gegenüber in einem Unterwerfungsverhältnis gefangen.

An diesem Punkt setzen die Herausgeberinnen an. Ausgehend von einer transdisziplinären Erkenntnis- und Forschungsform, mit besonderem Augenmerk auf die Selbstreflexion über die eigene Disziplin, suchen sie nach materiellen Verkörperungsformen fernab von technikkritischen oder technikidealisierenden Diskursen. In *Materialität denken* wird getrennt und verbunden, unterschieden und zusammengetragen. So unternehmen die ‚Profetinnen' – all die Herausgeberinnen sind seit Jahren im Projekt feministische Theorien im Nordwestverbund (ProFeTiN) engagiert – einerseits „notwendige Unterscheidungen" zwischen erkenntnistheoretischen, rhetorischen und ontologischen Annahmen, wobei die rhetorische Ebene als Strategie deklariert wird. Auf der anderen Seite verbinden („produktive Verbindungen") sie verschiedene Ansätze aus der kritischen Theorie, aus den Aktornetworktheorien, dem Sozialkonstruktivismus, der deutschsprachigen Wissenschaftsphilosophie und den *Cultural Studies of Science and Technology* zu einer eigenen Position mit dem Ziel, die Dimensionen des Materialen, des Soziopolitischen und Semiotischen zusammenzubringen. Im Zentrum der Kritik steht ein Körper ohne Handlungs- und Gestaltungsmacht, was sie zu einem Verständnis von Körper als „situierten Akteur" führt. Aber cave, der Körper sei nicht im Sinne eines autonomen Subjekts zu verstehen, welches im Stande ist, sich den Technologien oder Diskursen zu widersetzen, da damit nur neue (Re-)Naturalisierungen geschaffen würden. Vielmehr postulieren die Herausgeberinnen einen Körper, der gleichzeitig konstituiert und konstituierend wirkt. Anders als poststrukturalistische Erklärungsansätze jedoch, die den Körper als Kategorie auffassen und angesichts seiner diskursiven Konstruktion verwerfen, suchen sie ausgehend von Haraways späterem Werk nach einem neuen Verhältnis zum Körper. Körper werden als „nicht deckungsgleich mit den sie hervorbringenden diskursiven und technologischen Praktiken" (S. 21) definiert, sie sind auch nicht Produkt diskursiver Praktiken als vielmehr „eigenständige, eigensinnige und nicht vollständig anzueignende Entitäten" (S. 21). Die Herausgeberinnen gehen von einem Körper aus, der sich nicht einem Erkenntnissubjekt, einem Diskurs, der Gesellschaft oder der *Technoscience* unterordnet, der aber auch nicht den Status eines souveränen, sich sämtlichen technologisierenden Entwicklungen unserer Gesellschaft widersetzenden Subjektes innehat.

So untersucht *Yvonne Bauer* sexualwissenschaftliche Körpervorstellungen und zeigt den Wandel vom industriellen zum kybernetischen Lustkörper im Zusammenhang mit dem Einfluss neuer Technologien auf; *Jutta Weber* fokussiert auf den Stellenwert von Körper und Materialität in der Künstlichen Intelligenz bzw. in der Artificial Life Forschung und Robotik; *Bettina Bock von Wülfingen* widmet sich dem Geschlechtskörper und zeigt am Beispiel einer Studie auf, wie darin die Materialisierung von Geschlechtlichkeit und lesbischer Identität konstruiert werden; *Luciana Parisi* untersucht die virtuelle Materialität im bioinformatischen Kapitalismus; *Torsten Wöllmann* legt dar, wie der Männerkörper als biologischer Geschlechtskörper entdeckt wird; *Maria Osietzki* stellt das Neurolinguistische Programmieren als neue Verkörperungspraktik vor und *Karen Barad* schließlich unternimmt eine theoretische Annäherung an den Prozess der Materialisierung mit dem Impetus, Diskurstheorie und ontologische Materialitätsverständnisse einander anzunähern.

Zwei Beiträge aus *Materialität denken* sollen im Folgenden ausführlicher vorgestellt werden. Es sind dies „Posthumanist Performativity: Toward an Understandig of How Matter Comes to Matter" von *Karen Barad* und „Esoterische Verkörperungen – Die breiten Schwellen zwischen Wissen und Glauben" von *Maria Osietzki*. *Barad* befaßt sich explizit und direkt mit dem Thema der „Materialisierung", während *Osietzki* einen impliziten Umgang damit pflegt. Kontrastierend zueinander geben diese Artikel exemplarisch wieder, was diesen Sammelband ausmacht: explizite und implizite Verkörperungen.

Ausgehend von ihrer Kernfrage, nämlich wie Materie zur Materie wird, kritisiert *Barad* die Unterberücksichtigung von Materie in der Analyse unserer sprach- und diskurslastigen Signifizierungspraktiken. Können wir überhaupt nach materiellen Gegebenheiten fragen „when materiality itself is always already figured within a linguistic domain as its condition of possibility?" (S. 187). Schwer zu überwinden seien an dieser Stelle unsere Repräsentationslogiken, die uns nicht ermöglichen, jenseits von Repräsentanten und das zu Repräsentierende, von Materie und Diskurs zu denken. Interessanterweise rekurriert sie zur Annäherung an dieses Problem auf das diskursanalytische Instrument der Performativität. Eine ‚richtig ausgelegte' Performativität nämlich lasse die exzessive Gewichtung der Sprache bei der Erklärung dessen, was real sei, an sich abprallen und wiese entgegen vieler Annahmen gerade *nicht* die Tendenz auf, alles – materielle Körper eingeschlossen – in Diskurse aufzulösen. Gezielt und geradewegs begibt sich *Barad* auf die Suche nach einem neuen Verständnis von Materialität und Materialisierung in ihrem materiellsten Sinne, fokussiert auf das ‚Wie' des Prozesses der Materialisierung und wagt auch einen interessanten – aber zirkulären? – Gedanken:

> „(...) any robust theory of the materialization of bodies would necessarily take account of *how the body's materiality – for example, its anatomy and physiology – and other material forces actively matter to the processes of materialization.*" (S. 194, Hervorhebung im Original)

In diesem Zusammenhang und unter Bezugnahme auf Foucault, Butler und andere hebt sie hervor, dass eine Betrachtungsweise von Körper als Endprodukt diskursiver Akte ein Verständnis von Körper als Oberflächenstruktur impliziere und somit Materie um eine wesentliche Eigenschaft ihrer selbst betrüge. Sie fragt beispielsweise, wie die Bestandteile des biologischen Körpers, die Atome, dazu kämen, Materie zu werden. Zur Beantwortung dieser und ähnlicher Fragen und als Alternative zum oben bemängelten Repräsentationalismus stellt sie in ihrem Artikel den Ansatz der „posthumanistischen Performativität" vor, wozu die promovierte Physikerin zuerst einmal eine ontologische Absicherung heranzieht. Basierend auf Niels Bohrs theoretische Annahmen, Dinge hätten keine inhärent festgelegten Grenzen und Worte keine inhärent festgelegten Bedeutungen, verficht sie in ihrem Ansatz eine

> „(...) *causal relationship between specific exclusionary practices embodied as specific material configurations of the world* (i.e., discursive practices/(con)figurations rather than ‚words') *and specific material phenomena* (i.e., relation rather than ‚things')." (S. 199, Hervorhebung im Original)

Diese kausale Beziehung ist eine der *agential intra-actions*. Mit dem Begriff der *intra-action* möchte sie den Unterschied zu *interaction*, die von einer Präexistenz voneinander unabhängiger Einheiten ausgeht, markieren. Ihrem Verständnis nach gibt es keine vorgegebenen Dinge, die primären epistemologischen Einheiten sind „Phänomene", die sie des Weiteren als ontologisch primitive Relationen und als „(...) ontological inseparability of agentially intra-acting 'components'" (S. 200) definiert. Gerade und nur durch spezifische *agential intra-actions* werden bestimmte Eigenschaften und Abgrenzungen phänomenologischer Aspekte und bestimmte verkörperte Konzepte bedeutungsvoll und bedeutungsträchtig. Phänomene werden durch *agential intra-actions* multipler Apparaturen von Körperherstellungspraktiken produziert, wobei Apparaturen eine konstitutive Rolle bei der Umdeutung von Diskursen und Materie im Sinne von *intra-actions* spielen. *Intra-actions* verlangen nach einem neuen Verständnis von Kausalität, was auch der Grund dafür sein mag, dass bei einer Leserin mit konventionellem Kausalitätsverständnis ein widerspenstiger Rest Unklarheit in *Barads* Ausführungen zur „performativen Metaphysik", wie sie selbst letztere Überlegungen betitelt, zurückbleibt. Durch iterative *intra-actions* kämen Phänomene zu ihrer Materie, eine nicht fixierte Materie, sondern eine „Substanz in ihrem intra-aktiven Tun", „not a thing, but a doing, a congealing of agency" (S. 206). Letzteres setzt sie mit Performativität gleich. Darüber hinaus sollen ihre Auslegungen zur performativen Metaphysik nicht in einem anthropomorphischen Sinne verstanden werden. Alle Körper, nicht nur menschliche, kämen auf diese Weise zu ihrer Materialität und weil ihr Ansatz – im Gegensatz zu diskursiven Praktiken, die ihrer Meinung nach „boundary-making practices" (S. 206) sind – Grenzen aufzulösen im Stande ist, gäbe es keine fixen Grenzen zwischen menschlich und nicht menschlich, was den Begriff des „posthumanist" erklärt. Ausdrücklich hebt sie hervor, dass materielle Gegebenheiten von Bedeutung sind, nicht weil sie bestimmte Diskurse, die die aktuellen hervorbringenden Grössen für Körper sind, „unterstützen", sondern weil sie durch iterative Intra-Aktionen die Welt in „ihrem Tun " materialisieren.

Als „esoterische Verkörperung" bezeichnet *Maria Osietzki* das „Neurolinguistische Programmieren" (NLP), eine Kurzzeittherapieform, die von R. Bandler und J. Grinder Ende der 70er Jahre entwickelt wurde und sich auch heute noch großer Beliebtheit erfreut. Laut der Autorin verdankt das NLP seine weit verbreitete Popularität hauptsächlich zwei charakteristischen Wesensmerkmalen. Zum einen passe es in unsere postmoderne Gesellschaft, in der konstruktivistische Denkmodelle über unsere Kultur vorherrschen. In einer konstruktivistischen Ordnung erhalte das Thema der ‚Repräsentationen' eine zentrale Rolle, doch nicht nur die Repräsentationen an sich, sondern und vor allem auch die Veränderbarkeit der Repräsentationen, welche kulturellen und historischen Transformationen unterliege und somit beeinflussbar sei, spiele eine tragende Rolle. Zum anderen befände sich das NLP durch seine wissenschaftliche Einbettung in der Hirnphysiologie und Kognitionspsychologie genau im Trend unserer Zeit. Aus diesen Gründen erlaube das NLP als vielversprechende und seriös wirkende Alternative den Eingriff in unsere mentalen Repräsentationen zur Veränderung fixierter Einschränkungen, die den menschlichen Blick auf die Welt trüben. Eine an dieser Stelle eingefügte Ausdifferenzierung zwischen kognitionspsychologischem und geisteswissenschaftlichem Verständnis von ‚Repräsentation' wäre zur Vermeidung einer begrifflichen Konfundierung dieser Termini von Nutzen gewesen. Weiterhin hätte, so die Autorin, dieses zur „humanen Technologie" umgewandelte psychologische Instrument mit kybernetischer Metaphorik zum Ziel, unsere Denkweisen neu zu „modellieren" oder neu zu „programmieren", unsere „Daten" zu verändern und ein neues „reframing" der Person herzustellen. Prozesse der Materialisierung werden bei *Osietzki* nicht ausgearbeitet, doch lassen sich einige implizite Momente von ‚Verkörperungen' des NLPs eruieren, beispielsweise in der Hinsicht, dass diese interventionistische Maßnahme spezifische und einfache Prinzipien lehre, die unmittelbar auf den Körper einwirken und welche, laut seinen Erfindern, auch direkten Einfluss auf die Arbeitsweise des Gehirns nehme. Von weitaus zentralerer Bedeutung als die Materialisations- oder Verkörperungsformen scheint die ‚Funktion' des Körpers beim Neurolinguistischen Programmieren zu sein. Der Körper ist nach Ansicht der NLP-Gründer in seinen Regungen kongruent, da er gehirnphysiologisch gesteuert auf die Umwelt und seine Erfahrungen reagiere und unter anderem auch aus diesem Grund der „entscheidende Ort für die Initiierung persönlicher Veränderungen, die auf der Basis seiner [des Körpers, A.d.V.] sensuellen Auskünfte eingeleitet (...) werden" (S. 177). Nicht zuletzt weil der Körper als „Medium" individueller Veränderungspotentiale aufgefasst werde, so *Osietzki*, verwirkliche und verkörpere sich in ihm die technische und psychopolitische Realität. Realität? Oder marktfähige Fiktion mit Neigung zur Esoterik? Das lässt die Autorin offen.

Alles in allem ist dieses Produkt des Projektes ProFeTiN ein gelungener Sammelband und regt an, weiterführende Debatten zum Thema der Materialität anzustoßen, was erklärtes Ziel der Herausgeberinnen ist. Die Beiträge sind für sich betrachtet interessant, doch sehr heterogen und der Zusammenhang zu denen in der Einleitung aufgeworfenen Fragen und Sichtweisen ist in manchen von ihnen lediglich implizit oder vage. Folgendermaßen werden die einzelnen Artikel so zusammengehalten wie die einzelnen Babuschkas, nur durch ihre Anfangsstruktur: der größten Babuschka bzw. der Einleitung.

Meike Penkwitt

(Re-)Kanonisierung einer vergessenen Klassikerin?

Birte Giesler: Literatursprünge. Das erzählerische Werk von Friederike Helene von Unger, Göttingen 2003 (Wallstein Verlag, 352 S., 28,00€).

Literatursprünge, die Promotionsschrift der mittlerweile in Australien lehrenden Germanistin Birte Giesler, liest sich ebenso wissenschaftlich gewinnbringend und zugleich unterhaltsam wie deren bereits in den *Freiburger FrauenStudien* (12/2003) besprochene Magisterarbeit zu Hedwig Dohms Roman *Schicksale einer Seele* („...*wir Menschen alle sind Palimpseste...*", Herbolzheim 2000). Gegenstand von *Literatursprünge* ist das erzählerische Werk Friederike Helene Ungers, das von Giesler in einer „möglichst umfassenden Gesamtschau" (S.11) vorgestellt und analysiert wird. Auch hier stellen die Aspekte ‚Intertextualität' und ‚Bildungsroman' wieder wichtige Bezugspunkte dar.

Friederike Helene von Unger (1752-1831), Autorin einer Reihe von Romanen und Erzählungen, Verlegerin und Übersetzerin von Rousseaus *Confessions* ist heute höchstens noch denjenigen bekannt, die der Frage nach einem (deutschsprachigen) weiblichen Bildungsroman nachgehen, wird doch Ungers Erstling *Julchen Grünthal* immer wieder als ein solcher diskutiert. Wie Giesler ausführt, lebte und arbeitete Unger im Zentrum des Berliner Kulturbetriebs der Goethezeit. Als Gattin des berühmten Verlegers Johann Friedrich Unger, die bereits vor der Heirat im Verlag mitarbeitete und nach dem Tod ihres Ehemannes von 1804 bis 1811 das Verlagshaus weiterführte, korrespondierte sie mit berühmten Zeitgenossen, darunter Schiller, die Brüder Schlegel und Ludwig Tieck und nicht zuletzt Goethe, dessen *Wilhelm Meister* 1796 im Unger'schen Verlagshaus erschien. Unger war „auf sämtlichen Ebenen des sich eben etablierenden Literatursystems involviert" (S. 10). Und nicht nur in ihrem Roman *Julchen Grünthal* setzt sich Unger spielerisch-kritisch mit Goethes *Wilhelm Meister* auseinander, dem Paradigma des Bildungsromans überhaupt. Dieser Text stellt, so Giesler, einen durchgängigen intertextuellen Bezugspunkt in Ungers Texten dar.

Ungers Texte wurden von ihren ZeitgenossInnen durchaus rezipiert und in Besprechungen immer wieder lobend hervorgehoben. In ihrer „wohl erste[n] öffentlichen Erwähnung" (S. 52) 1787 pries Julius Friedrich Knüppeln sie geradezu dafür, den von ihr übersetzten Rousseau kongenial erfasst zu haben. Knüppeln, so Giesler, lasse Unger, die er als „an der Hand von Grazien von den Musen großgezogen" (S. 52) beschreibt, „beinahe als Allegorie der Sprachkunst" (ebd.) selbst erscheinen. Daneben lobt Knüppeln sie auch als Verfasserin eines eigenständigen literarischen Werkes.

Heute ist Unger trotzdem weitgehend vergessen. Im Zuge eines Forschungsberichtes zu den Texten Friederike Helene Ungers, der zugleich eine Aufarbeitung der Rezeptionsgeschichte darstellt, führt Giesler die allmähliche Verdrängung dieser Autorin aus der Literaturgeschichtsschreibung vor Augen. Diese Analyse kann hinsichtlich der Kanondebatte und der Frage nach dem Ausschluss der Texte von Autorinnen durchaus als exemplarisch gelten. Entscheidend ist dabei, dass die Texte Helene Ungers unter dem Gesichtspunkt der ‚Literarizität' auch heute noch von Interesse sein könnten, anders etwa als Susan Warners pietistisches Mädchenerziehungsbuch *The Wide, Wide World*, das seinerzeit einem Bestseller gleichkam, jedoch, wie Aleida Assmann in der nächsten Ausgabe der *Freiburger FrauenStudien* ausführen wird, heute nur noch bei einem Fachpublikum von Bedeutung sein kann.

Nicht nur für diejenigen, die bereits Interesse an dem Werk der besprochenen Autorin haben, bzw. sich neugierig auf Texte einer für sie bisher unbekannten Autorin machen lassen wollen, ist Gieslers Publikation *Literatursprünge* von Bedeutung. Erhellend sind z.B. auch Gieslers Ausführungen zum Zusammenhang zwischen der zeitgenössischen Bildungsdebatte und der Diskussion über die sich um 1800 formierenden ‚bürgerlichen Geschlechtscharaktere'. Aus diesem Kontext entstammt auch das folgende von Giesler im Buchtitel verwendete Zitat, das ein Bewusstsein über die geschlechterformierende Kraft (nicht nur literarischer) Diskurse ausdrückt: „das Mädchen wird uns Sprünge machen; sie wird Romane und Gedichte lesen, Komödien sehen".

Empfohlen sei das Buch deshalb auch all denjenigen, die nach einem Zugang zu oder auch nach einer Einführung in die *gender*-sensible Literaturwissenschaft suchen. Giesler führt nicht nur „Geschlechtsidentität als intermedial und performativ erzeugte sprachliche Konstruktion" (S. 10) vor Augen, sondern widmet sich auch einer ganzen Reihe von für die feministische Literaturwissenschaft zentralen Fragen: So problematisiert sie neben der Diskussion um einen weiblichen Bildungsroman und der zeitgenössischen Geschlechterdebatte, neben Fragen der (De-)Kanonisierung von AutorInnen z.B. auch den Begriff der weiblichen Autorschaft und schlägt vielfach Bögen zu zentralen Kontroversen der poststrukturalistischen Theoriedebatte.

Rezensionen zum Thema

‚Queering Gender – Queering Society'

Jennifer Moos

Auf dem Weg

Karen-Susan Fessel: Jenny mit O, Berlin 2005 (Querverlag, 306 S., 17,90 €).

> *Ich bin auf dem Weg. Immer noch und schon wieder. Und vielleicht auch für immer.* (S. 306)

Mit diesen Sätzen endet Karen-Susan Fessels Roman *Jenny mit O* – mit einem Ende, das kein Ankommen am Ziel vortäuscht, weil es *das* Ziel nicht gibt. Oder vielleicht *noch* nicht gibt für Jenny/Jonny? Aber fangen wir von vorne an: Mit 17 Jahren hat Jenny die Nase voll. Voll von ihrem Stiefvater, der sie nur aufgrund des Kindergeldes duldet, voll von ihrer Mutter, die den besoffenen Alten schützt und voll von ihrer Clique, die der kleinstädtischen Langeweile nur Trinkgelage, Pöbeleien und Pärchengehabe entgegenzusetzen hat. Also nichts wie raus aus Groß Klein bei Rostock und rein ins wilde Großstadtleben, mitten nach Berlin. Dort hängt Jenny zunächst mit Straßenkids an der Gedächtniskirche rum, trifft einen alten Rostocker Kumpel, der schon zwei Jahre vor ihr das Weite gesucht hatte und mittlerweile in Drogengeschäfte verwickelt ist – ein fatales Unternehmen, wie sich nicht lange nach dem Wiedersehen herausstellt – und schließt sich schlussendlich Kai an. Kai, ein Stricher, der eine heruntergekommene Fabriketage in Friedrichshain bewohnt, schlägt sich mit Klauen und Schnorren durchs Leben – ein Leben, das Jenny schon nach kurzer Zeit nicht mehr geheuer ist. Nach einer Pogo-Slash-Party im *SO36* in Kreuzberg landet Jenny im *Roses*, einer Bar für allerlei bunte Vögel aus der *queeren community*. Dort begegnet sie Mascha, einer Lesbe Anfang 40, die zu ihrer Mentorin wird und deren Wohnung Jenny/Jonny zu jeder Zeit als Zufluchtsort nutzen kann.

Was als ein ‚Missverständnis' aufgrund des erhöhten Lärmpegels im *SO* beginnt, wird zukunftsweisend für Jenny. Auf einer Party erhält sie von Mascha ihren neuen, zu ihrem geschlechtlichen Empfinden viel besser passenden Namen: „Na klar. (…) Dabei ist es so einfach. *Wie Jenny, nur mit einem O. Ganz einfach*" (S. 148). Jonny eben. Der minderjährige Jonny zieht mit in Maschas Wohnung ein. Als Gegenleistung hilft er bei den Renovierungsarbeiten und verdient sich in einem Lebensmittelgeschäft etwas Geld dazu – mit einem ‚Jungsjob': Regale auffüllen. Obwohl Jonny seine Arbeit immer zuverlässig verrichtet, wird er gefeuert als auffliegt, dass er ein Junge mit einem Mädchenkörper ist. Mascha weiß als Sozialarbeiterin, dass sie sich strafbar macht, wenn sie Jonny noch länger bei sich wohnen lässt. Deshalb vermittelt sie ihm mit Hilfe des Jugendamtes ein Zimmer in einer Kreuzberger Jugend-WG. Doch auch dort ist Ärger vorprogrammiert: Einerseits hat Daniel es auf den neuen Mitbewohner abgesehen und andererseits verliebt sich Jonny in Carolin. Und die in ihn – ausgerechnet. Doch was passiert, wenn Carolin herausfindet, dass Jonny gar keinen Jungenkörper hat?

[W]as soll sie da schon mit jemandem wie mir [d.h. Jonny, J. M.]: einem Jungen ohne Geld, ohne Job, ohne Wohnung, ohne klare Pläne – und vor allem ohne den richtigen Körper? (S. 266)

Und überhaupt, wo auf der Geschlechterskala steht Jonny eigentlich? Seine Brüste stören, die mickrigen Oberarme werden durch Liegestütze gestärkt und dank des Suspensoriums, das Bifi ihm geschenkt hat, sieht auch ‚untenrum' alles klasse aus. Bifi erweist sich als Jonnys treuester Freund, der ihn immer wieder aufrichtet und ihm ein Zimmer in seiner eigenen WG beschafft, als Jonny aus der alten Jugend-WG wegen einer Schlägerei mit Daniel herausgeworfen wird. Zum ersten Mal scheint Jonny ein richtiges Zuhause gefunden zu haben: ein Zimmer, eine Lehre zum Maler und Lackierer, Menschen, die zu ihm stehen und ihn unterstützen und vielleicht sogar eine Freundin …

Jenny mit O ist bis dato vielleicht Karen-Susan Fessels bester Roman. Ein Roman, der gekonnt aktuelle *gender-* und *trans-*Debatten einfließen lässt, ohne dabei zu theoretisch oder zu klischeehaft zu werden. Die Einbindung gesellschaftspolitischer Themen wie Fragen zur Asylpolitik, Gewalt gegenüber Jugendlichen, linker (Nicht-)Solidarität und zu den Rechten Minderjähriger glückt ebenso wie die Darstellung der vielfältigen Einzelcharaktere. Trotz der größtenteils jugendlichen ProtagonistInnen ist *Jenny mit O* nicht ‚nur' ein Jugendroman: Themen wie Generationen übergreifende Verantwortung und alternative Familienentwürfe dürften für alle Junggebliebenen von Interesse sein.

Gewohnt einfühlsam, wunderbar stilsicher und ‚pädagogisch wertvoll', wird die Reise eines jungen Menschen durch den Dschungel des Lebens geschildert. Für Jenny/Jonny handelt es sich dabei um eine Reise, die kein wirkliches Ziel kennt. Eine Reise, die in einem Schwebezustand endet: Nämlich der Freiheit, (noch) keine Entscheidung über das eigene (Körper-)Geschlecht fällen zu müssen. Auf seine Feststellung, keine Lesbe zu sein und Maschas Frage danach, was er denn dann sei, antwortet Jonny: „Ich weiß es nicht (…). Ich weiß es einfach nicht genau" (S. 196). Lassen wir Jenny/Jonny dieses Nichtwissen …

Laurie Taylor

Das Leben nach der neosexuellen Revolution

Volkmar Sigusch: Neosexualitäten – Über den kulturellen Wandel von Liebe und Perversion, Frankfurt 2005 (Campus, 250 S., 24,90 €).

In seinem neuen Buch *Neosexualitäten: Über den kulturellen Wandel von Liebe und Perversion* wirft der renommierte Sexualforscher Volkmar Sigusch einen prüfenden Blick auf die mannigfaltigen Aspekte des menschlichen Sexuallebens und schildert die „neosexuelle Revolution", der dieses Leben in den letzten Jahrzehnten ausgesetzt war. Außerdem stellt er die Frage nach Liebe, die oft mit der Sexualität eng verkoppelt wird und nach der angeblich alle Menschen suchen. Weiterhin zieht Sigusch Bilanz mit *Neosexualitäten* nach seinen mehr als dreißig Jahren als Direktor des Instituts für Sexualwissenschaft der Universität Frankfurt am Main. Er verhilft seiner früheren Arbeit zu neuem Leben, indem er bisherige Forschungsergebnisse und klinische Erfahrungen auf poststrukturalistische, feministische und marxistische Theorien treffen lässt und diese verbindet. Auf diese Weise konstituiert sich eine bittersüß anmutende Modifikation von Kulturkritik.

Was ist unter dem Terminus „Neosexualitäten" bei Sigusch zu verstehen? „Neosexualitäten" werden von ihm in kurzen Kapiteln beschrieben, die Themen wie „Annäherung der Geschlechter", „Egoistische Konsensmoral und Selfsex", „Gibt es ein Homo-Gen?" oder „Hat Viagra eine sexuelle Revolution ausgelöst?" zum Inhalt haben, und die in dem sich anschließenden „*Mundus Sexualis* – ein etwas anderes Glossar" eine Zusammenfassung finden. Als Folge des kulturellen Wandels der letzten Jahrzehnte sei, so Sigusch, „(...) Sexualität heute nicht mehr die große Metapher des Rausches, des Höhepunktes, der Revolution, des Fortschritts und des Glücks." (S. 8) Eine solche Entwicklung bietet eine gewisse Freiheit, da viele der alten Tabus an Gültigkeit verloren haben und Praktiken, einst als krankhaft oder pervers pathologisiert, heutzutage weitgehend sowohl unter Ärzten und Psychoanalytikern als auch in der Gesellschaft als normal angesehen und akzeptiert werden. Siguschs marxistischer Kritik zufolge stellt jedoch die Kommerzialisierung und Banalisierung von Sexualität die Kehrseite einer solchen Entwicklung dar. Ein weiterer Teil der Neosexualitäten sei sowohl als ein zunehmender Egoismus wie auch als zunehmende Selbstliebe aufzufassen, die beispielsweise der Enttabuisierung und quantitativer Erhöhung der Selbstbefriedigung als Sexualpraktik zugrunde lägen.

Durch Siguschs Analyse gewinnen LeserInnen einen tiefen Einblick in die enorme Breite der verschiedenen zwischenmenschlichen Verhältnisse, Sexualformen und Geschlechtervarianten. Seine sachlichen Betrachtungen zu den unterschiedlichsten Sexualpraktiken wirken erfrischend, da er jegliche moralische Beurteilung vermeidet, obgleich er den Begriff ‚Perversion' benutzt, um Praktiken zu bezeichnen, die von der angeblich normalen genitalen Heterosexualität abweichen. LeserInnen mögen daran zweifeln, ob es Sigusch gelingt, das Wort in einen neutralen analytischen Begriff zu wandeln. Andererseits mögen LeserInnen zu der Auffassung gelangen, seine Kulturkritik gehe an manchen Stellen zu weit, weise sogar Widersprüchlichkeiten auf. So scheint Sigusch eine verhaltene Kritik an den von dem Sensationalismus geprägten Medien zu üben. Dieser Sensationalismus führe seiner Meinung nach zu einer „Banalisierung sexueller Vorlieben und Praktiken" (S. 103), wobei „um heute noch schockieren zu können, die Stufenleiter bis zum Ende heruntergestiegen werden" (S. 103) müsse. Trägt er durch seine Analyse jedoch nicht auch dazu bei, indem er sich z.b. mit dem von Suzi Godson verfassten *Das Buch vom Sex* auseinandersetzt und dessen Inhalt ausführlich beschreibt – „ ... Dogging (Paare beim Sex im Auto beobachten), Felching (Heraussaugen von Samen aus Scheide oder Darm, z.B. mit einem Strohhalm), Mukophagie (Verzehr von Nasenschleim)" (S. 104) usw.? Bekämpft man Sensationalismus am besten mit einer Wiedergabe des Sensationalisierten?

Von Interesse ist auch seine ziemlich düstere kulturelle Prognose. Trotz seiner meist optimistischen Einstellung zu den Folgen der neosexuellen Revolution, gelangt Sigusch jedoch zu der pessimistischen Schlussfolgerung, dass Sexualität durch ihre Banalisierung „an Sprengkraft" (S. 8) verloren habe und diese Sprengkraft nun „in die aggressive Sphäre" gewandert sei. Dies bedeute, Fälle von sexuellem Missbrauch und Gewaltexzesse würden künftig zunehmen, da diese verlorene Sprengkraft nun woanders gesucht werden müsse. Ob LeserInnen nun aufgrund ihres etwaigen Optimismus an seiner Schlussfolgerung zweifeln mögen oder dies auch nicht tun, wer gern über Sexualität nachdenkt (und wer tut das nicht?) wird in *Neosexualitäten* viele Themen zum Nachdenken vorfinden.

Rezensionen zum Thema
‚Jenseits von *Gender*‘

Franziska Bergmann

Die Notwendigkeit einer verstärkten Präsenz: Eine in der Germanistik längst überfällige Bestandsaufnahme zeitgenössischer Dramatik

Franziska Schößler: Augen-Blicke. Erinnerung, Zeit und Geschichte in Dramen der neunziger Jahre, Tübingen 2004 (Gunter Narr Verlag, 360 S., 58,00 Euro).

Leider fristet der literaturwissenschaftliche Umgang mit zeitgenössischer deutschsprachiger Dramatik an unseren Universitäten noch immer ein Schattendasein. Franziska Schößler zeigt jedoch in ihrer Arbeit *Augen-Blicke. Erinnerung, Zeit und Geschichte in Dramen der neunziger Jahre,* dass eine Auseinandersetzung mit diesem Thema durchaus ergiebig und längst notwendig ist.

Anhand zeitgenössischer Theoriebildungen aus der Literatur- und Kulturwissenschaft wie den *Gender Studies*, den Memoria-Theorien und anthropologischer und philosophischer Konzepte untersucht Schößler inwieweit TheaterautorInnen der neunziger Jahre historische und gesellschaftliche Entwicklungen ihrer Zeit rezipieren. Dabei werden sowohl namhafte DramatikerInnen wie Rainald Goetz, Peter Handke, Elfriede Jelinek, Botho Strauß und Marlene Streeruwitz als auch weniger kanonisierte wie Sibylle Berg, Gesine Danckwart, John van Düffel, Thomas Jonigk, Dea Loher, Marius von Mayenburg, Albert Ostermaier und Patrick Roth behandelt.

In einem einleitenden Kapitel zeigt Schößler zunächst zusammenfassend die jüngsten Entwicklungen der zeitgenössischen Theaterpraxis und -theorie auf. Der Fall der Mauer, die beschleunigte Verbreitung von Massenmedien, steigende Arbeitslosenzahlen, Fremdenhass und die zunehmende Auflösung und Hinterfragung traditioneller Werte werden zu zentralen Inhalten der Dramen der neunziger Jahre. Für die Großzahl der Autorinnen und Autoren ist auch die Auseinandersetzung mit dem Dritten Reich und der Umgang mit der Erinnerung an dieses maßgeblich. Für die Dramen der neunziger Jahre ist die so genannte „postdramatische" Form kennzeichnend. Auf der Ebene der Dramentexte bedeutet dies u.a. ein radikales Aufbrechen der traditionellen, aristotelischen Einheiten von Ort, Zeit, Handlung und Figuren sowie eine Hinterfragung klassischer Ästhetiken. Das Ziel ist es, eine gesteigerte Präsenz – den Augenblick, wie der Titel andeutet – zu erlangen. Nicht mehr die Sprache ist das zentrale Medium des Ausdrucks, sondern der Körper. Sprache wird in postdramatischen Inszenierungen verstärkt als „Rhythmus und Klang" (S. 18) wahrgenommen. An die Stelle der Figurenrede treten, besonders bei Elfriede Jelinek, Text- oder Sprachflächen, die keinen eindeutig identifizierbaren Charakter hinter dem Gesprochenen mehr erkennen lassen. Fragmentierung ist demnach ein entscheidendes Merkmal des postdramatischen Theaters.

Für die literaturwissenschaftliche *gender*-Forschung sind besonders die in den Kapiteln 1.1, 1.3. und 3.1.2. behandelten Dramen von Elfriede Jelinek, Marlene

Streeruwitz und Thomas Jonigk interessant: Anhand von Jelineks *Raststätte oder Sie machens alle* und Streeruwitz' *New York, New York, Sloane Square* und *Tolmezzo* arbeitet Schößler unter anderem heraus, inwieweit die Autorinnen feministische Kritik in ihre Stücke integrieren. Jelinek führt in *Raststätte* eine Geschlechterhierarchie vor Augen, in deren symbolischer Ordnung Frauen mit ‚dem Osten', ‚dem Anderen' gleichgesetzt werden. Das Männliche repräsentiert im Gegensatz dazu den kolonisierenden, fortschrittlichen Westen. Jelinek verweist damit auf ein Weiblichkeitskonzept, in dem die Frau als Mangelwesen erscheint und bezieht sich auf Freuds Theorie vom weiblichen Penisneid.

Streeruwitz entwirft mit ihren Dramen ein weibliches Gegenkonzept zu patriarchaler Hochkultur. Deren Kanonisierungsprozesse basieren, so die Autorin, auf dem Ausschluss weiblichen Schreibens. Laut Streeruwitz verfestigt das tradierte, männliche Kunstkonzept vom „Wahren, Schönen, Guten" (S. 105) hierarchisierte Geschlechterverhältnisse. In *New York, New York* führt Streeruwitz das Motiv der ‚schönen [weiblichen, F.B.] Leiche' ein, um es als Notwendigkeit der patriarchalen Hochkultur zu entlarven. Ihr Stück *Tolmezzo* lehnt Streeruwitz bewusst an Horváths Drama *Geschichten aus dem Wienerwald* an, um exemplarisch das Thema Zwangsehe als kennzeichnend für eine „barbarische Geschlechterordnung" (S.128) vorzuführen.

Thomas Jonigks *Du sollst mir Enkel schenken* könnte besonders für eine *queer*-theoretische Perspektive interessant sein – schade, dass Franziska Schößler diesen Theorieansatz nicht expliziter integriert. Schößler fasst Jonigks Stück unter das Kapitel „Familiendesaster". Jonigk konzentriert sich in *Du sollst mir Enkel schenken* auf die Produktion der heteronormativen, patriarchalen Ordnung und klassifiziert die (bürgerliche Klein-) Familie und deren Sexualpolitik als Kern dieser Struktur. Ziel dieser Sexualpolitik ist einzig und allein die Reproduktion, die gleichzeitig an ein bürgerliches Leistungsprinzip gebunden ist. Jonigk sieht in dieser familialen Zwangsordnung eine deutliche Parallele zur repressiven NS-Gesellschaft.

Besonders interessant ist auch der Schluss des Bandes, in dem Franziska Schößler drei Personen, die unmittelbar aus dem Theater- und Literaturbetrieb stammen, in von der Literaturwissenschaftlerin selbst geführten Interviews zu Wort kommen lässt. Thomas Jonigk betont, dass ihm u.a. die Auseinandersetzung mit der Kategorie Geschlecht in zeitgenössischer Dramatik besonders wichtig sei. Das letzte Interview, ein Gespräch mit Oliver Held, Dramaturg am Freiburger Theater unter der Intendanz von Amélie Niermeyer, bietet ein weiteres Mal einen kurzen, kompakten Überblick über aktuelle Bewegungen und Tendenzen am zeitgenössischen deutschsprachigen Theater.

Franziska Schößlers Band *Augen-Blicke. Erinnerung, Zeit und Geschichte in Dramen der neunziger Jahre* ist demnach eine gelungene und komplexe Bestandsaufnahme des deutschsprachigen Theaters, insbesondere der Dramentexte. Er leistet einen wichtigen Beitrag zur literaturtheoretischen Auseinandersetzung mit zeitgenössischer Dramatik.

Rezensionen zum Thema
Gender in der internationalen Politik'

Mona Hanafi El Siofi

Hybride Geschlechtsidentitäten, vergeschlechtlichte Ökonomien und lokalisierte ‚Global Lifestyles'

Sabine Hess/Ramona Lenz (Hrsg.): Geschlecht und Globalisierung – Ein kulturwissenschaftlicher Streifzug durch transnationale Räume, Königsstein/Ts. 2001 (Ulrike Helmer Verlag, 244 Seiten, 17,90 €).

Der hier besprochene, sich in drei Teile gliedernde Sammelband beginnt mit einer ausgezeichneten Einleitung von *Sabine Hess* und *Ramona Lenz*, in der verschiedene Theorien und Aspekte rund um das Thema Globalisierung vorgestellt werden.

Der erste Teil der Anthologie trägt den Titel „Gender hybridisiert?". Dieser ist vielleicht etwas irreführend gewählt, denn darin wird, wenn auch unter Berücksichtigung von *Gender*, im Schwerpunkt aber ein Konzept von Ethnizität vorgestellt, das in den USA schon mindestens seit Anfang der 1990er Jahre diskutiert wird. Das Konzept vereint anhand auch in Deutschland populär gewordener Bindestrichbegriffe wie ‚afro-deutsch' oder ‚deutsch-türkisch' die Identitätsbezeichnungen zweier, scheinbar in sich homogener kultureller oder nationaler Gemeinschaften zu einer neuen dritten, also hybriden ethnischen oder nationalen Identitätsbezeichnung. *Encarnación Gutiérrez Rodríguez* diagnostiziert in ihrem Aufsatz, dass dieses postkoloniale Hybriditätskonzept die politisch relevanten ‚Misch'-Identitäten von MigrantInnen, die in früheren Jahren pathologisiert wurden, immerhin positiv wertet. Dennoch vertritt sie die Ansicht, dass das Modell Hybridität im Grunde der binären Logik von Geschlechter-, Ethnizitäts- und Nationalitätsdifferenzen verhaftet bleibt bzw. sie reaktiviert. So wird deren Existenz unhinterfragt weiter fortgeschrieben und mündet nur in einer abermaligen Besonderlichung oder in der wiederholten Feststellung von Differenz, statt in Anerkennung.

In ihrem Beitrag zu Globalisierungs- und Lokalisierungsprozessen in Indonesien stellt auch *Judith Schlehe* fest, dass die aktuelle Euphorie gegenüber Hybridisierungsentwürfen als Infragestellung geschlechtlicher, kultureller und/oder ethnischer Differenzen nicht unbedingt gerechtfertigt ist. Die Autorin berichtet zwar durchaus von kreativen Neugestaltungen transkultureller Geschlechterbeziehungen zwischen indonesischen Männern und westlichen oder japanischen Frauen; aber in solchen Aushandlungsprozessen sind die jeweilig imaginierten kulturalisierten Geschlechterimages außerordentlich hartnäckig und stabil. Sie können, wenn überhaupt, nur in sehr langsamen, mühevollen und konfliktreichen Schritten revidiert werden.

Aus der Sicht von *Elka Tschernokoschewa* jedoch bietet das Hybriditätskonzept gerade die Möglichkeit eines Auswegs aus den klassischen Entweder-Oder-Modellen. Sie erläutert das anhand der in Deutschland lebenden sorbischen Minderheit. Hybridität bzw. „der für das Hybride empfindliche Blick" bedeutet für sie „den Versuch, das Ambivalente, Heterogene und Dynamische an kulturellen Phänomenen zur Geltung zu bringen und damit auch den Prozeß der Vermittlungen [zwischen kulturellen Phänomenen, A.d.V.] zu benennen" (S. 73). Derart können nach *Tschernokoschewa* sonst miteinander konkurrierende, homogenisierte ethnische oder geschlechtliche Konstrukte entschärft und in ihrer Reichhaltigkeit gelebt werden.

Im zweiten Teil „Globalisierte Geschlechter-Ökonomien und -Identitäten" befassen sich *Katharina Pühl* und *Susanne Schultz* mit den neoliberalen Umstrukturierungsprozessen, die bestehende Geschlechterverhältnisse zugleich flexibilisieren und festschreiben. So wird heute die emanzipative Rhetorik der Frauenbewegung im neoliberalen Kontext dazu verwendet, um die Arbeitswilligkeit und Leistungsbereitschaft von Frauen zu steigern, auf dass sie wettbewerbsfähig werden und nicht etwa die Gesellschaft bzw. den Staat finanziell belasten. Die Autorinnen entlarven am Beispiel der Förderung von Unternehmerinnen in der BRD den staatlichen Versuch einer Neuregulierung von Geschlechterverhältnissen mittels erwarteter „feminisierter [Selbst-]Verantwortung" als faktisch nur am ökonomischen Zugewinn orientiert und damit als oberflächlich. Zwar werden die strukturellen Barrieren von Frauen v.a. mit Kindern als „Defizit" oder „Benachteiligung" zweifelsohne artikuliert, aber der Abbau solcher Hindernisse wird bisher kaum forciert. Die konservativ vorausgesetzte Geschlechterordnung bleibt also weiter gegebene „Umweltbedingung". Positiv zu beurteilen ist laut *Pühl* und *Schultz* jedoch, dass die untersuchten Frauen darauf pragmatisch und selbstbewusst reagieren, indem sie z.B. widerständig eigene Leitbilder für ihre Unternehmen entwerfen.

Ein weiteres Beispiel für das nur am ökonomischen Zugewinn orientierte, neoliberale Leitbild der BRD ist in diesem Aufsatz die vergeschlechtlichte Einforderung individueller „reproduktiver Gesundheit" im Rahmen der Biopolitik. Sie gerät für Frauen schnell zum Zwang, bestimmte medizinische Technologien und Verfahren zu beanspruchen. Beim Verzicht auf Behandlungen oder Voruntersuchungen wird zunehmend eigenverantwortliches Fehlverhalten bzw. die Selbstverschuldung von Erkrankungen moralisiert. Und die Vorspiegelung einer völligen Kontrollierbarkeit von Schwangerschaftsverlauf oder Gesundheit verordnet Frauen außerdem die eigenverantwortliche Herstellung angenommener ‚bester' biologischer, ‚weiblich natürlicher' Bedingungen. Eine solchermaßen erwartete Handlungsrationalität von Frauen kann jedoch nur ungerechtfertigt in den Kontext von Autonomie gestellt werden, denn den Autorinnen nach sollen durch das staatliche Verlangen eines spezifischen „generativen Verhaltens" vorwiegend bevölkerungspolitische Ziele erreicht werden, während gleichzeitig aber die sozialen Bedingungen z.B. bei der Entscheidung für oder gegen Kinder ausgeblendet bleiben.

Sabine Hess und *Ramona Lenz* problematisieren die Ethnisierung der Hausarbeit in Europa, die durch kapitalistische Globalisierungsprozesse vorangetrieben wird. Auf der Suche nach einem besseren Auskommen nimmt die Feminisierung von Migration v.a. von Süd nach Nord und von Ost nach West zu. Das verweist gleichermaßen „auf die strukturellen geschlechtsspezifischen Bedingungen in den Herkunftsländern sowie auf die vergeschlechtete Integration von Migrantinnen in den Ziellländern" (S. 139f). Letzteres konstituiert eine intra-geschlechtliche

Neuordnung zwischen Frauen der europäischen Mittel- und Oberschicht, die sich inzwischen prestigeträchtigerer Erwerbsarbeit zuwenden, auf der einen und Migrantinnen, die – teils mit Hochschulabschluss – z.B. als ihre „Dienstmädchen" im Haushalt arbeiten, auf der anderen Seite. Ermöglicht wird diese rassistisch-sexistische Schieflage durch nationale Einwanderungspolitik, die Migrantinnen entweder illegalisiert oder aufgrund ihres Ausländerinnenstatus an der Beteiligung auf dem höherqualifizierten Arbeitsmarkt behindert.

Gülsün Karamustafa schildert die Hintergründe und den Vorgang einer ihrer Kunst-Performances, zu der sie sich durch die neuere Kleinhandel-Wirtschaftsform osteuropäischer so genannter ‚Kofferhändlerinnen' in Istanbul angeregt sah, die dort auf speziellen Märkten – eben aus dem Koffer – ihre Waren verkaufen. Diese „informelle, unregulierte Grenzökonomie" beschneidet bisher die Bedeutung Westeuropas als Wirtschaftszentrum nicht nur in der Türkei, sondern auch in anderen ost-, mittel- und südosteuropäischen Ländern. Zumindest bis vor kurzem waren die Kofferhändlerinnen für die jeweiligen Volkswirtschaften von größter Wichtigkeit. Da in dem genannten geografischen Raum der Kofferhandel aber zunehmend durch die wirtschaftlichen Krisen höherer Ordnung stark beeinträchtigt wird, ist nach *Karamustafa* nun doch davon auszugehen, dass er ausstirbt.

Dem Themenkomplex „Produktive Konsumpraktiken" widmet sich der dritte Teil der Aufsatzsammlung: Sowohl im marxistischen als auch im neoliberalen Verständnis von Ökonomie entsprechen informelle Tätigkeiten nicht dem Begriff von Arbeit als bezahlter Güterproduktion. Daher gelten sie als außerökonomisch. Der gesellschaftliche Nutzen sowie ihre ökonomische Wertschöpfung werden häufig ignoriert. Aber gerade informelle Tätigkeiten werden, so *Marion von Osten*, aufgrund kolonialer, rassistischer und sexistischer Strukturen weltweit überwiegend von Frauen z.B. im Haushalt, in Erziehung oder in Familienbetrieben geleistet.

Ökonomistische Argumentationen behandeln auch Produktion und Konsumtion als zwei voneinander getrennte, autonome Größen. Obwohl sie unbezweifelbar eng mit dem Bereich der Produktion zusammenhängt, gilt Konsumtion wie informelle Arbeit als außerökonomisch und nicht-produktiv. *Von Osten* führt dagegen an, dass v.a. westliche KonsumentInnen erstens ökonomische Trends, insbesondere hinsichtlich Lifestyle-Labels und Subkultur-Images, mitverursachen; und dass sie zweitens unter dem Deckmantel ihrer positiv konnotierten ‚immateriellen Arbeit' soziale Ungleichheit und transglobale Ausbeutung formeller Tätigkeiten von Frauen mitforcieren, die diese oft zusätzlich zu ihrer informellen Arbeit in den heute dezentralisierten Produktionsstätten internationaler Konzerne verrichten.

Wie in anderen post-kommunistischen Ländern oder den so genannten Trikont-Staaten (Staaten in den drei Kontinenten Asien, Lateinamerika und Afrika) verschafft kapitalistische Globalisierung in Rumänien nur einer kleinen Minderheit von Frauen gewisse Vorteile. Für die große Mehrheit der Frauen – ob nun in den überwiegend noch immer verstaatlichten Betrieben oder der in den Weltmarkt integrierten, privatisierten Textilindustrie – äußert sie sich in schlechter Bezahlung und miserablen Beschäftigungsbedingungen und mündet u.a. in zunehmender Verarmung. Allerdings befasst sich *Madalina Nicolaescu* in ihrem Artikel mit etwas anderem. Sie stellt die Ergebnisse ihrer Studie vor, die sie mit Rumäninnen zu lokalen Aushandlungsprozessen mit den in den Medien vor Ort zirkulierenden, globalisierten Weiblichkeits-Images durchführte. Hierzu konzentrierte sich die Autorin auf die Rezeption lateinamerikanischer Telenovelas, US-amerikanischer Soaps und der rumänischen Sonderausgabe des *Cosmopolitan*-Magazins. Dabei wird deutlich, dass sich in Rumänien auf eigenwillige Weise durch die globalisierten Weiblichkeitsbilder zum einen zwar neue Werte in Bezug auf Konsumkultur oder Postfeminismus etablieren, aber zum anderen gleichzeitig auch traditionelle Identitäten und herkömmliche soziale Strukturen stabilisieren.

Begeistert man sich in Deutschland öffentlich und akademisch seit Beginn der neunziger Jahre für deutsch-türkischen Hip-Hop und Rap als *der* authentischen und „selbstbewussten Stimme der Diskriminierten" oder als *der* „Musik der Marginalisierten", weist *Ayse Caglar* darauf hin, dass vor allem Berliner Institutionen wie Jugendzentren mit einer hohen Konzentration an MigrantInnenkindern diese in Gestalt pädagogischer Projekte dazu anregten, solche neuen, globalen Musikformen zu ihrer kreativen Selbstdarstellung aufzugreifen. Es handelt sich dabei also nicht um eine spontane Protestbewegung „von der Straße", wie man oft glauben machen will, sondern deutsch-türkischer Hip-Hop und Rap wurden demnach institutionell hervorgerufen und mitstrukturiert. Inzwischen jedoch hat sich die Szene eigenständig sehr stark ausdifferenziert und selbst behauptet und wird – wie die in den USA – klar männlich dominiert. Das Spannende ist, dass in den Liedtexten die Terminologie und Konzepte der Debatten um Multikulturalismus und der Diskurse über ethnische Minderheiten wie z.B. die „Zerrissenheit zwischen den Kulturen" reproduziert werden. Über eine solche Betrachtung deutsch-türkischer Selbstrepräsentation und Ausdrucksweisen, die allein aus den „Ghettos" zu kommen scheinen, gerät indes schnell aus dem Blick, dass es noch andere, neue deutsch-türkische Räume gibt. Solche Orte sind bspw. die Lokale und Diskotheken in den teuren Stadtvierteln Berlins, in denen nur wenige MigrantInnen leben. Diese lassen sich *Caglar* zufolge ganz und gar nicht im Kontext der Ausgrenzung aus der Gesellschaft begreifen, sondern wollen, indem sie gerade auch räumlich scheinbar fixe soziale und kulturelle Grenzen überschreiten, als „transkulturelle Plätze" verstanden werden.

Wer sich also dem Thema Globalisierung aus feministischen, kulturwissenschaftlichen und durchaus kontroversen Perspektiven nähern möchte, liegt mit der anregenden Vielfalt dieser interessanten Anthologie genau richtig.

Antje Harms

Antisemitismus: Ein blinder Fleck in der Frauen- und Geschlechterforschung

Ljiljana Radonic: Die friedfertige Antisemitin? Kritische Theorie über Geschlechterverhältnis und Antisemitismus, Frankfurt/M. 2004 (Verlag Peter Lang, Europäische Hochschulschriften 508, 178 S., 39,00 €).

Dass Frauen im NS vor allem unterdrückt gewesen seien und lediglich als „Gebärmaschinen" (Wiggershaus) eines extrem patriarchalen Systems fungiert hätten, war lange Zeit die vorherrschende Meinung in Frauenbewegung und Frauenforschung. Erst ab Ende der 1980er-Jahre wurden Stimmen laut, die diese Opferthese einer grundlegenden Kritik unterzogen. Obwohl inzwischen eine Reihe geschlechtergeschichtlicher Arbeiten erschienen ist, die sich mit weiblicher Täterinnenschaft im NS und der Beteiligung von Frauen an Rassenpolitik und Vernichtung der europäischen Jüdinnen und Juden befassen, ist die Monografie von Radonic die erste, die systematisch und theoretisch die Funktionsweise des Antisemitismus von Frauen untersucht.

Grundlage der überaus interessanten Arbeit ist die Kritik an Margarete Mitscherlichs psychoanalytischer Studie über *Die friedfertige Frau* von 1983, in der diese Antisemitismus als „Männerkrankheit" bezeichnete und judenfeindliche Einstellungen von Frauen auf deren „Anpassung an männliche Vorurteile" zurückführte. Diese Thesen, die auch bei Mitscherlich dazu dienen, Frauen von jeglicher Verantwortung für NS und Holocaust freizusprechen, widerlegt Radonic, indem sie – ausgehend von der Freudschen Psychoanalyse und ihrer Weiterentwicklung durch die Kritische Theorie – Schritt für Schritt nachweist, dass Frauen ebenso wie Männer psychischen Gewinn aus der antisemitischen Projektion ziehen.

In Auseinandersetzung mit der Freudschen „Weiblichkeitstheorie" und deren feministischer Rezeption arbeitet Radonic heraus, dass die psychoanalytischen Thesen von einem schwächeren weiblichen Über-Ich so nicht haltbar sind und letztendlich nur biologistisch begründet werden können. Indem sie auf die gesellschaftliche Bedingtheit von psychischen Mechanismen wie Penisneid, Kastrationsangst und Ödipuskomplex und auf die Erosion väterlicher Autorität hinweist, an deren Stelle andere, außerfamiliäre Autoritäten an Bedeutung gewinnen, kann Radonic zeigen, dass Mädchen und Jungen die gleichen Autoritäten verinnerlichen und somit „zumindest theoretisch die gleichen Chancen [haben], ein starkes Über-Ich zu entwickeln" (S. 45).

Dass deshalb nicht zwangsläufig von einer allgemeinen Über-Ich-Schwäche bei Frauen gesprochen werden kann, ist im Hinblick auf Radonics Erkenntnisinteresse insofern wichtig, als dass bei Mitscherlich ein starkes Über-Ich, welches zur Verdrängung von Aggressionen, deren Projektion auf Sündenböcke und damit zum Antisemitismus führe, als typisch männlich dargestellt wird, während das schwächere Über-Ich von Frauen diese nicht zum Antisemitismus prädestiniere.

Neben dieser Abarbeitung an Mitscherlichs Thesen beschäftigt sich Radonic mit den Studien der Kritischen Theorie zum autoritären Charakter und der Massenpsychologie im Anschluss an Freud. Auch wenn die Psychoanalyse keine umfassende oder endgültige Erklärung für Antisemitismus liefern könne, so Radonic, verdeutliche sie doch den psychischen Gewinn und die narzisstische Aufwertung der AntisemitInnen über den Antisemitismus. Herausgearbeitet werden von ihr die psychischen Mechanismen, die dem autoritären Charakter zugrunde liegen, wie Verdrängung und Aggression, Macht und Disziplin, gestörte Objektbesetzungen, konformistische Rebellion und pathische Projektion. Darüber hinaus zeigt Radonic, dass der antisemitische

> Mechanismus der Abwehr narzisstischer Kränkung gerade in der kollektivnarzisstischen Aufwertung in der Masse der Gleichgesinnten seine prädestinierte Lösung findet. (S. 75)

Auf diesen Ergebnissen aufbauend diskutiert Radonic, „ob beim Antisemitismus geschlechterspezifische Aspekte festgestellt werden können" (S. 87) und ob es „so etwas wie einen typisch weiblichen autoritären Charakter gibt" (S. 88). Unter Bezugnahme auf die bisher in der Forschung kaum rezipierte Studie von Frenkel-Brunswick und Sanford über antisemitische Einstellungen von US-amerikanischen Studentinnen 1944 zeigt Radonic, dass Antisemitinnen die gleiche Persönlichkeitsstruktur aufweisen wie Antisemiten: u.a. Ambivalenz gegenüber Elternfiguren, aggressive Tendenzen, soziale Angst und sozialer Neid, Gut-Böse-Denken, strenge moralische Wertungen, Autoritätshörigkeit, paranoide Züge, Unfähigkeit zu empatischen zwischenmenschlichen Beziehungen und die daraus resultierende Verschiebung unerlaubter Wünsche auf JüdInnen. Geschlechtsspezifische Unterschiede zwischen Antisemitinnen und Antisemiten lägen dagegen in den zu verdrängenden Inhalten. Während Männer vor allem Hassgefühle gegenüber Autoritäten und als unmännlich geltende Regungen unterdrückten, verdrängten Frauen jegliche Aggressionswünsche und besonders auch als unmoralisch empfundene sexuelle Bedürfnisse. „Die Projektion dieser unerlaubten Regungen auf andere erfüllt gerade auch bei Frauen eine wichtige Integrationsfunktion", so Radonics Fazit (S. 158).

Indem Radonic sowohl die Thesen Mitscherlichs über die weibliche Friedfertigkeit widerlegt als auch die Ergebnisse der Kritischen Theorie zu psychischen Mechanismen des autoritären Charakters um eine Gender-Perspektive erweitert, stellt sie überzeugend dar, warum Frauen ebenso antisemitisch wie Männer sein können.

Radonic hat mit ihrer Monografie ein äußerst wichtiges und lesenswertes Buch verfasst, welches über das eigentliche Thema hinaus einen gelungenen Einstieg in die Freud'sche Psychoanalyse und deren feministische Rezeption liefert. Zu bemängeln sind deshalb lediglich ab und an einige stilistische Schwächen und sprachliche

Redundanzen sowie der nicht immer ganz nachvollziehbare Aufbau der Arbeit. So erscheint beispielsweise das Kapitel über weibliche Täterschaft und Antisemitismus von Frauen im NS, in welchem Radonic sehr kritisch auf die verharmlosende und identitätsstiftende, dabei teilweise selbst antisemitisch argumentierende Frauengeschichtsschreibung und Frauenbewegung eingeht, merkwürdig losgelöst von ihrer psychoanalytischen Auseinandersetzung mit dem Antisemitismus von Frauen. Dies schmälert jedoch in keiner Weise die Qualität von Radonics Arbeit, mit der sich sowohl Antisemitismusforschung als auch Geschlechterforschung dringend auseinanderzusetzen hätten.

Christina Harms

„Imitationen, Irritationen und Transgression"

Claudia Brunner: Männerwaffe Frauenkörper? Zum Geschlecht der Selbstmordattentate im israelisch-palästinensischen Konflikt, Wien 2005 (Braumüller, Konfliktforschung Bd. 17, 162 Seiten, 21,90 €).

Irritation ist garantiert, wenn die Bilder von Selbstmordattentäterinnen über den Bildschirm flackern. Die Behauptung, dass es sich dabei um eine Imitation männlichen Verhaltens handelt, verweist zunächst auf die Geschlechterkonstruktionen Mann-Krieg, Frau-Frieden. In ihrer Monografie versucht Claudia Brunner den realen, symbolischen und diskursiven Transgressionen auf die Spur zu kommen, die durch Selbstmordattentäterinnen und Medienberichte über sie zustande kommen. Im Mittelpunkt ihres Interesses stehen die palästinensischen Selbstmordattentäterinnen der Jahre 2002 und 2003, Ereignisse, die die mediale Welt in Aufruhr brachten – auch wenn Selbstmordattentate von Frauen bereits damals weltweit kein Novum waren, wie in einem Exkurs dargelegt wird. Dennoch mangelt es immer noch an einem theoriegeleiteten Modell, um dieses Phänomen zu analysieren, weshalb die Autorin Terrorismus- und Gewaltforschung sowie feministische Studien heranzieht. Ausgangspunkt ihrer wichtigen Arbeit ist *gender* als Analysekategorie, um auf diese Weise die den medialen Repräsentationen von Selbstmordattentäterinnen zugrunde liegenden Diskurslogiken und Konstruktionen aufzudecken. Die zentrale Frage der Autorin beschäftigt sich mit der Herstellung von Geschlechterkonstruktionen bei der Beschreibung und Positionierung von Selbstmordattentäterinnen. Daneben eröffnet sich jedoch noch eine zweite, normativ aufgeladene Frage, nämlich ob Selbstmordattentate, die von Frauen durchgeführt werden, ein Zeichen für oder ein Weg zu mehr Gleichberechtigung von Männern und Frauen in der patriarchalen oder androzentrischen Gesellschaft seien (sein können) – eine provokante Frage, zu deren Beantwortung Brunner einen Diskurs zwischen Legalität und Legitimität der Handlung als solcher spannt. Beide Fragestellungen werden einerseits politikwissenschaftlich andererseits diskurstheoretisch analysiert. Dem gesamten Fragekomplex widmet sich die Autorin sehr detailliert, was in einer differenzierten Analyse resultiert. Der Zusammenhang zwischen diskursiver Herstellung von Geschlecht und daraus abgeleiteten politischen Handlungsoptionen ist diskutierbar. Dennoch erscheint die Verquickung beider Themenfelder hier problematisch, da sie weder analytisch noch methodisch sauber voneinander getrennt sind und die Autorin ihre selbst gestellten Fragen letzlich nur mit einem vorsichtigen J-ein beantwortet.

Nichtsdestotrotz sei der Autorin Lob ausgesprochen, denn sie hat mit dieser Analyse Neuland betreten. In Anbetracht der rudimentären Forschungslage hat sie sich ihren Fragestellungen auf einer Vielzahl von Analyseebenen genähert – auch wenn nicht alle Exkurse unbedingt erforderlich sind, so entwerfen sie doch ein facettenreiches Bild, das eine erkenntnisreiche und spannende Lektüre ergibt.

Brunner vergleicht die ‚arabische' und die ‚westliche' mediale Rezeption von Selbstmordattentäterinnen, in denen ‚Frau' als „Projektionsfläche" (S. 40) für zahlreiche Ideologien dient. Die Autorin untersucht die ‚palästinensischen' Bilder von ‚Jungfrau', ‚Schwangerer', ‚Mutter', ‚Feministin' sowie die Rolle ‚der Frau' als einheitsbildendes Symbol eines Volkes (Stichworte: Nationalismus, Land, Mutter). Im Mittelpunkt des ‚westlichen' Diskurses stehen die dichotomen Begriffspaare rational/irrational, öffentlich/privat, Vernunft/Gefühl, Ordnung/Chaos, Mann/Frau, in die auch Selbstmordattentäterinnen als irrationale, durch ihre private (Gefühls-)Welt motivierte Frauen eingeordnet werden, die durch ihr Eindringen in eine vermeintlich männliche Domäne nicht nur Chaos über ihre Opfer bringen, sondern auch in die ‚vergeschlechtlichten' Köpfe und gesellschaftlichen Ordnungen unserer Gegenwart. Brunner zeigt am Beispiel von acht Palästinenserinnen, die – mit einer Ausnahme – Selbstmordattentäterinnen waren, wie ‚westliche' Medien stets die Frage nach Freiwilligkeit und Zwang stellten, so dass Selbstmordattentäterinnen ein eigener Wille als politische Akteurinnen abgesprochen wurde – im häufigen Gegensatz zu Männern, die ebenfalls Selbstmordattentate verübten. Gerade von ‚westlichen' Medien wurden Selbstmordattentäterinnen stattdessen pathologisiert oder als Opfer von doppelter Gewalt (Besatzung und Patriarchat) dargestellt, während ‚arabische' Medien sie (nachträglich) für den ‚palästinensischen Befreiungskampf' rekrutierten. Offensichtlich besteht ein besonderes Bedürfnis, diese Frauen, die der vergeschlechtlichten Erwartungshaltung so eklatant widersprechen, in Geschlechterstereotypen einzuordnen.

Brunner bemüht sich trotz der dünnen Quellenlage darum, Selbstmordattentäterinnen in die organisatorischen und ideologischen Strukturen von al-Aqsa Brigaden, Hamas und Islamischem Djihad einzuordnen. Palästinensische Frauenbewegungen werden in der historischen Dimension verglichen, v.a. die Handlungsspielräume für Frauen während der zivilgesellschaftlich getragenen ersten Intifada und der von radikalen Organisationen geführten zweiten Intifada. Die Autorin verweist auf interessante Parallelen und gegenläufige Dynamiken von Selbstmordattentäterinnen in anderen post-kolonialen Kulturkreisen wie Sri Lanka, Türkei und Tschetschenien. Die Exkurse zu den japanischen Kamikaze-Fliegern oder Soldaten im Iran-Irak Krieg scheinen dagegen unnötig, da jegliche Vergleichsbasis zu den palästinensischen Selbstmordattentäterinnen fehlt. Brunner resümiert, dass selbst durch die

Präsenz von Frauen an Männerorten [nicht] etwas substantiell verändert werden [kann], wenn die Rahmenbedingungen dieser Gruppe von hauptsächlich Männern dienenden Interessen geleitet sind (d.h., auch Frauen können männliche Interessen durchsetzen) (S. 146)

In keinem der beschriebenen Fälle konnten Frauen durch ihre Beteiligung an Selbstmordattentaten mehr Gleichberechtigung für Frauen erreichen. In Bezug auf die palästinensischen Selbstmordattentäterinnen fehlen allerdings Dokumente, die belegen könnten, dass dies überhaupt das Ziel der sieben Frauen war, die sich in die Luft sprengten. Die äußerst schwierige Gratwanderung zwischen Diskurs- und Politikanalyse, zwischen Repräsentation und einer vermeintlichen ‚Wirklichkeit' gelingt Brunner dabei fast immer.

Ihre Exkurse auf die israelische Seite sowie den Verhandlungsprozess zwischen beiden Völkern erscheinen dagegen – gerade im Vergleich zu der minutiösen Aufarbeitung der Komplexität der palästinensischen Gesellschaft – sehr unterkomplex. Dies ist bedauerlich, da eine Auslassung dieser Themenfelder der Analyse keineswegs geschadet hätte. Die Einführungen und Zusammenfassungen, die sowohl die Monografie als auch jedes Kapitel und Unterkapitel einrahmen, sind etwas ausführlich geraten und ebenfalls nicht immer notwendig.

Für ihre Analyse beruft sich die Autorin auf englisch- und deutschsprachige Literatur sowie Übersetzungen aus dem arabischen Raum – und weist zugleich (zu Recht) auf die damit einhergehenden Beschränkungen für das Erkenntnisinteresse hin. Eine Ausweitung der Quellenlage und des Forschungsdesigns v.a. durch arabisch sprechende WissenschaftlerInnen, könnte eine relevante Ergänzung zu Brunners Ansatz darstellen, der nicht nur eine differenzierte Analyse der Diskurse im arabischen Raum, sondern auch eventuell bei Brunner vorhandene ethnozentrische Tendenzen transparent machen könnte.

Insgesamt jedoch hat Claudia Brunner eine sehr empfehlenswerte Analyse und – im wahrsten Sinne des Wortes – „Spurensuche" (S. 14) veröffentlicht, die bislang unerforschte Entwicklungsdynamiken aufzeigen und wichtige Erkenntnisse vermitteln kann.

Rückblick/Vorschau

Veranstaltungsreihe „Freiburger FrauenForschung" im Wintersemester 2005/2006 und Sommersemester 2006

Zentrum für Anthropologie und Gender Studies der Universität Freiburg, Carl-Schurz-Haus (Deutsch-Amerikanisches-Institut), Gleichstellungsbeauftragte der Pädagogischen Hochschule Freiburg, Büro der Gleichstellungsbeauftragten der Universität, Landeszentrale für politische Bildung, Studium Generale, Institut für deutsche Sprache und Literatur der Pädagogischen Hochschule Freiburg, Deutsches Seminar II, Institut für Soziologie und Frauenreferat des AStA der Universität Freiburg, Buchhandlung Jos Fritz, Theater Freiburg, Kommunales Kino Freiburg.

„Erinnern und Geschlecht"

Gender ist ein Produkt kultureller Erinnerung und Traditionsbildung; *Gender* wird konstruiert, indem es sowohl individuell als auch kollektiv erinnert wird. Erinnerungen sind ‚gegendered'; die „Frage, wer, wie, was, wozu, warum und für wen erinnert" gehört, wie Inge Stephan schreibt, zu den wichtigsten der *Gender Studies* überhaupt.

Der Komplex ‚Erinnern/Gedächtnis und Vergessen' wurde in den letzten Jahren zu einem zentralen Gegenstand der Kulturwissenschaften, der fächerübergreifend und international diskutiert wird. Wie kein anderer, ermöglicht er neben dem Brückenschlag zwischen den Sozial- und Geisteswissenschaften auch denjenigen hin zu den Naturwissenschaften. Und nicht nur die Wissenschaften interessieren sich für das Erinnerungsthema: Dass es ebenso Kunst, Politik und ‚die Öffentlichkeit' beschäftigt, wurde nicht nur durch die Debatte um das Mahnmal für die ermordeten Juden Europas deutlich.

Der Zusammenhang von Erinnern und Geschlecht wird bereits in traditionellen Themenfeldern der frühen Frauenforschung untersucht, wie dem um eine ‚eigene Geschichtsschreibung' oder im Rahmen der Kritik am männerdominierten Kanon. Auch in neueren *gender*-orientierten Debatten, wie der um den Zusammenhang von *Gender* und Genre oder um queere Subjekte gerät er in den Blick. Trotzdem gibt es innerhalb der *Gender Studies* bisher keinen größeren Diskussionszusammenhang zum Thema ‚Erinnern und Geschlecht' und auch umgekehrt ist das Thema ‚Geschlecht' eines, dass in der neueren Erinnerungsdiskussion eine eher marginale Rolle spielt.

Die Freiburger Veranstaltungsreihe „Erinnern und Geschlecht" führt verschiedene Annäherungsweisen aus thematisch und auch methodisch sehr unterschiedlichen Richtungen zusammen. Das Spektrum reicht dabei von der Soziologie, der Geschichtswissenschaft, der Philosophie, der germanistischen und anglistischen Literaturwissenschaft, der Ethnologie, und der Kunstwissenschaft über Religions-

und Medienpädagogik, Film- und Medienwissenschaft, Kognitionswissenschaft, Kulturwissenschaft und *Queer Theory* bis hin zum Theater und zur Bildenden Kunst.

Wintersemester 2005/2006

Donnerstag, 27.10.05, 20h c.t., HS 3044
Prof. Dr. Aleida Assmann (Universität Konstanz)
Geschlecht und kulturelles Gedächtnis

Erinnern und Vergessen sind psychische Vorgänge, die innerhalb verschiedener Kulturen und Epochen unterschiedlich bewertet worden sind. Dazu gehört, dass die beiden Vorgänge nicht nur konträr als positiv bzw. negativ, sondern obendrein auch noch als weiblich bzw. männlich eingestuft wurden. Die Vorlesung wird sich auf Fälle konzentrieren, die das Erinnern positiv bewerten und mit dem männlichen Pol assoziieren, während das negativ bewertete Vergessen weiblich konnotiert ist. Ich möchte zeigen, dass wir es hier mit einem hartnäckigen und außerordentlich langfristigen kulturellen Deutungsmuster zu tun haben, das an literarischen, philosophischen und filmischen Beispielen aus unterschiedlichen historischen Epochen erörtert werden soll.

Aleida Assmann, Studium der Anglistik und Ägyptologie in Heidelberg und Tübingen. 1992-93 Fellow am Kulturwissenschaftlichen Institut, Essen; seit 1993 Professorin für Anglistik und Allgemeine Literaturwissenschaft an der Universität Konstanz. Sommersemester 1995: Mitarbeit in der Forschergruppe „Historische Sinnbildung" von Jörn Rüsen am ZiF, Universität Bielefeld; 1998/99 Fellow am Wissenschaftskolleg zu Berlin. 1999 Forschungspreis für Geisteswissenschaften der Philip-Morris-Stiftung. Forschungsgebiete: Geschichte des Lesens, Historische Anthropologie der Medien, insbes. Theorie und Geschichte der Schrift, Kulturelles Gedächtnis.

Donnerstag, 3.11.05, 20h c.t., Treffpunkt bei den Musen (KG III), danach HS 3043
Bettina Eichin (Basel)
Musenstreit

Seit Herbst 1996 stehen die „Neun Musen" als Leihgabe der Stadt Freiburg i. Br. an der Schnittstelle von KG I und KG III. Wie kommen die neun Göttinnen von Erinnerung und Gedächtnis, die von 1984-1992 entstanden sind, an diesen unspektakulären Standort?

Der Vortrag führt vom Kunst-Wettbewerb 1979 über das Konzept, von der schwierigen Realisierung bis zur noch schwierigeren Platzierung der „Neun Musen". Es geht um die Kunst im Öffentlichen Raum, um Stellung und Ansehen der Frau in diesem Geschäft, um den weiblichen Blick, um das männerbestimmte Bild von Frauen in den Medien und in der Öffentlichkeit. Schließlich geht es um Autonomie und Selbstbestimmung der Frau dank der Kraft von Gedächtnis und Erinnerung als einer spezifisch weiblichen Qualität – um alte und neue Mythologien, das Fremde und das Eigene.

Bettina Eichin, geboren 1942 in Bern, lebt seit 1969 im Wildtal bei Freiburg i. Br., arbeitet als freischaffende Bildhauerin in Basel. Bekanntestes Werk, „Helvetia auf der Reise" (1980) Mittlere Rheinbrücke Basel. 1987 Kulturpreis des Deutschen Gewerkschaftsbundes, 1992 Kulturpreis des Schweizerischen Gewerkschaftsbundes, 2005 Gleichstellungspreis der Kantone Basselland und Basel-Stadt

Donnerstag, 10.11.05, 20h c.t., HS 3043
Dr. Ingeborg Gleichauf (Freiburg)
Erinnern bei Hannah Arendt

Hannah Arendt hat es immer wieder weit von sich gewiesen, ihre Rolle als Frau zu reflektieren. Sie betonte, stets das gemacht zu haben, was sie wollte. Die Erinnerung in verschiedener Form hat in ihrer Arbeit einen großen Stellenwert. Selbst in ihrer Vorliebe, Zitate aus verschiedenen Werken in die Texte einzubringen, zeigt sich, wie stark die Auseinandersetzung mit der Vergangenheit für sie war. Besonders interessant ist in diesem Zusammenhang auch Arendts Biografie zu Rahel Varnhagen. Wie hat sie sich der Frau Varnhagen genähert?

Eine andere bedeutende Erinnerungsarbeit betrifft Arendts Beziehung zu Heidegger nach dem 2. Weltkrieg.

Grundfrage des Vortrags wird sein, ob und wenn ja in welcher Weise sich Arendt in ihrem Werk immer dann, wenn es sich mit Erinnerung beschäftigt, der Geschlechterproblematik stellt.

Ingeborg Gleichauf, geboren 1953, verheiratet, 3 Kinder. Studium Germanistik und Philosophie in Freiburg. Dissertation über Ingeborg Bachmanns „Malina". Freie Autorin und Dozentin der Erwachsenenbildung. Bücher: *Hannah Arendt* (dtv), *Denken aus Leidenschaft. Sieben Philosophinnen und ihre Lebensgeschichte* (Beltz & Gelberg), *Ich habe meinen Traum. Sieben Dichterinnen und ihre Lebensgeschichte* (Beltz & Gelberg), *Was für ein Schauspiel! Porträts deutschsprachiger Dramatikerinnen des 20. Jahrhunderts und der Gegenwart* (aviva), *Ich will verstehen. Geschichte der Philosophinnen* (Reihe Hanser bei dtv).

Mittwoch, 16.11.05, 20.30h, E-Werk
Sebastian Reiß (Freiburg)
Lesung: 6. Schwule Büchernacht – Sebastian Reiß liest vor

Dank eines wirklich phantastischen Publikums feierte die Schwule Büchernacht im April ein wunderbares kleines Jubiläum. Und nun steht endlich der Termin für die nächste Büchernacht fest! Am 16. November wird Sebastian Reiß wieder aus amüsanten, spannenden und verträumten Büchern lesen – dann kann der Winter ja kommen! Dank des Musiktheaters „Die Schönen der Nacht" ist die Büchernacht wieder zu Gast im Studio im E-Werk.

Eine Veranstaltung in Zusammenarbeit mit: Rosekids e.V., Freiburg; *Zentrum für Anthropologie und Gender Studies* der Universität Freiburg; Carl-Schurz-Haus Deutsch-Amerikanisches Institut e.V., Freiburg; Rosa Hilfe Freiburg e.V.; Musiktheater „Die Schönen der Nacht", Freiburg.

Sebastian Reiß wurde 1975 in der seiner Ansicht nach nicht gerade sehr schönen Ruhrgebietsstadt Hagen geboren, wo damals die schwule Subkultur aus einer Kneipe bestand, deren Glanzzeit, wenn sie je eine hatte, schon lange vorbei war. Er landete 1996 endlich in Freiburg und verliebte sich sofort in diese Stadt. Sebastian Reiß ist Buchhändler und arbeitete bis vor kurzem auch in einer Buchhandlung. Inzwischen betreibt er mit zwei weiteren Mitstreitern den Hörbuchverlag Basisklang in Freiburg.

Donnerstag, 17.11.05, 20h c.t., HS 3043
Prof. Dr. Christa Karpenstein-Eßbach (Universität Mannheim)
Gegenwartsspitzen und Vergangenheitsschichten bei Gilles Deleuze – Medialitäten der Zeit im Film

Im Kino außerhalb Hollywoods entfaltet sich nach 1945 eine neue kinematografische Praxis der Bilder, in denen nicht das ‚Was', sondern das ‚Wie' des Erinnerns und verschiedene Modalitäten des Umgangs mit Zeit im Zentrum stehen.

Anders als im klischeehaften Wiedererkennen des älteren ‚Bewegungs-Bildes' kommt es beim ‚Zeit-Bild' zu filmischen Simultaneitäten von Vergangenheitsschichten und Gegenwartsspitzen. Das Erinnern in der Zeit verzweigt sich und wird vagabundierend. Die imaginative Erfindung im Erinnern ermöglicht hier Neues.

Medialität der Zeit und Statut der Erinnerung öffnen im Kino des ‚Zeit-Bildes' den Raum eines neuen Denkens. Das hier entstehende Kino der Minoritäten gibt dem Begriff des Politischen eine neue Dimension, die für feministische Perspektiven nicht unerheblich sein dürfte.

Christa Karpenstein-Eßbach, geboren 1951, Studium der Germanistik, Soziologie, Politikwissenschaft, Philosophie und Pädagogik an der Universität Göttingen. 1. Staatsexamen; Referendariat und 2. Staatsexamen; Arbeit in der Erwachsenen-

bildung (Seminare zur Vorbereitung auf die fachgebundene Hochschulreife); Promotion 1984. Habilitation 1994 an der Universität Mannheim.
Seit 1989 regelmäßige universitäre Lehre. Lehraufträge bzw. Vertretungen an den Universitäten Freiburg, Darmstadt, Karlsruhe, Basel, an der Universität Mannheim seit 1990, dort apl. Professorin für Neuere deutsche Literaturwissenschaft.

Donnerstag, 24.11.05, 20h c.t., HS 3043
Prof. Dr. Martina Wagner-Egelhaaf (Universität Münster)
Autobiografie und Geschlecht

Literaturwissenschaftliche Gattungsdiskussionen werden in der Regel ohne Bezug auf die Kategorie ‚Geschlecht' geführt. Dies galt lange Zeit auch für die Autobiografie. Erst in den letzten Jahren hat die Gender-Perspektive Eingang in die wissenschaftliche Autobiografiedebatte gefunden. Der Vortrag stellt, ausgehend von neueren theoretischen Ansätzen der Autobiografieforschung dar, in welcher Weise die Kategorie ‚Geschlecht' in autobiografischen Texten zum Tragen kommt und der wissenschaftlichen Fachdiskussion um die Autobiografie neue Impulse geben kann. Zur Veranschaulichung werden Textbeispiele herangezogen.

Martina Wagner-Egelhaaf, geboren 1957, Studium Germanistik/Geschichte in Tübingen und London, Promotion 1987 Tübingen: *Mystik der Moderne. Die visionäre Ästhetik der deutschen Literatur im 20. Jahrhundert*, Stuttgart 1989; Habilitation Konstanz 1994: *Die Melancholie der Literatur. Diskursgeschichte und Textfiguration,* Stuttgart, Weimar 1997; 1995-1998 Professur für Neugermanistik insbes. Literaturtheorie und Rhetorik an der Ruhr-Universität Bochum; seit 1998 Lehrstuhlinhaberin für Neuere deutsche Literaturgeschichte unter bes. Berücksichtigung der Moderne; weitere Publikationen: *Autobiographie*, Stuttgart/Weimar 2005 (2. Auflage) und zahlreiche Aufsätze zur Literatur des 18. bis 20. Jahrhunderts sowie zu literaturtheoretischen Fragestellungen.

Dienstag, 29.11.05, 20h c.t., Jos Fritz Café, Wilhelmstr. 15
Lesung: Hans-Joachim Lang (Tübingen); Einführung: Ingeborg Hecht (Freiburg)
Die Namen der Nummern. Wie es gelang, die 86 Opfer eines NS-Verbrechens zu identifizieren

1943 wurden im Auftrag der SS-Wissenschaftsorganisation „Ahnenerbe" 86 ausgewählte jüdische Frauen und Männer im KZ Natzweiler (Elsass) mit Gas getötet. Der Zweck der Exekution: Die Skelette der Opfer sollten im Anatomischen Institut der „Reichsuniversität Straßburg" ausgestellt werden und in künftigen „judenfreien" Zeiten Forschungszwecken dienen. Allerdings konnten die Verantwortlichen, der Anatomieprofessor August Hirt und beteiligte Kollegen, ihr Unternehmen nicht zu Ende führen. Die sterblichen Reste der Ermordeten wurden nach dem Krieg in einem Massengrab beigesetzt – anonym, es existierten von ihnen nur die Nummern.

„Mir war der Gedanke unerträglich, dass die Opfer dieser Tat – mit einer Ausnahme – namenlos geblieben waren", schreibt der Journalist und Historiker Hans-Joachim Lang. Nach fünf Jahren Recherche hatte er den Ablauf des Verbrechens rekonstruiert, alle 86 Ermordeten identifiziert und ihre Herkunft ergründet.

Hans-Joachim Lang wurde am 6.8.1951 in Speyer geboren. Studium der Germanistik, Empirischen Kulturwissenschaft und der Politischen Wissenschaft in Tübingen. 1980 Promotion über politische Werbung in den Nachrichten. Danach tätig als freier Journalist, Redakteur und Dozent an der Uni Tübingen. Mitarbeit im Arbeitskreis „Universität im Nationalsozialismus" und in der Vorbereitung der Ringvorlesung zum Thema „Universität Tübingen im Nationalsozialismus" im WiSe 2004/05.

Donnerstag, 1.12.05, 20h c.t., HS 3043
Prof. Dr. Monika Fludernik (Universität Freiburg)
Kanon und Geschlecht

Der Vortrag stellt Fragen zur Kanonbildung in der Literaturwissenschaft und diskutiert, wie Frauen in verschiedenen Arten von Kanons repräsentiert bzw. nicht repräsentiert sind. Fragen der Kanonisierung und Dekanonisierung werden erörtert und die Wünschbarkeit von Kanons kritisch beleuchtet.

Monika Fludernik ist seit 1994 Professorin für englische Literatur an der Albert-Ludwigs-Universität Freiburg. Ihre wissenschaftlichen Spezialgebiete sind die Erzähltheorie, postkoloniale Literaturtheorie, die Ästhetik des 18. Jahrhunderts und Gefängnistexte. Sie ist Trägerin des Landesforschungspreises Baden-Württemberg 2001.

Donnerstag, 8.12.05, 20h c.t., HS 3043
Mara Cambiaghi, M.A., Dott. (Universität Konstanz)
Vortrag in englischer Sprache
The Gendered Memories of Frederica Potter –
Antonia S. Byatt's *A Whistling Woman*

A.S. Byatt's *A Whistling Woman* (2002) concludes a vast and ambitious project reproducing a segment of English provincial life and life in the capital in the Fifties and Sixties. Fourth in a quartet, her novel describes an elaborate fictional microcosm embedded in a specific social and intellectual background affected by new trends in science, education, television and the counterculture of the Sixties. Given the imminent changes brought about by the sexual revolution and the feminist movement emerging from a more affluent and permissive society, this timing proves ideal. While ‚Flower Power' gained a hold on the public imagination and the turmoil of 1968 spread across universities, sexuality entered the realm of social and cultural politics, pervading much of the intellectual debate that was to be sparked off from French universities. Interrelating issues of gender and memory, Byatt highlights the unresolved question of body and mind, casting it on the literary page as fictional invention informed by science.

My paper will seek to illustrate the gendered path in Byatt's socially constructed microcosm at a time when feminism promised to break the dominance of conservative ideas among women.

Mara Cambiaghi is affiliated with the University of Konstanz and teaches in the department of English. She obtained her B.A. and M.A. in English and German literature from the University of London (Birkbeck and University College London) and also completed further studies in English literature at the University of Milan with a dissertation on Possession. Her research interests focus on the theory of cultural memory and contemporary fiction. She has contributed scholarly articles on the fiction of A.S. Byatt in both Italian and English. She is currently engaged in a project on Mabel Dodge Luhan while continuing research on A.S. Byatt and cultural memory.

Donnerstag, 15.12.05, 20h c.t., HS 3043
Dr. Tina-Karen Pusse (Universität Köln)
Eine Dame verschwindet –
Amnesie und Autobiografie in Hans Henny Jahnns *Fluß ohne Ufer*

Die jüngere Jahnn-Forschung ist vor allem an Jahnns ‚Homosexualität' und ‚Nekrophilie' interessiert. Ich führe die martialischen Gewaltakte des Textes (die sowohl beschreibend als auch performativ häufig eine Zumutung sind) darauf zurück, dass die Beschäftigung mit dem Tod im Text nicht verstanden werden muss als Chiffre der Obsession eines nekrophilen homosexuellen Autors, sondern vielmehr auf eine poetologische Konzeption des Textes selbst verweist, der an der Selbstzerstörung des Protagonisten aufzeigt, dass es kein Ohneeinander von Schreiben, Schrift und Tod gibt. Oder: Dass die Obsession, die Nekrophilie, eben schon im Schreiben liegt und nicht etwa bloß beschrieben wird. Die Niederschrift des Gustav Anias Horn (Teil II der Trilogie) inszeniert dabei den testamentarischen Charakter der Schrift. Der in diesem Romanteil beschriebene Schreibakt wird als einer vorgeführt, der vom Verschwinden der Verlobten des Protagonisten im ersten Romanteil, Das Holzschiff, ausgelöst wird. Ihr fiktiver Autor umschreibt die Abwesenheit seines toten Freundes, deren Ambivalenz nicht nur durch dieses Schreiben, sondern auch in der (beschriebenen) Behandlung seines Leichnams adäquat verkörpert ist. Der tote Körper im Text fungiert dabei als paradigmatischer Prätext des Textes selbst. Er verweist auf die Absenz, die jede Repräsentation letztlich bedeutet und führt die Verwandlung des Toten in Schrift in drei Schritten vor (die den von Macho und Assmann untersuchten ägyptischen Totenriten verblüffend ähneln): Der Tote wird zunächst plastiniert, also in eine Statue, ein Double seiner selbst verwandelt, dann unter den Schreibtisch seines Biografen geschoben, schließlich beerdigt, als seine

Biografie beendet ist. Dass dieser symbolische Akt außerdem *gender*-bezogen zu diskutieren ist, zeigt sich spätestens dann, wenn man den Umgang mit dem Leichnam des Freundes mit der Ermordung Ellenas konfrontiert, die nicht symbolisch, sondern buchstäblich zerstückelt wird.

Tina-Karen Pusse, geboren 1973, Studium der Germanistik und Philosophie in Freiburg i. Br. und der Komparatistik und Philosophie in Paris, Promotion 2003, ist derzeit Assistentin am Lehrstuhl für Literaturwissenschaft und Medientheorie in Köln und Redakteurin der Freiburger Frauenstudien. Inzwischen sind erschienen: *Von Fall zu Fall. Lektüren zum Lachen (Kleist, Hoffmann, Nietzsche, Kafka und Strauß)* sowie Aufsätze zu Kafka, Butler, und Sacher-Masoch.

Donnerstag, 12.1.06, 20h c.t., HS 3043
Dr. Rita Schäfer (Freie Universität Berlin)
Erinnerungen von Südafrikanerinnen –
Lebensgeschichten, Apartheid und HIV/AIDS

Während der Apartheid waren Afrikanerinnen mit einer doppelten Diskriminierung konfrontiert: Rassismus und Sexismus verstärkten sich wechselseitig. Das weiße Regime reduzierte Afrikanerinnen und Afrikaner auf abstrakte Größen – Verschiebemassen für Zwangsumsiedlungen. Demgegenüber versuchten sie ihre menschliche Würde durch die Dokumentation ihrer unterschiedlichen Lebensgeschichten zu wahren. Autobiografisches Schreiben und orale Traditionen wurden Ausdrucksformen des politischen Widerstands, wobei insbesondere Frauen an vorkoloniale Formen der mündlichen Überlieferungen anknüpften.

Auch in der Aufarbeitung der Apartheidverbrechen wählten nicht alle Zeuginnen den Weg, schwere Menschenrechtsverletzungen vor der Wahrheits- und Versöhnungskommission öffentlich zu machen. Vielmehr wählten sie individuelle Formen der Aufarbeitung und des Erinnerns an Gewalterfahrungen, die nur aus ihren Biografien heraus zu verstehen sind.

Im Kontext von HIV/AIDS haben Afrikanerinnen eine neue Form der Erinnerungskultur geschaffen: ‚Memory Books' für ihre Kinder, die als AIDS-Waisen eigene Überlebensstrategien entwickeln müssen und oftmals mit neuen Gewaltformen konfrontiert sind.

Rita Schäfer: Ethnologin, Studium in Freiburg und London, Dissertation über Frauenorganisationen und Entwicklungszusammenarbeit 1994 ausgezeichnet mit dem Carl-Kromer Preis der Albert-Ludwigs-Universität Freiburg. DFG Post-Doc Stipendium 1995-1996, DFG Drittmittelprojekt 2000-2003. Wissenschaftliche Mitarbeiterin am Institut für Ethnologie, Freie Universität, Berlin, Gastprofessorin für *Gender Studies*, Humboldt-Universität Berlin. Mehrjährige Forschungen in Sierra Leone, Namibia, Zimbabwe, Südafrika. Wissenschaftliche Ressource-Person für die Entwicklungszusammenarbeit. Aktuelle Veröffentlichung: *Im Schatten der Apart-*

heid, Frauen-Rechtsorganisationen und geschlechtsspezifische Gewalt in Südafrika, Lit-Verlag, Münster 2005.

Freitag, 20.1.06, 16-21h, HS 1234
16-17h: *PD Dr. Eveline Kilian (Universität Tübingen)*
Funktionen von Erinnerung in der literarischen Inszenierung von grenzüberschreitenden Geschlechtsformationen

Die durch die Erinnerung aktivierte Vergangenheitserfahrung bildet einen Teil der individuellen Lebensgeschichte, die von der jeweiligen Gegenwart aus immer wieder neu strukturiert werden kann. Die Lebensgeschichte wiederum ist eng mit der Identitätskonstruktion verbunden, und diese beinhaltet notwendigerweise eine geschlechtliche Situierung des Subjekts. Unsere kulturelle Geschlechterordnung basiert u.a. auf zwei Grundprinzipien: der Binarität der Geschlechter und der Vorstellung, dass das einmal zugewiesene Geschlecht das ganze Leben lang beibehalten wird. Und diese Prinzipien spiegeln sich notwendigerweise in der jeweiligen Lebenserzählung. Aber was passiert, wenn ein Subjekt sich jenseits dieser Parameter entwirft, d.h. wenn es z.B. sein Geschlecht im Laufe seines Lebens ändert, wie etwa im Falle der Transsexualität, oder wenn es eine uneindeutige Geschlechtskonfiguration für sich in Anspruch nimmt (*transgender*). Welche Auswirkungen hat dies auf die Strukturierung der Lebensgeschichte und welche Funktionen kommen der Erinnerung in der Konstruktion des jeweiligen Identitätskonzepts zu? Diesen Fragen geht der Vortrag anhand ausgewählter Beispiele aus der zeitgenössischen Literatur und Kultur nach.

Eveline Kilian, PD Dr. phil. studierte Neuere englische Literatur, Amerikanistik, Französisch und Germanistik an den Universitäten Tübingen und Tours; Promotion 1996 (Universität Tübingen); Habilitation 2002 (Universität Tübingen); Lehrtätigkeit an den Universitäten Tübingen, Frankfurt, Freiburg und Saarbrücken. Forschungsschwerpunkte: britische Literatur des 19. und 20. Jahrhunderts, *Gender Studies*, Kultur- und Literaturgeschichte Londons.
Veröffentlichungen u.a.: *Momente innerweltlicher Transzendenz: Die Augenblickserfahrung in Dorothy Richardsons Romanzyklus ‚Pilgrimage' und ihr ideengeschichtlicher Kontext* (1997); *GeschlechtSverkehrt: Theoretische und literarische Perspektiven des gender-bending* (2004); Mitherausgeberin von *Bildersturm im Elfenbeinturm: Ansätze feministischer Literaturwissenschaft* (1992) und *GeNarrationen: Versionen zum Verhältnis von Generation und Geschlecht* (1999).

17-18h: *Dr. Nicolas Beger (Brüssel)*
„Was heißt hier Zwang, das müssen Sie doch wollen?" –
Eine Navigation durch die turbulenten Gewässer von Transsexualität, Geschlechtsidentität und queerer Theorie

Der Weg durch eine Geschlechtsumwandlung ist steinig. Nicht nur weil er lange dauert und viele Hürden beinhaltet, sondern vor allem auch, weil sich in der Erfahrung jedes einzelnen Schrittes niemand der Regulierung von Geschlecht und Sexualität in Staat und Gesellschaft entziehen kann. Genau genommen ist gerade der Geschlechterwandel ein Fokussierungspunkt, an dem die Radikalität und Verletzlichkeit von Normierung zu Tage tritt und sich in das Alltagsleben, die Gefühle, und Verkörperlichung von Menschen drängt. Der Vortrag möchte die Verletzlichkeit dieser Erfahrung beleuchten, die politische Geschichte über Identität die dadurch entstanden ist, und wie diese in Zusammenhang steht mit der fundamentalen Kritik an Geschlecht und Sexualität, die die *Queer Theory* in den letzten 15 Jahren bereitgestellt hat. Jedoch hat das theoretische und politische Denken um die *Queer Theory* herum in den letzten Jahren gerade am Punkt „Transsexualität" deutliche Grenzen erfahren. Es soll in einem letzten Schritt darum gehen, diese Grenzen aufzuzeigen, und zu propagieren, dass das Nachdenken über Geschlecht und Sexualität sich genau mit der „Transsexualität" auseinandersetzen muss, um die eigenen ‚neuen' Paradigmen nicht wieder zu Ausschlüssen werden zu lassen.

Nicolas J. Beger, BA (hons)/MA University of Canterbury/Neuseeland, Dr. Phil. Universiteit van Amsterdam (ASCA) arbeitet seit 8 Jahren zu Fragen von poststrukturalistischer Theorie und Sexualität und Geschlecht mit Fokus auf die europäische Ebene. Er unterrichtet zu Weilen in Amsterdam zu Geschlecht und Sexualität, arbeitet aber hauptamtlich für eine europäische Nichtregierungsorganisation (EPLO).

18-19h: *Pause*

19-21h: *Gespräch zwischen Nicolas Beger und Eveline Kilian;*
Leitung: Prof. Dr. Nina Degele (Universität Freiburg)

Donnerstag, 26.1.06, 20h c.t., HS 3043
Dr. Susanne Heynen (Kinderbüro Karlsruhe)
Vergewaltigt – die Bedeutung subjektiver Theorien
für Bewältigungsprozesse nach einer Vergewaltigung

Männer und Frauen teilen täter*ent*- und opfer*be*lastende Alltagstheorien über sexualisierte Gewalt. Dazu gehören Überzeugungen wie:

- Sie ist selbst schuld – warum hat sie sich nicht gewehrt!
- Er hat eine Chance verdient – er hat getrunken und sie hat ihn provoziert!
- Ich verstehe nicht, was sie hat – sie wollte doch!

Aufbauend auf den Ergebnissen wissenschaftlicher Untersuchungen und einer eigenen Studie stellt die Referentin in dem Vortrag dar, wie eigene und fremde Definitionen sowie Erklärungsmodelle über sexualisierte Gewalt Bewältigungsprozesse vor, während und nach einer Vergewaltigung beeinflussen und wie die subjektiven Theorien der Opfer durch Erfahrungen verändert werden. Außerdem werden Schlussfolgerungen für Selbsthilfe sowie soziale, professionelle und gesellschaftliche Unterstützung von Vergewaltigungsopfern gezogen.

Susanne Heynen ist Ergotherapeutin und Dipl.-Psychologin. Sie war u.a. an der Anlaufstelle für vergewaltigte Frauen in Freiburg und beim psychosozialen Dienst in Karlsruhe tätig und ist seit 2000 Leiterin des Kinderbüros der Stadt Karlsruhe. Ihr Arbeitsschwerpunkt ist Gewalt gegen Frauen und Kinder. Außerdem arbeitet Susanne Heynen als Lehrbeauftragte an der PH Karlsruhe zu „Selbstverletzung und Risikoverhalten im Jugendalter" und ist Autorin mehrerer Fachpublikationen.

Donnerstag, 2.2.06, 20h c.t., HS 3043
Dr. Angela Kaupp (Universität Freiburg)
Frauen erinnern ihre Glaubensgeschichte

Religion, Biografie und Erinnerung sind vielfältig miteinander verknüpft: Religion ist eine Form der Welt- und Selbstdeutung, die u.a. durch Erinnerungen lebt und diese inszeniert. Diese Erinnerungen wirken sich sowohl auf die Kultur einer Gesellschaft als auch auf die Gestaltung individueller Lebensgeschichten aus. Die Bedeutung von Religion für die Lebensgeschichte lässt sich methodisch mit Hilfe des Instrumentariums der Biografieforschung über die Analyse biografischer Erinnerungen erschließen, die in Text- oder Bilddokumenten festgehalten sind. Die Ergebnisse geben nicht nur Einblick in individuelle und geschlechtsbedingte religiöse Entwicklungsprozesse, sondern auch in die Veränderungen einer Religion und ihre Ausdrucksformen in der Gesellschaft. In dem Vortrag sollen Glaubensgeschichten von Frauen unterschiedlichen Alters dargestellt und die biografischen und gesellschaftlichen Veränderungsprozesse beleuchtet werden.

Angela Kaupp, (Dr. theol.; Dipl. Päd.), Akademische Rätin an der Theologischen Fakultät der Albert-Ludwigs-Universität Freiburg im Fachgebiet Religionspädagogik/Katechetik. Der Themenbereich „Geschlecht und Religion" ist ein Fokus des Forschungsinteresses.

Donnerstag, 9.2.06, 20h c.t., HS 3043
Marion Mangelsdorf (Universität Freiburg)
Woran erinnert sich die Cyborg? – Cyberfeministische Strategien die un/an/ge/eigneten Anderen wahrnehmbar zu machen

Haben Cyborgs ein Geschlecht? Haben Cyborgs ein Gedächtnis? Wenn ja, woran erinnern sich Cyborgs? Was sind Cyborgs überhaupt? Cyborgs sind Mischwesen, es sind *cyb*ernetic *org*anism. Im Science-Fiction-Genre wird dabei vorrangig an Wesen im Grenzbereich zwischen Mensch und Maschine gedacht. Hingegen ist die Bezeichnung ‚Cyborg' in zeitgenössischen Diskursen im Schnittfeld von den Kulturwissenschaften einerseits und den Natur- und Technikwissenschaften andererseits, den *Science & Fiction*, zu einer Bezeichnung verschiedenartiger Hybridwesen avanciert. Donna Haraway geht soweit, Cyborgs zu unserer Ontologie zu erklären und eine Implosion von Grenzüberschreitungen zu behaupten.

Mit der Figur der Cyborg möchte ich durch die Welt der Science Fiction aber auch Science & Fiction wandern, um den Geschlechtergrenzen und Grenzüberschreitungen nachzuforschen, die diese Figur thematisiert. Dies ist unweigerlich ein Blick zurück in die Zukunft, ein Blick in die Kulturgeschichte von Hybridwesen. Dabei soll ebenso zur Sprache kommen, dass diese Geschichte durch die Verdrängung und Verleugnung des Hybriden und Uneindeutigen geprägt ist. Die un/an/ge/eigneten Anderen, von denen die vietnamesische Filmemacherin und feministische Theoretikerin Trinh T. Minh-ha sprach, sollen dadurch wahrnehmbar gemacht werden.

Marion Mangelsdorf: Studium der freien Malerei, der Philosophie, Soziologie, Kulturwissenschaften. Diplomarbeit: *Wie vernünftig geht es in der Geschichte zu? Aspekte einer postmodernen Geschichtsmetaphysik* (1994, FH Düsseldorf). Dissertation: *Wolfspro-jektionen: Wer säugt wen? Von der Ankunft der Wölfe in der Technoscience* (2005 FU Berlin). Seit 1998 Mitarbeiterin und Lehrbeauftragte der Abteilung Gender Studies des Zentrums für Anthropologie und Gender Studies (ZAG) an der Albert-Ludwigs-Universität Freiburg i. Br.; Mitbeteiligung an und Organisation von Kunstprojekten.

Sommersemester 2006

Donnerstag, 27.4.06, 20h c.t., HS 3042
Prof. Dr. Sylvia Paletschek (Universität Freiburg)
Historiografie und Geschlecht

Der Vortrag untersucht das Verhältnis von Historiografie und Geschlecht im 19. und 20. Jahrhundert. Dargelegt wird, wie die im 19. Jahrhundert sich ausformende moderne Geschichtsschreibung „männlich gemacht" wurde und durch welche Mechanismen geschichtsschreibende Frauen aus der Historiografiegeschichte ausgeblendet wurden. Haben Frauen tatsächlich im 19. Jahrhundert keinen Beitrag zur Geschichtswissenschaft geliefert? Wie veränderte sich die Situation mit den formalen Zugangsvoraussetzungen von Frauen zu Universität und Wissenschaft, die sie im Laufe des letzten Drittels des 19. Jahrhunderts und verstärkt im 20. Jahrhundert erwarben und wie sehen die Geschlechterverhältnisse im Fach Geschichtswissenschaft heute aus?

Sylvia Paletschek, geboren 1957, Studium der Geschichte, Geografie, Germanistik, Erziehungswissenschaften an den Universitäten München und Hamburg; 1984 Staatsexamen, 1989 Promotion in Hamburg, 1997 Habilitation an der Universität Tübingen. 1988-1994 wissenschaftliche Mitarbeiterin bzw. Assistentin an der Universität Tübingen, 1995-1997

Habilitationsstipendium, 1997-2001 Hochschuldozentin an der Universität Tübingen, seit 2001 Professorin für Neuere Geschichte an der Universität Freiburg. Forschungsschwerpunkte: Frauen- und Geschlechtergeschichte, Universitäts- und Wissenschaftsgeschichte. Lehrveranstaltungen zur Sozial-, Politik- und Kulturgeschichte des 19. und 20. Jahrhunderts.

Dienstag, 2.5.06, 20h c.t., Jos Fritz Café, Wilhelmstr. 15
Erica Pedretti
Lesung aus ihrem Roman *Engste Heimat*

„Kurz bevor sie aufhörte, ein Kind zu sein, hat Anna sich geschworen, das, was sie jetzt fühlte und dachte, wie ein Kind fühlt und denkt, nie zu vergessen, so wie Erwachsene eben normalerweise vergessen, nein, sie wollte diesem Kind, sich treu bleiben.

Du sollst nicht schwören, nicht versprechen, was du nicht halten kannst. Oder doch? Wenn du erst einmal weißt, was draußen vorging, was außerhalb der Gartenmauern und Hecken hier und dort und an weiß Gott wieviel Orten zugleich immer noch weiter geschieht? Erinnert sie wirklich noch, wie sie war, bevor sie das, was sie nur geahnt hatte, in seinem ganzen grausamen Ausmaß wußte?" (Engste Heimat, S. 15, 16)

Erica Pedretti, 1930 in Sternberg (Nordmähren) geboren. Aufenthalte in Berlin und New York. Studium an der Kunstgewerbeschule Zürich. Lebte 22 Jahre in Celerina im Engadin; wohnt jetzt in La Neuveville, Schweiz. Verheiratet mit dem Maler Gian Pedretti. Arbeitet als Bildhauerin und Schriftstellerin.

Donnerstag, 4.5.06, 20h c.t., HS 3042
Hans-Joachim Lenz (Markgräfler Land)
Männer und die Erfahrungen des Krieges

Im Rahmen der Pilotstudie *Gewalt gegen Männer* (2004) wurden 298 Männer zu ihren eigenen Gewalterfahrungen befragt. Fast jeder Mann, der über 60 Jahre alt war, gab als wichtigste Gewalterfahrung den Zweiten Weltkrieg und die ihn begleitenden traumatisierenden Umstände an: Kindheit im Krieg, aktive freiwillige oder erzwungene Teilnahme am Krieg als Wehrpflichtiger und Berufssoldat, Fahnenflucht, Gefangenschaft, Flucht und Vertreibung. Die traumatisierenden Erlebnisse wurden jahrzehntelang beschwiegen und hinter der Geschäftigkeit der Nachkriegszeit mit Wiederaufbau, Wirtschaftswunder und beruflicher Karriere mehr oder weniger verdrängt. Im Alter aber funktioniert das Nicht-Wahrhaben-Wollen nicht mehr. Der damalige Schmerz drängt an die Oberfläche und verlangt nach Bewältigung.

Die entsprechenden Ergebnisse der Studie werden vorgestellt und in Bezug gesetzt zu aktuellen anderen Veröffentlichungen. Daran schließen sich Überlegungen an zur geschlechtsspezifischen Selbst- und Fremdwahrnehmung von Verletzbarkeit und zu den Auswirkungen der Verdrängung der „Verletzungsoffenheit" von Männern im „System der Zweigeschlechtlichkeit".

Hans-Joachim Lenz ist Sozialwissenschaftler und Autor. Er hat im Markgräflerland eine Praxis für Beratung, Weiterbildung, Geschlechter- und Gewaltforschung (Forsche Männer & Frauen). Neben der geschlechterbildenden Lehrtätigkeit zahlreiche Veröffentlichungen zu Männerbildung, Männergesundheit, männlichen Gewalterfahrungen und Neugestaltung des Geschlechterverhältnisses. Mit seiner bisherigen Forschung schuf er wichtige Voraussetzungen für die Pilotstudie Gewalt gegen Männer (www.gewalt-gegen-maenner.de) des Bundesministeriums für Familie, Senioren, Frauen und Jugend, an der er mitgewirkt hat. Seine Internetadresse ist: www.geschlechterforschung.net.

Donnerstag, 11.5.06, 20h c.t., HS 3042
Dr. Heidrun Bomke (Wendland)
Eine Generation ohne Biographie (Sigrid Damm) – Generation, Geschlecht und Identität im autobiographischen Erzählen von Autorinnen aus der DDR

Das fortgesetzte autobiografische Schreiben von Autorinnen der Kriegskindergeneration wie Sigrid Damm (1940), Renate Feyl (1944), Irina Liebmann (1943), Monika Maron (1941) und Christine Wolter (1939) ist Teil einer intensiven biografischen Arbeit (Fritz Schütze) und vielgestaltige ästhetische Bearbeitung ihres eigenen ‚biografischen Materials'. Mit dem schweren Gepäck ihrer Kriegskindheit und aufgewachsen in den Aufbaujahren der DDR in spezifischen familiären Milieus (z.B. der Aufbauväter), erleben sie als erwachsene Frauen die ambivalenten Erfahrungen von Emanzipation, aber auch Nicht-Gebrauchtwerden im „heiligen Kosmos" des patriarchalen Sozialismus als Generationsgefühl. Ende der 70er Jahre gelangen sie als Germanistin, Sinologin, Romanistin, Theaterwissenschaftlerin, Philosophin zum Schreiben als kreativer Bewegung. Erinnerungsprozesse werden zum Zentrum dieser Professionalisierung und zur Werklinie: als biografische Recherche, autobiografischer Roman, Hörspiel, Reisebuch, Essay, als ethnografische Annäherung an die deutsche Geschichte des letzten Jahrhunderts. Diese Texte sind so auch ästhetischer Ausdruck biografischer Identitätssuche und Wandlungsprozesse vor dem kollektiven Hintergrund eines sozialen Dramas (Victor Turner) und gesellschaftlichen Umbruchs.

In meinem Vortrag werden verschiedene Erinnerungsprozesse und Erinnerungsräume literatursoziologisch analysiert.

Heidrun B. Bomke, Jg. 1959, Literaturwissenschaftlerin/Soziologin mit dem Schwerpunkt Biografieforschung/Gender-Forschung; lebt und arbeitet nach langjähriger Tätigkeit als wissenschaftliche Mitarbeiterin an den Universitäten Magdeburg und Halle freiberuflich als Publizistin und Biografieforscherin mit ihrer Familie im Wendland.

Donnerstag, 18.5.06, 21:30 h, Kommunales Kino
Filmvorführung und Diskussion mit Loretta Walz (Regisseurin)
Die Frauen von Ravensbrück (Loretta Walz, Adolf-Grimme-Preis 2006)

(Zwei weitere Vorführtermine werden noch bekannt gegeben)

Freitag, 19.5.06, 16-21 h, Ort wird noch bekannt gegeben
16-17h: *Prof. Dr. Leslie C. Morris (University of Minneapolis)*
  Vortrag in englischer Sprache
Translating Memory, Performing Jewishness, Diasporizing Gender

This lecture will explore the ways in which the work of contemporary North American Jewish performance artists recasts the central questions of the relationship between Jewish memory and gender. In part, my talk is conceived as a way out of the circularity of the debates about the role of women in the Holocaust, which have largely centered on whether the focus on the „experience" of women eclipses the category of Jews more generally. My talk will explore the links between Jewish memory, Diaspora, and gender in the body/art of contemporary performance artists Marina Vainshtain and Adeena Karasick. Vainshtain's Jewish „body art", or „body modification", as well as the contemporary movement of „Jews and tattoos" in North America, posits itself as a provocative reclaiming of Jewish identity through the violation of the Jewish prohibition against tattooing the body. Reversing the mark of difference through the conscious play on Jews in concentration camps, Vainshtain attempts to recast Jewish difference and the significations of the Jewish body. She also creates visual „translations" between iconic German images and North American Jewish culture. My paper will pose the question of whether Vainshtain's „body art" performance enacts a rethinking of the relationship between gender and Jewishness, or if it instead reifies categories of difference. How do word and text function in this body art? Does the visual reassertion of Jewishness reinscribe the category of Jew as a unified subject? Is the text of Vainshtain's body „translatable" as a mediation between aesthetic form (i.e., between text and image) and between German and American culture? Does it rethink the status of Jewish text, creating from the material body a more diasporic notion of text that takes into consideration the way in which texts traverse spatial, historical, and personal memory? I will turn to the work of performance artist/poet Adeena Karasick to suggest some answers to these questions.

Leslie Morris is Associate Professor of German and Director of the Center for Jewish Studies at the University of Minnesota. She is the author of a book *On history and memory in Ingeborg Bachmann's poetry* (Tübingen 2001), and co-editor, with Karen Remmler, of *Contemporary Jewish Writing in Germany* (University of Nebraska Press, 2002). She has also co-edited, with Jack Zipes, *Unlikely History: The Changing German-Jewish Symbiosis* (Palgrave, 2002). She has written articles on the poetics of exile, diaspora, translation, and the border, and on artistic and theoretical approaches to memory and the Holocaust. She is currently completing a book entitled *Mourning Place: Translating Jewish Memory in Germany Today.*

17-18h: *Vortrag Loretta Walz (Filmemacherin und Autorin, Berlin)*
Erinnern an Ravensbrück – 25 Jahre Sammlung lebensgeschichtlicher Videointerviews mit ‚Ravensbrückerinnen'

Loretta Walz stellt anhand ihres Buches *Und dann kommst du dahin an einem schönen Sommertag – Die Frauen von Ravensbrück* ihre 25-jährigen Erfahrungen mit den Erinnerungen von Überlebenden an das größte Frauen-KZ im Deutschen Reich vor.

Loretta Walz, geboren 1955 in Stuttgart, lebt seit 1981 als Regisseurin, Autorin, Filmproduzentin und Dozentin für Filmproduktion und -gestaltung in Berlin. 1980 begann sie, in der dokumentarischen Tradition Eberhard Fechners und Claude Lanzmanns, mit der Interviewsammlung *Widerstand leben – Frauenbiografien.* Inzwischen hat sie mehr als 200 Interviews mit Überlebenden des Frauen-KZ Ravensbrück in West- und Osteuropa aufgezeichnet und zahlreiche Filme zum Thema publiziert. 2005 hat sie ihren 90minütigen Dokumentarfilm *Die Frauen von Ravensbrück* und ihr Buch *Und dann kommst du dahin an einem schönen Sommertag – Die Frauen von Ravensbrück* (Kunstmann Verlag, München, 436 Seiten mit Abb.) veröffentlicht. Die Dokumentation *Die Frauen von Ravensbrück* erhielt 2006 den Adolf-Grimme-Preis.

18-19h: *Pause*

19-21h: *Gespräch zwischen Leslie C. Morris & Loretta Walz;*
Leitung: Dr. Isabel Heinemann (Universität Freiburg)

Mittwoch, 24.5.06, 20h c.t., HS 3042
Prof. Dr. Nina Degele (Universität Freiburg)
Schmerz erinnern und Geschlecht vergessen

Schmerz tut weh, Schmerz ist ein individuelles Phänomen, an Schmerz scheitert die Sprache und Frauen – vor allem solche mit Geburtserfahrungen – halten mehr davon aus als Männer. Das sind einige Gewissheiten des gesunden Menschenverstandes, die damit aber nicht richtig(er) werden. Vielleicht erscheinen sie deshalb als so gewiss, weil sie nicht nur über, sondern als Erinnerungen konstruiert und mit zunehmendem zeitlichen Abstand umgedeutet und vergessen gemacht werden. Was es also mit der Konstruktion von Schmerz mit dem Vergessen von Geschlecht auf sich hat und wie dieser Zusammenhang re- und dekonstruiert werden kann, ist Thema dieses Vortrags.

Nina Degele, geboren 1963, Studium der Soziologie, Psychologie, politischen Wissenschaften und Philosophie in München und Frankfurt a.M., seit 2000 Prof. für Soziologie und Gender Studies an der Uni Freiburg. Forschungsschwerpunkte: Soziologie der Geschlechterverhältnisse, Körpersoziologie, Modernisierung, qualitative Methoden. Neueste Publikationen: *Sich schön machen. Zur Soziologie von Geschlecht und Schönheitshandeln*, Opladen: VS-Verlag (2004); *Modernisierung, eine Einführung* (m. C. Dries), München: Fink (2005).

Donnerstag, 1.6.06, 20h c.t., HS 3042
Prof. Dr. Franziska Schößler (Universität Trier)
Das Möbiusband der Erinnerung –
Gender, Genre und Memoria in den Filmen von David Lynch

In Lynchs Filmen, die das Genre des Horrors mit der Psychoanalyse engführen – auch seine Figuren sind nicht Herr/Frau im eigenen Hause –, wird das Unheimliche über Amnesien bzw. Erinnerungen freigesetzt. Sie perforieren das Ich und vernetzen es symbiotisch im Sinne kommunizierender Röhren mit anderen Gestalten, Zeiten und Räumen. Das erinnernde Ich ist eine andere, das (konstruierte) Vergangene als erinnertes die Gegenwart. Entsprechend wird die lineare Erzählordnung der Filme zu zyklischen Wendungen aufgebrochen und intertextuelle Referenzen im Sinne einer filmanalytischen Memoria amerikanischer Mythen eingearbeitet. Der Vortrag will dem Zusammenhang von weiblicher Erinnerung, die in besonderem Maße die Konstruktion eines begrenzten, isolierten Ichs aufsprengt, und den narrativen sowie intertextuellen Filmstrukturen nachgehen.

Franziska Schößler: Professorin für Neuere deutsche Literaturwissenschaft an der Universität Trier. Studium der Literaturwissenschaft, Philosophie, Linguistik und Kunstgeschichte an den Universitäten Bonn und Freiburg. Studienaufenthalte in Paris, London und Brisbane. 1994 Promotion über Adalbert Stifter, 2001 Habilitation über Goethe an der Universität Freiburg (*Die „Lehr"- und „Wanderjahre". Eine Kulturgeschichte der Moderne*) Schwerpunkte: Drama und Theater (insbesondere der Gegenwart), kulturwissenschaftliche Theoriebildung und Lektüren, Gender Studies. Neueste Publikationen: *Einführung in das bürgerliche Trauerspiel und das soziale Drama,* Darmstadt 2003; *Augen-Blicke. Erinnerung, Zeit, Geschichte(n) in Dramen der 1990er Jahre,* Tübingen 2004.

Freitag, 2.6.06, 19:30 h, Kommunales Kino
Filmvorführung. Einführung von Prof. Dr. Franziska Schößler (Universität Trier)
Mullholland Drive **(David Lynch)**

Dienstag, 13.6.06, 19.30, Kommunales Kino
Filmvorführung, Einführung von Prof. Dr. Christa Karpenstein-Eßbach (Universität Mannheim)
Jeanne d'Arc of Mongolia (Ulrike Ottinger)

Mittwoch, 14.6.06, 20h c.t., HS 3042
Dr. Ursula Elsner (Pädagogische Hochschule Freiburg)
Alptraum und Vision – Anna Seghers und Christa Wolf

„Plötzlich fiel mir der Auftrag meiner Lehrerin wieder ein, den Schulausflug sorgfältig zu beschreiben. Ich wollte gleich morgen oder noch heute Abend (...) die befohlene Aufgabe machen." – So endet Anna Seghers' Novelle „Der Ausflug der toten Mädchen", ihr erster Schreibversuch nach einer unfallbedingten Amnesie, der bis heute als ihr einziger autobiografischer Text gilt. Das Werk der Christa Wolf hingegen taucht ein in die Vergangenheit, um Klarheit zu gewinnen: Wie sind wir so geworden, wie wir sind? Wie tief hinab reicht das Erinnern? Was bleibt? Erinnerungsarbeit, die beide Autorinnen für sich und ihre Zeit leisten – als eine selbst auferlegte Pflicht –, ist ein Moment, das beide verbindet. Wolfs Tagebuch „Ein Tag im Jahr" ist durchzogen von Verweisen auf Seghers, von der zeitlebens eine starke Inspiration auf die Jüngere ausging, auf ihre Themenwahl, ihr poetologisches Selbstverständnis. Dass Christa Wolf in der Lust, sich in Erinnerung und (Selbst)Reflexion zu ergehen, weitergehen konnte als ihre Vorgängerin, hat nicht zuletzt mit der zunehmenden Akzeptanz weiblichen Schreibens zu tun.

Ursula Elsner, Jg. 1954, Literaturwissenschaftlerin, Germanistikstudium in Leipzig. Assistenz an den Universitäten Halle-Wittenberg und Magdeburg. Dissertation zur Homer- und Nibelungenrezeption bei Franz Fühmann. Seit 1994 Dozentin an der Pädagogischen Hochschule Freiburg/Breisgau. Veröffentlichungen zu Christoph Hein, Anna Seghers, Franz Fühmann. Mitherausgeberin und Autorin des Jahrbuchs der Anna Seghers Gesellschaft Berlin und Mainz e.V. „Argonautenschiff".

Donnerstag, 22.6.06, 20h c.t., Raum wird noch bekannt gegeben
Prof. Dr. Sabina Becker (Universität Freiburg)
Zwischen Erinnern der Vergangenheit und Vergegenwärtigung der Fremde – Akkulturation von Autorinnen im Exil

Der Vortrag beschäftigt sich mit den Schriftstellerinnen, die sich, nachdem sie 1933 oder in den Jahren danach Deutschland verlassen mussten, zum Verbleib, und das heißt zur Akkulturation in ihren jeweiligen Exil- bzw. Gastländern entschieden, sich also im Exilland eine neue soziale, interkulturelle Identität und künstlerische Existenz aufgebaut haben. Zumeist war der Akkulturationsprozess mit einem Sprachwechsel und der Integration in die Nationalliteratur des jeweiligen Gastlandes verbunden, eine Anforderung, mit der sich offensichtlich weibliche Autoren leichter getan haben als ihre männlichen Kollegen.

Ihre literarische Produktion ist eng mit der Emigration und mit der Integration in eine neue Gesellschaft verknüpft; zugleich ist die Erinnerung der früheren Heimat eine zentrale Komponente.

Sabina Becker wurde 1961 in Saarbrücken geboren, Studium der Fächer Soziologie, Germanistik, Hispanistik und Komparatistik an der Philosophischen Fakultät der Universität des Saarlandes; 1992 Promotion im Fach Neuere Deutsche Literaturwissenschaft an der Philosophischen Fakultät der Universität des Saarlandes mit der Arbeit *Urbanität und Moderne. Studien zur Großstadtwahrnehmung in der deutschen Literatur 1900-1930*; 1999 Habilitation mit der Untersuchung *Neue Sachlichkeit* (2 Bde.); 2002-2004 Vertretungsprofessur Bergische Universität Wuppertal, Institut für Neuere Deutsche Literaturwissenschaft; seit September 2004 Professorin für Neuere Deutsche Literaturgeschichte an der Albert-Ludwigs-Universität Freiburg.

Arbeitsschwerpunkte: Literatur und Kultur des 19. Jahrhunderts, Literarische Moderne im 20. Jahrhundert, Literatur der Weimarer Republik und des Exils.

Donnerstag, 29.6.06, 20h c.t., HS 3042
HD Dr. Sven Kommer/Ralf Biermann (Pädagogische Hochschule Freiburg)
Zwischen Erinnerung und Inszenierung –
Medienbiografien medial dargestellt

Medien sind inzwischen nicht nur ein fester Bestandteil unserer Gesellschaft, sondern auch unserer eigenen Biografie. Längst gibt es für jede Altersstufe das ‚typische' Medium – das allerdings in der nächsten Generation schon wieder ein anderes ist. Retrospektive Befragungen zu der ‚eigenen' Mediengeschichte/ Medienbiografie machen zum einen deutlich, dass sich auch innerhalb einer Kohorte sehr unterschiedliche Nutzungsmuster und biografische Strukturen entdecken lassen. Nach wie vor spielen hier Bildungshintergründe und Geschlechterrollen eine große Rolle. Zum anderen wird aber auch sichtbar, dass Erinnern und Konstruieren nicht voneinander zu scheiden sind. Erst recht nicht, wenn z.B. bestimmte Medien oder ihre Inhalte mit einem (vermeintlichen) Statusgewinn verbunden sind.

In dem Vortrag werden Ergebnisse aus einem Forschungsprojekt der PH Freiburg berichtet, das Schülerinnen und Schüler sowie Studierende der PH über ihre Medienbiografien befragt hat.

Sven Kommer, geb. 1964, Studium des Lehramts für Realschule in Ludwigsburg. 1995 Promotion in Bielefeld. Seit 2001 Hochschuldozent für Medienpädagogik an der Pädagogischen Hochschule Freiburg. Aktuelle Arbeitsschwerpunkte: Medienbiografien von Jugendlichen, neue Konzepte für den Medieneinsatz in der Schule.

Donnerstag, 6.7.06, 19.30h, Kommunales Kino
Prof. Dr. Elisabeth Bronfen (Universität Zürich)
Reisen ans Ende das Traumas – *The Others* **(Alejander Amenábar),** *Femme Fatale* **(Brian De Palma) und** *In the Cut* **(Jane Campion)**

Im Anschluss an den Vortrag Filmvorführung
In the Cut **(Jane Campion)**

Dreimal wacht eine Frau auf, orientiert sich im Raum, und fällt dann in einen Wachtraum, der sie an den Nabel des Traumas führt, der sie nicht weiter schlafen – und das heißt im Kontext dieser Filme – ruhig weiter leben lassen wollte. Jeweils kommt die Selbstsuche einer Erinnerungsreise gleich, an dessen Kern der selbstzerstörerische Genuss von Gewalt liegt, ob Selbstmord oder Mord. Brisant an den von Alejandro Amenabar, Brian de Palma und Jane Campion entwickelten Filmgeschichten ist jedoch der Umstand, dass sie auf ein Aufwachen der jeweiligen Heldinnen aus ihren Fantasien hinauslaufen; und somit gerade in einem weiblichen Blick auf Gewalt auch dem Ausweg aus dieser entwerfen.

Elisabeth Bronfen ist Lehrstuhlinhaberin am Englischen Seminar der Universität Zürich. Ihr Spezialgebiet ist die Anglo-Amerikanische Literatur des 19. und 20. Jahrhunderts. Sie hat zahlreiche wissenschaftliche Aufsätze in den Bereichen *Gender Studies*, Psychoanalyse, Film und Kulturwissenschaften wie auch Beiträge für Ausstellungskataloge geschrieben. Veröffentlichungen, u.a.: *Nur über ihre Leiche. Tod, Weiblichkeit und Ästhetik* (in einer überarbeiteten Neuauflage bei Königshausen und Neumann), *The Knotted Subject. Hysteria and its Discontents/ Das Verknotete Subjekt. Unbehagen in der Hysterie* (Princeton University Press), *Die Diva: Geschichte einer Bewunderung* (Schirmer Mosel Verlag).

Donnerstag, 13.7.06, 20h c.t., HS 3042
Meike Penkwitt (Universität Freiburg)
Erinnern zwischen Performanz und Referenz –
Die Erinnerungstexte der Autorin Erica Pedretti

Die Texte Erica Pedrettis oszillieren in vielfacher Weise zwischen Erinnern und Nicht-Erinnern, sei es bei der Thematisierung nicht zu verbalisierender Traumata, der Darstellung des Versuchs, endlich in der Gegenwart zu leben oder aber auch in Szenen, in denen sich der erinnernde Gedankenfluss verselbständigt und die Erzählinstanz versucht, diese Bewegung aufzuhalten. Pedrettis dem *nouveau roman* nahestehende Schreibweise macht deutlich, dass für die Autorin ein unproblematischer Vergangenheitsbezug nicht denkbar ist, Erinnern für sie immer auch Erfinden, also einen Konstruktionsprozess darstellt. Erinnern wird von ihr als ein Prozess zwischen Performanz und Referenz vor Augen geführt und interessanterweise scheinen es gerade die Momente des Nicht-Erinnerns zu sein, in denen ein Vergangenheitsbezug am greifbarsten wird.

Meike Penkwitt, geb. 1971, Studium der Fächer Deutsch und Biologie an der Albert-Ludwigs-Universität Freiburg. Seit 1995 Organisatorin der Veranstaltungsreihe Freiburger Frauenforschung, 1997 Frauenförderpreis der Universität Freiburg, 1999 erstes Staatsexamen, promoviert derzeit bei Prof. Dr. Gabriele Brandstetter (Freie Universität Berlin) zum Thema ‚Erinnern' in den Texten der Autorin Erica Pedretti.

Donnerstag, 20.7.06, 20h c.t., HS 3042
Dr. Anna Strasser (Universität Freiburg)
**Wer erinnert was? –
Gedächtnisforschung aus kognitionswissenschaftlicher Perspektive**

In der Gedächtnisforschung unterscheidet man zwischen vier Gedächtnisprozessen, der Enkodierung, dem Behalten, dem Abruf und dem Vergessen. In diesem Vortrag soll der Prozess des Abrufens autobiografischer Gedächtnisinhalte fokussiert werden.

Schematheorien spielen bei der Beschreibung von (Re-)Konstruktionsprozessen von Gedächtnisinhalten eine wichtige Rolle. Sie berücksichtigen den Einfluss des so genannten Alltagswissens, welches beim Erinnern eine Rolle spielt. Die Verwendung eines Schemas beeinflusst sowohl das Enkodieren als auch den späteren Abruf von Gedächtnisinhalten.

Schemata entstehen durch Wiederholung und sind sicherlich auch geprägt durch das Rollenverständnis einer Person, die sich z.B. zu einem bestimmten Zweck erinnern will. Das Selbstbild einer Person färbt ihre Erinnerungen. So ist die Geschlechterrolle, die eine Person in ihrem Leben einnimmt mit an der Ausprägung bestimmter Schemata beteiligt.

Anna Strasser: 2000 Magister in Philosophie, Germanistik, Magisterarbeit: *Referenz als theoretisches Konstrukt in der Bedeutungstheorie von Donald Davidson*. (Albert-Ludwigs-Universität, Freiburg). 2001-2003 Stipendiatin des Graduiertenkollegs ‚Menschliche und maschinelle Intelligenz'. 2004 Dissertation in Kognitionswissenschaft: *Kognition künstlicher Systeme*. Seit Dezember 2004 Assistentin (C 1) am IIG, Abt. Kognitionswissenschaft, Universität Freiburg.

Donnerstag, 27.7.06, 20h c.t., HS 3042
Dr. Astrid Erll (Universität Gießen)
**Generationalität, Geschlecht und literarische Kriegserinnerung um 1930 –
Von Erich Maria Remarques *Im Westen nichts Neues* (1929) zu Helen Zenna Smiths *Not so Quiet …* (1930)**

In dem Vortrag geht es um den Zusammenhang von Generationalität, Geschlecht und literarischer Erinnerung an den Ersten Weltkrieg im Kontext von deutschen und englischen Erinnerungskulturen um 1930. Im Mittelpunkt steht der Roman *Not so Quiet* ..., der 1930 von der englischen Erfolgsjournalistin Evadne Price unter dem Pseudonym ‚Helen Zenna Smith' veröffentlicht wurde. Wie der Titel schon ahnen lässt, handelt es sich dabei um ein rewriting des internationalen Bestsellers von Erich Maria Remarque – *Im Westen Nichts Neues* (1929; engl. *All Quiet on the Western Front*, 1929). Für eine an der Geschichte des Zusammenhangs von ‚Erinnern und Geschlecht' interessierte Literaturwissenschaft stellt *Not so Quiet* ... ein wichtiges ‚erinnerungshistorisches Dokument' dar, weil der Roman beispielhaft zeigt, dass und wie sich weibliche Autoren im Kontext der „Wiederkehr des Weltkriegs in der Literatur" um 1930 Gehör verschafften und sich als der (überwiegend männlich konnotierten) ‚verlorenen Generation' / lost generation zugehörig stilisierten – jener Generation also, die, mit Remarques Worten, „vom Kriege zerstört wurde, auch wenn sie seinen Granaten entkam". Mit welchen literarischen Verfahren diesem Anspruch Nachdruck verliehen wird und wie in die geschlechtsspezifische Kriegsdarstellung überdies Paradigmen verschiedener Erinnerungskulturen (deutsche/englische) hineinspielen, soll im Rahmen des Vortrags erläutert werden.

Astrid Erll, geboren 1972; Studium der englischen und deutschen Philologie an der JLU Gießen; Promotion 2002 mit einer Arbeit zur Erinnerung an den 1. Weltkrieg (*Gedächtnisromane*, 2003); seit 2003 wissenschaftliche Mitarbeiterin am Gießener SFB ‚Erinnerungskulturen'; arbeitet zurzeit an einer Habilitationsschrift zur medialen Repräsentation kultureller Krisen im Kontext von Imperialismus und Postkolonialismus. Veröffentlichungen zur britischen Literatur- und Kulturgeschichte des 19. und 20. Jhs., zur Literatur-, Gedächtnis- und Kulturtheorie sowie zur Narratologie – u.a. *Medien des kollektiven Gedächtnisses* (2004; hrsg. mit A. Nünning) und *Kollektives Gedächtnis und Erinnerungskulturen. Eine Einführung* (2005).

Noch nicht festgelegte Termine

Termin wird noch bekannt gegeben, Theater Freiburg
Schauspiel von Jean-Paul Sartre
Inszenierung: Alexander Müller-Elmau, Bühne: Alexander Müller-Elmau, Kostüme: Julia Kaschlinski.
Geschlossene Gesellschaft

Ein nicht sehr geschmackvoll eingerichtetes Zimmer ist der ausgangslose Ort, an dem drei Menschen nach ihrem Tod zusammengesperrt werden und sich gegenseitig das Nichtmehrleben so schwer wie möglich machen. In alle Ewigkeit. So sieht die Hölle aus. Anfängliche Versuche sich zu ignorieren scheitern. Es gibt kein Entrinnen.

Der Journalist Garcin hat seine Frau zu Tode gequält und als Politiker in einer entscheidenden Situation versagt. Estelle hat ihr Kind ermordet und ihren Geliebten, den Vater des Kindes, in den Tod getrieben. Ines hat eine verheiratete Frau verführt, die sich schließlich aus Verzweiflung vergiftet hat. Nun sind sie aufeinander angewiesen und vermögen einander nicht zu helfen. Ein Panoptikum zwischenmenschlicher Gemeinheiten entfaltet sich. Ines stellt Estelle nach, die ihrerseits Garcin zu verführen sucht, der wiederum, sein politisches Versagen reflektierend, um die Anerkennung von Ines buhlt.

„Die Hölle, das sind die anderen", ist der vielzitierte Satz Sartres, der seine konsequente Ausfaltung in diesem meistgespielten Stück Sartres gefunden hat. Eine faszinierende, psychologisch genau gezeichnete Zimmerschlacht.

im Anschluss Podiumsdiskussion
mit SchauspielerInnen, Christoph Lepschy (Dramaturg), Rotraud von Kulessa (Universität Freiburg), Joachim Pfeiffer (Pädagogische Hochschule Freiburg), Moderation: Meike Penkwitt (Universität Freiburg).

Interessierten bieten wir an, Sie bei überraschend eintretenden Terminänderungen baldmöglichst per Email zu informieren (z.B. Absage oder Terminverschiebung aus Krankheitsgründen). Hierfür genügt es, uns eine Email mit dem Stichwort „Terminänderungen" zukommen zu lassen.

Vorausschau auf Ausgabe 19 der Freiburger FrauenStudien „Erinnern und Geschlecht", Band 1

Aleida Assmann
Geschlecht und kulturelles Gedächtnis

Ingeborg Gleichauf
Erinnern bei Hannah Arendt

Christa Karpenstein-Eßbach
Gegenwartsspitzen und Vergangenheitsschichten bei Gilles Deleuze – Medialitäten der Zeit im Film

Martina Wagner-Egelhaaf
Autobiografie und Geschlecht

Hans-Joachim Lang
Die Namen der Nummern. Wie es gelang, die 86 Opfer eines NS-Verbrechens zu identifizieren

Mara Cambiaghi
The Gendered Memories of Frederica Potter – Antonia S. Byatt's A Whistling Woman

Tina-Karen Pusse
Eine Dame verschwindet – Amnesie und Autobiografie in Hans Henny Jahnns *Fluß ohne Ufer*

Rita Schäfer
Erinnerungen von Südafrikanerinnen – Lebensgeschichten, Apartheid und HIV/AIDS

Eveline Kilian
Funktionen von Erinnerung in der literarischen Inszenierung von grenzüberschreitenden Geschlechtsformationen

Nicolas Beger
„Was heißt hier Zwang, das müssen Sie doch wollen?" – Eine Navigation durch die turbulenten Gewässer von Transsexualität, Geschlechtsidentität und queerer Theorie

Susanne Heynen
Vergewaltigt – die Bedeutung subjektiver Theorien für Bewältigungsprozesse nach einer Vergewaltigung

Angela Kaupp
Frauen erinnern ihre Glaubensgeschichte

Marion Mangelsdorf
Woran erinnert sich die Cyborg? – Cyberfeministische Strategien die un/an/ge/eigneten Anderen wahrnehmbar zu machen

Bettina Eichin
Musenstreit

Birte Giesler
„Der Satz ‚ich erinnere mich nicht' könnte zur Ausrede werden..." – *Gender* **und Gedächtnis in Tanja Dückers Generationenroman** *Himmelskörper*

Christian Schenk
***queer families* – gegenwärtige Situation und Perspektiven**

AutorInnen

AutorInnen

Franziska Bergmann, geb. 1980 in Wiesbaden, seit 2000 Studium der Neueren Deutschen Literaturgeschichte, Anglistik und *Gender Studies* an der Uni Freiburg. Seit Juli 2003 wiss. Hilfskraft bei der *Freiburger FrauenForschung*, Magisterarbeit zu Helene Böhlaus *Halbtier!*, Interessen- und Studienschwerpunkte: *Queer Theory*, Theater (Schauspiel), Literatur der Jahrhundertwende, Annemarie Schwarzenbach. Diverse Hospitanzen im Bereich der Schauspieldramaturgie.

Mara Cambiaghi is affiliated with the University of Konstanz. She received her B.A. and M.A. in English and German literature from the University of London (Birkbeck and University College London) and worked as a part-time language assistant at Royal Holloway New College. Subsequently, she took up a full-time position as a cultural programme specialist in Italy and also completed further studies in English literature there with a dissertation on *Possession*. Her research interests focus on the theory of cultural memory and contemporary fiction. She has contributed scholarly articles on the fiction of A.S. Byatt, on Christine Brooke-Rose and E.L. Doctorow in both Italian and English, as well as interviews and reviews for Italian publications and the review of the *Freiburger FrauenStudien*. She is currently engaged in a project on Mabel Dodge Luhan while continuing research on A.S. Byatt and cultural memory.

Stefanie Duttweiler hat Sozialpädagogik und Soziologie an der Universität Freiburg studiert. In ihrer Promotion untersuchte sie am Beispiel aktueller Glücksratgeber den Zusammenhang zwischen therapeutischer Kommunikation und Ökonomisierung. Derzeit arbeitet sie an den Universitäten Basel und Zürich und ist Mitarbeiterin in einem interdisziplinären Projekt zur „Gouvernementalität medialisierter Selbstthematisierung". In ihren Veröffentlichungen über rezente Formen privater Selbstoptimierung wie Wellness oder Selbstmanagement thematisiert sie die aktuelle Verpflichtung, die Selbstbeziehung nach Maßgabe eines „unternehmerischen Selbst" zu gestalten.

Annegret Erbes, Dipl.-Sozialarbeiterin (FH)/Dipl.-Päd.in, geb. 1966, war von 1992 bis 2001 in verschiedenen Feldern sozialer Arbeit tätig und von April 2001 bis März 2006 wissenschaftliche Mitarbeiterin am Institut für Erziehungswissenschaft II der Pädagogischen Hochschule Freiburg, Studienrichtung Schulpädagogik. Thematische Schwerpunkte in Forschung bzw. Lehre: Organisations- und Qualitätsentwicklung in pädagogischen Kontexten, Kooperation von Schule und Jugendhilfe/Schule und soziale Probleme, Schulpädagogik unter Genderaspekt. Promoviert derzeit zur Kooperationsbeziehung von Schule und Schulsozialarbeit. Redakteurin der *Freiburger FrauenStudien*.

Regula Giuliani, geb. 1952 in Basel, Studium in Heidelberg und Bochum, wissenschaftliche Assistentin in Bochum (bei Prof. Bernhard Waldenfels) und in Basel. Seit 1993 an der Universität in Basel und Luzern, verheiratet, 3 Kinder. Forschungsgebiete: Sozialphilosophie, Phänomenologie, Wahrnehmungstheorie.

Mona Hanafi El Siofi, geb. 1968, studierte 1990-94 Islamwissenschaften, Soziologie, Germanistik und Philosophie in Freiburg. 1994-98 Goldschmiedeausbildung in Müllheim/Baden. Seit 2000 Studium der Ethnologie, Psychologie und *Gender Studies* in Freiburg. Daneben 2002-03 praktisches Jahr im Adelhausermuseum, Abt. Völkerkunde, und im Anschluss, bis September 2005, hilfswissenschaftliche Mitarbeiterin im Verbundprojekt „Der Status des extrakorporalen Embryos". Redakteurin der *Freiburger FrauenStudien*.

Antje Harms, geb. 1977, hat in Freiburg Neuere und Neueste Geschichte, *Gender Studies* und Wissenschaftliche Politik studiert. Außerdem war sie wissenschaftliche Hilfskraft und Tutorin am *Zentrum für Anthropologie und Gender Studies (ZAG)*. 2005 Magisterabschluss mit einer Arbeit zu jugendbewegten Diskursen um ‚Rasse' und ‚Geschlecht' im Deutschen Mädchen-Wanderbund 1914-1926.

Christina Harms hat Politikwissenschaft, Soziologie und Öffentliches Recht in den USA, Kanada und Deutschland studiert. Seit 2001 ist sie Redaktionsmitglied bei den *Freiburger FrauenStudien*. Sie koordiniert internationale Jugendprojekte und lebt zur Zeit in Tel Aviv, Israel.

Cornelia Helfferich, Prof. Dr., ist Professorin für Soziologie an der Evangelischen Fachhochschule – Hochschule für Soziale Arbeit, Religionspädagogik und Diakonie und Prorektorin der Fachhochschule. Sie leitet zudem das mit der Fachhochschule über die *Kontaktstelle praxisorientierte Forschung* verbundene *Sozialwissenschaftliche FrauenForschungsInstitut (SoFFI K.)*.

Anneliese Hendel-Kramer, M.A., ist Soziologin und seit 1998 wissenschaftliche Mitarbeiterin am *Sozialwissenschaftlichen FrauenForschungsInstitut (SoFFI K.)*. Ihre Forschungsschwerpunkte sind: Frauengesundheit und Gesundheitsförderung; Frauen in besonderen Lebenslagen.

Irmtraud Hnilica, M.A., geb.1979, studierte Neuere Deutsche Literaturgeschichte, Soziologie und Psychologie in Heidelberg, Paris und Freiburg. Ihre Magisterarbeit schrieb sie unter dem Titel *Medizin, Macht und Männlichkeit* über literarische Ärztebilder der frühen Moderne. Derzeit promoviert sie bei Prof. Dr. Claudia Liebrand (Universität zu Köln) über literarische Konfigurationen Polens im deutschen Realismus.

AutorInnen

Antonia Ingelfinger, M.A., Fachhochschulausbildung zur Diplombibliothekarin in Konstanz und Stuttgart, Studium der Kunstgeschichte und der Neueren Deutschen Literatur in Tübingen und Freiburg. 1997 Magisterabschluss mit einer interdisziplinären Arbeit über Cindy Shermans *Sex Pictures* und Elfriede Jelineks *Lust*. Interdisziplinäre Lehraufträge für den Studiengang *Gender Studies* an der Universität Freiburg. Derzeit Promotion bei Prof. Dr. Anne-Marie Bonnet über die Funktion des Ekels in Cindy Shermans *Disgust Pictures*. 2001-2005 regelmäßige Kunst-und Architektur-Führungen im Burda Medienpark Offenburg. Redakteurin der *Freiburger FrauenStudien*.

Anelis Kaiser, studierte Psychologie an der Universität Basel, Schweiz und ist zurzeit Doktorandin an derselben Universität; sie schreibt eine interdisziplinäre Dissertation zum Thema „Gehirn und Geschlecht". Sie ist ehemalige Stipendiatin am Schweizerischen Graduiertenkolleg „Gender Studies" (Modul: „Wissenschaft – Gender – Symbolische Ordnung") und Mitarbeiterin am interdisziplinären Projekt „Neurobiologische Korrelate der Mehrsprachigkeit in der Regio Basiliensis". Zur Zeit befindet sie sich auf einem Forschungsaufenthalt an der „London School of Economics and Political Science", BIOS-Centre.

Tomke König (geb. Böhnisch), Dr. phil, Dipl. Supervisorin, studierte Kulturanthropologie und Soziologie in Frankfurt/M. und war dort von 1993-2000 wissenschaftliche Mitarbeiterin am Fachbereich Gesellschaftswissenschaften sowie in einem von der EU geförderten internationalen Forschungsprojekt zu Prozessen sozialer Ausschließung. 1999 Promotion zum Dr. phil. mit der Dissertation *Gattinnen. Die Frauen der Elite*. 2001 beendete sie eine Zusatzausbildung zur Dipl. Supervisorin an der Universität/Gesamthochschule Kassel. Von 2002-2003 Assistenz in einem Forschungsprojekt am *Zentrum Gender Studies*, Universität Basel (siehe hierzu: Tomke König/Andrea Maihofer: „Es hat sich so ergeben. Praktische Normen familialer Arbeitsteilung", in: *Familiendynamik* 29, Heft 3, 2004, S. 209-232). Seit 2004 Förderstipendium der Universität Basel für die Habilitation „*Familiale Geschlechterarrangements. Eine empirische Untersuchung zu Aushandlungsprozessen in Paarbeziehungen.*"

Wiebke Kolbe, Dr. phil., Historikerin. Studium der Geschichtswissenschaft, Germanistik, Skandinavistik und Finno-Ugristik in Kiel, Uppsala und Bielefeld. Wissenschaftliche Assistentin für Geschlechtergeschichte an der Universität Bielefeld, z.Zt. Lise-Meitner-Habilitationsstipendiatin. Forschungsschwerpunkte: Geschlechtergeschichte der europäischen Wohlfahrtsstaaten, Männergeschichte, Körpergeschichte, Tourismusgeschichte. Veröffentlichungen u.a.: *Elternschaft im Wohlfahrtsstaat. Schweden und die Bundesrepublik im Vergleich 1945-2000*, Frankfurt/M./New York 2002; „Das Geschlecht der Geschichte: Suchbewegungen auf dem 45. Deutschen Historikertag 2004 in Kiel", in: *Historisches Forum* 4, 2004, hrsg. von H-Soz-Kult und Clio-online, Berlin 2004, S. 67-81; Hrsg.: *Tou-*

rismus. Themenheft Werkstatt*Geschichte* 36, 2004; Hrsg. (mit Iris Rittenhofer): *Gender Comparisons: Northern and Western Europe in the 20th Century*. Themenheft *Comparativ* 15, 3/2005.

Helga Kotthoff ist Sprachwissenschaftlerin und Professorin an der PH Freiburg. Schwerpunkte: Gesprächsforschung, linguistische *gender studies*, interkulturelle Kommunikation.

Jan Kruse, Dr., Dipl.-Sozialpädagoge (FH), April 2004 Promotion an der Albert-Ludwigs-Universität Freiburg im Hauptfach Soziologie, Okt. 2003-Sept. 2004 sowie seit Mai 2005 Wissenschaftlicher Angestellter am Institut für Soziologie. Dez. 2003-Mai. 2005 Wissenschaftlicher Mitarbeiter im Projekt „männer leben – Studie zu Lebensläufen und Familienplanung" im Auftrag der *BzgA*. Arbeitsschwerpunkte: Qualitative Interviewforschung, Professions- und Arbeitssoziologie, Familiensoziologie, Soziale Arbeit.

Astrid Lange-Kirchheim, Studium der Germanistik, Anglistik und Philosophie in Frankfurt, München und Saarbrücken. Privatdozentin für Neuere deutsche Literaturgeschichte am Deutschen Seminar der Universität Freiburg, Abteilung für Neuere Literatur. – Zu den Forschungsschwerpunkten gehören: psychoanalytische Literaturwissenschaft, Literatur und Geschlechterforschung, Autoren und Autorinnen des 19. Jahrhunderts und der klassischen Moderne. Buchpublikation über Shakespeares Tragikomödien. Zahlreiche Aufsätze und Rezensionen zu Goethe, Annette von Droste-Hülshoff, Franz Kafka, Robert Walser, Arthur Schnitzler, Thomas Mann, Gottfried Benn, Otto Rank, Ernst Kris, Hanns Sachs, Alfred Weber und zum Film. Mitherausgeberin des *Jahrbuchs für Literatur und Psychoanalyse. Freiburger literaturpsychologische Gespräche* (Verlag Königshausen & Neumann). Jüngste Veröffentlichungen: „Zur Präsenz der Bildergeschichten Wilhelm Buschs in Kafkas Texten", in: Claudia Liebrand/Franziska Schößler (Hrsg.): *Textverkehr. Kafka und die Tradition,* Würzburg 2004; „,Gefalltochter'? ‚Leistungstochter'? ‚Trotztochter'? Überlegungen zu Erika Mann", in: *Thomas Mann-Jahrbuch* 17, 2004.

Uta Meier-Gräwe ist Professorin für Wirtschaftslehre des Privathaushalts und Familienwissenschaft an der Justus-Liebig-Universität Gießen. Sie war zwischen 1993 und 1998 Bundesvorsitzende von *Pro Familia*, zwischen 2003 und 2005 war sie Mitglied der Sachverständigenkommission an der Erarbeitung des 7. Familienberichtes der Bundesregierung beteiligt. Sie lebt in einer nichtehelichen Lebensgemeinschaft und hat einen 31-jährigen Sohn. Forschungsschwerpunkte: Armuts-, Haushalts-, und *Gender-* und Zeitforschung. Aktuelle Forschungsprojekte: Ernährungsversorgung zwischen privatem und öffentlichem Raum (DFG-Projekt), Studieren und Forschen mit Kind (gefördert durch die Hessenstiftung „Familie hat Zukunft"), Entwicklung eines lebenslagenbezogenen Datenmodulsystems für die kommunale Armuts- und Sozialberichterstattung (gefördert durch das Bundesministerium für Familie, Senioren, Frauen und Jugend).

Jennifer Moos, geb. 1979, studiert Englische Philologie, Sprachwissenschaft des Deutschen und *Gender Studies* an der Albert-Ludwigs-Universität Freiburg. Einjähriger Studienaufenthalt an der *University of Manchester*, Großbritannien. Seit 2003 wissenschaftliche Hilfskraft im Büro der *Freiburger FrauenStudien/Forschung*. Interessenschwerpunkte: feministische, *gender*- und *queer*-Theorien, Postmoderne und Konzeption von Identität, Traum und Schlaf. Zurzeit arbeitet sie an ihrer Magisterarbeit („Rebellious Bodies in Jeanette Winterson's *Sexing the Cherry* and Will Self's *Cock and Bull*") zu Körpertransformationen und Überschreitungen von Verhaltensnormen.

Greta Olson is mother to three children (13, 10, and 11 months). She is an assistant professor for English literature and cultural studies at Freiburg University. Prior to this she was a visiting professor to the North American Studies Program at Bonn University and has also taught at the Universities of Basel, Freiburg, and Innsbruck. She is the author of *Reading Eating Disorders: Writings on Bulimia and Anorexia as Confessions of American Culture* (Lang 2003) and the co-editor of *In the Grip of the Law: Trials Prisons and the Space Between* (Lang 2004). Currently, she is co-editing an issue on law, literature, and language of the *European Journal of English Studies* (Routledge 2007). She has published peer-reviewed essays on unreliable narration (*Narrative*) and Shakespeare's *Richard III* (*Philological Quarterly*). In English studies she has also published essays on Shakespeare's trial scenes, the eighteenth-century English novel, criminal bodies in literature and penology, and transfers between literary fiction and science. In American studies, her work includes articles on Alice Sebold, images of the body as a monster in contemporary American women's writing, the violent white man in post-war American drama, and teaching *gender studies* through creative writing and drama, among other topics. She is at work on a monograph entitled *'Criminal Animals' from Shakespeare to Conrad and Frank Norris: Animalistic Representations of Criminals in Literature and Biocriminology*. Website: http://www.greta-olson.com.

Meike Penkwitt, geb. 1971, Studium der Fächer Deutsch und Biologie an der Albert-Ludwigs-Universität Freiburg, seit 1995 Organisatorin der Vortragsreihe *Freiburger FrauenForschung*, 1997 Frauenförderpreis der Universität Freiburg, 1999 erstes Staatsexamen, promoviert derzeit bei Gabriele Brandstetter (Freie Universität Berlin) zum Thema ‚Erinnern' in den Texten der Autorin Erica Pedretti. Mitarbeiterin im *Zentrum für Anthropologie und Gender Studies (ZAG)* an der Universität Freiburg. Redakteurin und seit 1998 Herausgeberin der *Freiburger FrauenStudien*.

Franziska Schößler, Professorin für Neuere deutsche Literaturwissenschaft an der Universität Trier. Studium der Literaturwissenschaft, Philosophie, Linguistik und Kunstgeschichte an den Universitäten Bonn und Freiburg. Studienaufenthalte in Paris, London und Brisbane. 1994 Promotion über Adalbert Stifter, 2001 Habilitation über Goethe an der Universität Freiburg (Goethes „Lehr"- und „Wanderjahre". Eine Kulturgeschichte der Moderne). Schwerpunkte: Drama und Theater (insbesondere der Gegenwart), kulturwissenschaftliche Theoriebildung und Lektüren, *Gender Studies*. Neueste Publikationen: *Einführung in das bürgerliche Trauerspiel und das soziale Drama* (Darmstadt 2003); *Augen-Blicke. Erinnerung, Zeit und Geschichte in Dramen der neunziger Jahre* (Tübingen 2004); es erscheint demnächst: *Literaturwissenschaft als Kulturwissenschaft. Eine Einführung* (Tübingen 2006).

Laurie Taylor, M.A., geb. 1977, studiert *German Studies* (Neuere deutsche Literaturwissenschaft und Kulturwissenschaften) an der University of Massachusetts in Amherst, Massachusetts, USA. Das akademische Jahr 2004/05 verbrachte sie als Austauschstudentin an der Albert-Ludwigs-Universität Freiburg. Ihre Interessensschwerpunkte sind österreichische Literatur des späten 19. und 20. Jahrhunderts, *Gender Studies* und *Queer Theory*.

Gerhard Tschöpe, Sozialarbeiter, Diplom Pädagoge und Supervisor. Er war bei allen beschriebenen Projekten als Mitarbeiter und später als Projektleiter für die *pro familia Freiburg* beteiligt. Heute leitet er das Institut *Pro Phila*. Kontakt: *Pro Phila Freiburg*, Gartenstr. 24, 79098 Freiburg, 0761/211 78 31, gerhard.tschoepe @profamilia.de.

Nina Wehner, M.A., ist Soziologin und seit Januar 2004 am *Sozialwissenschaftlichen FrauenForschungsInstitut (SoFFI K.)*. Sie hat Germanistik und Soziologie studiert und arbeitet gegenwärtig an einer Dissertation zur Konstruktion von Geschlecht bei studierenden Eltern. Seit 2005 ist sie Mitglied im Graduiertenkolleg „Gender in Motion. Wandel und Persistenz in den Geschlechterverhältnissen" am *Zentrum Gender Studies* der Universität Basel (CH). Während ihres Studiums war sie wissenschaftliche Hilfskraft bei den *Freiburger FrauenStudien* und ist seither Mitglied in der Redaktion.

Maria-Barbara Watson-Franke, Professor Emerita, Department of Women's Studies, San Diego State University, San Diego, CA, USA, studierte Ethnologie in Berlin, Frankurt/M. und promovierte an der Universität Wien. Sie unternahm Feldforschungen in Venezuela bei den matrilinearen Wayuu (Guajiro) und in Europa. Ihre Forschungsinteressen und Publikationen beschäftigen sich mit kulturvergleichenden Studien über Frauen als Machtträger, Geschlechterdynamiken in matrilinearen Gesellschaften, *life history*, weibliche Rituale und feministischer Hermeneutik. Sie ist Co-Autorin mit Lawrence C. Watson von *Interpreting Life Histories. An Anthropolgcial Inquiry* (1985 Rutgers University Press). Neuere

Publikationen beschäftigen sich mit Aspekten von Gewalt in matrilinearen Gesellschaften: „‚A world in which women move freely without fear of men'. An anthropological perspective on rape", in: *Women's Studies International Forum*, Vol. 25, Nr. 6, 2002, S. 599-606; und mit der zentralen Rolle der Mutter: „‚We have mama but no papa'. Motherhood in women-centered societies", in: Andrea O'Reilly (Hrsg.): *From motherhood to mothering. The legacy of Adrienne Rich's Of Woman Born*, Albany 2004, S. 75-87.

Andrea-Leone Wolfrum, geb. 1969, studierte Soziologie mit den Schwerpunkten Entwicklungsplanung und -politik, Frauenforschung und Kulturanthropologie an der Universität Bielefeld. 2000 Diplom mit einer empirischen Arbeit zum Thema Modernisierung und Islamisierung in Südostasien. Seit 2002 Lehrtätigkeit an der Universität Freiburg. Von 2002-2005 wissenschaftliche Mitarbeiterin im Verbundprojekt „Der Status des extrakorporalen Embryos" am Institut für Soziologie sowie dem *Zentrum für Ethik und Recht in der Medizin* der Universität Freiburg. Derzeit wissenschaftliche Redakteurin am *Zentrum für Zivilgesellschaftliche Entwicklung* in Freiburg. Promotion zum Thema Embryonale Stammzellenforschung.

DAS ARGUMENT

ZEITSCHRIFT FÜR PHILOSOPHIE UND SOZIALWISSENSCHAFTEN

264 Aussichten auf Amerika

R.Sennett: Die US-Gesellschaft in der Passivitätskrise Gespräch mit I.Solty

N.Röschert: Amerikas Ausnahmezustand

P.Bové: Das unausweichliche Imperium

D.Lecourt: Bush und Darwin

I.Solty: Warum gibt es in den USA keine Linkspartei?

Th.Greven: Die Spaltung der US-Gewerkschaften

J.Sanbonmatsu: Zieht in den USA ein postfordistischer Faschismus herauf?

Außerdem: T.Kushner, K.Ruoff, F.Unger, T.Veerkamp, A.Sadjed

263 Gewalt Verhältnisse

É.Balibar: Lenin und Ghandi

W.-D.Narr: Staatsgewalt

M.Davis: Zu einer Weltgeschichte des revolutionären Terrorismus

L.Wacquant: Brasilien - Militarisierung städtischer Armut

F.Haug: Schwellenangst - Notiz zur Gewalt gegen Frauen

M.Tjaden-Steinhauer: Ehe und Prostitution als Gewaltverhältnisse

B.Sauer: Neoliberalismus und Gewalt gegen Frauen

G.Bauer: Verse versus Bomben

Außerdem: E.Jelinek, G.Schoenberner, A.Krog, W.F.Haug, C.Koch, H.Klenner, D. Suvin, P.Jehle, F.Unger, Ph.Bourgois, M.Shaw, J.Saxe-Fernández, J.Hemment, J.Hollander u.v.a.m.

Jetzt DAS ARGUMENT abonnieren! Sechs Hefte im Jahresabo für 52,50 Euro (Studierende, Arbeitslose ermäßigt 39 Euro)

Argument Versand, Reichenbergerstr. 150, 10999 Berlin
T: 030 611 3983, F: 030 611 4270, versand@argument.de, www.argument.de

beiträge
zur feministischen theorie und praxis

Deutschlands größte und älteste theoretisch-feministische Zeitschrift

Neuerscheinungen

Heft 68 „Globalisierung und Frauenarbeit"
(Arbeitstitel, erscheint im Frühjahr 2006)

Heft 66/67 „Erinnerungen an die neue Frauenbewegung. Gegen die Zerstörung unserer Geschichte."
(Arbeitstitel, erscheint im Oktober 2005)

Aktuelle Titel

Heft 65 „Nie wieder, aber immer wieder - Krieg"
(2004)

Heft 63/64 „Wenn Heimat global wird"
(2003)

Heft 62 „Vom Leben und Lieben"
(2003)

Alle Einzelhefte, je ca. 156 Seiten, 15,- €
Bezug: über Buchhandel sowie Abo- und Einzelbestellungen direkt beim Verlag

Preissenkung
Wichtige feministische Grundlagentexte und Diskussionen der 80er und 90er Jahre für nur 3,- bis 7,70 € !

Redaktion und Verlag

Niederichstr. 6 50668 Köln
Tel. ++49+ 221-138490
Fax ++49+ 221-1390194

www.beitraege-redaktion.de
e-mail: beitraege-redaktion@t-online.de

Ariadne

»Das Höchste und Beste des Lebens«

Paar(re)konstruktionen im 19. und 20. Jahrhundert

Michael Weidert: Zwischen Ehe und Unio Mystica. Zur Rolle von Frauen in katholischen Paarkonstruktionen der zweiten Hälfte des langen 19. Jahrhunderts.

Gregor Hufenreuter: Zwischen Liebe, Zweck und Zucht. Völkische Ehe-Vorstellungen am Anfang des 20. Jahrhunderts.

Ira Spieker / Mathilde Schmitt / Heide Inhetveen: »To Gabrielle who is no more«. Paar(re)konstruktionen in der Wissenschaftsgeschichte des Ökologischen Landbaus.

Raphaela Averkorn: María Cristina de Borbón und Isabel II. von Spanien. Partnerwahl im spanischen Königshaus im 19. Jahrhundert.

Sabine Müller: Die Geschwisterehe Arsinoës II. und Ptolemaios II. im Spiegel der Forschung von 1895 bis 1932. Ein Verstoß gegen das normative Paarmodell.

Regula Schnurrenberger: Freundinnen und Gefährtinnen. Annäherungen an das Phänomen ›Frauenpaare um 1900‹.

Li Gerhalter: Freundinnenschaft als geschriebener Ort. Briefliche Selbst-Inzenierungen von Frauenfreundschaften der jungen Lehrerin Tilde Mell, Wien 1903 bis 1912.

DOKUMENTATIONEN:

Die Heiligung der Ehe, 1936

Carl-Reinhold Petter: Die Hunschaftsehe, 1923

Louise Otto-Peters: Weibliche Freundschaften, 1890

Das Heft 48 / November 2005 der Ariadne. Forum für Frauen- und Geschlechtergeschichte kostet 9,50 Euro zzgl. Versandkosten. Das Abonnement mit 2 Heften jährlich kostet 15,- Euro zzgl. Versandkosten.

Bezug über den Buchhandel oder direkt über:
Stiftung Archiv der deutschen Frauenbewegung
Gottschalkstraße 57
D - 34127 Kassel
Tel.: 0049-(0)561-98936-70 / Fax: -72
E-Mail: info@addf-kassel.de

Weitere Informationen unter: www.addf-kassel.de

Vaterkonzepte/ concepts of fatherhood

Heft 2/2005 der Zeitschrift »figurationen. gender – literatur – kultur«

Herausgegeben von Barbara Naumann

Gasteditorinnen: Marion Heinz und Friederike Kuster

Als ein letzter sicherer Hort von Natürlichkeit in menschlichen Beziehungen rückt in der letzten Zeit die Elternschaft verstärkt in den Blick. Während die Mutter bekanntlich »immer sicher« ist, war die biologische Vaterschaft zumeist ein unsicheres, weil nur schwer nachprüfbares Faktum. Natürlichkeit und Künstlichkeit, Zeugung und soziale Funktion scheinen der Vaterschaft fundamental eingeschrieben zu sein. Das Themenheft »Vaterkonzepte« nähert sich diesem komplexen Phänomen aus philosophischer, ethnologischer, soziologischer und historischer Perspektive. Behandelt werden die Variabilität von Vaterbildern und Vaterfiguren, wie sie einerseits aus der Entkoppelung von biologisch-genetischer und sozialer Vaterschaft und andererseits aus der Verkoppelung von Vaterkonzeptionen mit spezifischen Männlichkeitskonstruktionen resultiert.

2005. 128 Seiten mit zahlreichen Abb. Broschur.
Einzelheft: € 17,50/SFr 31,10.
Erscheinungsweise der Zeitschrift: zweimal jährlich.
Jahresabonnement: € 27,50/ SFr 48,20,
für Studierende € 19,50/SFr 34,30.
ISSN 1439-4367

URSULAPLATZ 1, D-50668 KÖLN, TELEFON (0221) 91390-0, FAX 91390-11

Genderforschung im Verlag Barbara Budrich

Die Zeitschrift:
femina politica
Zeitschrift für feministische Politik-Wissenschaft
15. Jahrgang 2005. Erscheint zweimal jährlich. Ca. 180 S. je Heft.
Jahresabonnement 31,00 €. Jahresabo für Studierende und
Geringverdienende 21,00 €. Förder-Abo 39,00 €. Einzelheft 15,00
€ zzgl. Versandkosten. ISSN 1433-6359.
femina politica ist eine innovative, feministische Fachzeitschrift für
politisch und politikwissenschaftlich Arbeitende, die den Gender-
Aspekt bei ihrer Arbeit berücksichtigen.

Gesichter der Wissenschaft:
Beate Kortendiek, A. Senganata Münst (Hrsg.)
Lebenswerke
Porträts der Frauen- und Geschlechterforschung.
2005. 261 S. Kart. 24,90 €. ISBN 3-938094-56-7
Zehn Frauen- und Geschlechterforscherinnen und ein
Männerforscher, ihre wissenschaftlichen Denkbewegungen
und gesellschaftspolitischen Handlungsfelder sowie die
damit verbundenen Lebenswege werden vorgestellt.

Das neue Jahrbuch:
Rita Casale, Barbara Rendtorff, Sabine Andresen,
Vera Moser, Annedore Prengel (Hrsg.)
Geschlechterforschung in der Kritik
Jahrbuch der Frauen- und Geschlechterforschung in der
Erziehungswissenschaft 1/2005. 184 S. Kart. 19,90 € (D)
ISBN 3-938094-19-2
Das ersten Jahrbuch ist eine Bilanzierung der bisherigen Ent-
wicklung der Frauen- und Geschlechterforschung im erziehungs-
wissenschaftlichen Kontext.

In Ihrer Buchhandlung oder direkt bei

Verlag **Barbara Budrich**
Barbara Budrich Publishers

Stauffenbergstr. 7. D-51379 Leverkusen Opladen
Tel +49 (0)2171.344.594 • Fax +49 (0)2171.344.693 • info@budrich-verlag.de
2963 London Wall. Bloomfield Hills. MI 48304. USA • info@barbara-budrich.net
www.budrich-verlag.de • www.barbara-budrich.net

Turmhut-Verlag
Mellrichstadt

Geschäftsführer
Michael Graf
Bergstr. 42
97638 Mellrichstadt
Tel. 09776/7250; Fax: 09776/6935
www.turmhut-verlag.de
turmhut@t-online.de

edition GENDER
Historische Literatur
von Frauen

Herausgegeben von
Henriette Herwig und
Jürgen Herwig

Band 1: Helene Böhlau *Halbtier!*, Roman 1899
Band 2. Elsa Asenijeff *Ist das die Liebe?/ Unschuld*, Erz. 1896/1901
Band 3: Helene Böhlau *Der Rangierbahnhof*, Roman 1896

Das deutschsprachige
Medium für feministische
Naturwissenschaft und
Technik aus Wien

Koryphäe

29/2001:
Wissen_schaf(f)t Widerstand

30/2001:
Sicherheit und Risiko

31/2002:
Wem gehört das Wissen?

32/2002:
Alpiner Alltag. Frauen und die Berge

33/2003:
Mädchenjahre

34/2003:
Menschen machen

35/2004:
Stille Wasser? Weite See...

36/2004:
Heute hier – morgen da

37/2005:
Was ist gut?

Die **Kory**phäe ist das deutschsprachige Medium für feministische Naturwissenschaft und Technik und erscheint zweimal jährlich. In jeder Ausgabe wird ein Schwerpunktthema aus unterschiedlichen Disziplinen beleuchtet. Dazu bietet die **Kory**phäe Biographien historischer Frauen und persönliche Schilderungen von Berufswegen und Berufssituationen, die ebenfalls in Bezug zum Schwerpunkt stehen. Ergänzt wird dieser inhaltliche Teil durch Buchrezensionen, einen Serviceteil und kleine Meldungen.
Mit dieser Mischung bietet die **Kory**phäe Raum für feministische Theoriebildung in den Technik- und Naturwissenschaften, ist aber auch ein Austauschmedium für alle in diesem Bereich tätigen Frauen. Der Anspruch ist es dabei, wissenschaftliche Themen auch für fachfremde Frauen ansprechend und verständlich zu präsentieren, disziplinübergreifende Ansätze zu pflegen und zwischen natur- und geistes-/sozialwissenschaftlichen Ansätzen zu vermitteln.

Thema der kommenden Ausgabe im November 2005:
...nur alt oder auch weise?

Erhältlich in folgenden Buchhandlungen:
Jos Fritz, Freiburg/Br. - Buchhandel Plaggenborg, Vechta - Buchladen Annabee, Hannover - Frauenbuchladen amazonas, Bochum - Frauenzimmer, Wien - Zentralbuchhandlung, Wien - Kunsthalle Wien Shop.

Abonnieren Sie die Koryphäe**!**
Jahresabo: EUR 18,- (Zwei Ausg. inkl. Versand)
Förderinnenabo: EUR 27,- (Zwei Ausg. inkl. Versand)

Kontakt:
Koryphäe
Verein für feministische Naturwissenschaft und Technik
c/o E031, TU Wien, Karlsplatz 13, A - 1040 Wien
koryphaee@koryphaee.at

www.koryphaee.at

das neue heft ist da!

no 92: *geburt*
€ 4,80 + Versandkosten

Themen 2006
geburt
widerstand
himmel
übersetzen

*schlangen*brut

zeitschrift für
feministisch und
religiös interessierte
frauen

postfach 200 922
d-53139 bonn

fon & fax
(02 51) 27 97 98
info@schlangenbrut.de
www.schlangenbrut.de

Ramona Myrrhe

Patriotische Jungfrauen,
treue Preußinnen,
keifende Weiber

Frauen und Öffentlichkeit in der ersten Hälfte des 19. Jahrhunderts in Sachsen-Anhalt

440 Seiten, Hardcover. 49,90€
ISBN 3-939348-01-5

Die sachsen-anhaltische Landesgeschichte hat Themen und Ansätze der Frauen- und Geschlechterforschung bisher kaum berücksichtigt. Erstmals werden mit diesem Buch Ergebnisse sowohl zur Geschichte der Frauen als auch zur geschlechterhistorischen Landesgeschichte Sachsen-Anhalts in der ersten Hälfte des 19. Jahrhunderts vorgelegt. Das Werk verweist dabei auf neuartige Überlegungen zu einem geschlechtsspezifischen Konzept von Öffentlichkeit auf regionaler Ebene. In Ihrem Buch zeichnet die Autorin verschiedene Lebenswelten von Frauen nach und macht zugleich die vielfältigen Möglichkeiten der Aneignung öffentlicher Räume durch Frauen transparent. Denn Zugänge zur Öffentlichkeit und Wege in die Öffentlichkeit fanden Frauen nicht nur über das Alltags-, Erwerbs- und Vereinsleben, über literarische Betätigung und Religion, sondern auch durch das Entstehen neuer öffentlicher Räume während der Freiheitskriege gegen Napoleon und der Revolution von 1848/49.

Damit Frauenförderung nicht nur auf dem Papier steht.

www.fwpf.de

Übersicht über die bisher erschienenen Titel

1/95 Frauen und Wahnsinn (vergriffen)

2/95 Frauenräume (168 Seiten), 7,50 €

1/96 Frauenalter – Lebensphasen (140 Seiten), 7,50 €

2/96 Frauen – Bildung – Wissenschaft (136 Seiten), 7,50 €

1/97 Frauen und Körper (130 Seiten), 7,50 €

1/98 Frauen und Mythos (302 Seiten), 10,- €

2/98 Utopie und Gegenwart (237 Seiten), 10,- €

1/99 Cross-dressing und Maskerade (vergriffen)

2/99 Feminismen – Bewegungen und Theoriebildungen weltweit (304 Seiten), 10,- €

1/00 Beziehungen (310 Seiten), 10,- €

11 Perspektiven feministischer Naturwissenschaftskritik (312 Seiten), 10,- €

12 Dimensionen von Gender Studies, Band I (322 Seiten), 10,- €

13 Dimensionen von Gender Studies, Band II (391 Seiten), 10,- €

14 Screening Gender – Geschlechterkonstruktionen im Kinofilm (347 Seiten), 12,50 €

15 Entfesselung des Imaginären? – Zur neuen Debatte um Pornografie (397 Seiten), 12,50 €